溯源识真高古玉

SU YUAN SHI ZHEN GAO GU YU

韩军克 著

中国书店

图书在版编目（CIP）数据

溯源识真高古玉 / 韩军克著 . – 北京 : 中国书店，

2013.4

　　ISBN 978-7-5149-0683-7

　　Ⅰ . ①溯… Ⅱ . ①韩… Ⅲ . ①古玉器 – 鉴赏 – 中国②

古玉器 – 收藏 – 中国 Ⅳ . ① K876.84 ② G894

中国版本图书馆 CIP 数据核字 (2013) 第 005752 号

溯源识真高古玉

韩军克 / 著

责任编辑：陈　扬

出版发行：中国书店

地　　址：北京市西城区琉璃厂东街 115 号

邮　　编：100050

印　　刷：北京宏泰印刷有限公司

开　　本：889mm×1194mm　1 ／ 16

版　　次：2013 年 4 月第 1 版　2013 年 4 月第 1 次印刷

字　　数：132 千字

印　　张：16.5

书　　号：ISBN 978-7-5149-0683-7

定　　价：298.00 元

图 1.1 红山文化　蜷体玉龙（C 形龙）
1971 年内蒙古翁牛特旗三星他拉村出土

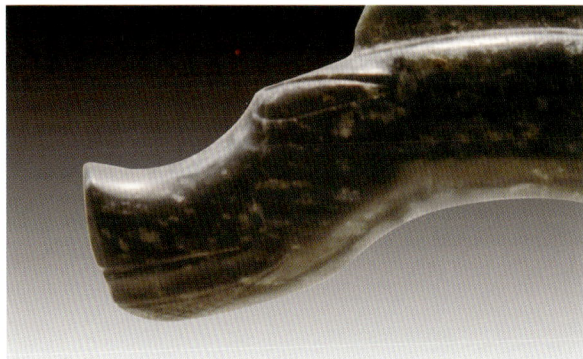

图 1.2 红山文化　蜷体玉龙（局部）

图 1.3 红山文化　蜷体玉龙（局部）

图 2.1 良渚文化 玉璧
浙江博物馆馆藏

图 2.2 玉璧（局部）
浙江博物馆藏

序

1978年一个偶然机遇使我能够前往新疆和田，由此开始了我与和田玉的不解之缘。

和田玉造就于智者博大宽厚的胸怀，历练于仁者柔情似水般的洗礼。

昆仑山，是一个神奇的地方，地处西陲，却没有那种荒凉的颓废。也许是融雪的滋润，只见山川相缪，郁郁苍苍。也许是此处看苍穹格外地灿烂，于是有了西王母、蟠桃宴、昆仑剑仙这些与群星同样灿烂不朽的神话。和田 —— 雄伟昆仑山脉之下一颗璀璨明珠。她，钟灵毓秀；她，灵气氤氲；她，幽幽情思。她造就了温润素洁的真玉。

真玉来自大山仁厚的怀抱，隐逸于智者奔腾浩荡的衣襟，现世的那一刻就决定了它的辉煌。

暮夜是昆仑为和田轻轻披上的一件外罩。他呵护在昆仑山的怀抱下，在苍茫林海中仰望苍穹，点点星光映射着他那靓丽深邃的眼眸，充满了忧悒和旷达。

淡淡的迷雾蔓延在林间，幽幽的叹息在寂静的丛林中悄然闪现而又无声无息地飘过。随风扩散的雾幔将她裹藏，只留下一双如玉的眸子在星光下散发着温润。此时，她寻梦的身躯蜷曲于潺潺流水的波粼之中，遥望夜空，视野渐淡，朦胧似玉的眼眸，此时却显得格外明亮。

当温润的玉与暗蓝的夜碰擦的瞬间，玉已生烟，缥缈朦胧，玉已化潭，波光盈盈。只因为她与他在千万年前已有这星辉作证中相约。

暗蓝却逐渐茫然，暗蓝慢慢漠然，眼帘渐阖，长长的睫毛时聚时散。聚时，遮住了暗蓝的流光，容藏了光阴史诗的精华。散时，瞬息间思绪万千，她眼眸中的黛色欲语还休，最终归于一颗颗无言的幽静精灵，将一切深深埋藏。一声叹息，轮回千年，相思的泪水浸染出颗颗精灵的沁色，磨砺下难掩那道道暗伤。哀伤的幽灵依旧在林中萦绕。如玉的眼眸仍在一片轻雾中犹豫彷徨。

大漠的风，浸润了昆仑氤氲的水气，也带走了和田的低语呢喃。风从他身旁呼啸而过，蓦然回首昨夜栖身的树林，莫名的惆怅压抑胸腔，不经意间，一丝寒光从他眼角一闪而逝，璀璨的精灵仍放射着闪亮。风沙掩盖了那滴泪珠，掩盖了过往的伤痛。他犹如剑客那把镌刻沧桑，游离残破不堪的佩剑，饱经了千百万年的风霜洗练。她却在等待，等待蕴藏已久，把爱和美来释放。

等待汇聚于"碧玉妆成一树高，万条垂下绿丝绦""看来都是梅花树，个个春风玉佩环"。

她在等待倾心爱玉者的造访。

2007年第一次零距离地开始接触陌生而又熟悉的古玉，那是一段难以忘怀的经历。就此，我感悟到，民族的记忆不能没有实在的证物，民族的感情不能没有实在的依托，民族的精神不能没有实在的内涵，民族的兴旺不能没有实在的力量。"天有时、地有气、材有美、工有功"，以物言志，情物交融。为了学习和认知古玉文化，我便一头扎进了古玉这个深奥而又神秘的世界。

始悟："以玉为六器，以礼天地四方。以苍璧礼天、以黄琮礼地。以青圭礼东方、以赤璋礼南方、以白琥礼西方，以玄璜礼北方。"早在数千年前，美玉的概念已远远超过了其本质意义。它在人们的心目中被敬畏、被仰慕、被神化。它成为了天地、神灵的载体和象征，它成为了非实用性的精神文化媒介与寄托。从而被推动演化成一种极致的，具有灵性的玉质形象。其中，一部分最有资格的实用工具，逐渐演变成了权势象征和崇拜的对象。我认为，这是原始工具作用发展进程中的一次最重要的分化，它意味着精神与物质、实际与神秘之间较量的混同，这一混同在工具演变进程中得到了最后终结体现。

始悟：玉器来自于自然的赏赐，发展于生活、生产实践与灵感的启迪。她来自于许多追求空间的积淀与遐想，她来自于面对自然突变的无奈与抗争，她来自于点点滴滴积累的灵感与睿智。古代先人按照自己的丰富想象和聪慧创造了一个至高无上的神。他们以祭祀的方式取悦神，于是稀少而又精美的玉石开始走上了玉石分化之路。古玉以其坚硬不朽的材质，成为了沟通神明祖先和世间万物的神器和载体。这种痕迹在历史的各个阶段，虽然有所变化和发展，甚至没落。但是，直至高度文明的当今世界，仍然有着潜移默化的特殊功效。这种传承和延续，可能因对象的变化而发生了变化，可能由于各自的心态不同造成落差，也可能由于观念的改变不同左右了它本身的意义。可是，它的部分功效仍然令人迷惑和神往，令人如痴如醉，在现实社会中玉仍然以她的魅力，延续发挥着不可替代的潜在作用。

一种物质之所以被人们所喜爱、仰慕，不外乎两种原因：一是物体的材料和外在形式会使人产生审美的愉悦，二是物体所隐含的文化内涵使人产生了认同和喜爱。古玉是我们祖先以深邃智慧创造的，他们将一块原本没有生命、坚硬而又冰冷的玉石注入了生命和灵魂，使之具有广泛、深厚的文化内涵，形成了博大精深的中国古玉文化。中国古玉文化之所以源远流长，就是因为它体现了人类对高于生存的精神生活的追求和超越。

具有人文观念的美玉，不仅体现了社会的尊卑有序，而且给人们的精神生活带来了新的内容，人们在对同一种玉文化信念的感受中，统一了意志，沟通了思想，陶冶了情操，无以复加地把民族的品德、智慧、情感、信念凝聚成一股坚不可摧的力量。当我们解读古玉文化的每一个细节的时候，在很多痕迹中都可以寻找到，古玉文化在各个不同的历史时期所反映的社会结构、哲学思想、审美理念、生活状况以及劳动生产力的演变过程中，在各个领域所扮演的角色和发挥的作用。中国玉器是材质的外在形式与内涵文化意义二者的完美结合。它在温润坚韧、晶莹剔透的材质上，在深具人文观念、感情祈求的内涵中，在民族精神至尊至上的结合下，将每一个历史的结点和变化表现得淋漓尽致。

今天，当我们看到一件精美绝伦的玉器的时候，就会感受到古人律动的脉搏。我们在把玩之中，不可避免地会联想到真与假的争论，而且在学术和民间评判中的诸种说法，显示了人们对古玉文化的多种认知和理解。当你身临其境观赏古玉时，会感到自己的肤浅。我彷徨而又无奈，感到自己的想法很幼稚，其中更有对古玉文化的亵渎。其实我很心痛，我在问自己：准备叩开美玉殿堂之门时，是否把理念端正？我在问自己：了解多少中国古玉文明的基本知识？我在问自己：是否有愧于那些凝聚了祖先智慧的博大精髓？

作者

2012 年春于海上

图 4.1 西周　四珩四璜联珠串饰
山西曲沃北赵村晋侯墓地 92 号墓出土

图 4.2 西周 四珩四璜联珠串饰（局部）

目 录

图 3.1 周代　玉牛
虢国墓 2009 号墓出土

步入古玉天地

　　"玉"是一个令所有国人痴迷陶醉的美丽名词。翻开历史，玉蕴藏着许多美丽的传说，她因如实记载着各个时代意识形态以及人们对美好的渴求而流传至今。她所组成的每一个名词都镌刻着一段令人难忘的美丽传说，使人难以忘怀。她以其温润内敛的品质博得了上至王公贵族，下至市井俗夫的挚爱与收藏。

　　古玉器在近万年的沧桑起伏中，经过了从"玉石不分"到"玉石分化"的演变过程。许慎《说文解字》中曰："玉，石之美者。"是古人对玉的理解和定义，笔者认为这同时也应该是玉文化研究比较贴切的定义。古人判断玉的标准，《周礼·考工记·玉人》说："玉多则重，石多则轻。"从这一点上看，我们不能说古人玉石不辨，但是起码可以看做是当时尚没有确定的科学标准作为依据。笔者感到，古今学者惯用"温润"描述玉料，主要是指人们面对玉料时主观感受，是否有失偏颇值得商榷，也要求我们在研究玉文化材料时进一步探讨。中国古代所谓的"玉"，是美石的总称，古代的"美石"其实包括现代矿物学上的透闪石（玉）、蛇纹石、绿松石、滑石、萤火石、大理石、石英、玛瑙、玉髓、煤精等。

　　对于古玉的存在与研究，不能狭隘地仅仅看到那一块狭小的版图。从严谨的层面来看，研究古玉的区域应该涵盖到国内外目前已经考古发现的，有相互内在影响和交流传承的同时代器物范围之内。"入夷则夷，入夏则夏"，拜了黄帝，

不能忘了炎帝与蚩尤；记了大夏，别忘了东夷、南蛮、西戎、北狄。夏、商、周仅仅是中原地区王朝的更替，只是中国文明史进程的一个时间坐标。所以对古玉的研究和认识，不能仅局限于中原地区的典型器物，还要看到在更广泛的地域都存有处于发展处于不同阶段的玉文化。如果我们不能摆脱根深蒂固的"夷夏之辨"理论，片面理解马克思提出的社会发展规律，孤立地将夏、商、周、秦、汉串联成了一脉相传的改朝换代，忽略了其他民族的实际作用，这就会使得世界和中国的历史关系显得若明若暗。朱维铮教授讲到："司马迁写的《史记》中将西域的乌孙、康居、安息、大月氏列为传来写，可见比今人来的明达。"值得我们深思。

　　故，笔者深感玉文化是一个大中华的概念，它是由多民族、多区域先民们智慧的交融所组成。当我们把眼光停留在玉文化这一璀璨的明珠之上时，璞石绽放的绚丽让人得到了深深地感悟。称誉世界的"东方艺术"，所形成的这一部波澜壮阔的中国玉器史，已成为了中华民族灿烂文化的一个重要组成部分，同时也是人类艺术史上的辉煌成就和世界文化艺术宝库的珍贵财富。

一、古玉器的魅力所在

　　"玉不琢，不成器。"在此，我们首先必须知道玉器的定义：玉器成器前的材料为玉石，经

过人类运用各种工艺手段使材料、造型、纹饰、工艺、意义组合交融于一件器物之中，称之为"玉器"。出土的古玉器是一种不可再生的资源，它的唯一性和不可复制性决定了其珍贵性以及价值所在。又因其历来被作为皇宫贵族"圜丘祀天"与"方丘祭地"的礼器，在数千年历史的延续中独占鳌头。它又以其温润洁净的质量在玉石之中脱颖而出，成为各个阶层梦寐以求的宠爱。

中国人把玉看作天地精气的结晶，当作天人心灵沟通的媒介，这就使玉具有不同寻常的宗教象征意义。取之于自然，琢磨于帝王宫苑的玉制品被看作是显赫等级身份的象征，成为维系社会统治秩序的重要工具。同时，玉在丧葬方面的特殊作用，也使其具有无比神秘的宗教意义。而把玉本身具有的一些自然特性比附于人的道德品质，作为所谓"君子"应具的德行而加以崇尚歌颂，更是中国人的伟大创造。因此，玉于古代中国所产生出来的精神文化，在世界文明中是非常有意思的一个特例，是东方精神生动的物化体现，是中国文化传统精髓的物质根基。

玉者，灵也。有生、有长、有品、有性。隐于幽山戈壁，浸昆仑之冰雪，割天山之川凌，栖于清泉之下，凝万古之慧精，授女娲之拂采，化河汉之烁星，映九天之皓月，历沧海之桑变，经世间之嚣声，耐万物之寂静。含而不露，隐忍不发，遂有神通矣。有玉聚生，流水磨研，万古涤荡，浑然天成，真洁无瑕，外裹金皮，内蕴羊脂，方灿然显其绝代之风华。非卞和亦能查其美也。体形浑圆，精华内蕴，质厚温润，脉理致密，色白如雪，润若凝脂，雅而不傲，逸而不浮，脉脉如斯，空灵邈远，一玉即一宇宙也。奇兮、罕兮、珍兮、爱兮，玉之魂兮，可谓国之精华，乃万山之祖之凝聚，岂连城之足云也。

每当颂吟这华丽无比的玉之赞时，其美妙的韵律勾起了多少魂魄的倾倒。古玉以其深厚的文化底蕴和脉理温润展示了一个泱泱大国的魂魄，是民族魂。

我们赞美她对世间的奉献，就如同其玉性"润泽以温，仁之方也；理自外，可以知中，义之方也；其声舒扬尊以远闻，智之方也；不折不挠，勇之方也；锐廉而不忮，絜之方也。"

二、古玉器的文化内涵

在近万年的玉文化发展历程中，玉器被赋予了很多价值和功能。其文化内涵范围可以涵盖几乎所有象征美好意义的领域。在不同的发展时期，它兼具了政治地位、道德内涵、礼仪功能、宗教法器、丧葬用器等作用。尚玉之风从古到今久盛不衰。把玩、佩带和赏鉴之趣，更是令众人乐此不疲。再论本身的经济价值，体现的不仅仅是可收藏的层面之上、还有保值和升值的潜在利益。

古代对"六器""六瑞"的使用和拥有，有着严格的规范。秦以后，玉玺成了君权的象征。据说，秦始皇统一中国后，用了一块上等的蓝田玉（一说为和氏璧）制成一枚传国玺，之后各代帝王都看重这枚传国玺，认为只有得了此玺，才是真命天子，得不到则被天下世人认为是僭位者。东晋时期的几个皇帝都因没得到这颗玉玺，而被世人讥笑为"白版天子"。汉以后各朝各代还专门规定了各个阶层应持有相应形制的玉器制品。以玉为玺的制度，一直沿袭到清代，乾隆皇帝厘定的 25 枚宝玺，绝大多数为玉制。在唐代，明确规定了官员用玉带的制度，哪一级别的官员佩几块玉的玉带，是不能逾越的。用玉器作为政治等级制度的规范，应晚于春秋战国时，而以文字形式记载则不会晚于战国。《周礼·春官》明确记载了"六瑞"的使用规定：天子用尺寸最大的镇圭，公用桓圭，侯用信圭，伯用躬圭，子和男用谷璧和蒲璧，不够某一级别身份的人是不准持佩的。《左传》中明确说："匹夫无罪，怀璧其罪。"总之，从原始社会末期到清代，特定器形的玉器一直是政治等级制度的重要标志器物。

中华民族爱玉源本出于民俗，后经过以儒家为代表诸子宣传、推崇，在被思想家理念化后，使其具有了顽强的生命力。而历代统治阶级巧妙地利用了这一点，将玉的道德观加以人格化，并被广大的民众所接受，这是玉器长盛不衰的一个重要原因。中国自西周以来发展形成起来的一系列完整的用玉道德观，用一句话来概括就是"君子比德于玉"。虽然先秦诸子对玉的道德和功用各有一套自己的看法，但自汉武帝"罢黜百家，独尊儒术"后，儒家的这套用玉观始终贯穿着整个中国封建社会文化思想体系，深深根植于人们的头脑中。《礼记·聘义》详细而精辟地道出了儒家的用玉道德观：

夫昔者君子比德于玉焉。温润而泽，仁也；缜密以栗，知也；廉而不刿，义也；垂之如坠，礼也；叩之其声，清越以长，其终诎然，乐也；瑕不掩瑜，瑜不掩瑕，忠也；孚尹旁达，信也；气若长虹，天也；精神见于山川，地也；圭璋特达，德也；天下莫不贵者，道也。诗云：'言念君子，温其如玉。'故君子贵之也。玉燥不轻，温而重，是以君子宝之。

需要了解的是，玉文化在其发展的各个时期，就如同其材质一般，有的洁净无瑕，有的脏乱瑕疵，有着一条清晰可见的脉络。尤其是从开始成为巫玉之后，其属性始终被统治阶级附加了一层不可逾越的意义。这种意义随着历史的延续，统治者、统治集团理念的转变，伴随着统治阶级的喜怒哀乐而发生着同步的变动。这种同步的变化反映在形制和纹饰上的不同，他们被统治阶级巧妙地运用巧雕工艺遮掩或凸显。而正是这种掩饰与凸显给后人留下了许多可以考证的信息，我们应当注意到这种形制纹饰的不同，往往在成器后很难改变（除非将其毁灭），这就可以作为历史的见证来对应和修正文字记载的某些不确定性因素。现在许多学者在研究古代文献时往往感到困惑，找不到确切佐证来对应。笔者感到器物形制和纹饰的存在是一种无声的语言，它对相同时代文字的评判有着很重要的对应作用，这一点在玉器上反映得尤为突出。

三、古玉器的艺术元素

"神韵"一词，在古玉收藏界具有极高的使用频率。从形制来看，玉器将片形器，圆雕件的抽象、夸张、写实等艺术表现一一囊括。从纹饰来看，玉器将明喻、隐喻、修饰等意义运用各种碾琢方式有意识地表现，体现得酣畅至尽。无论是佩饰、挂件、把玩件还是摆件，其中的艺术元素均已深深地融入了每件具备器形纹饰物件的灵魂之中。这种带有崇拜、敬畏之意的图案线条最终升华为带有"神"韵的化象，成为了人们接受美学的一个新概念。这种古玉所具有的沧桑感，通常有经验的藏家将其视之为古玉鉴识的要旨或灵魂。一些老道的藏家，每每端详一件真赝未卜的玉器，如果最后得出的是"缺一口气"或"有一点味道"之类的结论。那么，这里所谓的"气"与"味道"，大致指的就是"神韵"了。这种气场中的气息升腾，需要感悟者在千万次的观察中得到点化而产生造诣。可见，如果要肯定或者否定一件古玉，没有比"神韵"两字更具有说服力的了。"神韵"在古玉的辨别和断代上，有时确实能够起到举足轻重的点化作用。

那么，"神韵"是什么？如何去品味和把握

古玉"神韵"的审美内涵呢？这是一个古玉藏家不能不去认真思考的问题。顾名思义，所谓"神韵"，"神"者，神态、神采也，这是一种表象对视觉的冲击；而"韵"者，气韵、韵律也，是属于在内心对器物的理性感应。我们可以这样认为，如果在对某件器物的表象特征观察审视之中，能够体味出器物本身由内而外，由外至里内自然散发出来的那种用艺术手段和意识形态所组成的韵味与气质，以及那种承载沧桑磨砺的老道与内敛，我们也就等于抓住了该件物体的"神韵"。因此，"神韵"只是一种传神，它是一种气场的凝聚，但却又属于含蓄的审美范畴。只有称得上"形神兼备"的古玉，才算具备"神韵"的特质。但是，如果我们想用文字对"神韵"二字进行概括的话，即便是学富五车的才子，恐怕搜肚刮肠也难以表述明白，或者说难觅其贴切之词。当然由于各自经验、学识、感悟、涵养，以及切入的视角和所在的圈子等缘故，往往存在着很大的认识差异，人们在对于古玉神韵的理解上，也存在

着极大的分歧或异议。面对一件玉器，往往是智者见智，仁者见仁。但孰智孰仁，又常常是众说纷纭。这就是古玉收藏领域一个非常现实而又严峻的问题，即如何以审美的视觉，透过不同角度将古玉所承载的思想内涵、艺术元素、文化背景糅和于一体，并以此为切入点，来正确理解并认识"神韵"的真谛，已经成为了目前鉴赏古玉器的一个瓶颈。

玉器是精美的石头通过数千年的艺术提炼，以及社会伦理和人类认知磨合修正后，才在艺术创新提高上，表现了变被动为主动完美形象的体现。无论是在它的巅峰或者低谷，在世纪更迭中，人们始终没有将它抛弃和遗忘，这离不开玉的魅力，这也是玉文化值得研究和追寻的结点。古玉似乎用其几近完美的形制纹饰体现了、约束了一个人的行动，潜移默化地影响了一个人的言谈举止，培养了一个人的优秀品质。这就是玉文化蕴藏的丰富艺术元素体和思想体系，在人类活动中的价值之经典。

图5 玉琮
山西襄汾陶寺村出土

初探玉市谈心态

以下三个小结，均是本人的一些收藏心得。主要从文化观、价值观、伦理观的角度结合自己的一些体会谈了一些感想，也发了一些牢骚。目前文化产业迅猛发展，其中鱼龙混杂。这给大家带来了极大的发展空间，横向与纵向的交接点在空间的何处，是混水摸鱼还是有的放矢？这就要看各自的出发基点了。但是，我相信无论从哪个基点出发，想收藏好东西真东西的应该是主流。

对于收藏，就本人而言，入道尚浅，学识甚微。仅仅凭着一点微不足道的文字功底涂涂抹抹说些不着边际的话题。但有一个问题近来始终缠绕在我的脑海之中久久不能释怀。在高唱弘扬华夏文明的同时，我看到有的朋友因"真伪"而形同陌路，有的朋友为了话语权的归属之地而变成了相倾之敌，有的朋友为了各自藏品的优劣而相互攻击。他们在真伪之间贬低他人，衬托自己，他们在真伪之间亦真亦假搅起一潭浑水。他们在真伪之间处心积虑地玩弄着戏法。从内心来讲，这些朋友的确为了收藏可谓是呕心沥血、甚至是耗尽了毕生的财力和精力，从这个层面上来讲是非常令人敬佩和值得赞赏的。可能也正是由于这种原因给他们造成了极大的压力，致使他们可能在内心产生了许许多多的浮躁和偏颇。

故，我感到保持一颗平常心就显得非常重要，不必看别人的成功就贬低自己，也没必拿别人的失败来衬托自己，要知道将自己的成功建立在别人的失败上是一件很残忍的事情。其实，做"保管者"很容易，只要具有财力作基础，把自己喜欢的东西收进来就行了。而要做一名"开拓者"，就需要有很高的水平了。没有文化知识就没有搞收藏的文化底蕴，就无法准确掌握比较全面的、综合的历史、工艺、美学、物理、化学、考古、地质等知识，更难具备运用科学眼光判定器物真伪并进行科学研究的条件。当前，我国的收藏界最缺少的就是这种既有学历又有资历之人。收藏者必须具备超人精熟的眼力，在众多的收藏品中，收藏者是不可能凭借学来的按图索骥探寻印证的。要清醒认识到，闪光的不一定都是金子，眼力是在学习理论基础上，通过长期的收藏实践活动，逐渐练就的。在这个过程中，作为刚刚步入收藏领域的初学者往往要付一定的"学费"。许多古玩，其实并不"古"，其中多是新近假冒的、仿造的工艺品。因此，只有在藏中学，学中藏，见多识广了，才能炼就一双"火眼金睛"，从外行逐步变为内行。作为收藏者，无论是收集藏品、整理藏品，还是研究藏品，都需要花费很大的精力。要想成就一番收藏事业，必须保证有相当的精力投入到收藏之中。收藏界有一句行话说得好："可遇而不可求。"要想提高"可遇"的概率，就必须做到"脚勤谦拜师、眼勤看真品""多问、多学求真知，少买、少攀积经验"。其实我们大多都是爱好者或者是收藏者，对于收藏家的谓称是一生追求的目标，而绝不能因为别人的恭维就仿佛自己真的成为收藏家而飘飘然了。

如果收藏者没有魄力，遇到好的藏品，他也不一定会舍得掏钱去买。魄力是成功者一大基本素质。作为收藏者要开拓一条收藏之路确实很不容易，在开拓中，他不但要有魄力，还要有毅力。收藏实践的过程就是坚持收藏的过程，不能朝三暮四，凭一时兴趣。要培养自己能保持长期的收藏热情，除了经常要对藏品进行收集互动交流，还必须在收藏中注意学会欣赏、研究自己的藏品，学会享受收藏的乐趣。实践证明，搞收藏需要有财力、学历、眼力、精力、动力、魄力与毅力。只有具备了以上条件，才可能在收藏实践中逐步使自己走上"开拓者"和"收藏者"之路，在收藏领域干出一番事业。也就是玩出了雅趣，玩出了意境，玩出了事业，玩出了成就。

抛开琐事桎梏，万事万物看淡是良方。那不过是水中月，镜中花，放开心扉容纳百川，使心境如风轻云淡般的飘逸。海阔天空有容为大，千年文化的沉淀，聚集了众多玩家藏友间的相互探讨、学习、交流，更多的应该是乐趣融入其中而喜洋洋矣。搜奇藏珍历来为藏界乐事，回望历史，斟酌往事，今天的太平盛世谁者又能藏尽天下之奇珍？有乎？所以还是要淡定平和，不管是新手还是老手，更多的是要具备一种平和的心态去体味其中的乐趣，这才是最重要的。

一、自得其乐别玲珑

对朋友要宽容，对藏品要苛求。对共识要尊重，对新异要深究。博众而勤于思，讷言而敏于行很重要。

最近媒体撰稿收藏界之怪现象的文章颇为流行，藏友纷纷议论不休。笔者从内心颇有同感，对这些藏友也深深地理解，同时也为这种现状表示无奈。《从地摊上捡回失落的文明》是我早几年在《人民日报》发表的一篇短文。目的是想歌颂那些为历史填补空缺在地摊上忘我付出的民间考古者。可是，在今天看来，也就是其中的一部分却在大雅之堂忽悠着众多的收藏者。是什么促使这些人起了根本上的变化？利益！作为收藏者这些人无可非议（其实什么都可以收藏，确切的收藏范畴没有一个界定），如果把收藏之中的确切界定给予混淆的认识那就是错误了。中国人比较注重文字把戏，现在国内评定的所谓几大"民间收藏家""民间精品器物"很少有"古"字的帽冠。那就对了，获奖者的的确确是在搞收藏，就是藏品少了古器物应该具备的帽冠，于是乎，这些藏品的定位也就有了明确的位置了。更妙的是那些近似、类似"风格"的器物说明、标牌、证书，想要收藏老件的朋友心眼一旦缺一点，自然也就落入陷阱中了。在笔者看来，这种"风格""形制"之类的妙语，最好前面要冠以一个仿字，或改为商品或产品较为妥当。而收藏其中的老物件，就要注意前面的帽冠了。否则就要掉入"格式合同"的陷阱之中。古玩、骨董，这些东西如果到了博物馆就是文物，文物是文化与器物的交融，也是历史留下的脉动。老中医"搭脉"经验丰富，在起伏之间明理了阴阳之间的溢缺。现在新手一般可以利用先进的科学设备了，对经验的探秘少了许多。这种现象固然是人类进步的表现，却也流失了祖宗积累的妙方。鉴赏如同搭脉，必须在千变万化的脉象中找到根结，这就需要一个静字，需要一种平和的心态。故笔者感到鉴赏古物首先要为自己建立一个平和怡静的心理平台。

俗话说"良药苦口利于病"，所以要吃得下苦药。同样，玩玉时要敢于否定自己，更重要的是还要在吃透搞懂的情况下树立信心。搞不懂独行其道很可怕，找理由自我安慰更可怕。勤于请教，广交善友，少掏腰包，多看真假乃阳关大道。买赝品不可怕，可怕的是一而三，再而三，久而久之把假的当成真的看了，那才是最可怕的。笔者尚不具备几十年或十多年的收藏经验，也是一个入门尚浅的新手，我感到买一样，识一样，搞懂一样再来下一样是少付学费的法宝之一。

"急功近利是大敌"，这句话尤其是针对部分走市场，希望有立竿见影成效的朋友的。一份付出一份回报，没有一种静态的淡定，没有一种长期的前瞻。只看到现在市场的一头热现象是要警惕的。其实，大量的资本投入增长也意味着风险的增长。目前，经济的膨胀到底是其新结构的调整，还是暗含有崩溃的可能？这些都是未知数。贪婪的后果是很可怕的。还记得日本在泡沫经济后的价值减半教训吗？故笔者认为，收藏主要还是以玩赏为先，不伤筋骨玩意趣，陶冶清逸赛神仙。管他西南东北风，自得其乐别玲珑。

"一心只读圣贤书"，大家都知道前面一句是"两耳不闻窗外事"，我不是讲超脱，人生活在这个世界上，总是会有许多不如意。问题是许多事情您是看得懂却又很无奈。自知无扭转乾坤之神力，难得糊涂，节约一点时间研究一下自己喜欢的东西不是更好吗？精到道在于钻，越钻越深，最后就钻透了。东一锤子西一棒子，结果会一事无成。在这里笔者并不是提倡抛弃道德底线，遵守道德底线应该从我做起，每个人都从我做起才是值得发扬光大的。自己还是泥菩萨，却要耻笑过河的，鸣呼善哉。

一会儿隐居闲事，一会儿文物天价，又是价格乱套，还有那潜规则等。试问您如果不入其内，可有烦恼相伴呢？笔者曾讲到了"文"与"物"两个字，物的得来不是从天而降的，博彩的几率是微乎其微的。物的得来需要文的支持，需要文的铺垫，需要文的注译，需要文的兼容。笔者拜读了许多有关古玉的精彩资料，大有如饥似渴之感。这些前辈能如此深奥地感叹古玉神韵之要领，乃"冰冻三尺，非一日之寒"也。我相信，如果

没有花大力气，用相当的时间来研究和实践的，而是成天研讨一些是是非非的，绝不会有此成就。成天满腹牢骚，精力大部分放在搜索相同牢骚的文字之中，欣赏了、拜读了感到颇有同感，得到的是什么呢？怀着黑暗的心理去看待事物的黑暗面，说明自己本身的行为很可能与那个存在的黑暗面有着某种微妙的内在相似，甚至更黑暗。

所以说"讷言敏于行"，所以说"博众勤于思"，所以说"一心只读圣贤书"，所以说"陶冶清逸乐辩玲珑"。

二、人品玉品拜明师

自古到今大家都说收藏是一门眼学，行里有句俗称"一眼货"。那看的是一件器物的神韵以及器物本身携带的沧桑。眼学是什么？那是收藏过程中经验的积累和总结，它建立在教训、经历、甚至是痛苦之上的。我们有几个朋友曾在茶余饭后谈到：到底需要花多少银子才能够达到入门初级的眼学积累？结果成了各自的自我批评。这种带有真实场景和实物的自我批评，可以使参与者互惠受益。但这种批评也就是在三两好友之间方能进行，超出这个范围恐怕是"羊肉吃不到，反弄了一身骚"。

您如果有机会和一些真正的学者或者收藏家交流学习，在这些人身上得到的信息，告知您必须具备一定的知识，方能理解那些仿佛不经意，却能一语道破天机的所在。我有一个经验，求教少找那些经常抛头露面的"有识之士"。因为这些"有识之士"经常忙于走穴，身上、包里就像个万宝囊，这批人往往会把原先积累的那份丰厚掩埋在杯光交错、亨通三江之中。

笔者认为，其实古器物才是自己永远的老师，而且是最好的老师。这就需要一个先决条件，

图 6.1. 春秋 勾云纹玉璋
山西省长子县牛家坡遗址出土

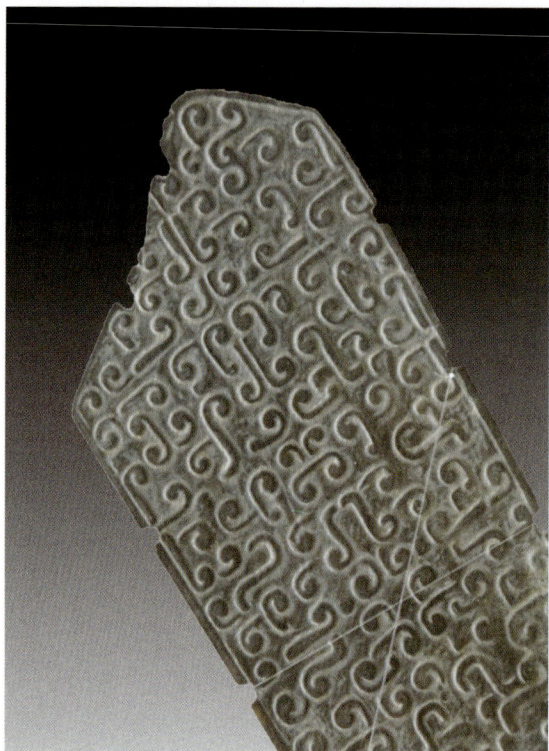

图 6.2. 春秋 勾云纹玉璋（局部）
山西博物院收藏

您必须认识、接触或拥有真正的古器物。现在有一个奇怪现象，谁的"收藏"多，谁有话语权；谁有所谓的头衔证书，就有话语权。就此点，我想业内朋友恐怕都有同感，往往收了一屋子的都有惨不忍睹的尾巴，还高高地竖起作为标杆者的大有人在。还有一部分人也是有一屋子惨不忍睹的尾巴，却是怜香惜玉自得其乐。现在各个院校、机构、名人、境内、境外挂着各种旗幡搞培训，发证书，动辄数万学费，到底其水平如何，恐怕只有天知道！有一个观点本人不敢苟同，藏品少不代表收藏者本身就会眼力差，话语权应该归于具有真品的拥有者一边，它与数量、入行时间无关。在学习的过程中关键是踏入的圈子要好，见到就是缘分。俗话说得好"近朱者赤，近墨者黑"。人的一生有一件或几件真品把玩足矣。数量代表不了真品，更代表不了精品。

我和我的老师们、朋友们之间有一条约定，相互之间可以赠送互换，绝不买卖（至少我是这样做的）朋友确实喜欢，自己感到可以换代或转让，知根知底，小兵过河换卒子——各取所好。为人在前，玩玉其中，功利垫后（垫后的意义是在于以藏养藏）这样可以找到真正的好老师和朋友，也可以避开共识以外的分歧，不伤感情，友谊天长地久。要看书，但要多看考古，分析、解剖的基础理论书籍。不买那些到处汇总图录的书籍（相片与实物有距离，拿自己藏品一一对照更是不可能），这种感觉在您真正上手后才会体会到。不能被现有的鉴赏方式束缚，造假的技术随着技术、资金、知识的积累和注入已经有了日新月异的变化（这里笔者特别提醒大家的是，有些所谓揭露造假过程技术的文章其实居心叵测，怀有不可告人的目的）。一定要到实地考察，不能走马看花，要带着钻研解读古器物的精神深入其内。要开动脑筋多方位、全视角地联系实际考察，并准确地去发现在一件器物上反映的种种蛛丝马迹和问题。否则，怀抱《古玉考》《玉雅》《玉记》

那么几本鉴赏古玉典籍照本宣科，岂不是可以走遍天下全无敌了。

细节决定大局，古器物的每一个细节痕迹都蕴藏着极为丰富的信息，当您将其与自己掌握的知识驾轻就熟交融之后，那种回味会使您彻夜难寐。这就是我的心得，一份来自内心的心得，希望对您也有所帮助。

三、淡泊名利勿自负

在收藏的过程中会有一种捕获猎物后的冲动和快乐刺激，这也是收藏带来的最大刺激和激奋。这种亢进甚至会导致许多的朋友发展到了难以拉上的程度。这一现象在新手身上反映的尤为突出，这是因为这些朋友尚未品尝到那杯收藏带来的难言苦酒。那杯藏品一一被人否决，面对一桌的赝品，没有勇气直对，心里迷茫恍惚的苦酒。许多梦想烟霏雨散，许多自信受到了现实的否决，许多投入变成了无人问津的死钱。由于个人经济状况不同，所处圈子不同，地域文化不同，心理承受不同，文化底蕴不同。在这"真伪"二字的迷茫中产生的心态变化也会不尽相同，这种变化是很微妙的，有时是很激烈的，有时甚至是固执的。这种变化带来的结果有四：激起勤奋努力的欲望去追求真实；颓废抛弃进而胆怯悄然离开；"大彻大悟"为了利益昧着良心大忽悠；沾沾自喜孤芳自赏沉湎于固执的深渊之中。

我感到从事收藏有几个自己必须具备的能力，其中学习历史很重要。对中国历史的发展与演变进行一个系统地了解是非常必要的，爱玉者针对玉文化的演变了解更是重要。要了解各个时期，各个板块相互之间的影响和传承，要了解各个板块携带的特有风格。古玉上镌刻着许多无言的印记，它包含了那个时代的意识形态和社会背景，它包含着那个时代的统治制度和生产发展，它包含着那个时代的艺术文化和审美理念。要搞

清楚这些问题就要学习一点相关的历史，当一件东西收入囊中时，再在这个节点上深入展开，东西多了，深入的也就多了。多个节点的串联也就是自己收获的贯穿。

捂紧口袋，囊中的银子随时可用，变成器物就有了真假的烦恼。我的一个朋友说得好：如果您打算每月花一千的，还不如一年花一万。一千与一万的器物有根本的区别。当今的捡漏已不是以价格来衡量了，能收到"大开门"就是捡漏。而一件大开门的器物往往是很少有争议的。与其在真假之间缠绕，不如花点钱买个真。少买经常在媒体露面，犹如万宝全书大师的东西；少买对自己器物侃侃而谈，无一为假的所谓藏家的东西；少买作坊、地摊上，雷同形制、皮壳、沁色，众多专业户的东西；少买连自己都感到困惑吃不准的东西。还有很多少买的先决条件，篇幅所限，在此不一一述说了。那么大家要问你这个不能买，那个不能买，又到哪里去买呢？这就需要先要把自己眼力练好了，要建立自信心（这种自信心不是固执），如果看真的条件限制，可以看假的，学会看假的了，自然真的也就会分辨了。会辨别了，自然就会找到真东西，即可以下手的东西。千万不能发现自己的藏品有问题后，去寻找理由，大度宽容地抱有侥幸。拜老师，交朋友，但彼此要有一个了解的过程（包括性格、脾气和器物），在此基础上可以交流一点东西，这类东西的交流一般不会有错。

注意性价比，在没有吃透的情况下可以市场价新东西的价格作为参考，回头再来探讨研究其真伪，这样损失相对会比较小一点。一般来讲和田玉密度较高，在两汉以后入沁钙化的几率相对较小，只要不是色彩斑斓，又是非常干净的，您能吃准是和田玉收下也未尝不可。这里要注意的是俄料、韩料、宽甸玉、岫玉，因为它们的价格与新疆和田料比是相差甚远的。我们要了解每个

时期不同玉料的来源、开采、使用等大致情况，有针对性地下手。比如：高古玉（晚商以后）的饰件一般无论是玉质，还是工艺都应该相对会好一点。而冥器用料就会相对差一点。地方玉由于密度较差，沁色相对容易沁入。比如：明晚期以后，民间把玩件一般青白玉较多；清晚期至民国早期，民间把玩件的籽料一般都已是青白玉了，青白玉一般还要辨别一下籽料与山料。而一旦有白玉就应该有相当好的工艺相配，好料好工这是贵族阶层玩的东西。又比如：巧雕的真皮应该是不超过 2 毫米，染色就不是这回事了，而沁色必定是有沁门的。炙玉是以破坏玉质解理构造为代价的，这致使其纹理走向毫无章法，封蜡是为了掩盖工艺的瑕疵和增加光泽度，古代做沁与现代染色有着很大的区别，这一定要通过多看多上手来完成整个过程，千万不能先入为主。

收藏要严谨，要科学，要求实，要与时俱进，要有新的思路，但传承是必须的，开拓也是应有的。我们的专门机构对古玉的探讨与研究起步较晚，又受到市场经济大潮的冲击和影响，故每一个爱玉的人在对待手中的器物必须十分严谨。过去应有的知识普及受到诸多环节的抑制，现在随着网络的普及，通讯的普及，很多渠道十分畅通，应用科学的手段力所能及地去做一点功课，是必要的。如果大家依然墨守成规，就会使之停滞不前。永远无法解破那些神秘的未知以及可仿的、臆造的迷惑。

自己要敢于理性地认识自己拥有的器物，求真求实才是收藏者的天！收藏对大多数人来说是在糖中加的一点盐，起到了调节情趣充实生活的作用。很多朋友同时也把它作为一种投资，视为了潜力股。无论是投资还是调剂生活，很关键的是一个"真"字。而这个"真"字的书写仿佛并不是那么的简单。要是说简单，就没有必要去交那么多学费了。交了学费会发生许多质的变化，学费促使每个人向着不同的方向发展或者说是倾斜。在这里我想打一个比喻，风筝放飞是要有至少一根线来牵引的，也就是说只有那一根线的牵引才能够使美丽的风筝高高飞翔，翱翔蓝空。那根线是什么？是根本！挪到古玉鉴赏上来也有一条有形的线（纹饰、玉质、次生、沁变、工艺、形制）同样也是根本。离开了这个根本，后果就如同风筝断了线一般。

若试身手悠着点

古玩市场各地都有，南方称"市"，北方称"集"。一二线城市古玩市场各种类似博览会的活动频繁，周六、周日地摊成了吸引人气的一道靓丽风景线。小城市逢五、逢十为集，也是熙熙攘攘煞是热闹。每逢假日或逢集，众多收藏爱好者均会络绎不绝地来到此地，或是三三两两，或是单枪匹马，眼光徘徊与聚集在那琳琅满目的真伪之间，来此一游者均有"捡漏"情怀。这给许多产业带来了商机，于是乎各种器物千姿百态，粉墨登场。价格也是十分具有挑战性，拦腰一半不算本事，要知道买家永远玩不过卖家，当您还在放大镜下激动不已时，恐怕开怀大笑的是卖家。有时候笔者感到这些市场绝大部分应该正名，称之为"艺术品仿古市场"较为妥帖。但还是有好东西混在其中的，还需要您能慧眼识金，那就要看您的造化了。

古玩商是认人的，识人其实比做买卖重要得多。古玩商认人是先从您的佩饰开始入手的，您的佩饰代表着您的收藏水平。不相信您可以去试试，古玩商针对您从橱窗里拿出来的宝贝基本与您的佩饰水平有所相近或稍有提高。当您有本事促使他打开保险柜时，不要洋洋得意，因为最初呈现给您的很可能是一份考卷。这时放大镜、手电筒早已经变成了十分脆弱摆饰，气场对您的定力会是很好的考试。这道坎过来了，可能会看到一些好东西，过不来那就是认知水平的问题。商人只认人不认钱，买走了，就是对的，放下的还待商榷。您水平高，他可以五体投地与您略微跌价，你不懂那就尽吃药。所以说我们还是需要练好内功，淘宝不盲目，仅把淘宝作为一种实战的练习，和商人周旋的演练，也是十分令人回味的。交个朋友，可能会为您的收藏得来一份友情和真情。

去年，我陪德国汉堡一个华人社区收藏团队在沪几乎把所有的古玩城都逛了一遍。临分手我在"星巴克"出了一次血，目的是想听听他们对上海古玩市场的看法。他们说了许多，我作了总结。三句话："真的""汉代的""二十万"。当然"汉代的"不是全部用上的，有时也会变成"唐代的"。二十万嘛也可放大缩小，但"真的"是前提。这个总结缺少的是什么，我不想在此浪费太多的脑细胞，还是留给那些古玩商朋友去考虑吧！

有一个共同现象，在似懂非懂的情况下，往往冲动的比率高于理性。俗话说"初生牛犊不怕虎"，初出茅庐者应该去读懂"老马识途"这句成语。就像看博物馆藏品一样，要仔细看简介，如果是注明复制品那您就要有选择地观察对比了。比如，安阳妇好墓的那支玉凤可谓是闻名遐迩，但在殷墟的是一件复制品，真东西在中国国家博物馆（如图7、图8所示）。这个比喻想要说明的是凡事不要过于冲动，要仔细对待，您花

图7 商后期 玉凤
殷墟出土　中国国家博物馆藏

图8 复制的玉凤
安阳殷墟博物馆复制的玉凤

出去的是真金白银，是自己的血汗钱。

一、古玩市场千百面

我在这里先推荐一本书，吴树写的《谁在收藏中国》大家可以看看。看完这本书后可能会对中国目前古玩市场以及中国文物的大概有一个基本的了解。有统计表明，时至今日，全国现有3000多处各类古玩市场，近100万家商铺。如果按照现行相关法规来作参照，经营状况仍需规范。

现在我们的市场规则有两类，笔者将它分为一级市场、二级市场。大家常去的一般是古玩市场、画廊、文物商店，这一般属于一级市场。一级市场现在采用的是很原始、很传统的一种交易模式，这种交易模式超脱于现行法律、法规之上。形成了所谓的"捡漏儿""打眼"之间的游戏规则。这种行为体现了中国现行文物艺术品市场缺乏有效的监管机制，在买卖交易这个环节上鱼龙混杂，是非不明。现在文物小组去检查，假的是不打的，如果是出土文物，原则上是要干涉的。可是问题在于执法者的眼力是否到位，如何区别真与假？媒体最近曝光的几个较大热点，文物部门没有前去干涉，是否证明了一些问题？这里反映了我国缺少针对文物市场的权威文物艺术品鉴定机构，主要是现在的文物鉴定机构，国家级的鉴定机构及中国国家鉴定委员会下属若干个委员会，原则上他们是不对民间服务的，而是只对博物馆的。在各省有文物小组或者是委员会，针对二级文物或三级文物进行鉴定，有明文规定这些文博系统专家在没有得到相关上级部门批准的情况下是不能涉及民间鉴定事项的。相关规定的落实及管控仍存在漏洞。

根据《新京报》2011年11月10日刊登张弘先生一篇题为《吴树暗访文物市场曝百万家古玩店涉嫌违法》报道：

近30年，中国境内集结了收藏大军8000余万（中国收藏家协会估计有1亿收藏者），盗墓大军约10万人众（社科院学者观点，官方指出此数据不实，偏多；民间说此数据不全面，偏少）。

近30年，出土、散落的地上地下文物约4亿件以上（按8000万收藏者为基数，平均每人藏有6件出土文物计算）。在我的调查对象当中，个人收藏的此类文物远远超出此数，比如说浙江的一个私人博物馆，4000件，我去看了，耿宝昌先生也去看了，基本上都是出土文物，按照《文物保护法》来说，都是不合法的。

近30年，被盗掘、基建私分古墓约200万座以上，我根据民间收藏数字保守推算，2005年国家文物局公布被盗古墓20万座，民间普遍认为远远不止，考古工作者则强调："十墓九空。"中国有多少墓不知道，十墓九空，这是来自第一线的考古工作者的说法。

近30年，走私出境文物约6000万件左右（按照海关5%抽查扣留数和海关人员查一漏十的说法计算，官方数据不详，民间普遍认为上亿），我这是一个客观的，各方面的意见都做了一个说法。

近30年，流散民间的文物数量约占全国（国有）博物馆藏品总数的33倍，走私出境的文物数量约为40座北京故宫的收藏。这是按照刚才的数字推算出来的，可能很不准确，仅供大家参考，大家可以去算一算。

这是一组令人震撼和毛骨悚然的数字，这是一个由古玩民俗收藏工艺品的纵深发展建立起来的庞大壕沟工事。在这个堡垒中文物、艺术品收藏，存在着严重的信息不对称现象。与"真"文物面临的纠结局面相比，"假"文物、艺术品的泛滥则已经到了无以复加的境地。在收藏圈子中，不时可以听到某某藏家花了上亿巨款，收购了满室"国宝"，经专家鉴定却无一真品，欲哭无泪。也常有鉴赏家抱怨：屡屡被人邀请"掌眼"，但乘兴而来，却几乎次次要败兴而归！

经过数十年的江湖历练和资本洗礼，国内的文物仿古艺术品制作已经形成了一个分工明确、网络严密、技术高超、渠道通畅的专业"地下渠道"。如以玉器为例，无论是红山文化还是良渚文化，每个出土遗址周边均会有相当数量的仿品作坊相伴。这些仿古艺术品的生产者、中介者、售卖者各司其职，产品档次也划分明确，顶尖的仿品进大拍场，甚至进入博物馆收藏之列。商周、秦汉、唐宋、元明清，各种形似的仿品源源不断地进入各地古玩市场，不同档次的价位满足了各个不同阶层的需要，成为当前古玩市场商品的主力军。许多朋友在其中挖到了第一桶金，他们已经开始向精品，真正值得收藏的现代高档艺术品制作方面转移。可是目前这一部分毕竟还是少数，还有许许多多的后继者依然在拼打着那片蕴藏许多悲喜故事的天地。

在业内人士看来，对于经验丰富的老藏家而言，仿品日渐增多确实带来了许多麻烦，这意味着在选择真品时要花费更多的时间和精力。但不可否认有不少高档仿品，本身便有一定的收藏价值。自古以来，古玩行里真真假假的事儿就说不清道不明，更何况没有了仿品也就没有了这个市场。在这种情况下，收藏爱好者更要本着"懂就买，不懂最好就不买"的原则。不要轻易听信古玩商贩的忽悠。面对目前古玩市场上越来越多的仿品，收藏者更需要擦亮眼睛，练好眼力，不贪图"便宜"，从而避免身陷其中。应该意识到"一分价钱一分货"这个颠扑不破的硬道理。现今市场捡到"真东西"就是捡漏了，要知道，全民收藏意识的提高以及业内的炒作宣传，已经使古玩业价格走向到了近乎疯狂的地步。在高手林立的古玩界，需要的是冷静和睿智。

二、拍卖绝非安心丸

步步惊梦！如果用这个词来形容当前的艺术品拍卖市场，一定是最为恰当了。

这里还是要先推荐吴树的一本书《谁在拍卖中国》。就收藏界的现状来看，"95%的人用95%的钱买了95%的赝品"，这句话很经典。"你不下地狱，谁下地狱？"在论及最大的收藏陷阱时，吴树认为它来自收藏者的内心。"当收藏行为超越了你的知识范畴和财力，你又抱着不正常的暴富心理时，就算是看见了陷阱，你也会往下跳。"目前中国这个艺术品拍卖市场在畸形地发展，市场乱象亦有恶化趋势。小拍卖公司为了上业绩，忽悠一些不明行情的朋友，专以几件无底价拍品成交来完成业绩，根本没有成交额的大宗记录。这些拍卖行没有终端客户，说白了就是压根没有打算把拍品拍掉，就是为了增加场次。靠朋友、靠几台电话联系，这些拍卖公司可能连做宣传的彩印纸的经费也没有。朋友者事后大呼上当，参拍者恐怕连口水都难以捞到，一旦有了小笔生意，来回24%的扣率一分不少裹入囊中，类似抢钱。有些拍卖公司，故意高估藏品价值，真伪不辨，煞有其事，摆些场面，但是图录费、保管费一样都不能少收，一开数万的前期费用。其实在拍卖中，每件拍品都有另外的保留价，送拍者可以参加举牌，顶到保留价。此时，拍卖场面红红火火，举牌者络绎不绝，价格直线上升。旁观者一激动把牌举起，顿时已落入圈套。而且，每家拍卖公司都有一帮人，只卖自己小圈子的东西。圈内的东西假的说成真的有之，圈外的东西，真的说成假的有之。这种"潜规则"导致一小部分人获得暴利，但整个民间收藏的环境却被破坏殆尽。假拍、拖欠拍卖款已是一个通病，普通投资者根本无所适从，市场一片乌烟瘴气。

笔者感到古董、艺术品"拍卖不保真"实际上是对法律的误读。如果连真假都不保证，让买者自己去现场辨别，这种风险投资是令人望而生畏的，它实际涉嫌商业欺诈。拍卖公司和委托人玩的猫腻大多是明知赝品，却为了各自都能获得最大利益而故意对拍品进行精心包装，使其拍品真假难辨，使志夺者一头雾水。如此一来卖方双赢，委托人顺利出货，拍卖公司获得了高额的佣金。许多法院的法官在审判案件的审理工作中遇到过形形色色的拍卖和收藏纠纷，他们对各种拍场猫腻也了然于胸。"拍卖会最常见的猫腻是举牌人就是委托人。拍卖行事先和委托人说好，如果价格到了委托人心理价位，顺利成交最好，如果没到，就由委托人自己举牌抬高价格。有些拍卖公司为了把'戏'演得更真，保证成交率，还会雇人来配合举牌。所以投资者在竞拍时要特别留心那些多次举牌的人，很可能就是为了引你上钩的托儿。哪怕有些拍品自己志在必得，也不要盲目追高。"

在这里笔者不得不再提一提"证书"的问题。前几年笔者参加几场所谓的古玉展，感到不甚理解的是那些展品自新石器晚期开始到战汉玉料和皮壳都是一个模式，而且每件展品附录的证书却几乎都是某位国内大师的签名。更妙的是其证书内容极为玄妙，"形制似某代风格"。呜呼，中国文字游戏发挥到如此淋漓尽致，汗颜不知其中之释道，操笔弄墨的我自愧不如矣。艺术品鉴定证书泛滥成灾。一些所谓的鉴定机构、鉴定中心和个人为了能够收取费用，一般都鼓励文物、艺术品收藏者和投资人开鉴定证书，通过鉴定证书收取鉴定费。一位在琉璃厂街浸淫三十几年的古玩店店主对笔者说道："行里的人从不看鉴定证书，只看货，往往有证书的百分之八九十都是赝品。"叹息啊！"证书"成了赝品的佐证。鉴定证书靠不住，给出证书的专家呢？在百度搜索"文物鉴定师培训"几个关键词,你会发现,听几堂课拿到"结业证书"就成了"资深鉴定师"的案例举不胜举。

三、浑水淘宝练睿智

近些年开始出现用玻璃、石头或者玉髓、次的玉料,运用染色、化学物品的侵蚀等方式加工制玉器。这些高仿、中仿、低仿的器物针对不同的收藏者来说又各具极大的杀伤力。以和田玉为例,根据国家质量技术监督局颁布实施的《和田玉国家标准》检测,其主要成分为透闪石的软玉都符合"和田玉"定名规则。青海、贵州罗甸、俄罗斯、韩国等地出产的玉石中所含微量元素以及矿物质组成结构与产自新疆和田的玉只有量的不同,没有质的差异,根据国家鉴定标准,仍可被称为"和田玉"。业内对此有个不雅的比喻:整个和田玉好比一头猪,新疆的和田玉就是猪的里脊肉,而其他地区产的就是其他部位,同样的成分,但吃起来,口感是不一样的。

面对真真假假、假假真真,笔者也是多年来耳濡目染。静观细微,江湖上千姿百态、无所不能,古玩行中陷阱比比皆是,如何让人陷入其内?在此略说一二,有相仿者切莫对号入座,只要拿出道德这杆尺,自己把良心量一量即可。

(1)高级

第一,利用某些利欲熏心的专家、媒体在平面和立体平台上摇旗呐喊。蛊惑人心,借机把假的或者一般的货色炒成身价百倍的宝贝,利用人们的信任和仰慕迅速出手牟取暴利。

第二,利用和专家合影之际,把器物抱在手中。事后到处张扬,名曰某专家认,再高价抛售,或瞄准不懂行的大师,送上几件赝品,换取货真价实的大师作品谋利。

第三,利用藏家海外情结,将赝品"出口转

内销",重新进关时还故意作为古董艺术品报关,并送到文管委盖火漆印。谓之经文管会鉴定确认的"海归",招摇过市寻找下家高价出售。

第四,谎说高管下马双规,炒股亏得血本无归急需资金,老娘生病,儿子出国等等都是将所谓藏品廉价抛售的理由。其实是子虚乌有,只是骗子掠财的假说。

第五,拍卖会上精心烘托,许多人喜欢被名人或资深藏家收藏过的艺术品,认为较为可信。于是,拍卖会上就出现了许多名家或老收藏家收藏的系列或者拍卖专场。翻开图录,常常可以看到"从某某号到某某号拍品为同一藏家提供",或"某某斋""某某堂"藏品等。其中确实有不少是出自可靠的资深藏家长期的收藏,但是也掺杂了不少"假冒伪劣"。有些"某某斋""某某堂"纯属子虚乌有,完全是为了应付拍卖而临时胡编的,为的是给那些平庸之作乃至赝品伪作打上光环。

(2)中级

第一,编造美丽的故事,假说是前清或民国高官显贵的后人,或是假扮勤劳朴实的农民,无意间得到不知名的器物。笔者就遇到过"张大帅的侍卫后人""安徽灵璧的庄稼人"。但凡有器物在手,这些人均有一个离奇色彩的经历。

第二,查你三代祖籍,说来沾亲带故或是老乡远亲,故人朋友。初遇豪爽健谈,知书达理,似为君子。但绕来绕去就是围绕一个问题,"古玩收藏",这种循序渐进,引人入胜的交流,您稍不留心一冲动或是动了恻隐之心,就会掏出人民币换回一堆废品。

第三,多人撬边,造成哄抬抢购的假象。然后,都以资金问题退场。只有被骗者拿出白花花的银子,喂饱了一群饿狼。

第四,专找喜欢古玩,但对某一门类似懂非懂涉世不深又急于把玩几件玩物的人士。看菜吃饭具有针对性运作，投其所好给予小惠小利，或拿一两件开门的低等器物引其入套获取信任。最终让你找不到南北，视为知己，成了莫逆之交。此时，一个巨大的陷阱正在等候你的到来，最后你成了任人宰割的羔羊。

第五，利用科技手段和仿古工艺进行造假贩假。作旧、染色、其仿制效果极为逼真。

（3）低级

第一，守着地摊，愿者上钩。往往以低廉的价格出售，目标都是年纪较大的老人。而货色也就不言而喻了。而当发现有感兴趣者，就会从小包中另外取出几件器物，神秘的开始叙说故事。还以内行的角度，从纹饰、沁色、雕工、年代来评说，使人有意外的捡漏之感。

第二，衣衫褴褛，坐在路边。一件涂满黄泥的器物放在报纸上，据称是工地上挖到的古墓之物。卖者看来对文物知识一无所知，让你开价，只要合适正中下怀即刻成交。

第三，游走于各种古玩市场之间，眼光搜索着每位游客。当发现您注重某一种器物时，此人就会出现在您的身边。这种人从商到清的青铜、字画、玉器应有尽有。在市场内谈谈尚可，千万不可随其到某一地点去，这是保障个人安全必须注意的。等钱到了他们的口袋之后，他们就会摘掉伪善的面具，无赖到底。如有人质疑，与其理论和声讨，他们就连哄带骗外加恐吓原形毕露。

第四，一般有一个实体店，店主往往会以低充高、以假冒真、以次变好、以马为鹿、以新仿旧拿出伪造的或者是利益换来的证书，模糊概念，含糊其辞。把一大堆深奥名词向你道来，搞得你一头雾水，不知南北。再附加送一些小物件，使你感到物有所值，而他其实是得了便宜卖乖。一般人进来给您看的多是赝品。看你有点水平给您看看一些不值钱的东西，看你水平高，他会跟你好好聊聊，当然这是一个学习的好机会，但是如果你没有相当的身家，他照样只是和你聊聊，做个朋友，好东西是不会给你看的。你有一定的水平，而且有相当的身家，这个时候才会给你看好东西。所以只有那些既有一定的水平，又有相当的身家的人才能在市场上的真东西里面游走。假设你是懂行一点的，那些做古玩的都深知其道，他拿出来给你秀的那些东西，往往是足够对付你的，你所了解的鉴别渠道和鉴别方法，他能给避开的避开，避不开的给你打叉打掉，打不掉的，他们拿金钱等东西开道。

第五，古玩行业内，好的东西不愁卖，这是一个卖方市场，卖的人不用拿来去吃喝，你只要有真的好东西，多少大买家在后面等着，只要你肯出手，价格方面都好商量。同行也会将你的这个东西消化掉，他们后面也还有大买家等着要。所以大家去逛摊的时候，那些故作神秘，故事满天飞。更有以高人自居的先生邀您共餐，此时您感到受宠若惊，席间有人拿藏品与所谓高者"掌眼"，高手验毕，连说好之，并有蛊惑让你收藏那件所谓的真品暗示，那些真品你是要小心思量的，其实醉翁之意不在酒，在您的兜里。

第六，有些骗子心怀叵测地通过网络、市场、朋友间等各种信息渠道寻觅着下手的猎物。一旦认定就会下套，而你做梦都没有想到已经进入一个圈套。这些人或是侃侃而谈颇有风度，或是衣衫褴褛偶遇外财，或是风云不测急需解套，或是高朋满座玲珑八方，或是孩子中榜忍痛割爱。其实，这都是假象！这些人有一个共同的特点，话题再大最终都会转到一个中心，而当你流露出对其拥有的东西感兴趣时，往往会不自觉地流露出一种急吼吼的样子。而你有所推脱时，他又表现出血本无归歇斯底里样子。这些人一般有顺着杆子爬的特点，你说开门，他就来个故事。你说可以考虑，他就来个同样器物的价比。你说到价，他就来个让你开价。林林总总的手段千变万化防不胜防，但主旨就是一个出货。

其实笔者感到，首先应该掌握在古玩市场淘宝的原则是分清老旧与新仿之间的区别。收藏古玉器物是以老旧为前提的，如果连新老都区分不清，那就劝君还是先歇歇手吧。那么，在淘宝过程中又应该如何掌握要点呢？又有哪些要点是必须区别的呢？笔者在此略列一二。

①必须分清不同玉种、玉质的各种不同表象及特征。

②必须搞清原生皮子、石化和瑕疵与成器后风化、入沁与自然氧化之间不同的形式与表现特征。

③必须分清老器物氧化层包浆与新器物通过水蜡封浸抛光形成的柔光之间的不同形式与表现特征。

④必须分清新玉料成器后通过盘玩做旧发生的感观变化与老玉器通过外应力、内应力释放所形成的静应力变化之间不同感观表现形式的特征。

⑤必须分清古代水凳砣机的加工痕迹与现代快速电动砣机加工痕迹之间不同形式的表现特征。

⑥必须分清自然风化、氧化、入沁形成的钙化、瘢痕、形变、孔蚀、灰皮与人为以破坏玉质原生解理为代价所形成的颜色、蚀斑、酸咬皮壳之间不同形式的表现特征。

笔者感到，分清老旧与新仿很重要，至于断代可以待收入囊中后，通过交流探讨、自我鉴析来加以确定。这样的过程省略了许多不必要的环节，可以在循序渐进中得到提高。至于精品收藏那就要将讲收藏境界了，是系列、是专项。是某一时段等等。这种收藏首先讲究的是器形的标准、工艺的规整、材料的完美、特征的显著。这里面包括文化的内涵和工艺的精美两个指标，两个指标缺少一个就不值得列入精品收藏。其鉴赏价值与市场价值都会大打折扣。

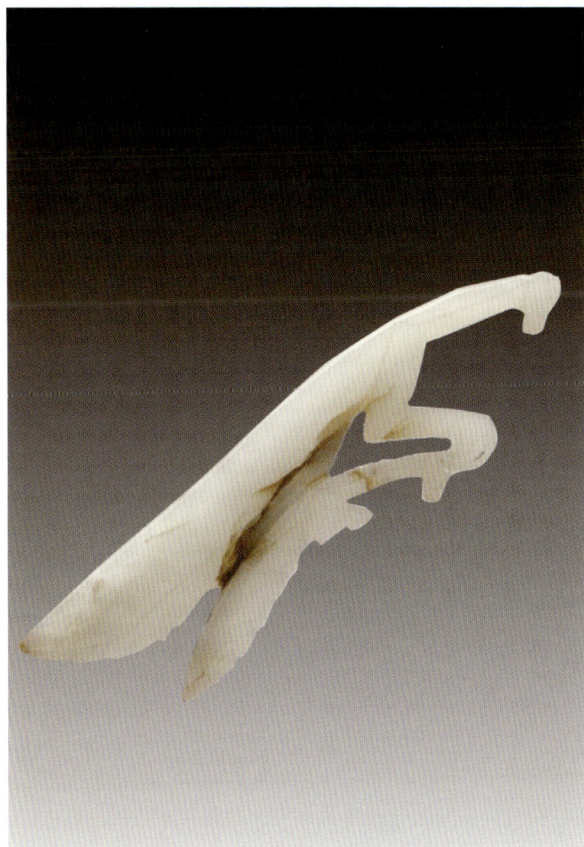

图 9.1 西周 玉螳螂
山西曲沃赵北村出土　山西博物院收藏

图 9.2 西周 玉螳螂 (局部)

图 9.3 西周 玉螳螂 (局部)

读解玉界聊玉石

千种玛瑙万种玉，我们的祖先从"石之美"中开始了玉石不分到玉石分化的审美演变过程，是人类爱美之心本性的充分体现。

首先在这里我想谈谈玉器起源和分化的概念。有的朋友提出玉的起源应该定位在五十万年，文明的起源可以追溯到三万年。为此，我拜读了尤仁德先生所著的《古代玉器通论》和栾秉璈先生所著的《古玉鉴别》以及邓聪先生所著的《玉石起源的一点认识》等一部分专著的相关章节。我感到这是一个对玉文化的定位问题，属于学术范畴，玉与玉器有着根本的区别，不能混淆，而在事实上收藏界俗称的古玉已经成为了古玉器的代名词。石是玉的母岩，玉是石的一种，古称"石之美者"，石之美必须具有五德方能称之为美（真）玉。从美石到美玉的认知，是由于人类爱美的天性在长期劳动生活实践中摸索积累形成的，其形成的根本原因在于人们普遍认为美石美于石，而玉则美于美石。玉器则是通过人为手段对玉进行一定的加工成为特定功能器物的产物，没有人工加工痕迹不能称之为器。

其实玉石不分与玉石分化是两个不同的概念。旧石器时代从玉石混淆到美石与玉的不分，是人类发展进程的必然规律，没有劳动生活的实践过程就不会发现和认识世间万物的各种特性，生产力的发展决定了对物质了解的深度和广度。无论是一百七十万年前的"云南元谋人"制作和使用的石器，还是"北京猿人"制作的水晶打制工具或串饰。无论是在这一时期发现的石英、玉髓、玛瑙、萤石、闪石玉、蛇纹石打制器，还是燧石、黑曜石等硅质石料，玻璃质岩石制成的工具。它们所体现的只是在一个长期孕育中的玉石分化源头的成长过程，这个过程是对玉质了解的过程，是对玉性了解的过程，是一个发现积累的开始。这个过程对玉的俗与美、灵与滞、神与凡等概念分化有着启迪作用，这种启迪孕育了玉石分化的胚胎，拉开了玉器史的帷幕。我的朋友徐树彬老师认为："把一到两万年前或更早的发现划为前期，亦即旧石器时代文化的后一阶段；把一到两万年划分为后期，在考古学上相当于中石器时代。这个划分展现了从旧石器时代晚期出现玉石分化的轮廓，通过中石器时代的实践、探索与磨合，使智人、新人们逐步认识了各种石材的性能，学会了从普通石头中挑选出优质玉材的本领，最终在新时期时代早期确立了玉的位置，导致了玉石分化的形成。"

新石器时代，长期的劳动实践培养和造就了人类在大自然中生存的经验，滋生了对自然界的征服欲及能力。农耕文化、游牧文化、饲养文化、编制文化和制陶文化在这一时期已经为逐渐形成的定居部族生活提供了相对丰厚的资源保障。大自然对人类的"赐予性"有了进一步的提高，而其"制约性"随着生产力的发展逐渐减少。我们应该知道社会的进步是促进劳动生产率提高的根本保障和条件，随着社会的不断发展，生产率的提高就会不断加速，这种加速是呈正比的，是增倍的。玉石分化就是在这种发展和提高中从无到有，一步一步形成的。对于打制石器的定位，笔者认为应该是人类为生存而制作使用中的一种工具，当时的认识不存在玉石之分，而磨制石器的发展应该是工艺学上的一次征服性的伟大革命。通过对美石的碾琢磋磨，先人们有针对性地提高了美石的可塑性，为后人塑造多样性的玉石器物奠定了工艺基础。总体来讲，这个时期，特别是后期已经开始利用原始工艺就地取材制作器物，并形成了风格朴素、造型简概的玉石器物。但是我们应该注意到其"简概"中所酝藏着的极为厚重内涵，"朴素"中蕴藏着极为灿烂的睿智，原始中萌发着极为精湛的未来。但，这不是真正的玉石分化时代，当时虽然已经开始对美石、美玉有了肤浅的认识，但依然是在玉石不分中徘徊。

如果说新石器时期的玉石器反映了当时社会生活和意识形态的各个层面的话，那么这个时期的"玉石分化"已经初露端倪。此时大量充满图腾、神灵、宗教、巫术造型的玉石器为玉器时代的到来奠定了扎实基础，并为夏商时代玉器形成和发展开了先河。应该正确地说"玉石不分"一直延续至今而没有中断，而"玉石分化"从玉器成为"巫玉文化"起已经粗见端倪。我们可以清楚地看到自此以后，玉文化的内涵始终与国家形成后的传统文化，以及阴阳二元文化保持着和谐与统一，玉器的产生、形成、演变、发展、始终贯穿于中国文化史的全部过程。这便形成了我们这个民族特有的一种文化，这在世界文化史上是极为罕见的，也是独具魅力的。

评估玉文化的重要性，我们可以领悟到传承至今的崇玉、尚玉之风和其堆砌的精神堡垒在中国文化史上具有坚不可摧的顽强力量。自古以来，中华民族的道德文化、行为文化、艺术文化、审美文化都在玉文化中体现着代表性的象征，她始终是社会生活、意识形态、文化发展中最具代表性的物质文化种类。她代表了尊重礼仪，推尚道德，崇拜善美，注重温良的民族精神。她是我们民族聪明才智，创造精神，艺术技巧在器物上的集中发挥。玉器发展史就是中华文明史的缩影和再造！

一、石玉千姿叙沧桑

在世界上的尚玉民族中，无论美洲的玛雅人、爱斯基摩人、印加人还是新西兰的毛利人，都无法与中华民族悠久的治玉历史及内涵，丰富多彩的玉器品种，精美绝伦的碾琢工艺以及社会人文发展史的辉煌所相提并论。中国传统玉料多为角闪石类和辉石类。即人们常说的软玉和硬玉。在远古时代玉石不分时期，先民们制作玉器的材料不但有软玉，也包括了岫玉、蓝田玉、松石、玛瑙、水晶、滑石等各种地方玉。而和田玉的广泛使用应是在殷商以后，其玉石材料主要有白玉、青玉、黄玉、碧玉。根据古书上记载，其名称也很杂，如水玉、遗玉、佩玉、香玉、软玉等。并在以后的不断发展中形成了以新疆出产的"和田玉"，辽宁岫岩县出产的"岫玉"，河南南阳出产的"独山玉"和甘肃蓝田出产的"蓝田玉"四大名玉为龙头，其次有密县玉、京白玉、信宜玉、绿松、佘太翠等的材料体系。

在古人的理解中，他们认为玉有着以下几个方面的含义：

1. 万物主宰说：认为玉能代表天地四方神明以及人间帝王，能够增进神与人之间的交流，传达上天的信息和意志，是四方神灵和人类的主宰之媒介。

2. 天地精华说：认为玉由天地万物的精华形

成，具有神奇无比的力量。

3.玉有五德：仁、义、智、勇、洁。其实"五德"这是有所指的，它不仅仅代表了真玉质量、结构、外表所比喻的思想，同时也是鉴定真玉的标准。

4.辟邪除祟说：认为玉有超自然的力量。人们随身佩玉，可以增加抵御邪气侵袭的能力，因为玉能辟邪除祟，保障佩玉人的安全和吉祥。

5.延年益寿说：认为玉具有能使人长寿的功能，人们通过佩玉，食玉等可以永驻青春。

古人把玉本身具有的一些自然特性赋予了人的品质，树立了"君子"应具有的品德的标准，并加以崇尚和歌颂。翻开历史，玉文化为我们解读了它的发展进程。新石器时期人类受地理环境和生产工具条件的限制，开采（准确地说应该还处于采拾阶段）玉料的特点是"就地取材"或"就近取材"，拾玉点距离生活部落一般甚近，便于运输。采拾的主要形式是在玉矿脉露头处敲击剥离矿石或拾拾已风化剥落的玉料，其中也包括水中的籽料。除透闪石玉料外，当时人们制作玉器最早应该是玛瑙，还包括绿松石、青金石、玉髓、琥珀、水晶、萤石等。在这个时期，原始用玉以及附加的文化涵义，在玉材的使用和加工上呈现出鲜明的地方色彩。例如，红山文化玉器原料一般呈黄绿色，产自辽宁岫岩软玉矿；良渚文化玉器用料产自江苏溧阳小梅岭，玉质较粗杂，玉料呈现结构不均匀的状态；齐家文化玉器玉料中带褐色圆斑点，而不透明的是产于西北地区的"布丁石"。新石器时代晚期，随着人类活动范围的扩大，各原始文化之间物质交流增多，长距离运输玉料的现象开始出现。这个时期的玉料的输送很可能并不是由一个部落来完成的，而是由分布在传输路线上的诸多部落通过转手贸易形式实现的，而这些原始部落往往也有用玉的风气。拿著名的和田玉来说，就是自西向东由齐家文化、兴隆注文化和陶寺文化接力式传入中原的。

夏、商、西周时期，随着中原王朝的建立和用玉制度的完善，需求玉料大增，使用标准逐渐严格起来，这个时期装饰玉器多采用和田玉作原料。当时和田玉虽大量传入中原，但限于运输工具的条件，玉料的块度都不大，而且颜色较杂，有白、青白、青、绿、墨等。由于玉料来之不易，故玉工在加工器物时十分珍惜玉料。考古资料记载："经检测，殷墟商代晚期妇好墓出土的755件玉器中，大多数为和田玉，还有一些岫岩玉和独山玉。"商周时期一些形体较大的礼制玉器，如戈、矛、戚等，是用牙黄色或灰黄色玉料专门制作的。这种玉料玉质细腻，但不透明，从背面透光呈红色，产地至今不详，流行于中原的新石器时代晚期至西周时期。根据《周礼·春官·大宗伯》记载："以苍璧礼天，以黄琮礼地，以青圭礼东方，以赤璋礼南方，以白琥礼西方，以玄璜礼北方。皆有牲币，各放其器之色。"这其中的苍、黄、青、赤、白、玄指的就是玉质的颜色，此中不妨可以析读出当时玉器所用玉料的繁多之种类。

春秋、战国至汉代，是中国封建社会中央集权国家形成时期，此时和田玉成为了玉料来源的主体，其他产地玉料逐渐减少，此时的制作工艺也由于制玉工具材料的变革有了极大的提高。东西两条"玉石之路"的开通，促使和田玉输入量大增，和田玉的开采达到了一定的规模。当时，中原玉工在加工玉料时是有很多选择的，但选用料好、无绺裂、色泽纯的玉料制作器物是首选。战国至汉代，玉器的体积逐渐增大，玉璧最大直径可达30多厘米，特别是出现了较大的玉制容器，如玉耳杯、玉卮、玉奁、玉盒等，说明玉料的块度开始增大，这与交通条件、运输工具和开采技术的改善有密切关系。

其实，所有的爱玉人都蓄意地规避着玉的一个弱点。玉的脆性就是它的第一属性。这脆性如儒生的生命那样，成为美丽的道德易碎品。在某种意义上，破碎就是玉的死亡形态，它完成了负载着的宿命穿越了时间的走廊。与其他品质相比，脆性更深地隐喻了士人知识分子的生命特征。但直到南北朝时期，"宁为玉碎，不为瓦全"的格言，才被罹难的文官说出，被四下传播，成为之后儒生的经典训诫。这是人的生命和石器生命之间的神秘对应。在所有的玉德之中，这是最具道德性的一种。

二、真玉脱颖道史话

我们已知世界有三大古文字，一个是古巴比伦的楔形文字，二是古埃及的圣书文，这两种文字早已消失了几千年。唯独中国的古文字流传下来了，那就是甲骨文。"玉"字始于中国最古的文字，商代甲骨文和钟鼎文中。汉字曾造出从玉的字近500个，而用玉组词更是无计其数，汉字中的珍宝等都与玉有关，后世流传的"宝"字，就是"玉"和"贝"的合字，这是以"玉"被私有化而显示出它的不可替代的价值。发展到今天"玉"和"王"之间有着不可分割的紧密联系。中国人把玉石看做是天地精气的结晶，是人神心灵沟通的媒介，这让玉石在中国有了特殊的地位和意义。

玉石文化起源于距今七八千年的石器时期，先于丝绸文化、茶文化、瓷文化和酒文化，是中华文化最早的文化形态之一。中国文化的重要特点是既注重物质的实用性，又注重精神的艺术性。而玉石文化具有这两重性，作为实用的玉石器与财富相关，作为艺术品的玉石器与精神世界相关。从古至今，玉被应用于中国人生活的各个方面，是权力、地位、财富的象征。玉石文化始终影响着中国人的民族心理、民族性格、民族感情，玉石文化是中华民族文化的基石之一，这也是区别于世界上其他文明起源的一个重要标志。

目前，考古学家对发现第一玉，有很大的争议，但大家对古玉的发展认识还是比较一致的，即分成三个阶段：

第一阶段：自然崇拜的阶段——从旧石器时代人类开始使用石器到夏，直到商代晚期。

这个时期里，古人对玉石的自然崇拜发展到了图腾的崇拜，大家认为玉不仅仅好看，更是沟通神灵的石头。人们把玉当成人们沟通天地、敬神祈福的器物。这个时期的玉器，在造型、纹饰和观念上都呈现出强烈的神秘感。

第二阶段：厚德载物的阶段——由周朝至汉朝。

从商到周是我国封建社会形成的重要历史阶段。在这个阶段，玉被理性化、崇高化和神圣化了。尤其是在孔子出现后，孔子很喜欢玉，他提出"比德于玉"的观点。由此又将这一理念注入至玉器之中，使其蕴含了儒家文化丰富思想和社会道德意义，并在玉文化中占据了极其重要的地位。早在周，先人们就奠定了中国玉石文化的基本格局："礼、葬、饰、摆"四个大类。到春秋时期，随着和田玉大量进入中原，古人对玉的喜爱也达到鼎盛时期。当时的古语"宁可食无肉，不可身无玉"正是当时的写照。据相传秦始皇也用当时最有名的和氏璧制成了皇帝印章，成为早期"玉玺"的首范。

第三阶段：全民崇爱阶段——从魏晋时期直到清朝末期。

魏晋时期，玉石文化曾陷入低谷阶段，那是因为当时社会动荡不安，百姓无精力去爱玉，加上当时流行玄学，民间流行吃玉，很多古玉都被视作长生不老的仙药吃了。直到宋朝开始，玉石文化才又一度繁荣，皇家设立了玉院，形成了宫廷用玉体系。和田玉贸易、制作鼎盛，由此形成了以苏州为中心的民间制玉集散地。明代皇室爱玉成风,也是民间玩玉的兴隆时期。

而清代则是我国玉器发展的巅峰。当时宫廷玉器器型之广、工艺之精、数量之多、品种之全、加工技术之高、装饰之华美,达到了前所未有的地步。清康熙帝时开通了缅甸翡翠进入中原的路线,乾隆皇帝出军收复新疆,重新打通了和田玉向中原流通的通道,这些都奠定了玉在中国古代兴盛的发展之路。

中国古玉器的发展史,其文化内涵不仅包括设计艺术、雕琢工艺、文字记载等,而且还包括古玉器丰富的礼仪功能、宗教功能、经济价值和装饰功能价值。在古代,玉象征伦理道德观念中高尚的品德,儒家有"君子比德于玉"的用玉观。东汉关于"玉、石之美者,有五德"的说法,就是将玉石的五种物理性质比喻为人的五种品德:"仁、义、智、勇、洁"。古玉器的礼仪功能一直占中国古玉器的主流,"六器"是封建社会礼仪用玉的主干,即用六种不同形制的玉器作为祭祀、朝拜、交聘、军旅的礼仪活动玉器,这就是《周礼·春官·大宗伯》所说的"以玉作六器,以礼天地四方,以苍璧礼天,以黄琮礼地,以青圭礼东方,以赤璋礼南方,以白琥礼西方,以玄璜礼北方"。

古玉器的政治价值表现在古玉器是社会等级制的物化,是古代人们道德和文化观念的载体。出土玉器基本上出自有身份和地位的大中型墓葬中。早在春秋战国前,就有"六瑞"使用的明确规定,六种不同地位的官员必须使用六种不同的玉器,《周礼·春官·大宗伯》记载:"以玉作六瑞,以等邦国。王执镇圭,公执桓圭,侯执信圭,伯执躬圭,子执谷璧,男执蒲璧。"从秦朝开始,皇帝采用以玉为玺的制度,一直沿袭到清朝。唐代明确规定了官员用玉的制度,如玉带制度。此时,玉的装饰功能始终是玉器的主要功能之一。

它包括了玉珠串、手镯、玉佩等人体装饰用玉,玉剑饰、玉带钩、玉带扣等服饰装饰用玉,玉山子、玉制瓶、玉制炉熏等陈列装饰用玉等。

现在的爱玉之人不可忘记这一段玉文化史诗中的最早文字记载。当妇好痴迷于真玉之始,便造就了新疆和田玉鼎立中原的玉文化巅峰,她是中国历史有记载以来的第一位"玉痴"。在1976年的考古发掘中,妇好墓中发现了大量随葬的精美骨刻刀、玉器、骨笄、玛瑙珠等女性饰品,以及大石蝉、小石壶、石垒、石罐等供玩赏的"弄器"。其中仅玉器就出土了755件之多,其中大部分为和田玉材质。根据殷墟出土的甲骨文卜辞有"登妇好三千,登旅万,乎伐口"的记载。解读其意便知,商王武丁征发妇好所属三千军队和其他士兵一万人,前往征伐羌国。而羌族便是盘踞在蕴藏丰富和田玉资源地盘上的一个部落。殷王室为了俘获奴隶、扩张领土和获得宝物而与周边的氏族部落进行了多次战争,其中与鬼方(即"土方",亦名"熏鬻")的战争规模极大,持续时间也很长,征鬼方的战争整整进行了三年。这次战争的目的之一就是为了掠夺真玉,夺取鬼方手中的玉石,逼其纳贡称臣。又据卜辞记载,妇好曾征夷、土、羌等方国,说明妇好生前确实起兵讨伐过鬼方。据此推测,殷王室很有可能通过"玉石之路"往东夷、百越、鬼方、羌方等区域和方国征玉,而非直接进军和田采玉,殷商所用玉料应该都是从上述四个方国征取来的,故其玉贡之路均为间接的、近距的线路,这与史前玉路情况有所不同。这条殷商"玉石之路"的开启,为和田玉进入中原奠定了扎实的基础。

三、古玉情怀儒释道

人类所创造的文明,在物质精神的烘托之下,留下了文化的宝贵遗产。玉器作为一种重要的物质文化遗产，不仅在中华数千年历史的长河中发展，同时也创造了光辉灿烂的中华文明。这种创造很大程度上 应该理解为是主创的角色。这种扮演着不同角色的主创器物，之所以经久不衰，包括了具有博大精深内涵的宗教礼仪功能。人类在图腾崇拜中的用玉，以璧、琮、圭、璜、琥、璋六器为主体，并施以皮、帛、锦、绣等加以辅助，逐渐建立完善了一整套相应的玉制制度。《周礼·典瑞》曰："大祭祀、大旅，凡宾客之事，共其玉器而奉之。"《周礼·肆师之职》曰："立大祖用玉帛牲牷，立次祖用牲币，立小祖用牲。"其中都可以隐约地发现其中和宗教文化的关联。

玉被士人知识分子所普遍配戴，由此引发了玉的世俗化的浪潮。儒家是玉的民间化运动的最大推进者，但玉的阐释权自此被儒家所征用和垄断。在很长一个时期，玉就是儒生精英阶层的身份标记。贫困的文士无法拥有和田玉佩，只能用劣质石器替代。那些寒伦的石头，悬挂在褴褛的衣衫之间，仿佛是一个孤寂灵魂的坚硬写照，不屈地书写着自我人格的神话。此时，众儒运用儒学思想将玉赋予了生命，并附加了人格化的意义，进而生成了具有礼学思想的用玉体制。以儒家的仁、智、义、礼、乐、忠、信、天、地、德等传统观念为基础，结合真玉原有的各种质量特征，玉被诠释为具备道德内涵的特殊材料神圣器物。随着玉有五德、九德、十一德等一系列学说应运而生。于是便更加深化地释读了玉之属性，并赋于了哲学之道德化的理念。这种选择性的排列玉之形制，赋以爵位等级之政治化。是当时礼学与玉器研究的高度理论概括。许慎《说文解字》称玉为"石之美者，有五德"即仁、义、礼、智、信。"君子比德于玉焉""君子无故玉不去身"，要求人格高尚的君子的品德具备玉所特有的仁、义、礼、智、信、乐、忠、天、地、德、道等修养，做到"温润而泽""温其如玉""温温恭人"等

规范的行为要求。《礼记·聘义》："温润而泽，仁也；缜密以栗，知也；廉而不刿，义也；垂之如坠，礼也；孚尹旁达，信也。"非常明确地体现了玉器在儒家学说的指导下，所建立起来的以礼制和佩饰为主体的儒家玉器体系。《论语·乡党》中有极为生动地描述孔子执圭的情况，"执圭，鞠躬如也如不胜"。《论语·阳货》："礼云礼云，玉帛云乎哉？乐云乐云，钟鼓云乎哉？"便是强调这种思想的内容与形式之间的统一，问与质之间的统一。《礼记》载，子贡问孔子，为什么君子以玉为贵而以碈贱？难道是因为玉少而碈多？孔子回答：不是，是因为君子比德于玉。也就是说君子要使自己的品德像玉一样，玉比碈所代表的内容丰富。这也反映了儒家学派创始人对玉与礼，玉与道德的总体认识。儒家对"玉德"的阐释就是利用玉所特有的物质性，把抽象的伦理道德观念具体形象化了。

古玉器的宗教功能最早体现在古人图腾崇拜的用玉之上，而佛教文化的用玉，也是中华文明的独特文化之一。佛教传入中国和其他汉文化相属的国家和地区后，虽然也曾遭到排斥，但其经文含义不断地加入汉文化元素，不但迎合了统治集团的爱好，也深入到了当时社会意识形态领域的每个角落。当时，许多人虽然并不信奉佛教，但受到佛教义化在中华大地长期向广泛地的影响却是不可回避的。这种不断地加以修正和汉化的佛教思想，影响了一代又一代的华夏汉民，最终被接受，并演化成为了一种信仰。与玉文化同时传承至今的佛教文化已有两千五百多年的历史，佛教以经、律、论三藏和戒、定、慧三学为基础，主张人们向善向慧。福圣玉将佛文化与玉文化完美地结合起来，采玉之灵气，融佛之教文，并以其博大精深，成为玉文化与佛文化交织与共的典范之一。一尊佛像和一件吉祥工艺品如果没有开光，那仅仅是一件艺术品，还不能供人们顶礼膜

拜，只有开光加持或念经后，才具有了灵气。这种灵气的喷薄，使得人们对福圣玉的向往与崇拜之情愈加深厚。国内现存供奉在寺院内的大量玉佛就是有力的证明。

佛教文化在两汉时始入中原，到魏晋南北朝时开始繁盛，玉文化与佛教文化的相融，在唐代玉器中达到巅峰。这个时期玉器中的佛教文化内涵丰富多彩，这也是唐代玉器的重要文化特色。其中，由佛教神像乾闼婆与紧那罗为原型的白玉飞天，其造型长裙飘逸，祥云烘托，手持莲花，仙游天界。其艺术风格飘然妩媚，情韵连绵，其灵动之美彰显了神采飞扬，圣洁高贵的人物与佛之间的互动妙意。白玉莲瓣纹钵盂造型犹如一杯白莲，怀抱莲籽。其造型纹饰典雅庄重、清净达意。查《无量寿经》："七宝钵器，自然在前。"

《敕修百丈清规》："梵云钵多罗，又呼云钵盂，即华梵兼名。"此类经典举不胜举，可谓莲花池中众佛心，玉佛印证净与静。

中国的佛教文化与玉文化是在共同的意识中相互影响的，在精髓部分的渗透中，共同闪烁着悠久文明历史的篇章。这些精髓化解在大量佛教和佛文化的经传和义理之中，反映了与玉文化有着不可分割的渊源。

宗白华在他的《美学散步》里说："汉末魏晋六朝是中国政治上最混乱，社会上最苦痛的时代，然而却是精神史上极自由、极解放、最富于智慧、最浓于热情的一个时代。因此，也就是最富有艺术精神的一个时代。" 当时儒家礼玉制度日渐衰落，道教"贵生""贵术"的用玉思想悄然继承了先秦玉文化的精髓，以一种隐性文化

图 10.1 良渚文化 玉钺
浙江余杭反山出土

图 10.2 玉钺（局部） "神人骑神兽"

图 10.3 玉钺（局部） "神人骑神兽"

图 10.4 玉钺（局部）"神人骑神兽"（特写）

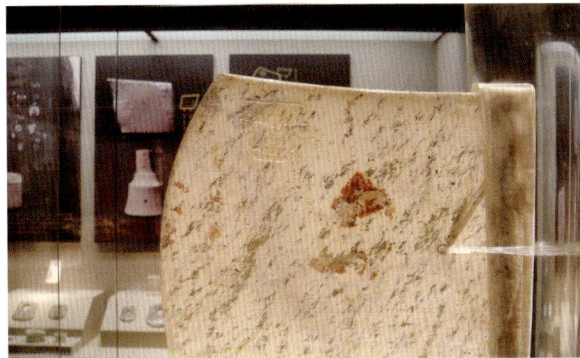
图 10.5 玉钺主体（局部）

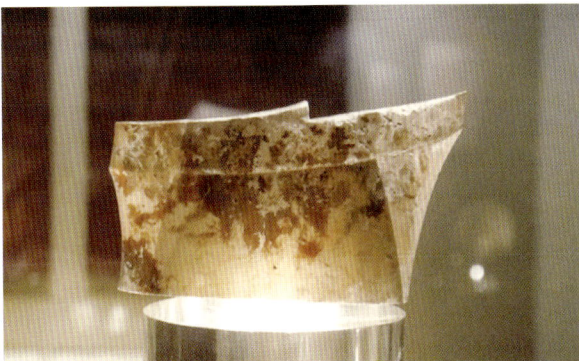
图 10.6 玉钺冠饰

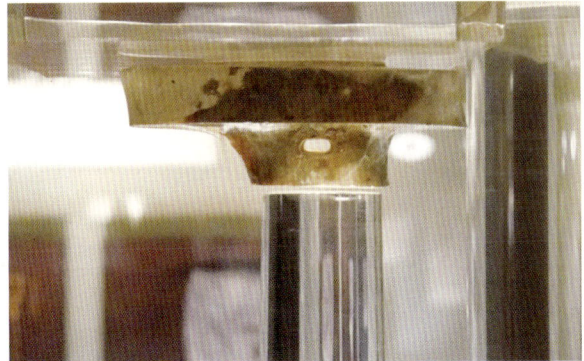
图 10.7 玉钺端饰

的形态渐渐地反映出来，给处于低潮的中国玉文化赋予了新的含义。从而将处于社会背景大变化而引起的玉文化功能实行了转化，拯救了玉文化的衰亡。由于他能适应社会各个阶层的所需和喜爱，"一者老子无为，二者神仙饵服，三者符禁厌"。在民间和上层士大夫阶层颇受青睐。也正是因为如此，道教对中国玉文化日渐偏爱，才致使玉文化在儒家礼玉制度衰落的背景下得以延续和发展，没有产生断层的局面。道教从药用、丧器、法器入手，展示了辉煌的道教思想与玉相合的所在。再次把玉文化推向一个新的里程碑。从"玉皇大帝"到"玉女玉郎"，天界地域为"玉京玉清"，所居之处曰"玉阙玉楼"，其书称之"玉简玉册"，更有那动植物封以"玉兔玉蟾"、"玉树玉花"。道教文化的神物美称有相当一部分与玉文化息息相关，有着不可分割的内在联系。而在道教文化的精髓之中，尚玉之迹比比皆是。道教思想认为，玉是自然界的精华具有超自然性。玉有灵通，可以升飞，玉为阳物之精，生服可以延年益寿。玉有祥瑞之征，可远祸近福除慝辟邪。道教文化，体现了用玉思想的文化功能单一性和

明确性。可是它对玉信仰与崇拜思想基础的来源却是多元的，其内涵既有远古人神的沟通理念，也有对"易家"、"阴阳家"和本身教义的糅合。既有对少数民族和外域文化的吸取，也有对"儒家"礼制的承袭和改造。既有秦汉"术"的利用，也有民间观念的接纳。

从功能和造型两个方面来品评当时的玉器以及工艺，且其功夫的最高境界是"善射之不注，妙斫轮之不传"，十分清楚地反映出这一时代老庄循序渐进以体"道"来达到艺术自由解脱的典型思维方式。所以，魏晋南北朝玉器是反映道家思想的一种载体，它在我国儒道互补的思维史上，是最完整体现玉雕器物艺术性的时期，也是最受人热爱、最能表现主体精神的时期。道家的艺术精神注入其中，使魏晋南北朝的玉器美学思想也呈现出鲜明的特色。宋代以后，随着儒、释、道的合流，再加上道教从"出世"到"入世"的转化，完全淹没了原有的用玉方式。至此玉成为了统治阶级和达官显贵手中的玩物和把件，玉文化的精髓和宗教价值也变得远逊于其玩赏和收藏价值了。

入门先知玉家谱

中国玉文化经过了数万年萌生演变，具有深厚的文化底蕴和悠久历史，这种悠久底蕴具有顽强的的生命力。零八年北京奥运会上的奖牌，就是古老的玉文化传统与当代奥林匹克人文价值交汇相融的典范，她也是古老中国玉文化魅力的见证。当今，沁色、氧化层、功能、玉材、形饰、铭文等若干信息的准确性，已经成为人们辨别古玉真伪的信息来源，而其中首要的是鉴别真伪与断代。断代鉴定可分为宏观和微观两个大类。宏观断代鉴定的空间范围是以"纪"乃至"十纪"为其量标的，而微观断代却是以十年或几十年为最小量标的，有些器物由于其相关的指证完备，能落实到年月日的微小量标。笔者认为从玉文化宏观的角度来划分断代标准，还可分为巫玉—神玉—王玉—民玉四大阶段。这四大阶段则是古玉宏观时代鉴定的最大、最长的切断层面，这是我们鉴定时必须首先把握的基本认知。当然在巫玉之前，玉器工具已经进入了人们的生活劳动之中，但它的出现还尚未形成美玉之概念，依然停留在打制石器和磨制石器的玉石不分层面。

巫玉阶段：

谈到巫玉，有必要先谈谈"巫"字，现代很多人把"巫"字划归为贬义词。这是因为现代科学思想的发展促使了其词义的性质发生了变化。从历史的角度分析，"巫"作为一种远古时代的神职人员职业的代名词，其词的含义是神圣的。

考古工作者将距今 10000—4000 年设定为巫玉阶段，在这个发展阶段，史前玉文化的繁荣有力地推动了神的作为。巫觋创造了神，并利用和依靠神的力量来统治当时的社会生活和意识形态。考古出土的遗存都明显地反映了巫觋施法、卜筮、祭祀、行医的一些现象。这种现象特别集中地体现在史前文化的各类玉器之上，红山、大溪、凌家滩、良渚、石家河等玉器的出土很好地证明了这一点。这种创造和发展一直延续到商晚期，就

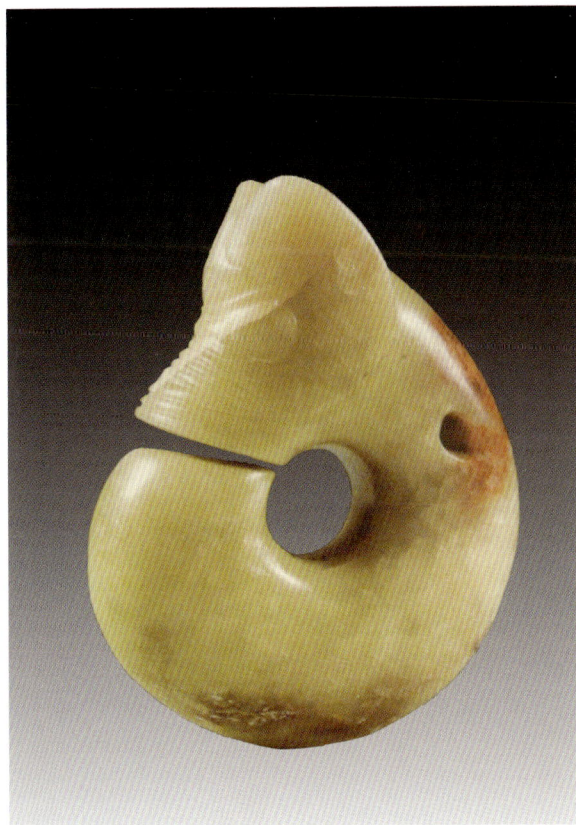

图 11.1 红山文化玉雕龙
辽宁省朝阳市牛河梁遗址第二地 1 号 4 号墓出土

27

图 11.2 红山文化玉雕龙（局部）

图 11.3 红山文化玉雕龙（局部）

是科学高度发达的现今，我们依然可以寻觅到它的踪影。巫玉文化的影响，遍及我国东北、东南、西北、长江中下游、黄河流域及周边不同民族的区域，形成多个玉文化板块和亚板块。其深远的作用在于促使史前社会有了巨大的发展和进步，为中华文明铺设了奠基石。

神玉阶段：

神玉作为统治者独享的一种神圣器物，是人间奉献给神灵的精英瑞物。夏商周（业内称之为"老三代"）所使用的祭祀用玉礼器，行家们尊称其为神玉。因为它们包含了当时的精神、权力、地位、图腾、祈福等等的文化现象，包涵着诸多

图 12 唐 白玉飞天
上海博物馆馆藏

的精神文化内涵，它是继巫玉后与巫玉内涵既相同又有其自身特点的一种文化延伸和拓展，它是玉文化进程中的又一个源头。

当集神权、王权于一身的统治者们，在社会中受到极端尊崇的背景下，他们需要通过一定的手段和方式来控制庶民的精神追求，来掌握和支配其拥有的至高无上权力。在统治的过程中，统治者迫切需要有一种实物载体来展现自己的威仪，来传播自己的思想和理念，来体现自己不凡的地位和能力，来维护其统治阶层的巩固与威信。而被视为凝聚着天地山川日月之精华，温润泽厚具有神秘魅力的玉石器，恰恰就是满足这些需求最好的天然载体。

神玉是当时社会统治阶级独享的一种神圣器物，是由当时的统治者倾全国之力经过繁复的工序，怀着极为虔诚之心打造出来的玉器。而拥有或保管这些精美器物的人，在当时人们的心目是被认为具有以玉通神神秘法力的"圣人"。当时的统治者就是利用这些精心雕琢而成的精美玉器来实现，人与天地以及诸神灵沟通的。另外它也是供奉先祖等隆重祭祀仪式中不可缺少的器物之一。神玉的出现体现了阶级的分化和强权统治地位的巩固，体现了巫师已经开始为统治阶级服务

图13 宋 白玉飞天
上海博物馆馆藏

的现实。

王玉阶段：

王玉阶段从夏至清历史极其悠久，内容极为丰富。这主要是因为在各个历史阶段，王或帝都掌握着生产、使用玉器的特权。从夏商周三代王玉到了秦汉已经演变成为帝王玉，玉器的主要功能逐渐形成了以礼器(六器)、祭器(六瑞)、仪仗、用具、器皿、佩饰等一些列完整的内容，其主要加工铊机设备也从石质、陶质、青铜变成了铁质。翻看历史的每一页，不难发现历朝玉器均有自己的时代风格，其特征非常清晰明确，这些客观地印记为今人的断代鉴定提供了可靠的佐证。尤其

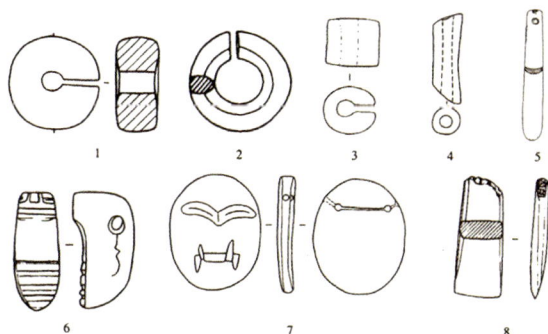

1. 玦(白音长汗 M2：2) 2. 玦(兴隆洼 M117：2) 3. 玦(查海 T0505②：1) 4. 管(白音长汗 M2：21) 5. 匕形饰(查海 T0307②：1) 6. 蝉(白音长汗 M7：1) 7. 人面形饰(白音长汗 T27②：7) 8. 锛(查海 T0604②：2)

图15 兴隆洼文化玉器线描图
(图片来自《内蒙古敖汉旗兴隆洼聚落遗址1992年发掘报告》、《查海遗址1987—1990三次发掘》、《白音长汗——新石器时期遗址发掘报告》)

图14 兴隆洼文化玉玦
直径4.2-4.4厘米 孔径0.9-1.5厘米 厚1厘米
内蒙古白音长汗遗址4号墓出土
现藏于内蒙古文物考古研究所

在春秋时期"君子比德于玉"理念的普遍共识，使我们不得不深刻地认识到孔子及儒家为此作出的重要贡献，即将玉从神那里解放了出来，交给"君子"，成为了德的载体。

民玉阶段：

民玉是在王玉与神玉的夹缝中脱颖而出的一种特有文化现象。这种现象几经磨难打压，随着时代的步伐顽强地生存和发展着，最终变成了雅俗共赏的普及文化现象。民玉的逐渐形成与发展，从宋至今传承有序，几度辉煌。可以这么说，没有的民间的推崇和挚爱，就很难形成玉文化的普及和传承，因为她没有超越审美赐福以外的任何遐想。民玉的存在促进了工商业的发达和玉器商品化的生产，这是玉文化史诗中的一个辉煌篇章。当时许多工商、富户人家纷纷从制玉作坊购置玉器，用于喜庆、佩戴、文房、宴饮、鉴赏、收藏等物质文化生活的各个方面。这加快了民玉商品化的步伐，民玉她没有礼玉特殊的阶级属性，与王玉不同，民玉的特点是更加贴近民间生活，有着生动清新的，祥和喜庆的艺术风格。

中国玉文化的特性可以概括为"神玉文化""礼玉文化""赏玉文化"三个主要类别。由于玉的诞生,流传在人间的神器,第一次具备了神祇的特征。这就是作为神器的玉所能提供的全部意义。它的神性与神通,通过巫师的再造,成为了至高无上的代言器物。在其进入了广阔的政治和道德领域后所形成的礼器规制,成为了帝王、官吏和民众行为规范的典章。它爱憎分明,展示着鲜明的大无畏风格。它温莹宽厚,在中古世纪的黑夜里彰显着明月清风非俗物气度。正所谓上品之玉,来自深山,出自幽谷。善赏玉者,先观其质,再察其形,由静而动,由形而神似。制玉巧匠,竭尽碾琢,或龙凤、或神兽、或飞天、或云纹,随珠和璧,琮璜圭璋,融会贯通,众妙毕备。

图 16 赵宝沟文化 玉斧
长 13.5 厘米 宽 6.3 厘米
内蒙古敖汉旗润苏莫苏木羊羔庙遗址出土
现藏于敖汉旗博物馆
(图片来自《中国出土玉器全集·第一集》)

图 17.3 赵宝沟文化 石筒形器(局部)

图 17.1 赵宝沟文化 石筒形器
内蒙古敖汉旗王家营子乡小东梁出土
内蒙古敖汉旗博物馆收藏

图 17.2 赵宝沟文化 石筒形器(局部)

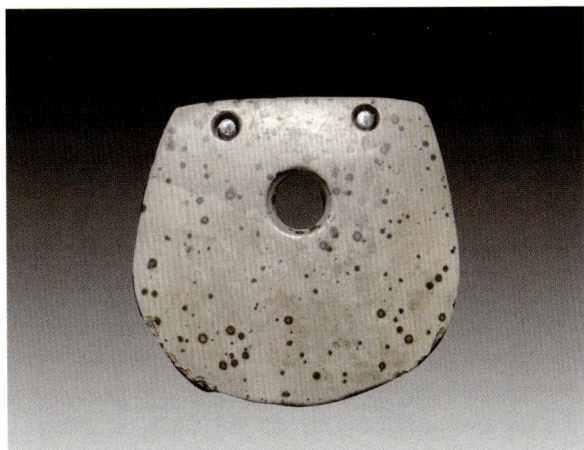

图18 红山文化 玉钺
长 15.6 厘米 宽 14.2 厘米
中心孔径 2.8 厘米 边缘孔径 1.2 厘米—1.4 厘米
内蒙古敖汉旗份子地遗址出土
现藏于敖汉旗博物馆

一、西辽河流域玉器

汇聚了西拉木伦河与老哈河两大水系的西辽河，在辽西大地上孕育了远古玉器绚丽夺目的篇章。辉煌璀璨的玉文化主要源头之一，贯穿了兴隆洼文化、赵宝沟文化、红山文化、小河沿文化的脉络。在这个相对独立稳定的空间时段里，纵横交叉的结点定位了一部玉文化靓丽史诗首卷。

1. 兴隆洼文化玉器

兴隆洼文化玉器是西辽河、大凌河流域与燕山南麓地区考古资料记载至今已知最早的新石器时期遗存之一，距今大约 8000—7000 年左右。在对兴隆洼文化遗址的考古挖掘中，兴隆洼、兴隆沟、林西白音长汗、阜新查海都发现有出土玉器，其中尤其以玉玦为多，其他还有锛、人面饰、管状器、匕形器、蝉形器等。

新石器时期的玉器目前已知为东北地区兴隆洼文化及查海遗址出土的玦最早。玉玦的研究是一个非常广泛而又深刻的问题，从整个东亚地区已出土的玉器来看，玉玦可以认为是最早、最富

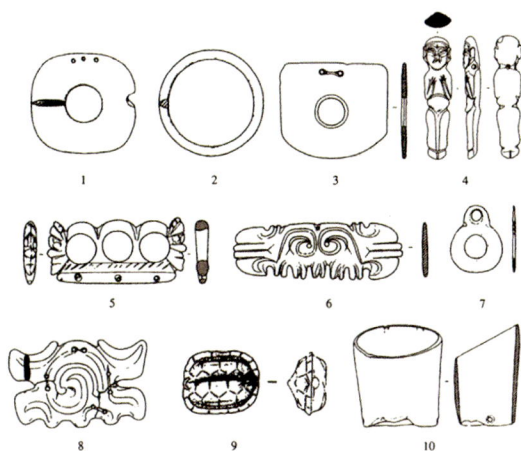

1. 璧（牛河梁 N2Z1M21：20） 2. 镯（牛河梁 N2Z1M22：3） 3. 钺（牛河梁 N2Z1M23：2） 4. 人形饰（牛河梁 N16M4：4） 5. 梳背饰（牛河梁 N2Z1M17：1） 6. 带齿兽面形饰（牛河梁 N2Z1M22：2）7. 双联环（牛河梁 N2Z1M21：7）8. 勾云形佩（牛河梁 N2Z1M24：3） 9. 龟形饰（牛河梁 N2Z1M21：10） 10. 斜口筒形器（牛河梁 N2Z1M21：1）

图19 红山文化玉器线描图
（图片来自《辽宁牛河梁的第二地点一号冢发掘简报》《牛河梁第十六地点红山文化积石冢中心大墓发掘简报》《牛河梁红山文化第二地点一号冢石棺墓的发掘》）

有内涵的器物。它的演变以及发展的过程致使其至今依然存在于人们的生活之中。虽然其全部的内涵发生过许许多多的变化，但作为美与财富的象征，其风采依旧。新石器时期这种对美的认识，是人类爱美本源的回归，它促就了玉文化的发展，造就了一个具各民族文化集合体与独立地域文化相互影响的氛围，为玉文化的新盛不衰奠定了扎实的基础。

2. 赵宝沟文化玉器

赵宝沟文化是辽西地区继兴隆洼文化以后的又一次新的发现。其主要分布于燕山北麓的大凌河、教来河以及燕山南麓的滦河流域，距今大约在 7200—5200 年之间。1982 年考古工作者在赵宝沟遗址采集发现了一批未知特征的陶片，为了搞清其文化内涵，1986 年对赵宝沟遗址进行了考古发掘。在考古发掘的过程中发现了玉器，其主要有玦、穿孔斧、凿、钺、蛙型器等。但由于迄

今为止还没有发现赵宝沟文化的墓葬，故出土玉器还是比较少的。

3. 红山文化玉器

其实，辽东、辽西、内蒙古东南地域的考古早在19世纪末，20世纪初就已经开始了。当时，法国、日本、俄国、瑞典等一些国家趁我国国力衰弱之际，纷纷光临此地，甚至进行了疯狂的掠夺式发掘。从1921年瑞典人安特生在锦西沙锅屯的遗址发掘，到梁思成1930年推出的"东北考古"计划，以及日本人1933年到1935年的赤峰红山后两度的挖掘，都为人们提供了较为丰富的红山文化考古资料和实物。20世纪70年代以后，我国的考古工作者对红山文化坛、庙、冢和墓葬群的新发现，引发了学术界对中华文明五千年起源的热烈讨论。红山文化玉器更是享誉了"文明使者"的美称，成了人们关注的焦点。与此同时，那些早年被海内外博物馆和民间收藏的红山文化玉器也逐渐被人们所认识，成为收藏追捧的热点，其价格也是一路攀升。

从文化和玉器演化的角度来分析，考古工作者把红山文化玉器的遗存归类于早、晚两个不同阶段。早期以内蒙古克什克腾旗南台子遗址为代表，晚期以辽宁朝阳牛河梁遗址为代表。可以基本确定的是红山文化玉器存在年代应该在距今6000—5000年。在这里还必须提及的是红山文化玉器的发现，不仅仅局限于我国境内，在外蒙古、俄罗斯的西伯利亚地区和贝加尔湖流域及远东地区也都有类似红山文化玉器的出现。这些考古发现说明了红山文化的影响范围之广，比过去人们意识中所认识的还要广泛和深远。

在整个红山文化涵盖的地域中，辽宁阜新胡头沟、喀左东山嘴、建平和凌源的牛河梁以及内蒙的克什克腾旗南台子等地都有玉器发现。红山

图20 小河沿文化 棍棒头
内蒙古敖汉旗萨力巴乡七道湾子出土
内蒙古敖汉旗博物馆收藏

文化玉器的形制种类极为丰富，其主要器形有玦、环、璧、珠、坠、钺、斧、锛、管以及棒性器、筒形器、丫形器。还有三孔形饰、兽面玦形饰、兽面饰、人形饰、鸟形饰、龟形饰、虫形饰、勾云纹佩饰等诸多器形。

4. 小河沿文化玉器

小河沿文化是1974年在对内蒙古敖汉旗小河沿乡南台地考古发掘发现的，并确定了其作为一个独立考古文化类存在的必要性地位。小河沿文化主要分布于西拉木伦河、老哈河与教来河流域。关于小河沿文化年代的问题学术界颇有争议，这种分歧基本可以归纳为两种不同意见：小河沿文化晚于红山文化，早于夏家店下层文化，距今大约在4500—4000年；另外一种看法认为，小河沿文化的上限应该等同于红山文化晚期，下限与庙底沟二期文化相似，距今大约5000—4500年。

主要集中在河北北部、辽西北部、内蒙东南部的小河沿文化，在敖汉旗石羊石虎山、翁牛特旗大南沟和半砬山、克什克腾旗上店、扎鲁特旗南宝力皋吐以及河北阳原姜家梁等地的遗址发掘中均发现了数量不等的玉器。根据出土的小河沿

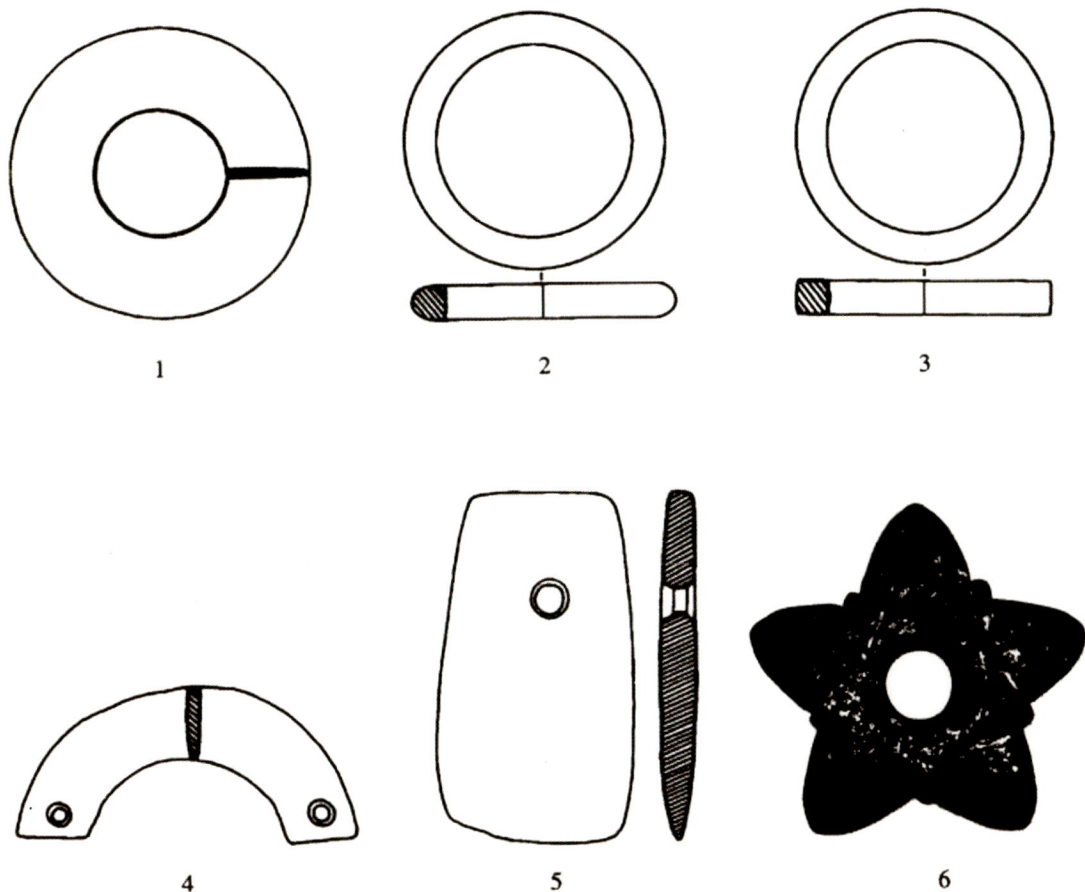

1. 环（大南沟 M28：5）　2. 镯（大南沟 M52：5）　3. 镯（大南沟 M74：2）　4. 璜形饰（大南沟 M59:6）　5. 钺（大南沟 M38：6）　6. 棍棒头（南宝力皋吐 BM44：3）

图 21. 小河沿文化　玉器线描图
（图片来自《大南沟—后红山墓地发掘报告》、《2006 年扎鲁特旗南宝力皋吐墓地的发掘》）

文化的玉石器主要形制来看，有环、坠、管、钺、锛、璜、璇玑、棍棒头等。其中环的数量最多，有宽边和窄边两大类型。

回顾西辽河文化的玉器特点，首先看到的是一种有序的传承和发展关系。从兴隆洼文化到小河沿文化的整个发展过程来看，首先是几何造型的玉器较多，造型比较单一、光素无纹、造型古朴是这个时期玉器的主要特点。而几何的规整，像形生动，以及在形制上的复杂化，数量与种类上的明显增多反映了当时对玉器变化发展的认同具有一定的广泛性。红山文化晚期，在已出土的

古玉器中所出现的凸棱纹、瓦沟纹、阴刻线等其碾琢、打磨工艺表现都有了较大提高。运用圆雕、镂雕的工艺手段已经趋于成熟，这是传承所形成的积淀带来的必然结果。但从小河沿出土玉器的情况来看，当时的玉文化似乎又进入了一个低谷。这一点可以从大甸子遗址的玉器出土情况以及最近发现的红山文化田家沟玉器相关资料情况得到佐证。从用料的角度来看，兴隆洼文化和红山文化玉器的材料基本是一致的，辽宁宽甸的细沟玉（闪石玉）是制作玉器的主要材料。其次还有蛇纹石玉、玛瑙、玉髓、煤精、松石、水晶、滑石、

图22. 河姆渡文化　玉管
1979年浙江余姚河姆渡遗址出土

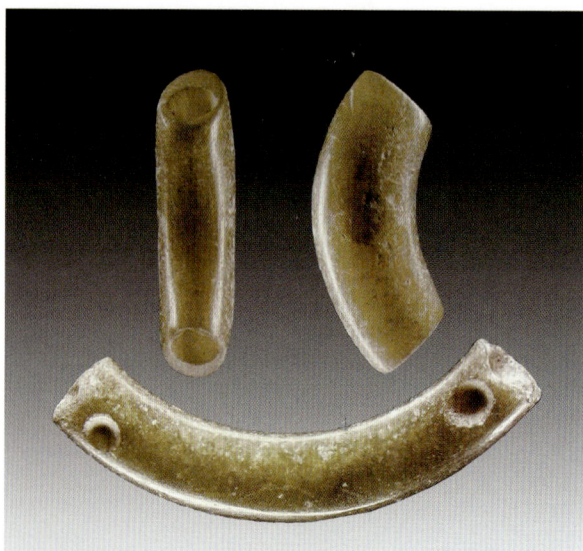

图23. 跨湖桥文化　叶蜡石管
浙江萧山跨湖桥遗址出土
萧山博物馆收藏
（图片来自《中国出土玉器全集》）

石英石等材料。这些材料的采拾来源基本上是就地取材、和就近取材。而小河沿文化的用材相对就差了一点了，基本以石英石为主。这正好印证了那个时期玉器发展的客观情况。

从西辽河区域玉器发展的过程中，仿佛依稀可以感到其不同时期的差异。有的学者将其分为三个阶段，其实这种分割也是很模糊的，至少在时间节点上值得商榷。器形的形制、工艺、内涵的发展和延伸，是原始劳动生产力和思想意识形态积累的必然，它会受到各种不同情况的遏制和推动，会产生不同区域，不同意识、不同生产力的不同结果。地域的划分可以出土器物的明确地点印证，时间点的划分则是需要陶器的造型纹饰来相互对应的，而陶器的时间点印证同样还有其不确定性。故笔者认为在没有可靠资料的情况下，红山文化器物鉴定应该考虑其形制、纹饰、工艺的成熟程度结合出土报告来判断其地点、时间、区域的可能性。就像大甸子遗址出土的玉器中有与兴隆洼文化相类似的玉器，这种情况却很少在高规格的大墓中出现，说明了那个时代出土玉器的无规律性。而这种具有兴隆洼文化特征玉器的

图24. 河姆渡文化　玉玦、玉管、玉珠、半成品
玦直径3.7厘米　厚1厘米
浙江余姚田螺山遗址出土
浙江省文物考古研究所收藏
（图片来自《中国出土玉器全集》）

出现就很可能是兴隆洼文化时期玉器入土后，再在大甸子遗址的二次出土。

二、环太湖区域玉器

太湖，古称"震泽"，又名"笠泽"，位于富饶的沪、宁、杭三角地中心，是长江和钱塘江

下游泥沙淤塞了古海湾而成的湖泊。周围则群星捧月一般分布着淀泖湖群、阳澄湖群、洮滆湖群等，纵横交错180多个大小湖荡。这些极富江南水乡特色的江、河、溪、渎，把太湖与周围的大小湖荡串连相宜，成为江南这块富饶地域的发达水网体系。对于太湖的形成学术界看法也不尽相同，最新研究表明，太湖的形成与天体外来物体撞击有关。经研究证实，太湖冲击溅射物产生于太湖陨石冲击坑形成的第二阶段和第三阶段，即冲击震碎的岩屑、晶屑、尘粉及熔融物体等混合体被高速抛射至空中，再回落或溅落到冲击坑及其周围，太湖及周边的湖泊淤泥层保存了其中一些溅射物。

太湖区域面积达 2250 平方公里，早在七千年前已经开始形成一个比较稳定的古文化区。良渚文化于 1936 年发现于浙江杭州余杭区的良渚镇，1959 年正式命名。从河姆渡文化到马家浜文化，从崧泽文化至从良渚文化的相互传承关系来看，这一区域的玉文化发展虽然受到自然环境等多种因素的制约，但作为一种重要的文化载体，依然通过不同的文化遗存紧密地维系和发挥着不可替代的作用。良渚玉文化对周围地区文化的玉器有着巨大的影响力，西达长江中游的大溪文化，南到珠江流域的石块文化，在这些地区所发现的琮、璧等玉器都与良渚文化玉器有着极深的渊源，而它对北方黄河流域的影响更是至深。商代玉器的类型很多都可以在良渚文化玉器中找到原型的影子，特别是良渚文化的兽面纹和玉石镶嵌技术，完整地被商代吸纳和利用，并且对商周青铜器的纹饰形成产生了直接影响。不可否认，这种一脉相传的玉文化体系，通过不同的途径影响了周边地区玉文化的发展，也对中华文明的促进起到了积极作用。

1. 河姆渡文化玉器

河姆渡文化 1973 年第一次发现于浙江余姚罗江乡河姆渡村，"河姆渡文化"因此而得命。河姆渡文化分布在杭州湾南岸的宁绍平原、鄞县辰蛟、宁波八字桥及舟山岛等地。它属于新石器时代母系氏族公社时期的氏族村落遗址类型，这类遗址反映了距今约7000年到5300年前长江流域氏族部落的情况。其遗址总面积达 4 万平方米，叠压着四个文化层。经 1973 年和 1977 年两次科

图 25 马家浜文化 玉玦
上海青浦崧泽遗址出土
上海博物馆收藏

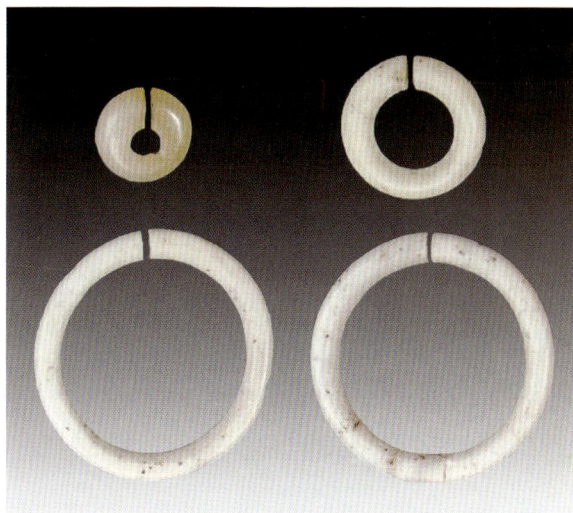

图 26 马家浜文化玛瑙玦、玦形玛瑙镯
浙江余姚梅园里遗址 6 号墓出土
浙江省文物考古研究所收藏

以北、太湖以东地区。1957年，上海市考古工作者在青浦县进行考古调查是在崧泽假山墩上采集到数片新石器时代的夹砂红陶和泥质灰陶片，这引起大家注意。1958年，在该村北农田中又发现了鹿角、陶片和几件石器，从而确定那里存在一个古文化遗址。该遗址经过试掘后进行了两次有计划的发掘，现已知各墓时代上的衔接紧密有序，出土器物也显示了渐变的过程迹象。该遗址出土器物的特征既不同于马家浜文化，也不同于良渚文化，具有较大差别；它既叠压在马家浜文化层之上，又被叠压于良渚文化层之下。墓葬遗骸经碳14测定，绝对年代距今在4900年至5800年之间。

崧泽文化出土玉器种类主要是璜、玦、镯、环、坠、管、珠、小系璧以及打磨精致的玉石器锛与钺等，在出土的玉器中有一枚心形的玉含尤为精美。其材质有白、青白、青灰色闪石玉与萤石等

材料。崧泽文化与早期的河姆渡、马家浜文化相同，在工艺、选材、形制上形成了三个不同时期玉文化的鲜明系列。崧泽文化玉器中没有出现工具和类似礼器，其出土的一枚心形玉含从规整的形制和精致的工艺角度来看，当时的治玉工艺已见成熟雏形。从坑口遗骸颌骨下出现的窄条形、半璧形、月牙形玉璜和系璧形、鸡心形玉含来看，在当时葬仪的地位和作用中葬玉得到了重视和提高。

4. 良渚文化玉器

良渚文化以杭嘉湖为中心，宁绍地区与之同步发展，是新石器时期晚期长江下游流域极为重

图33.1 良渚文化玉琮
浙江省余杭反山出土 (M12:98)
浙江省博物馆收藏

图33.2 良渚文化玉琮（侧面）

图32 良渚文化 项饰
上海青浦福泉山良渚墓葬遗址出土
上海博物馆收藏

要的文化遗存，其玉器更是在这个重要遗存中的一枝独秀。良渚文化分布于东起东海之滨，西达宁镇地区，南始钱塘江西岸，北至苏皖北部。它的文化影响最后融汇于夏商周的礼器核心。在这个广泛的地域中良渚、瓶窑、安溪三地所出土的

图33.3 良渚文化玉琮神徽（特写）

玉器，当称经典中的经典。至于良渚文化玉器所产生的形制以及它的作用，除了部分玉器可以明确考证外（如大部分器物由于缺乏早期对应佐证尚待研究）现在我们对良渚玉器的作用以及意义的看法，严格地来讲，均是后人根据当时社会意识形态的内容附加的。著名考古学家安志敏先生在"纪念良渚文化发现六十周年的国际学术研讨会"上谈及这个问题时指出："良渚文化是我国史前考古的重大发现之一，它代表着社会发展的剧烈变革阶段，但是否进入文明时代还有待更深入的工作。例如聚落布局的全面揭露和研究，生产力发展高度的分析，意识形态的变化及其发展衰落和消亡的原因等，都是比较重要的方面……"

良渚文化玉器用材比较有共识的观点认为其

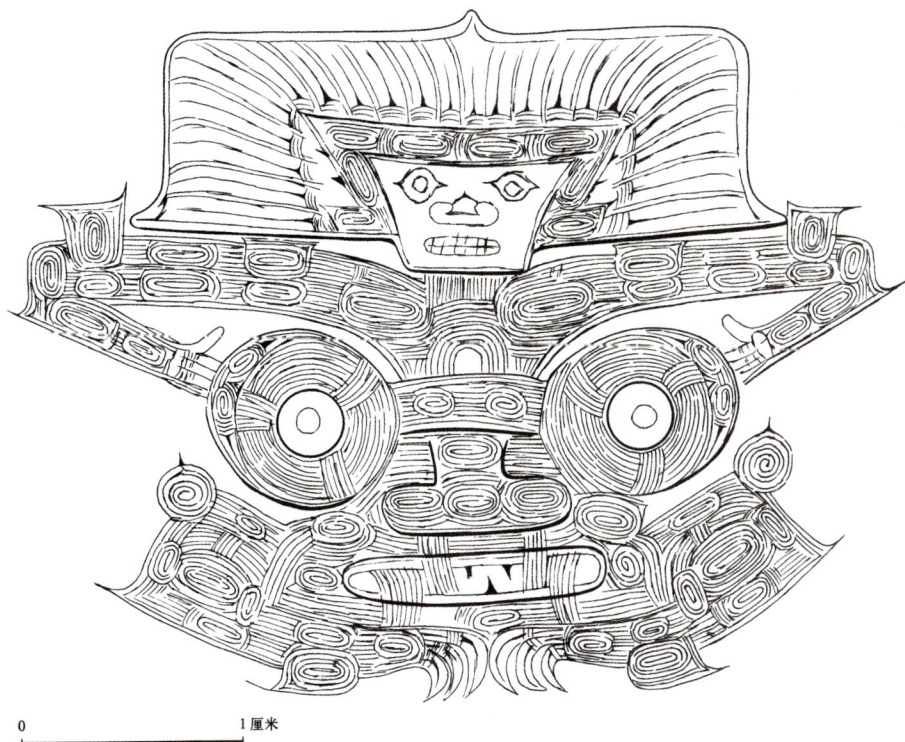

0   1厘米

图34 良渚文化反山 M12-98 玉器神人兽面像纹饰细描图
（图片来自《良渚古玉》）

主流是闪石玉，这些闪石玉的产地可能在现今的溧阳、宜兴南部，与安徽、浙江交界地带的宜溧山脉、南京镇江宁镇山脉、芜湖天门山、溧阳小梅岭一带。就地取材的蛇纹石玉、叶蜡石和玛瑙也为数有之。良渚文化玉器的工艺是非常值得大书特书的一笔，这其中尤为突出的是器形纹饰之华藻繁缛，这也显示了当时玉器碾琢工艺的高超极致，同时也囊括了玉器的诸多种类及广泛而又神秘的用途。

种类 生产工具有斧、铲、凿、杼纺轮等。装饰佩饰有珠、管、坠、璜、环、觿、串饰、鸟形佩、鱼形佩、蛙形佩、鳖形佩、蚕形佩、人形佩等。尚不明确的有璧、琮、钺、蚩尤环、锥形器、带钩形器、三叉形器、兽面纹片形器等。

造型 圆形器、弧形器、曲形器、直方形器等。

纹饰 神鸟纹、缔索纹、卷云纹、勾云纹、兽面纹、人首纹、蚩尤纹、鱼纹、蝉纹、玄纹、菱形纹、人骑兽纹等。

工艺 管钻、打洼、开片、圆雕、阴刻线、浅浮雕、镂锯镂空、减地阳起等手段。

图35 西周 凤鸟纹玉琮
高5.5厘米 口径4.3厘米 孔径3.3厘米
陕西省西安市长安县张家坡170号西周中期墓出土

由于良渚文化器形、纹饰、种类的繁多。在这里笔者主要就玉琮、玉璧以及神人骑神兽纹饰和鸟纹略作介绍，同时也就此问题谈一点自己的看法。

良渚文化玉琮，通高8.9厘米，上射径17.1厘米~17.6厘米，下射径16.5厘米~17.5厘米，孔外径5厘米，孔内径3.8厘米。该玉琮形体宽阔硕大，纹饰独特繁缛，为良渚文化玉琮之首。琮体四面各琢刻一完整的兽面神人图像。兽面的两侧各浅浮雕鸟纹。此玉琮是目前发现的良渚玉琮中最大、最重、做工最精美的一件，被誉为"琮王"。

玉琮最早出现在良渚文化，良渚的玉琮不仅数量很多，而且雕刻精美，是玉琮的多产时期。琮的地位很神圣，琮的神秘感很美，可谓高深莫测。兽面纹是琮的主要纹饰，在表现上无论繁简，都突出了神情的刻画。是什么兽在瞭望四方呢？历来有诸多说法，有人说是牛头纹，但此牛非凡牛，当是巫术琮教仪典中的圣牛。我则理解：以虚构而抒情，反映出对某种动物的神化和崇拜，并赋予动物神的社会职能。

琮的器形大小不一，有单节和多节之分，用途也有多样性。琮作为有意义的形式，其用途一般认为是祭天神地祇的法器。琮的各个部位有专用称谓，如"射""厚""鼻"等，可见其有严格的形制规范，既为礼器，当规矩于方圆，方能符合"协上下""承天体"的祯祥意义。"天子

图36 安阳殷墟妇好墓出土 玉琮

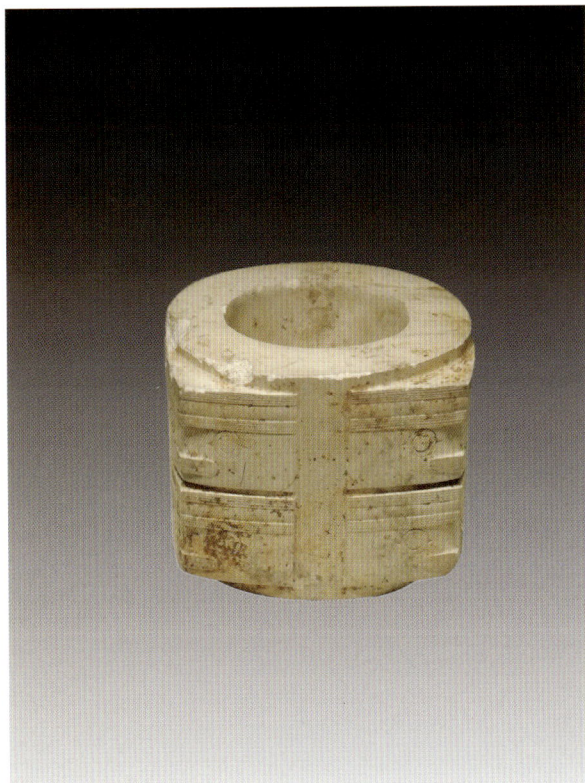

图 37 山西省柳林县出土玉琮
山西省博物院收藏

纯，含有较多的青灰色红黄色杂质，土浸后常呈白雾状。玉璧的尺寸较大，一般直径在1尺左右。制作不够规整，璧体往往厚薄不匀，有的表面留有解剖切痕。其特征是外缘薄，内缘厚，中央孔径较小。打孔有对钻、单面钻两种钻法打孔工艺，孔洞中往往留有台痕。玉璧大多素面无纹，打磨较光亮。

良渚文化鸟纹玉璧上有两种少见的阴线刻划符号，刻痕极其纤细，分别刻于玉璧两面的同侧，上端朝向圆心，呈盾形层台，中间为一只飞鸟的纹饰，另外还有一种刻符形如"玉璋"，此器与纹饰是目前唯一可确定出土地点的良渚文化刻纹玉璧。

璧，她因一部《周礼》占了礼器之魁，肃然奉为"礼天"之器。她因一身素裹或是精美纹饰，祈福着天地在同在之中降瑞，祈福着山河在动静之中除灾，祈祷着万物在相依之中和谐，她又其折服人类的伍德约束着人们的浮躁和张扬。她天方地圆，穿梭在与神祇的戚戚私语交流之中。神

以为权"则是琮由神权走向王权的又一神秘色彩。

玉琮——她依然是一个千古之谜。她因一部《周礼》占了"六瑞"一席，肃然奉为"礼地"之器。她因一身精美纹饰，保佑着灵魂在冥冥之中得到庇护，又因通天一孔，穿梭着与神祇的戚戚私语。神灵降临的小屋说，她是宗庙祭祀时祖先灵魂来去的通道，气度不凡的图腾纹饰却认为她是灵魂的主题，"玄鸟生商"却也叙说着祖先崇拜的诗韵。虽然，在华夏文明的殿堂中玉琮的故事显得是那么的厚实，但她依然是一个千古之谜。

玉璧是良渚文化玉器中出土主要的器物之一，是中国古代社会中的一种神秘而又珍贵的器物。具现在人们推测，它既可作为原始宗教活动中的祭品，也可作为贵族们佩戴的饰物，也是葬玉中不可替代的主角，它是等级和权力的象征，也可能是先民们财富的标志物。良渚文化玉璧，玉材选用的是当地所产的透闪石质玉材，多数不

图 38 山西省柳林县出土玉琮
山西省博物院收藏

图 39　河南省三门峡市虢国墓遗址
出土玉琮

图 40　湖北省曾侯乙遗址
出土兽面纹玉琮

图 41　四川成都金沙文化遗址
出土十节玉琮

图 42　四川省广汉市三星堆文化遗址
出土玉琮

灵降临的小屋说，她是宗庙祭祀时祖先灵魂来去时的受用，气度不凡的图腾纹饰却认为她是灵魂的主题，"苍璧礼天"却也叙说着祖先崇拜的诗韵。是财富？是佳礼？是……她在中华这个多民族文明意识集合体的中国文明历史史河激流中，显得是那么的厚实，她承载的故事依然是一个千古之谜。

河姆渡文化时期出现的阴刻双鸟朝阳纹象牙碟（鸟）形器、双鸟连体带日纹骨匕柄，象牙圆雕鸟形匕以及陶塑鸟等众多表现鸟神的艺术品基本以骨器为主，也有木料与石材制成的所谓"碟形器"这些"碟形器"应该视为"鸟形器"的变形，这有良渚文化出土的"载日鸟图形"纹饰支持其论点。通过对大汶口文化纹饰的对比研究，我们可以这样认为，良渚文化与大汶口文化都有用太阳与鸟神的纹饰来表现太阳神与鸟神崇拜的理念。这种夷与越之间共有的理念，对九夷概念的落地提供了一个佐证。

良渚文化玉器纹饰，鸟神的表现分立体圆雕

溯源识真高古玉

图 43 良渚文化 玉璧
直径 15.4 厘米 中间厚 2 厘米
边缘厚 1.4 厘米 孔径 4.4 厘米
浙江余杭反山 14 号墓出土
浙江文物考古研究所收藏

图 45 良渚文化玉璧上的鸟纹拓片

1、2. 良渚文化玉璧的刻划符号 3. 大汶口文化陶器上的刻划符号 4、5. 良渚文化玉璧琮刻划符号 6、7. 良渚文化璧、琮刻划符号 8、9、10. 良渚文化玉琮、玉镯刻划符号

图 46 良渚文化、大汶口文化玉器上的刻画符号细描图

图 44 良渚文化 鸟纹璧
上海博物馆收藏

器、阴刻纹饰、片形器三大类形式。其中，圆雕的玉鸟形态各异颇具动感，片形器则包含纯阴刻划线和浅浮雕结合阴刻划线的飞鸟纹饰与"鸟立高柱"类的图符。"鸟立坛柱"类图符，类似密码颇为神秘。其轻描浅刻的琢刻风格，显示出于神人兽面图像中的鸟纹有根本区别的含意。蒋卫东先生对这种纹饰的现象说过："可以相信，这类图符已超越了纹饰的范畴与装饰的需要，而应

属于表意画或刻画符号，甚至可能已属于原始象形文字的范畴。"我们通过拓片或实物可以明显体会到"鸟立坛柱"类图符的特征""由四部分相互关联又可单独存在、各具内涵的象形图像或符号竖向叠加组合而成，这一点截然不同于陶器上常见的横向排列的刻画符号或表意画，并且，目前这类图符仅发现于璧、琮等具有明显神崇拜功能的玉礼器之上，因此，我们或许可以类似后

47 青玉双圈夔餮谷纹璧图
首都博物馆馆藏

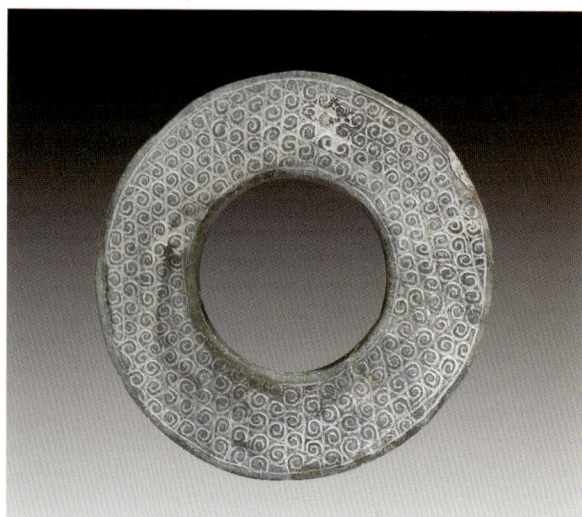

图 50 青玉涡纹璧
台北"故宫"收藏

图 48 晚商至西周 玉璧
成都金沙遗址出土
成都博物院收藏

图 51 青白玉素璧
台北"故宫"收藏

图 49 玉璧
台北"故宫"收藏

图 52 白玉璧
河南三门峡虢国墓 2009 号墓出土
河南省三门峡市虢国博物馆收藏

图 53 玉璧
台北"故宫"收藏

图 54 长乐出廓玉璧
北京故宫收藏

世道教'符咒'的性质来读识它，视其为良渚文化中作为人的巫觋和以鸟形象出现的天神之间交流沟通的'密码'"。

良渚文化玉器至早在清乾隆时期已有出土，并流入坊间，有被收藏的迹象。由于考古发掘资料的不完善，没有确切的记载，直至20世纪40年代，玉璧仍被认为是战国时期的文物。许多流失国外的良渚玉器，由于相同的问题，致使国外博物馆和藏家的认识上存在较大差异。自20世纪50年代以来，随着长江下游考古发掘对良渚文化的进一步深入研究，才逐渐使其轮廓渐渐清晰起来，还原了良渚文化的本来面目。由于太湖流域良渚文化的分布区域在历史上受到了多种因素的破坏、致使许多的遗存湮灭。目前考古还没有见到相当于龙山文化甚至更晚阶段的与良渚玉器存有相关信息的大型墓葬出现，所以许多学者提出了关于良渚文化灭亡的种种猜测和看法。这其中有战争说、洪水说等观点，如何理解这样一种看似消亡和消失的文化现象，那就成为一个很值得我们思考的问题。笔者认为，历史特别是考古学文化所展现的历史，在很大程度上反映了一

定区域内的一个延续的过程。中国历史的无间断性，更是要求我们在一个过程中，连续地看待一个或多个文化因素与现象。从以玉器为线索的文化现象看，良渚文化并不存在灭亡的问题。良渚文化的元素在良渚文化以后的相当时间段内，已经融入了一个更大的范围之中。

三、放眼远古寻辽阔

辽西、辽东两条线的玉文化发展贯穿了整个东北地区以及亚洲，环太湖地域玉文化的发展贯穿了东部沿海以及南中国海区域和东南亚地区。这种贯穿与两河流域文明的碰撞，促使富有玉材资源的区域文明在发展的过程中得到了资源上最大的发挥。在强化了对整个玉文化区域的认识以后，我们可以发现，除本文述及的区域玉文化以外，我国的考古工作者相继在黄河流域、长江流域、淮河流域，及珠江三角洲区域发现了大量相关的玉文化遗存。这是在"中原中心说"基础上的一次飞跃。其中齐家文化、北阴阳营、薛家岗、凌家滩、碛石、大溪、屈家岭、石家河、仰韶、大汶口、龙山以及台湾卑南、圆山等玉文化的遗存相继发掘、发现，"玉器时代"的确立有着不可估量的点化。

下面笔者简单地介绍一下史前玉器的其他主要出土遗址，并提出一些个人肤浅的看法。

1. 北阴阳营文化玉器

长江下游地区史前时期的北阴阳营文化玉器，距今大约有6000到5000年

图55 北阴阳营文化 玉石、玛瑙玦、璜、串饰
江苏省南京市鼓楼岗北阴阳营120号墓出土
南京博物院收藏

的历史。20 世纪 50 年代初由南京博物院组织了对该遗址的四次发掘。该遗址的第二层和第三层是商周青铜时代的湖熟文化遗存。第四层为新石器时代遗存,最初把它归属于青莲岗文化,后又有人定为青莲岗文化江南类型北阴阳营期,但存在较大争议。1979 年学术界定名为"北阴阳营文化"。它以北阴阳营遗址第四层西部墓地的 253 座墓和东部的居址为典型遗存。同类遗存见于江苏营盘山、海岸、江宁太岗寺、卸甲甸、庙山,江浦蒋城子,安徽滁县朱勤大山等地。

根据实物资料分析,就工艺的角度来看,当时玉石器的表面打磨和钻孔技术水平较高,大多数厚片形器的表面打磨均光洁精细。其所用石料多为遗址附近紫金山及其他山岭采拾而来,材料性质有蛇纹石、透闪石、阳起石、石英和玛瑙等。制作的各类器物,有玦、璜、环、管、珠、坠等

各种饰件,尤为突出的是北阴阳营文化玉器的抛光和钻孔技术在当时的长江下游诸氏族部落中是居比较先进地位的。

在北阴阳营遗址的 253 座墓葬中,东部较晚的 13 座墓出土物品与太湖地区的崧泽文化出土物品很接近,一些灰坑中还发现了良渚文化的遗物,说明北阴阳营文化与崧泽文化、良渚文化联系密切。晚期因为受到更为先进良渚文化的强烈影响,已经或者开始融入了部分良渚文化的理念,姗姗步入奴隶制的青铜时代。

2. 薛家岗文化玉器

距今大约 5200 到 5000 年的薛家岗文化,是史前分布于长江下游地区的历史文化遗存。因 1979 年发现于安徽潜山县薛家岗遗址而得名。主要分布于大别山以东、巢湖以西的江淮区域,扩及鄂东和赣北部分地区。现在已经发现的主要有,

图 56 薛家岗文化 玉璜（南阳玉）
安徽潜山薛家岗遗址出土
安徽博物馆收藏
（图片来自《中国出土玉器全集》）

图 57 薛家岗文化 玉佩（南阳玉）
安徽潜山薛家岗遗址出土
安徽文物考古研究所
（图片来自《中国出土玉器全集》）

图 58 薛家岗文化 玉钺（南阳玉）
安徽潜山薛家岗遗址出土
安徽文物考古研究所
（图片来自《中国出土玉器全集》）

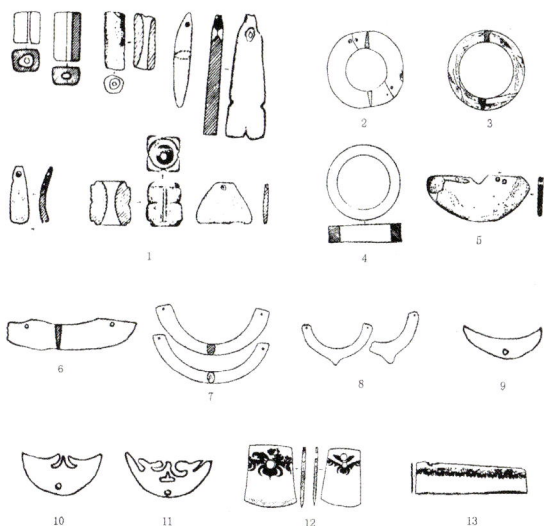

1. 玉装饰品　2、3. 一式玉环　4. 二式玉环　5. 一式玉璜　6. 二式玉璜　7. 三式玉璜　8. 四式玉璜　9. 一式玉璜形饰　10、11. 二式玉璜形饰　12. 彩绘石斧　13. 彩绘石刀

图 59　薛家岗文化出土玉器线描图
（图片来自《古代玉器通论》）

图 60. 凌家滩文化　江淮第一龙
安徽含山铜闸镇凌家滩遗址出土
安徽省文物考古研究所收藏
（图片来自《凌家滩考古报告》）

潜山薛家岗、天宁寨、河镇乡永岗村、宿县黄鳝嘴等遗址。从各遗址出土的生产工具来看，有又扁又薄的穿孔石铲、窄长条石锛、横长梯形的多孔石刀和圆柱体陶锉等，这些工具均为生产工具类型，其造型以几何圆曲形为主，造型粗放，不甚工整，与其他地区氏族部落的器物不相雷同。尤其是多孔石刀，穿孔皆为奇数，1 孔至 13 孔不等，最长的石刀达 51.6 厘米。其中薛家岗遗址发现的几件石铲和石刀，穿孔周围规整地绘画有红色花果形图案，为中国内地各遗址所罕见，可能是非生产所用的特殊器物。

薛家岗玉器的材质基本上是以闪石成分的青玉为主，外观与良渚文化玉器有点近似，很多器物均吃满土沁呈姜黄色。薛家岗文化玉器中的对钻孔工艺在整个长江下游和江淮流域是较为罕见的，这种隧钻（俗称"象鼻孔"）工艺技法当时仅在红山文化可以见到。考古研究发现，薛家岗文化石斧、石刀的艺术形式与其同时代出现的璜形饰镂空图形几乎一致。这种艺术在生产工具上的出现，反映了先民们对玉石和玉石器的崇尚与认识，体现了玉石器从生产工具向某种非实用器演变的开始，表现了艺术走向神坛的特殊文化形态。

3. 凌家滩遗址玉器

1987 年在安徽含山县铜闸镇西南凌家滩村发现的史前文化遗址，是江淮流域史前玉文化的一个重大事件。该遗址经测定距今约 5600 年至 5300 年，是长江下游巢湖流域迄今发现面积最大、保存最完整的新石器时代聚落遗址。在总面积约 160 万平方米的遗址范围内，自 1987 年以来，由安徽省文物考古所主持的四次考古发掘发现，在聚落遗址内，包括了居址、墓地、祭坛、作坊以及近 3000 平方米的红陶块建筑遗迹。同时，发掘出土大批精美玉礼器、石器、陶器等，反映出同时期其他遗址中所罕见的精美器物和工艺水平。在发掘出土的 1120 余件文物中，玉器就有 1000 余件。凌家滩出土的玉器数量之多，形制之丰富，工艺之精美，为考古工作者研究史前江淮流域玉文化提供了弥足珍贵的一手资料。这次重大考古发现同时也说明了凌家滩及其附近地域极具价值的玉文化，为考古工作者提供了研究和对比的宝贵资料，同时也为广大民间收藏者提供了极具价值的信息。

凌家滩遗址有多个方面的特征遗存是目前考古发掘中所罕见的。它包括玉人、玉龙、玉鹰、红陶土块建筑遗迹、东陵玉、玉钺及斧、玉管微雕、石钻、玉戈及玉虎首璜、人工巨石堆等。在凌家滩遗址发现的 1000 多件玉器中，其种类之多，造型之美、制作之精，是中国新石器时代其他古文化遗址不能比拟的，具有多方面重要的考古研

究价值。

凌家滩出土的玉器中有一个玉人，方脸阔嘴、眉清目秀，背面扁平呈站立姿势，上有对钻的小孔。该小孔用直径不超过 0.17 毫米的钻管，在玉器上钻出直径 0.15 毫米的管孔芯（比人的头发还细），这是迄今为止发现最早的微型管钻工艺技术。在同时出土的大量玉石器中，有一个被誉为"中国考古重大发现之一"的石钻。石钻呈梯形，上细下粗，两端都制作有钻头。钻头一端粗一端细呈现螺纹形，这充分表明，凌家滩先民已经认识到旋转力和离心力的作用，对相关知识的掌握已达到较高的水准。凌家滩遗址还出土了两件科学文化史上有着特殊意义的文物——玉龟和玉版。玉版的八方图形与中心象征太阳的图形相配，符合我国古代的原始八卦理论，玉版四周的四、五、九、五之数，与洛书"太一下行八卦之宫每四乃还中央"相合。玉龟和玉版的出现，把远古洛书和八卦的历史推到了史前。凌家滩的玉器，体现了"玉器文明"时代先民们把玉器实用功能转向意识形态领域使用的概况，突出表现了社会生产力和生产关系发生了根本变化，体现了

图 61 凌家滩文化 玉版
安徽含山铜闸镇凌家滩遗址出土
安徽省文物考古研究所收藏
（图片来自《凌家滩考古报告》）

图 62 凌家滩文化 玉鹰
安徽含山铜闸镇凌家滩遗址出土
安徽省文物考古研究所收藏
（图片来自《凌家滩考古报告》）

"玉器文明"时代权力地位的存在，以及财富、审美、宗教的宇宙观。

图60所示片形器玉龙是凌家滩第16号墓出土的。观其眼有臣字眼的雏形，脊背鬃毛从颈部一直延伸到尾，双耳后掠，龙角凸起，首尾相衔。该器整个龙身纹饰基本为阴刻线勾勒，一大一小两个孔。小的规整，大的随形，表现不同各有千秋。该龙造型粗犷朴实，风格简练明朗，形象生动传神。根据器形上所钻的小孔位置，估计是当时墓主人身前佩戴之物。

凌家滩玉龙的出现，是迄今为止考古在长江下游江淮、巢湖流域的首次发现，其意义远远超过了器物本身的价值。红山文化只出现"团龙"、"勾龙"的形制，而"角龙"的形象却是独有的。这为以后"蘑菇角"的形成，奠定了基础。这种典型玉龙在凌家滩遗址的出现，称其为"江淮第一龙"绝不为过。

凌家滩遗址出土的"饰纹玉版"是一块刻有原始八卦图的长方形玉片，长11厘米，宽8.2厘米，厚0.2厘米~0.4厘米，反面略内凹。玉版中部偏左雕刻有一小圆圈，圈内雕刻着方心八角星纹；圈外雕一大椭圆形，两圈以直线平分为八等

分，每等分雕刻一圭形纹；在大圆外，沿圈边对着长方形玉版的四角各雕刻一圭形纹饰组成整个器形。玉版周边的密布小孔左右显得对仗工整，上下小孔共计12个，仿佛在说明一些需要现代人探究的秘密。可以这样认为，左右小孔是为固定缝制于某件用品之上所钻的，而上下小孔很可能是用来串联某些与图案相对应的饰件的。这个完整的玉版的形成意义可能远远超过了现代人们的意识。玉版出土时夹在玉龟壳之间，两件器物的共同一体，玉版上八等分圆的做法可能与太阳方位及时节有关，联系到汉代文献中有神龟负"洛书"而出的记载，推测玉龟和玉版可能就是远古的洛书与八卦；汉代纬书中普遍流行"大龟负图"等说法。观其玉龟中空，背甲的龟纹琢磨得十分逼真，背甲和腹甲两部分由孔和暗槽相连。龟应为史书上记载的龟卜，龟、版应都是占卜工具。这和文献所说"元龟衔符"（《黄帝出军诀》）、"元龟负书"（《尚书中侯》）、"大龟负配"（《龙龟河图》）如出一辙，真是匪夷所思。是不是可以大胆推测，凌家滩出土的玉版（原始八卦图）就是原始的"河图洛书"呢？应当说，凌家滩时期应该是卦卜和八卦的萌发期，而现在能见最早

图63 凌家滩文化 玉冠饰
安徽含山铜闸镇凌家滩遗址出土
安徽省文物考古研究所收藏
（图片来自《凌家滩考古报告》）

图64 凌家滩文化 坐姿玉人
安徽含山铜闸镇凌家滩遗址出土
安徽省文物考古研究所收藏
（图片来自《凌家滩考古报告》）

的八卦图，也是晚了 2000 多年后的文王八卦图。2007 年，凌家滩第五次发掘出土了三组占卜工具：数枚玉签和盛玉签的三个玉筒。再次印证了凌家滩人已开始从事卦卜的史实。原始八卦和占卜工具的出土，成了伏羲年代始创八卦的最早的实物证据，而凌家滩墓葬的主人很可能曾是伏羲之后的一代帝王，"古皇有巢氏"沿用伏羲八卦术也就在情理之中了。

玉鹰，这又是凌家滩出土玉器的一个经典之作。玉鹰，片形器，玉质已钙化，钻有六孔与器物之上。诸位看官细看，其玉鹰昂头翘视所表现的神韵回味无穷，展开的双翅化作了两个猪首状的形象，尾部数道阴刻线刚劲有力更彰显了玉鹰腾飞的张力。其中腹部运用阴刻手法雕有双圈，内圈与外圈之间八角形纹饰无出土玉版的"井"字形纹饰，其他与玉版星纹毫无区别。

凌家滩遗址玉鹰的造形纹饰具备了神玉的理念，其意义在于把史前动物形象的器物附加于星宿的理念之上，并使这种理念有了首例的实物证实。猪与鹰的结合，暗喻着天、星、水空间的天相维系，这种史书中均有详细记载和注解。

如图 63 所示，凌家滩文化玉冠饰为透闪石所制，高 3.6 厘米，长 6.6 厘米，厚 0.3 厘米，器顶端呈"人"字直角，"人"字两侧向上卷成透空圆周，"人"字中间镂孔，底部呈长方形，上刻三条槽线。把它放在显微镜下放大 200 倍，可看到槽线两边的切边平整光滑，没有一点缺口，最上面的凹槽断面呈圆周弧形，圆弧底光滑圆润，弧线流畅清晰。

玉冠饰在良渚文化大型墓葬中多有见到，且每墓中只出土一件。冠状饰是一些地位尊贵者享受神所赐给的地位，行使神所赋予的权力的象征。

65 凌家滩文化 双首虎形佩饰图
安徽含山铜闸镇凌家滩遗址出土
安徽省文物考古研究所收藏
（图片来自《凌家滩考古报告》）

图 66 凌家滩文化 龙凤玉璜
安徽含山铜闸镇凌家滩遗址出土
安徽省文物考古研究所收藏
（图片来自《凌家滩考古报告》）

反山出土的玉冠饰，均出自前排墓中，这是权力与地位的特殊标志，故发掘者认为出玉冠饰与玉钺的墓葬主人更可能是身兼尊长、巫觋的尊者。在山东龙山文化大墓中也有此类情况，如临朐朱封遗址 M202 大墓与一件玉冠饰同出的玉器中有两件玉钺和一件玉刀。临朐朱封大墓"是现知山东龙山文化中规格最高的墓葬，因此墓主人应当是具有某种特殊身份、地位显赫、高居于当时社会上层的显赫人物。

凌家滩共出土 6 件玉人，其中有 3 件的姿态是坐着的，有 3 件姿态是站着的。6 个玉人的双臂全都弯曲着紧贴胸前，作祈祷状。玉人背部隧孔的研究结果令人匪夷所思，在显微镜下放大 50 倍时，可清楚地看到管钻的玉芯尚留在孔内，经测量玉芯的直径只有 0.05 毫米。由此可以推断管钻直径应该只有 0.07 毫米，比人的毛发还细。5000 多年前的凌家滩先民就能制造如此高级的微型管钻，且能钻出如此纤细的微孔真是不可想象。

图 67 凌家滩文化 玉龟与玉签
安徽潜山凌家滩遗址出土
分别由故宫博物院、安徽省文物考古研究所收藏
（图片来自《凌家滩考古报告》）

石钻局部放大细图

图68 凌家滩文化 石钻
安徽潜山凌家滩遗址出土
安徽省文物考古研究所收藏
（图片来自《凌家滩考古报告》）

观其帽冠我们可以发现这已经不是单纯遮风挡雨的保暖用具，三角形的顶饰与冠圈的方格纹和谐统一，明显起到了装饰作用。从画面可以看到玉人后脑发发髻整齐划一，呈一字形，前面八字胡规整，说明那时已有剃须工具和洗漱卫生的习惯。那时人们已经衣着整齐，腰间系带，玉人腰间那条带有斜纹的花式腰带说明了当时纺织技术的存在。经纬、挑花工艺的方格纹和斜条纹意味着人们在着装的同时开始追求时尚以及对美的要求。玉人双手抬起，合与前胸，仿佛是在做虔诚的祈福，手腕上的道道阴线代表着一只只精美的手镯与耳廓上的饰件（器物可见挂饰穿孔）相映成趣。这里反映的是5000年前古代先人现实生活的缩影，这里反映的是5000年前古代先人的思想意境，这里反映的是5000年前古代先人爱美尚玉的情结。这些反映需要物质基础的支持，需要一个完整的生产体系，需要一个发达的市场流通，这是发达文明的写照。我们从这些缩影中不难发现凌家滩先人强烈的原始宗教意识和告别精神世界蒙昧的轮廓其对美的追求已经达到了出神入化的境界。

世界四大文明古国中，两河流域的文明都出现过原有文明的中断和人种的变迁，唯有中国文明历史绵延数千年而不衰。凌家滩玉人的脸形都呈长方形，浓眉大眼，双眼皮，蒜头鼻，大嘴，身材比例匀称，特别是面部表现出蒙古人种的明显特征同我们当代中国人一脉相承，是当代中国人的直系先祖。这有力地证明了5000多年来，中华大地上主流的人种一直未变，主流的文化传承一直未变。

图 70 石峡文化 玉琮
广东韶关马坝遗址出土
广东博物馆收藏
（图片来自《中国出土玉器全集》）

图 69 石峡文化 玉琮
广东韶关马坝遗址出土
广东博物馆收藏
（图片来自《中国出土玉器全集》）

在凌家滩遗址出土的玉器之中，有大批精美绝伦的玉璜，其中虎首璜（双首虎形佩饰）和龙凤玉璜是最具有考古价值的玉器之一。这类器形的玉器直接反映了当时社会组织、伦理道德、文化习俗和生产力发展的结构和水平。有些学者研究后认为，双首虎形佩是一件非同寻常的玉器。它和其他玉器相比更多体现的是兵符、调兵、结盟的信物信息特征。双首虎形佩和大量的玉钺、玉斧、玉戈等兵器的共存及同时出土，也印证了当时频繁的激烈对抗情景。

在凌家滩遗存所处的 5000 年前的时代，各地已形成了许多空间范围很大的部落集团，不同部落集团之间争夺资源的战争，正是此起彼伏，日益加剧。在这种形势下，不同部落乃至不同部落集团互相实行结盟，订立军事同盟的活动，应该已经是很普遍的事情。在这文明时代来临前夕，订立这种盟约，双方通常会各持信物，祭天为证。这种璜形玉器既然一分为二，并有合拢时相互契合的记号，出土时又皆只有半截，暗示出另一半存于异地，可以估计到的当时历史条件下，如果不是结盟双方分持的信物，又能是什么呢？如果再从这种信物两端所饰虎头图形来考虑，这种信物如果不与军事结盟有关，又能是什么性质的结盟呢？

凌家滩的龙凤玉璜为我们寻找中国龙凤文化的源头，提供了一个真实的物照。凌家滩出现的玉龙和龙凤玉璜其表现的龙凤一体形象是古代龙凤文化的具体表现，是具有悠久历史传统的图腾标志。龙凤文化图腾从远古时期一直影响到青铜器文明乃至以后各式龙凤纹饰的延绵，时至今日它的风采依然。龙凤文化的传承有序，其强大的生命力长久吸引着人们去膜拜，去幻想，去追随这些神奇的传说，并形成了大一统的中华民族龙凤精神。

玉龟，是凌家滩出土玉器中最珍贵的文物之

一。玉龟长9.4厘米、宽7.5厘米、弧高4.6厘米、厚0.3厘米至0.6厘米。该器物为圆雕件，由龟背、龟腹两部分组成。背甲呈圆弧形，背上有脊和纹饰，两边各对钻双圆孔，两孔之间碾有凹槽，背甲尾部对钻四个圆孔。腹甲中部较平坦，两边侧略弧。腹甲的两侧与背甲钻对应处也对钻两圆孔，腹甲尾部对钻一圆孔，这些上下对应的孔应是拴绳固定之用。玉龟中空，背甲的龟纹琢磨得十分逼真，背甲和腹甲两部分由孔和暗槽相连。这件玉龟与玉版是叠压在一起同时出土的，玉版夹放在玉龟龟甲里面，和中国古代文献所记载的"元龟衔符"（《黄帝出军诀》）、"元龟负书出"（《尚书中侯》）、"大龟负图"（《龙龟河图》）如出一辙。这说明了这两个玉器之间有着紧密的联系，应该可以视为占卜工具。玉版上所显示的意义，有度数，有方隅的形象，在玉璧的纹饰中以八数为天地的维纲，自然可见。它无疑是我们的祖先赐予现代人的瑰宝。

凌家滩出土的石钻，是中国20世纪考古重大发现之一。从形态上看，石钻呈梯形，上粗下细，两端都制作有钻头。钻头一端粗一端细呈螺丝纹

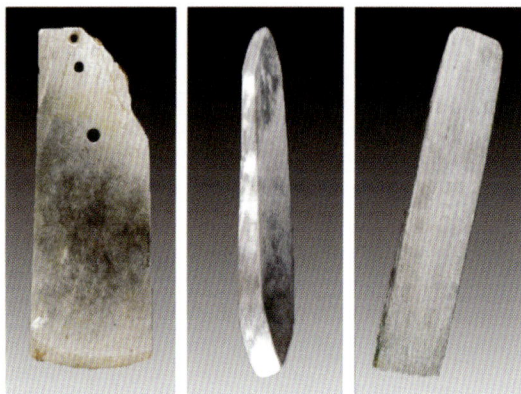

图71 齐家文化玉器
1. 玉铲 甘肃省静宁县李家乡李家村出土
   静宁县博物馆收藏
2. 玉凿 甘肃省泰安县杨家坪出土
   甘肃省博物馆收藏
3. 玉斧 甘肃省武威市皇娘娘台出土
   甘肃省博物馆收藏

形，表明凌家滩先民已经认识到旋转力和离心力的作用，对物理、数学、几何、机械力学知识的掌握已达到较高的水准。这件原始的石钻形制，整整延续5000多年，不同的仅仅是其质地由石材变成了各种合金材料。国内外许多知名的考古学家看到这件让全球考古界为之震撼的石钻后，激动地连连说他们到凌家滩来简直就是朝圣。

在对凌家滩遗址的考古过程中，对古代遗迹的准确位置进行定位是一项既寻常又重要的工作。凌家滩遗址测量后得到的精确定位是北纬31度29分、东经118度2分。这个看似简单的数字背后却有着众多难以琢磨的神奇。在地球的北纬30°附近似乎朦胧中有着一种神秘的力量，在不断地制造着使人百思不解的"巧合"。古巴比伦的空中花园，拥有永恒谜团的金字塔，横空出世的玛雅文化等让现代人无法解释的史前文明。甚至世界最高的山峰珠穆朗玛、最深的海沟马里亚纳、最恐怖的百慕大死亡三角等自然奇迹也都无一例外地位于这一神秘的纬度附近。从神秘的玛雅文化到谜团重重的埃及金字塔，从迷失的古蜀国三星堆遗址再到黄山的花山谜窟，这一系列隐藏着千古人文遗存的遗迹，都有一个惊人的类似，即均近于位于地球的北纬30度。巧合的是，同样拥有很多难解之谜的凌家滩遗址，经过考古专家精确测定，恰好坐落于北纬31度29分，历史为这个古老文明点缀了神秘的符号，奇异中注定了为凌家滩文化再添辉煌。

4. 石峡文化

位于广东曲江马坝镇西南狮子岩山麓的石峡文化玉器，是史前文化在岭南地区代表。其主要分布于北江、东江的中上游地区，年代约为公元前2900年到前2700年。该遗址出土玉器有160余件，器形以玦、环、璜、璧、竿、珠、管、锥

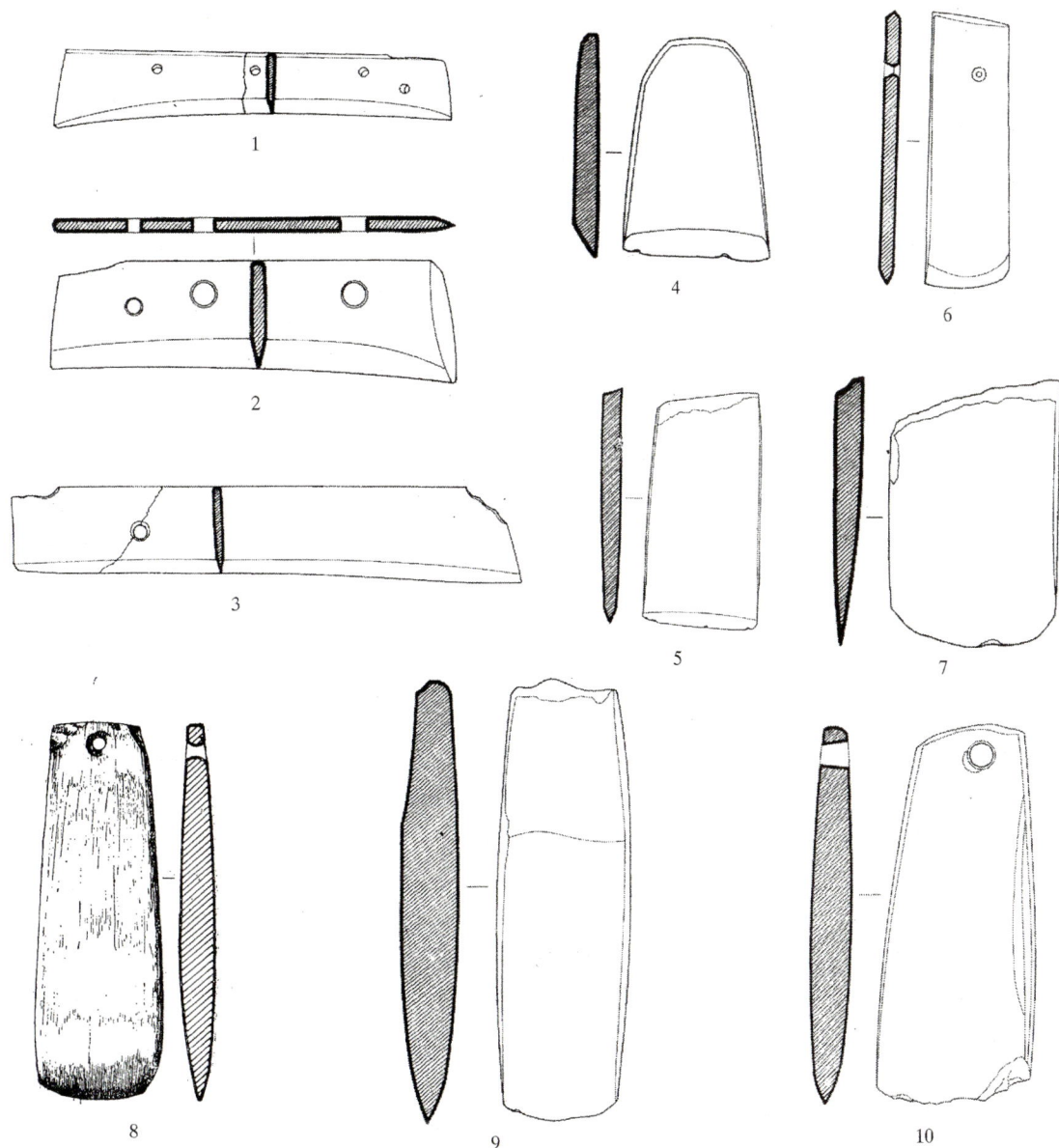

图72 青海省齐家文化玉刀、锛、铲、斧线描图
（图片来自《古玉鉴别》）

形器、片形器为主，同时也发现了玉琮和玉钺。其形制分几何造形、直方复合型与圆曲形，也有立体圆雕的形制。石峡文化玉器材料多为高岭岩或硅卡岩，也有透闪石、蛇纹石、大理石、松石、水晶等材料用来加工成器物。玉器碾琢较为精到，多见素器。

石峡文化玉器的玉璜制作较为罕见，表现形式为上下边缘成不规则锯齿形，还有就是边缘出

C形玉环的形制也很有特色。这种新颖的形制体现了石峡文化玉器的审美理念。值得注意的是，在已发现的海丰县田干镇遗址出土的玉琮和良渚文化玉器中江苏武进寺墩的出土玉琮极为相似。

5. 齐家文化玉器

齐家文化的遗存由1923年瑞典考古学家安

图73 大溪文化遗址 浮雕玉人面
四川巫山大溪64号墓出土
四川省博物馆收藏
（图片来自网络）

特生在甘肃省广河县齐家坪首先发现而得名。齐家文化属于一个铜石并用的文化时代，也是马家窑文化延续的写照。它广泛分布于甘肃、宁夏以及青海的东部地区，范围和马家窑文化近似，均集中在河湟谷地与支流两岸的台地上，而湟水流域还扩展到了青海湖的周边。在公元前2000年至1900年前，它已经开始制作大量具有独特风格的陶器、玉器、红铜器和青铜器了。今天，我们可以毫不夸张地说，依据考古发掘发现的那些独具特色的玉器实物，我们可以认为其内涵之丰富，品种之繁多，工艺之精美完全可以和红山文化、良渚文化玉器相提并论。

　　齐家文化玉器的种类基本可以分为装饰、工具、礼仪等类型，其器形简洁朴素，以几何形多见。齐家文化玉器有镶嵌绿松石的为数不少，其中玉璧、玉琮、玉刀、锛、铲、斧、凿为典型器物。从材质来看，齐家文化玉器选材种类繁多，主要来源是本地产的玉材，其次有新疆和田玉、青海

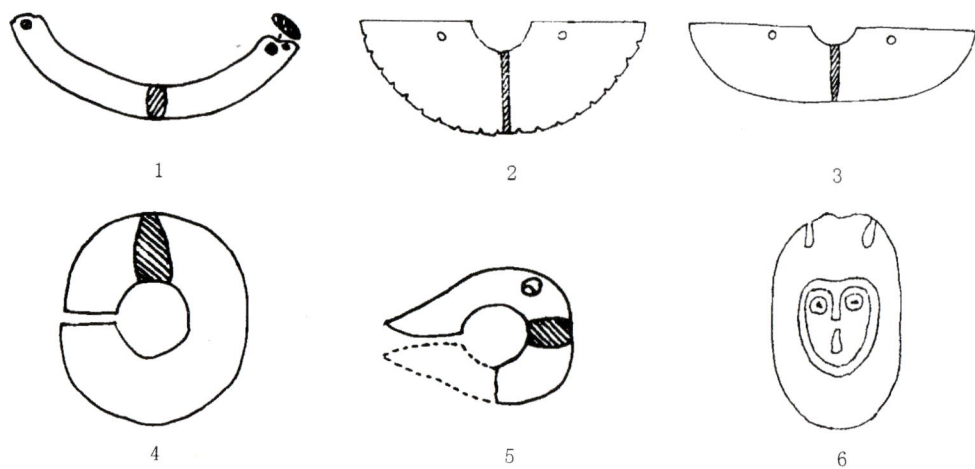

1. 一式玉璜　2. 二式玉璜　3. 三式玉璜　4. 一式玉玦　5. 二式玉玦　6. 人面纹饰

图74 大溪文化遗址 玉器线描图
（图片来自《古代玉器通论》）

玉、陕西玉等。本地产玉材主要指分布在河西走廊的酒泉祁连山及其余脉，那里富藏蛇纹岩、阳起石等多种玉材。当地的武山县素有"众山皆藏玉"的美称，因其产玉于该县鸳鸯镇、山丹乡的崇山峻岭之间，故称"鸳鸯玉"。"鸳鸯玉"实为蛇纹岩，有翠绿、墨绿、淡绿及褐红诸色。另外，在临洮县、卓尼县、清水县境内也有玉矿分布。青海省境内有众多齐家文化遗址分布，就近亦蕴藏着资源丰富的玉矿，甘青交界的祁连山及其余脉，互助县北山、乐都县中坝、海南州共和县大河坝等地玉矿资源相当丰富。另外，我们也必须看到齐家文化玉器中广泛使用的新疆和田玉材已是不争的事实。

甘肃齐家文化玉器在制作工艺上，要经过审材、设计、开料、切割、钻孔、打磨抛光等复杂的工艺过程。齐家文化先民切割玉料的工具是比较原始的，主要以板切割和片切割方式为主。所用材料可能是竹片、兽皮条或硬度较高的陶片或石质材料，在切割过程中有可能借助水和硬度大于玉的石英砂、石榴石砂或金刚砂，利用解玉砂硬度和摩擦力来切割玉料。齐家文化玉器的钻孔有单面钻和双面钻。单面钻一般选择器型较薄的

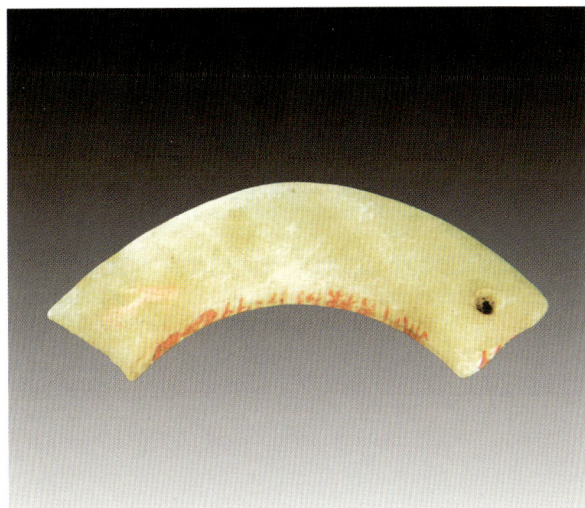

图 75. 屈家岭文化 玉璜
河南省淅川县黄栋书遗址出土
河南博物院收藏
（图片来自《中国出土玉器全集》）

图 76. 屈家岭文化 玉饰
河南省淅川县黄栋书遗址出土
河南博物院收藏
（图片来自《中国出土玉器全集》）

玉器，如璧、环、璜等。孔径有大有小，钻头因逐渐磨损而由粗变细，钻出来孔就形成外大内小呈斜坡状的孔壁，或两面对钻呈蜂腰状的穿孔。管钻所钻的孔径一般较大，大约 2 厘米~7 厘米。钻孔工艺技术借助原始机械原理，可能是利用拉弓钻孔等手段。钻过孔的玉料最后打磨成形，打磨的方法可能是将玉料固定，用砺石加水在玉料上打磨或用陶片以及其他材料对玉器切割面进行打磨，打磨后表面非常平整光滑，以此可以证明齐家先民在玉料切割过程中可能同时完成了切割面的抛光工艺，这是齐家文化玉器制作工艺方面非常独特的一种现象。在这里大家可以注意一个现象，齐家文化穿孔往往是先完成的，而表面打磨在后。

6. 大溪文化遗址玉器

大溪文化遗址位于长江瞿塘峡南侧,1959 年和 1975 年曾三次发掘，同时在西陵峡又发现几处同类遗址。约在 20 世纪 70 年代初期，这一类

遗存被普遍地称为"大溪文化"。迄今发掘的主要遗址有湖北宜都红花套、枝江关庙山、江陵毛家山、松滋桂花树、公安王家岗、湖南澧县三元宫和丁家岗、安乡汤家岗和划城岗等十多处，其分布东起鄂中南，西至川东，南抵洞庭湖北岸，北达汉水中游沿岸，主要集中在瞿塘峡东口长江南岸与大溪河交汇处的三级台地上，分布于湖北中南部，四川东部，汉水中游沿岸以及洞庭湖北岸地区。大溪文化遗址，是公元前 5900 年到公元前 4600 年长江中游新石器时代中晚期的文化遗存，因四川省巫山县大溪遗址而得名。

　　该文化受到仰韶文化庙底沟类型南下的影响，并成为了湖北屈家岭文化的源头之一。

　　大溪文化遗址玉器种类主要有生产工具和装饰佩玉，形制常见有玉刀、璜、玦、璧、环、坠等。其工艺表现形式为碾琢打磨较为粗糙，表面很少使用抛光手段，器物上的钻孔也不甚规整，很多线条痕迹通过观察感知是利器划痕所致。这种原始的粗放风格表面，说明该地区当时的生产工具水平与其他同时代地区相比是相对落后的。

　　大溪文化遗址的研究资料可供公开查阅的不多，这可能与出土遗址较少有关。随着考古发掘的进展，也许在未来，大溪文化会向我们展现更多的未知。总之，大溪文化作为一个被历史和现实遗忘的文化，在将来也许会成为一个考古研究的亮点。

图 77. 石家河文化　玉虎饰
湖北省天门县肖家屋脊遗址出土
荆州博物馆收藏
（图片来自《石家河文化玉器》）

　　1959 年四川巫山大溪 64 号墓出土的浮雕石刻人面高 6 厘米，宽 3.6 厘米，厚 1 厘米。其造型简约、古朴，平面呈椭圆形，材质青色有纹理，质地细腻光润。面部居佩形中心作正视状，并以阴刻线圈出瓜子形的轮廓。以两个圆圈琢出双目，瞳孔如豆，鼻梁垂直且短，口形夸张似作伸舌状，无双耳。由于面形缩居整体造型之中，使人联想到褓褓之婴的神态。造型顶端有两个供穿系的椭圆形穿孔，更增添了装饰美感。属距今 6000 至 5000 年前的大溪文化晚期遗物。人面的表现虽然写意，但不失神韵，这表明出当时已有相当高的造形设计和表现能力。

　　玉雕人面形佩饰，其打磨细致光润程度是比较罕见的，这也是大溪文化中所仅见。此器出土时定为石器之列，后来有关研究学者考虑到古人

图78 石家河文化 玉虎饰
湖北省天门县肖家屋脊遗址出土
荆州博物馆收藏
（图片来自《石家河文化玉器》）

图79 石家河文化 玉虎饰
湖北省天门县肖家屋脊遗址出土
荆州博物馆收藏
（图片来自《石家河文化玉器》）

图80 石家河文化 玉蝉
湖北省天门县肖家屋脊遗址出土
荆州博物馆收藏
（图片来自《石家河文化玉器》）

图 81 石家河文化 玉蝉
湖北省天门县肖家屋脊遗址出土
荆州博物馆收藏
（图片来自《石家河文化玉器》）

图 82 石家河文化 玉蝉
湖北省荆州市枣林岗遗址出土
荆州博物馆收藏
（图片来自《石家河文化玉器》）

图 83 石家河文化 玉凤饰
湖北省天门石家河罗家柏岭遗址
国家博物馆收藏
（图片来自《石家河文化玉器》）

图 84 石家河文化 人面饰
湖北省天门县肖家屋脊遗址出土
荆州博物馆收藏
（图片来自《石家河文化玉器》）

图 85 石家河文化 人面饰
湖北省湖北钟祥六合石家河遗址出土
荆州博物馆收藏
（图片来自《石家河文化玉器》）

以玉为"石之美者"，并无现代地质学上的严格分类，因而将此器改定归为玉器之列。

7. 屈家岭文化玉器

屈家岭文化被学者誉为"天下的农魂、农脉"！

其分布的主要中心地区是在汉水的中、下游、埌水流域、长江中游和汉水相交汇的江汉平原之上。其实，有屈家岭文化遗址的范围，则还要广阔得多。它几乎遍布于湖北省的全部，以及四川省的东部，河南省的西南部和湖南省的北部等地区，其影响纵横都在千里以上。目前，已经做过

图86 石家河文化 人面饰
湖北省天门县肖家屋脊遗址出土
荆州博物馆收藏
（图片来自《石家河文化玉器》）

图87 石家河文化 玉鹰笄
湖北省荆州市枣林岗遗址出土
荆州博物馆收藏
（图片来自《石家河文化玉器》）

图88 石家河文化 鸟首璜形饰
湖北省天门市罗家柏岭遗址出土
国家博物馆收藏

图89 石家河文化 鹰攫人首玉佩
湖北省天门市罗家柏岭遗址出土
故宫博物院收藏

调查和发掘的屈家岭文化遗址，不下百处以上。其中比较重要的遗址有湖北京山屈家岭、朱家咀、黄岗螺蛳山、武昌放鹰台、汉阳陈子墩、汉川乌龟山、吴台、湖庙台、汪台、孝感龙头岗、黄骏程家墩、安陆夏家寨、余岗清、大台子、八字坟、

云斋神堡、应城门板湾等。该遗址发现于1954年，因遗址所在位置在湖北省京山县城西南30公里的屈家岭村，故定名为"屈家岭文化"，屈家岭文化的年代为距今约4000余年。

屈家岭文化玉器仿佛与大溪文化玉器颇有渊

源，骨子里带有大溪之遗风。材质一般属于高岭玉白玉、黄玉的范畴，受沁后呈乳白色。其加工碾琢打磨工艺不甚精湛，造型风格和江苏吴县草鞋山崧泽文化很接近。

8. 石家河文化玉器

石家河文化距今约 4200 ～ 4000 年，因 1954 年发现湖北天门石家河古城内罗家柏岭遗址因此而得名。石家河文化主要分布在鄂北及豫西南和湘北一带的区域，其涵盖的地域东起大别山，西达汉水上游与长江西陵峡一带。南始洞庭湖北的北岸，北至河南南阳。以江汉平原为中心的石家河文化现有遗存十分丰富，湖北有天门市石家河、罗家柏岭、肖家屋脊、钟祥六合、郧县青龙泉、大寺、松滋桂花村、监利柳关、福田、江陵马山枣林岗、汪家屋台等。河南有淅川下王岗，湖南有丰县孙家岗。石家河文化出土玉器造型奇特多样，纹饰精美非凡，无论玉质材料还是制作工艺，都可与红山文化、良渚文化玉器媲美，部分器物的精美程度甚至有过之而无不及。该文化是继大溪文化、屈家岭文化之后在长江中游区域的重大考古发现，而玉器是这个文化中的精粹部分。

石家河文化出土玉器的数量十分可观，品种极为丰富，器形特征明显，玉器选料讲究。根据已出土的器物来看，大约可以分为生产、装饰、动物、礼仪等几大类，其造形有几十种之多。石家河文化出土玉器大多都具有某种特定含义，其风格独树一帜颇为易认。凡动物体造型的玉器，一般均采用写实的手法，其数量和品种都超过了同时期任何文化遗存的出土玉器，甚至与商代玉器形制造型有所接近和相仿。现藏故宫博物院的"鹰攫人首玉佩"，以镂雕和阴、阳线刻结合的手法，表现了飞鹰攫获人首的画面，纹饰以简洁、夸张的手法表现了雄鹰的凶悍和被攫人的无奈。

与此类似题材的还有上海博物馆、天津艺术博物馆藏的鹰攫人首玉佩，唯在构图上稍异。我们可以这样认为，石家河文化中的象生类玉器极有可能直接影响了商代玉器的形成和发展。

石家河文化制玉工艺较周围其他地区有明显进步，如首次发现剔地阳纹工艺的运用技法，圆雕、镂雕技法的使用已经较为普遍，这在其他新石器文化中是未有的，直至商代玉器中才普遍使用。用以制作细小或扁薄玉器的开片技术，采用了直条器线切割的方法，人形玉器，多数是以立雕或半立雕而为，更有罕见的立雕人头像，头帽戴冠，獠牙狰狞，大耳饰环，刻画逼真。玉人佩将人物写实与抽象变形相结合，镂雕、线刻工艺相结合，显示出该时期琢玉水平已相当高超。石家河文化玉器的人面、虎面、兽面、凤形、蝉形五种不同造型佩饰，以片形器多见，加以浅浮雕和立雕的也有。它仿佛似有龙山文化的遗风，它又似乎是夏商饕餮的源头。这些形制和纹饰每件都令人赞叹不已。石家河玉器的"凤形佩"，运用去地起阳和镂雕的手法，以其丰满的造型、优美的体态、流利的线条、华丽的纹饰塑造了一个既雍容华贵又清新可人的艺术造型。这是史前文化出现最早的凤形象，它为数千年的中华龙凤演义奠定了凤的形象。人形佩，有写实的、有夸张的，也有抽象的。齐家文化的先人仅仅运用一顶帽子的变化就把这三种不同形象的人物造型描写的惟妙惟肖。无论是平顶的（见图 84）、扁圆的（见图 85）还是凸尖的（见图 86），在配上耳边的环状饰物后，通过脸部各种不同的表现极为生动地表现了出来。虎形佩饰，有圆雕和片形器之分，片形器一般较厚，采用具象浮雕的数量较多，采用抽象镂雕的也有。其造型基本上以三种，一种见（图 77）、第二种见（图 78）、第三种见（图 79）主要形式为代表。石家河文化的虎形玉器造型对以后夏商周饕餮的出现具有一定的影

图 90 卑南文化 片状人形玉饰
台湾台东卑南遗址出土
台湾史前文化博物馆收藏

图 91 卑南文化 片状人兽形玉饰
台湾台东卑南遗址出土
台湾史前文化博物馆收藏

响，极有可能是其源头。蝉形饰在石家河文化玉器在出土数量最多，计49件，其中由于各种工艺不同有精品（见图80），也有简练之笔（见图81），还有一类身翼不分，只见尾部碾琢一个豁口的（见图82）。石家河玉蝉比红山文化、良渚文化的玉蝉更具有写实性，是商周玉蝉的造型之父。

这里笔者还想提一提，石家河文化玉器是另一些值得提及的器物，那就是牙璋。石家河文化出土的牙璋遗存中仅见于汪家屋场出土，阑呈独角或双角状。仁德先生认为："礼器中的牙璋，是江汉平原地区最早实例。"但观其形制则与夏商时期同类器物有明显不同。遗址中也有少量的璧、璜、琮的出现，其中孙家岗遗址出土的一件璧直径达16.3厘米，厚0.9厘米，可视为遗存之

魁首。根据笔者观察，石家河文化玉璧的材质与其他出土玉器材质有明显区别，而且基本均出自孙家岗。这种现象的绝不是一种巧合。另外，出土玉器中已经有了5厘米的小璧，这种系璧的意义与大璧完全不同，系璧是小型的璧、环、瑗的总称，最早系璧作为连接几个器物的媒介，大多无纹饰，春秋时随着青铜器物轻型化的趋向，系璧也成为单独的佩饰而多施纹饰。

9. 卑南、圆山文化玉器

位于台湾台东县卑南山东南端的山麓，是属于台湾东部新石器时代卑南文化的一个代表性遗址。台湾地区的新石器时代文化卑南文化，距今约4000年到3000年，玉器以头饰为大宗，其中

图 93. 卑南文化 玉玦
台湾台东卑南遗址出土
台湾史前文化博物馆收藏

图 92. 卑南文化 玉玦
台湾台东卑南遗址出土
台湾史前文化博物馆收藏

图 94 卑南文化 玉玦
台湾台东卑南遗址出土
台湾史前文化博物馆收藏

最具特色的是玉玦，有多种形式，如瑗形、璧形、长圆形、叉形、兽形、人形等。其中的多环兽形玦、单人或双人兽形玦等，为大陆诸新石器文化中所未见，应是台湾本土产生的，其造型独特，地域特点鲜明。如双人形玉玦，两个左右并排、双手叉腰、双腿分叉而立的人形，头顶一昂首翘尾、拱背张口的兽，造型十分耐人寻味。所用玉料，应产自台湾本地。台湾与内地虽有大海相隔，但在文化上是一脉相承的，在玉文化上也体现了两岸之间的血脉关系。

卑南遗址的面积超过 30 万平方公尺，是目前台湾所发现最大的史前聚落。此外，卑南遗址

也出土了许多石板棺，棺内精美的陪葬品令人赞叹。这些遗存是环太平洋与东南亚地区规模最大的石板棺墓葬群。对卑南文化遗址的考古挖掘除了发现史前建筑遗构之外，还有数十件石箭头、石锛、石针等石器及大量素面陶器破碎残片，同时也发现四件玉器。包括卑南史前遗址考古发掘常见破碎的玉箭头、四突起玉耳饰、圆形玉耳饰各一件，以及一件完整的几字形玉耳饰。几字形玉耳饰在岛内考古研究珍贵之处，在于它极为稀少，据现有考古文献记载，从 1980 年迄今，卑南史前文物因台铁进行台东车站兴建工程而发现，岛内考古权威宋文熏与连照美两位台大人类学系教授受台东县政府委托，前后 13 次进行卑南史前文物抢救性挖掘，打开过逾一千具石板棺，仅发现六件完整几字形玉耳饰及三件器形类似的玉耳饰。岛内出土的数十件几字形玉耳饰，均属稀有珍贵的史前文物。

卑南文化玉器所用玉料多为蛇纹石，色泽有青、青灰、青绿、乳白等，材料来自台湾东海岸的花莲、知门干溪支流清昌溪。其玉器加工技术比较精到，表面平整而边缘犀利，边缘呈两面对磨形成的斜坡面为其工艺特征。而人形玦就显得比较粗糙豪放了，特别在镂空处加工更是显得潦

图 96. 大汶口文化　玉铲
山东省宁阳县大汶口遗址出土
国家博物馆收藏

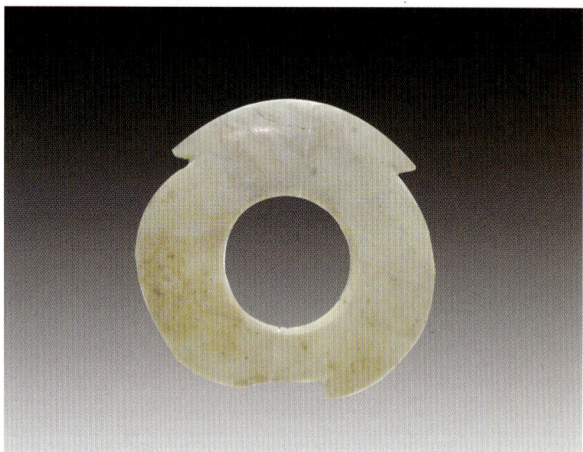

图 95　上：卑南文化 有段石锛和有肩石斧
　　　　下：卑南文化 长方形、几字形玉饰
台湾台东卑南遗址出土
台湾史前文化博物馆收藏
（图片来自网络）

草。有关专家均把台湾卑南文化出土的人形玉饰称之为"人形玦"，按照笔者看法还只以片状人形玉饰较为妥当。人形玦长度达到 7 厘米，是否作为耳饰值得商榷。

圆山文化的代表性遗址是位于基隆河下游、台北市北端的圆山贝丘。它面积很大，包含内容极为丰富。这一遗址分上、下两层，下层属于上文所述的大岔坑文化，上层为圆山文化。圆山文化遗址除圆山贝丘上层以外，还兼容大岔坑遗址的上层、台北盆地南缘土城乡的土地公山，还有芝山岩、大直、尖山等数十处。它以台北盆地为中心，广布台湾北部。这一文化在台湾北部持续达 2000 年之久，其主要遗物有，石器、陶器、骨角器、玉器和少数的青铜器。经对圆山贝丘上层和大岔坑上层遗物测定，约在公元前 2560 年至公元 50 年之间，属新石器晚期。卑南文化主

图 97 大汶口文化　玉三牙璧（璇玑）
山东省胶县三里河墓葬出土
国家博物馆收藏

要出土玉器在卑南与老番社遗，其他在鲤鱼山、富岗、加路兰等。

在石器中，有石锛、石斧、石锄、箭头、网坠等。最具代表性的是有段石锛和有肩石斧。其先进性的影响及与祖国大陆的渊源颇为深远，是普通石斧的高级形态。据考证这种石器在我国福建光泽、浙江杭县、广东陆丰以及海南岛等地均有发现，而且石斧两肩与柄的折角多呈直角，与圆山出土的相同。圆山石斧与华北、辽东等地所发现的形式也极其相似。因此，从其形制和分布范围看，

系由大陆传入台湾。这些出土玉器不仅证实了圆山文化时期台湾与祖国大陆的交往确实存在着，甚至使我们感觉到这种交往范围并不局限于沿海各省，它已纵深至广阔的内陆，而且很有可能的是，那时高度发达的中原文化触角，已经直接触及了台湾。安阳殷墟五号墓出土的七千多枚海贝残骸的化石，似也暗示着这一事实的存在。

10. 大汶口文化玉器

黄河下游地区的大汶口文化是一处新石器时期的文化遗存。因 1959 年在山东省泰市大汶口发现而定名为"大汶口文化"。其年代约在公元前 4100 年到公元前 2600 年，属于新石器时代中晚期文化。大汶口文化以泰山地区为中心，东起黄海之滨，西至鲁西平原东部，北起渤海南岸，南达今安徽的淮北一带以及河南省的小部分。其主要遗存发现地有泰安大汶口、西夏侯、邹县野店、莒县凌阳河、杭头、五莲、兖州王因、茌平尚庄、胶县三里河、日照东海峪、诸城呈子、安丘景芝镇、临沂大范庄、江苏邳州刘林、大墩子、

图 98 大汶口文化 玉人面形饰
高 3.2 厘米 宽 3.9 厘米
山东省滕县大汶口文化遗址出土

图 99 大汶口文化 玉串饰
周长 92 厘米
江苏新沂花厅遗址出土
南京博物馆收藏
（图片来自网络）

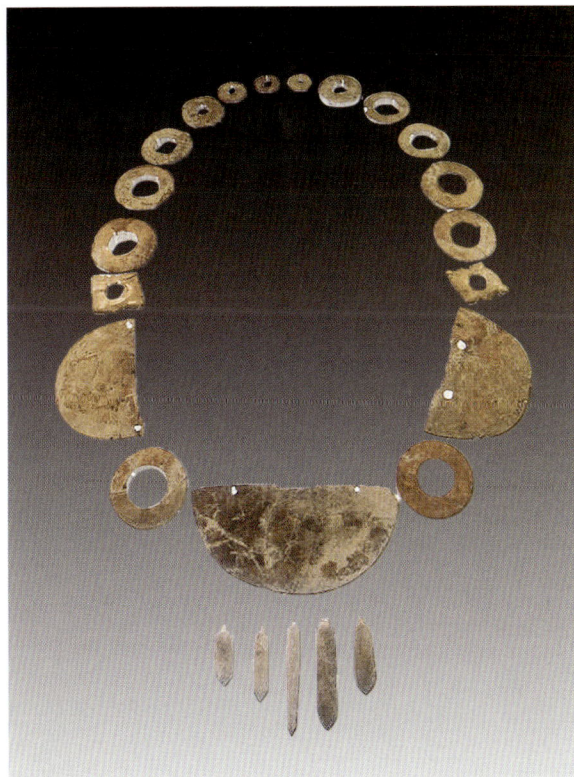

图 100 玉挂件 大汶口文化
江苏省新沂花厅遗址出土
南京博物馆收藏

新沂花厅、安徽含山凌家滩岗、肖县花家寺、蒙城尉迟寺、亳州傅庄、怀远龙王庙等。它继承了史前鲁南苏北文化，传承于山东龙山文化。

大汶口文化玉器玉料有闪石类软玉，好多人认为这些玉料来自辽宁岫岩，这是一个饶有兴趣值得探讨的问题。但大汶口文化玉料一般还是采于泰山、邹县、莱阳一带的蛇纹石，属于地方料，这种石料石性较重，其他还有绿松石、玛瑙等。大汶口文化玉器的主要出土地点有泰安县大汶口、滕县、邹县野店、茌平尚庄等。种类有玉铲、玉琮、玉人面纹饰、玉串饰、玉琮形镯、玉笄、玉指环、玉臂饰、玉管、玉珠等。其中，玉钺（见图96）出现于大汶口文化早中期，墓主为女性，且无使用痕迹，显然是作为礼器之用，是反映母系氏族社会贵族地位和权威的产物。在已出土的器物中，尤以山东胶县三里河遗址出土的大汶口文化晚期墓葬中的（内外缘呈三个齿轮状外凸）三件环形玉璇玑（见图97）使人难以忘怀。另外，还有玉人面纹佩（见图98），是迄今有明确出土地点的最早的玉人面形象。此人面形佩玉，人物五官清晰，橄榄形目，三角形鼻，俱以单阴线刻出，与辽宁红山文化、湖北大溪文化的玉人面有所不同，证实在南至长江流域，东到黄河上游，北至辽河流域的广大地区，都有人面纹的传播，这与当时的原始宗教信仰密切相关。在此不得不提到的就是在山东邹县野店发现并出土的由环、璧、管、珠等组合串成的佩饰（见图99）。这些器物的出现成为新石器时期具有代表性的标志，在中国玉器史上占有重要地位。

11. 龙山文化玉器

龙山文化属于黄河中下游流域新石器时代晚期的文化遗存，距今约4900年到4100年之间，因首先发现于山东省章丘市龙山镇而得名。龙山

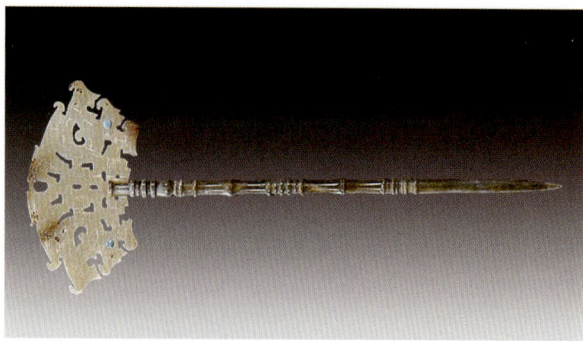

图101 龙山文化 镂雕变形兽面纹笄（玉簪）
山东临朐西朱封遗址出土
中国社会科学院考古研究所收藏

图102 龙山文化 玉三牙璧（璇玑）
山东胶县三里河墓葬遗址出土
国家博物馆收藏

文化分布范围极为广泛，根据各地区不同的文化表现形式，可分为山东龙山文化、河南龙山文化、陕西龙山文化等，其中山东龙山文化出土玉器较多，亦有特色，具有典型意义。

龙山文化玉器种类有工具类的玉斧、玉铲、玉锛；礼器中的玉璧（含玉瑗与玉环）、玉琮和玉璇玑；佩饰中的玉镯、玉笄、玉动物形佩、玉珠、玉管、玉串饰等。此类器物的出现，其工艺手段开启了夏商玉器制作此类器物之先河。龙山文化用多种不同类型材料，利用材料自身色彩结合嵌插工艺的特点制作玉器的方式具有重要的历史地位。这类器物的出现证明了这种复杂的工艺技术在新石器晚期已经出现，而山东龙山文化的先民是首创者。另有一件人面纹玉锛（见图103），

图 103 龙山文化晚期 兽面纹玉锛
山东日照市两城镇征集
山东省博物馆收藏

玉料呈墨绿色，局部有白斑和乳白色浸蚀，器身两面各以阴线刻划不同的变形人面纹，慈善、凶悍同时反映在一件器物的两面，其纹饰均以旋转涡纹为目，额头有华丽的装饰。此类玉器纹饰特点有三：带羽冠、有飞鬓、垂耳环，具有东夷族的山东龙山文化先人崇拜鸟图腾的明显文化特征。

龙山文化玉器材料多数属于透闪石，其中也有一些地方玉，以及绿松石、玉髓等。龙山文化玉器的纹饰主要工艺手段以片形器为主，在片形器的器物上运用镂雕、去地阳线、阴刻、镶嵌、一面坡等手法加工而成。其中镶嵌工艺尤人刮目相看。龙山文化由于其地域之广泛，器形之繁多，年代跨度之大，完全可以单独用一本书来阐述其灿烂无比的篇章。笔者在此仅仅以简练的笔触，挑了几件比较有代表性的龙山文化玉器介绍一二。

图 101 为镂雕变形兽面纹玉笄，器物呈乳白

色簪首配以墨绿色笄插，通长 23 厘米。该器由玉、石等三种材料嵌缀组成。其中镂雕成扁平扇形变体兽面纹的笄首，笄插由墨色石材制作，呈竹笋形锥状，并与笄首嵌作成一件完整的笄。笄首兽面纹的双目由绿松石嵌成，三色玉石器色彩搭配合理浑然一体，具雍容华贵之美态。此器制作精巧，形式新颖，不仅为所见龙山文化玉器中最精美者，亦是新石器时期玉簪制品最精者。其用三种玉石料嵌缀成一器的工艺技法亦为迄今所知最早的成品，对玉器史，特别是玉簪史的研究有划时代的意义。

镂雕变形兽面纹玉笄出土于一座山东龙山文化晚期的大墓中，该墓有二层台、一棺一椁，棺椁之间有边箱，在棺内、棺椁之间以及椁外壁等处，发现了成片或零星的彩绘，可知棺椁和边箱原绘彩色图案。这种有二层台和彩绘棺椁的墓葬，即使在商周时代也属于高等级的贵族墓葬，在新石器时代的龙山文化时期十分罕见。

图 102 为玉三牙璧，1974 年山东胶县三里河墓葬遗址出土，玉质绿色有土沁，直径 5.8 厘米，内孔径 0.5 厘米。该器呈环形，外周饰有旋斜出的脊牙，中部有一小圆孔为单面钻成。"璇玑"源出《尚书·舜典》："在璇玑玉衡，以齐七政"。西汉孔安国释："璇，美玉也，玑衡，王者正天义之器，可运转者。"即用作观测天文的玉器。清人吴大澂《古玉图考》将这种有齿的环状玉器定名"玉璇玑"。今人多沿用此名。一般认为，此器在造型上取玉璧和玉琮结合之形，象征"天圆地方"；其漩涡状外形亦仿水灾、风灾之形，且多出自多风和水灾的黄河中下游和沿海地区，因而在普遍信仰自然神的新石器时期，被用作"礼水""礼风"之器。牙璧乃玉璧的一种变形延伸，其流传时间较长，分布甚广。这种器形在山东地区与辽东半岛多见，从史前晚期到夏商周均有发现。

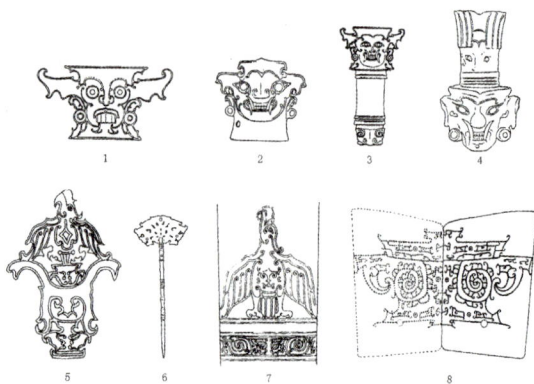

1. 一式人首形玉饰　2. 二式人首形玉饰　3. 三式人首形玉饰　4. 四式人首形玉饰　5. 鹗攫人面佩　6. 兽面纹发饰　7. 玉圭下部兽面纹　8. 玉圭兽面纹展开图

图 104 龙山文化玉器描线图
（图片来自《古代玉器通论》）

图 105　商代早期　玉戚
河南郑州东风渠遗址出土
河南省博物院收藏

　　龙山文化兽面纹玉锛长 17.8 厘米，宽 5 厘米，厚 0.5 厘米，1963 年民间征集而来，也有许多朋友认为应该称之为"圭"。由于该器曾断为两截，因此沁色不同。器作窄长梯形，四面平整规范，较大的一端为单面斜刃，从其底部的阴刻饕餮纹可知其刃朝上。柄端两面以连续阴刻的旋转曲线围绕目纹展开，雕琢出一副狰狞的面孔。

　　再简单介绍一下圭。圭是由石锛（一说是石斧）演变而成，是玉的瑞信，即身份标志，圭带有兽面纹饰始见于山东龙山文化。二里头文化遗址出土了两件双孔玉圭，殷妇好墓也出土了玉圭八件。出土于东周玉圭多为尖首平底者，秦芝苿祭祀日主遗址出土的玉圭也是尖首平底。西汉刘胜墓出土玉圭为锐角尖首平底，应是中山靖王刘胜的瑞信。明代帝王墓出土玉圭亦为尖首平底，王妃玉圭璖有谷纹，谷纹直径较大，近似乳钉。

　　龙山文化玉器所饰的抽象变形纹饰，极其耐人寻味。所见到的有在玉簪上的变体兽面纹、玉头饰上的变形夔龙纹、玉璇玑的漩涡形以及玉锛等器上旋转涡纹目等。这些纹饰都给人一种似是而非、似有似无之感。这种抽象变形的艺术风格，反映了龙山文化玉器的独特面貌，更使人感到古玉之神秘莫测。

　　史前文化玉器的介绍就此告个段落了，其实史前文化的遗存是极为丰富的。考古发现的彭头山文化、裴李岗文化、后李文化、磁山文化、大地湾文化、新乐文化、北辛文化、仰韶文化、宝墩文化等，由于有些遗址出土玉器在缺少典型特征，再加上个人嗜好，故这里笔者作了一些拣选，捡了一些自认为比较有典型意义的遗址和器物做了一些肤浅的介绍。在我们认识史前玉文化这一璀璨瑰宝时，笔者感到有几个问题应该引起我们的注意。这些问题的产生有其复杂的原因，有的是后人根据当时时代背景的需要附加于玉器之上的，有的是后人在研究中推测想象的，有的是民间俗传至今的。我们应该从两个方面来正确对待玉文化方面所形成的概念和看法。

　　单纯从鉴别角度来看，史前文化玉器的特征器型、工艺、风化、氧化层是许多藏家的首选。看是一种直观的反映，对于古代先民如何加工玉器及加工技术和手段的探讨由来已久，笔者认为这里首先要考虑的应该是玉器在成器以前的玉料来源以及成器后玉料性质的变化，其次是加工工具和工具材料，另外就是成器后各种风化现象以及氧化层与环境的对应关系。

　　新石器时代玉器已经具备了各种功能器物的

图 106 商代晚期 玉刀
河南省安阳市殷墟妇好墓遗址出土
河南省博物院收藏

图 108 商代晚期 飞鸟形内双援玉戈
国家博物馆收藏

图 107 商代晚期 跪玉人
河南省安阳市殷墟妇好墓遗址出土
河南博物院收藏

图 109 夏文化 玉戈
河南省偃师二里头遗址出土
中国社会科学院考古研究所收藏

雏形，形成了多层次、多构架、多功能的不同典型形制和纹饰，并且在工艺的不断提高中加入了多种新的文化元素。它具有时代文化分期清晰、地域文化形制突出，个性重于共性的差异性等明显表现。运用对美的审视来深刻地理解古玉器向超现实的巫玉、神玉转变的过程。从原始的形态通过工具改革和意识形态改变逐步提高与完善，结合古代玉器上线条、造型、形制三者之间的关系，是鉴赏古玉器的主题。突破功利价值观念，通过多方位多角度的细致观察，来理解新石器时代玉器以其朴实、简洁、明朗、粗犷的表现形式将物质与文明完美地结合在了一起的渊源，我们可以品味出在当时环境下先民们无论是选材还是对料形的解读都已经具有相当的认识。特别是其中的一些片形器、圆雕器、随形器上运用的浮雕、镂雕、阴线、阳线、彻刀、镶嵌、打磨、钻孔等

图 110．三星堆文化 玉璋
通长 25.2 厘米　宽 7.2 厘米
三星堆一号祭祀坑出土
三星堆博物馆收藏

工艺，将玉器外在的美以及内在的丰富，发挥到了几近完美的程度。这种完美，无论是在我们现在认为的礼器上、冥器中，还是在生产工具和装饰性、实用性器物上都镌刻了明显的时代烙印。

戈演变出自镰，它是从事农耕的中原文化特有的一种兵器。它的杀伤方式是以内刃勾、外刃推、尖锋啄来完成的。在夏商周时期的铜兵器中，戈是最重要的近战兵器之一。玉戈首见于二里头文化，是玉质礼兵器的新品种，形态与二里头文化的青铜戈基本一致。玉质礼兵器对于二里头文化有着特殊的意义，玉钺、玉戈、玉刀等玉质礼兵器，象征军权意义的玉璋在许多贵族墓葬都有发现，而且数量多、尺寸大，象似在彰显墓主人的军事权力或军功。这一现象隐隐折射出，从纷

争千年的邦国时代脱颖而出，并一跃成为统御众邦的王国，这期间经历的长期战争给作为战争征服者的二里头先民留下了深深的烙印，彰显了胜利者将玉质礼兵器形式转化为巩固政权的精神力量之理念。

四、夏商奇葩梦帝都

夏距今已经 3000 多年，作为中国最古老的古国之一，对我们而言显得遥远而神秘，夏王朝是奴隶制度进一步巩固和发展的开端。国家重大科研项目"夏商周断代工程"把夏王朝建立的年代定为公元前 2070 年前后，在考古学的意义上来说，那仍属于"龙山时代"。在其后的数百余年中，中原地区邦国林立，战乱频起，部落之间的聚散离合，筑城自封，不同文化意识交织与共。显然没有出现一个权威性的解决区域间的社会、文化、意识形态领域统一问题的领袖迹象。至少在所谓的夏王朝前期，我们找不到与传世文献相对应符合的所谓王权统治实物佐证。

商代文明不仅以庄重的青铜器闻名，其精美的玉器也同样令人神怡。著名的美学家李泽厚先生曾形容商代青铜器是狞厉的美，而商代的玉器可谓是神秘的美。商代玉文化处于重大的变革时期，它完成了从"神玉时代"向"王玉时代"的蜕变。在这个阶段中，中国社会经历了从原始社会到奴隶社会的转变，社会形态发生了巨大变化。意识形态领域的巨变促使了玉器走下神坛，进入社会意识形态与社会生活相容与共的时代，但此时与它亲密接触的并不是普通百姓，而是帝王将相、王公贵族。

在这一历史阶段中我们不能忽略了具有璀璨文明的三星堆文化。三星堆文化始于公元前 2000 多年。三星堆，这个曾经名不见经传的小地方，默默地躺在富饶的四川盆地，悄悄地承载着中华

民族灵魂滥觞的，我们不能湮灭和否认，三星堆文化确是中华文明最古老的遗存之一的事实。三星堆文明上承古蜀宝墩文化，下启金沙文化、古巴国，前后历时约2000年，是我国长江流域早期文明的代表，也是迄今为止我国信史中已知的最早文明，因此说："中国有5000年的历史，不是因为传说中的炎黄二帝，也不是因为夏商周，而是因为我们还有三星堆及良渚。"三星堆古遗址是迄今在西南地区发现的范围最大、延续时间最长、文化内涵最丰富的古城、古国、古蜀文化遗址，它是20世纪人类最伟大的考古发现之一，她的出现昭示了其属性与长江流域和黄河流域一样，同属中华文明的母体地位，也无可置疑地担负起了"长江文明之源"的称号。它同郑州二里岗、江西大洋洲、安阳小屯、滕州前掌大相比具有更加可读的那份神秘和渊源。

1. 二里头文化玉器

说到夏商时代的玉文化，我们首先就要提到河南偃师二里头文化，虽然二里头文化是否可以确定在夏，学术界争议颇多，但大多数人依然将其列为夏文化的范畴。二里头文化遗存大约定位在公元前2070年至1600年之间，最早发现于1952年河南登封王村公元前。1959年河南偃师二里头文化遗址由于集中发现了大量有文化代表性的出土器物，由此而定名为"二里头文化"。从公开发表的偃师二里头遗址考古报告、考古发掘简报以及有关二里头遗址出土器的文章中，笔者统计得出了二里头遗址出土玉器共计1244件，其中大件器较多，还有绿松石1151件。二里头文化一期极少见到绿松石饰；二期时玉器的

图111 夏代 镶嵌绿松石铜牌饰
1984年秋偃师二里头遗址出土
洛阳市博物馆收藏

图112 夏代 嵌松石饕餮纹铜牌饰
1984年偃师二里头遗址出土
洛阳博物馆收藏

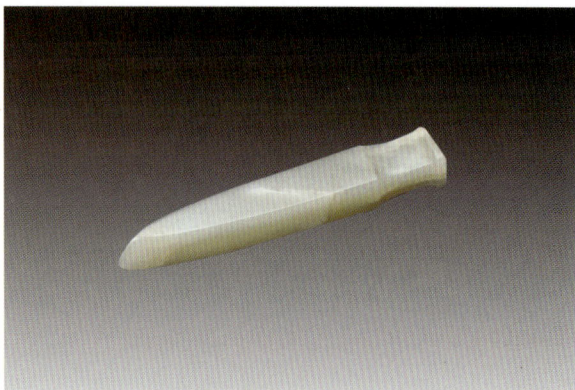

图113 夏代 玉柄形器
河南省偃师二里头遗址出土
中国社会科学院考古研究所收藏

数量及种类有所增加，主要有柄形器、鸟首玉饰、尖状饰、钺、铃舌等；三期时玉器有了突飞猛进的发展，新出现了璧戚、圭、牙璋、刀、戈、铲、圆箍形饰、板等，而且绿松石在这一时期大量使用；四期时玉器数量仍较多，月牙形器是新的出现，且发现了偏晚阶段的绿松石器作坊和废料坑。

　　二里头遗址出土的玉器纹饰主要有直线纹、斜格纹、云雷纹和兽面纹。其中云雷纹常见于玉圭，兽面纹见于柄形器、绿松石铜牌饰，而直线纹、斜格纹见于玉刀、玉戈、玉圭等。二里头遗址出土的玉器中还流行扉牙装饰，这一技法多见于玉璋、玉钺、玉戚、玉戈和多孔玉刀等玉器之上。这些简约的刻纹装饰，实际上是夏代先民承载和表达其观念和信仰的载体。二里头遗址出土的玉器用料，大略可分为两类。一类是玉质较差的工具型和武器型玉器用料，它们的玉色黑绿或灰青，应该为独山或密县玉料。小件装饰玉器所用的玉料一般较好，呈碧绿色或青白色，色泽匀净，属于透闪石软玉，在当今河南境内尚未发现出产这类玉料的玉矿，故不能排除其外来的可能。

　　二里头遗址出土的玉器的形制与纹饰是吸收了史前众多其他文化的诸多因素发展而来的。在二里头遗址出土的玉器类别中，多孔玉刀、玉圭、钺、齿牙装饰、绿松石器镶嵌饰物等，受到了海岱地区大汶口文化的感染；璧、琮、环、管、椎

图114 夏代 涂朱玉璋
河南省偃师二里头遗址出土
中国社会科学院考古研究收藏

形器等是受到了良渚文化的影响；柄形器、管、坠、人头像、动物佩饰和牌形饰等，则受石家河玉器的影响较多；而斧、璧、钺、璋、戚等，主要来自陶寺及神木石峁玉器的影响。在玉器制作工艺上，二里头遗址出土的玉器，上承良渚文化在器表阴刻成组线纹的装饰风格，同时在柄形器上的阳线运用也可找到石家河玉器风格的遗风。二里头文化玉器沿袭了海岱地区龙山文化的片切、割工艺的传承，其熟练地运用砣具进行解玉、钻孔、表面处理的工艺水平，均可与东部大汶口风格相媲美。二里头遗址出土的玉器虽不及新石器时代玉器的数量繁多、制作精美，但它在继承和发展新石器玉器的基础上，形成了自己独特的过渡风

图 115　夏文化　三孔玉刀
河南省偃师二里头遗址出土
中国社会科学院考古研究所收藏

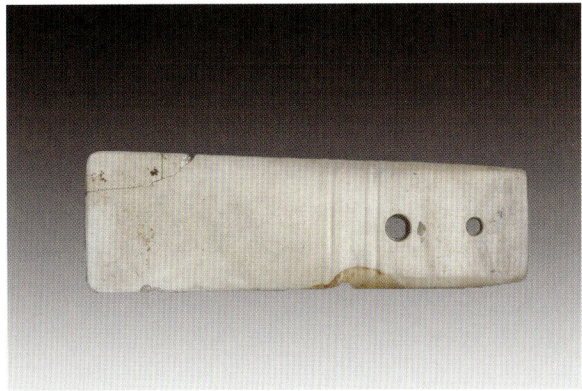

图 116　夏文化　玉圭
河南省偃师二里头遗址出土
中国社会科学院考古研究所收藏

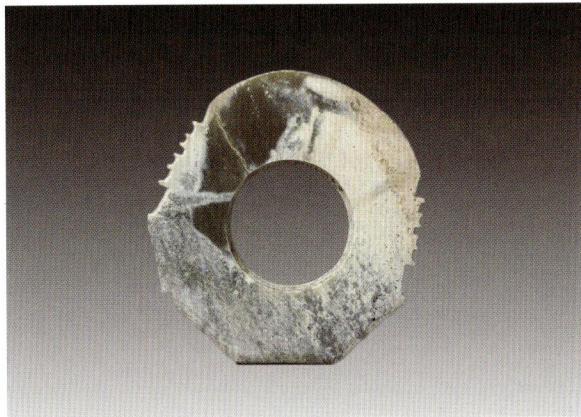

图 118　夏文化　玉璧戚
河南省偃师二里头遗址出土
中国社会科学院考古研究所收藏

图 117　夏文化　管状玉铃舌
河南省偃师二里头遗址出土
中国社会科学院考古研究所收藏

格，为商周玉器达到第二次高峰奠定了扎实的基础。它为史学家研究夏代玉文化和中华民族文明史的起源提供了实物证据，在历史交替时期起到承上启下的作用，其价值是不可置疑的，是功不可没的。

镶嵌铜牌饰是一种主要流行于夏代的青铜器，以镶嵌绿松石为最大特征，是集铸造和镶嵌于一身的神秘艺术品。它是史前兽面纹到商周饕餮纹的中介和传承，对于研究中国文明起源具有重要的学术价值。镶嵌绿松石铜牌饰通高 16.5 厘米，宽 11 厘米。为盾牌形，面微突起，它是先铸好牌形框架，然后有数百枚方、圆或不规则的绿松石粘嵌成突目兽面。这件牌饰出土于死者胸前，很可能是一件佩戴饰品。是目前发现最早也

是最精美的镶嵌铜器，可以说它的发现开创了镶嵌铜器的先河。

如图 112 所示的这件铜牌饰外部轮廓为束腰明显的长条形，上下各有一对可供穿缀的钮，出土时置放在墓主胸前。正面有数百绿松石小片相互衔接，规整排列，铺嵌成饕餮纹图案，历经千年而不松脱。二里头遗址出土此铜牌饰共三件，是目前发现最早，也是最精美的镶嵌铜器。

柄形器一般为片状，长方形，下端一般有榫，出现于二里头文化，流行于商代。关于柄形饰的功用，学术界还存在争论，有人认为是簪形器，有人认为属于佩饰，也有人认为是一种玉圭，还有人认为柄形饰是祖先的石主，即牌位。

玉璋是新石器时代晚期起源于海岱地区的玉

礼器，为中原地区所吸收，更成为二里头文化对外传播的标志性器物之一。二里头文化玉璋的器形和纹饰趋于复杂，一般有多组扉齿，刻有细线纹。这件玉璋形体甚大，表面涂有象征朱砂，有着浓厚的宗教意味。

这件玉刀源自新石器时代晚期的多孔玉刀，不同之处在于这件玉刀两侧饰有扉齿，具有浓郁的二里头文化玉质礼兵器的特点（图115）。

古文献记载，玉圭是贵族间礼仪来往中使用的一种玉礼器。古史传说五帝之一的舜曾向治水成功的大禹赏赐玉圭，古文献记载贵族在周王即位仪式或朝觐仪式上要献上玉圭，可见玉圭在昭示礼仪制度、维护等级秩序方面有着不可替代的功能。

二里头遗址的玉器在继承中原地区新石器时代末期玉器的基础上，又融入了浓郁的王权等级色彩，形成了既庄严肃穆又装饰美观的大一统风格。玉璧戚出现于新石器时代末期，从二里头文化开始流行。特征是器身近圆形、有大孔，两侧有扉齿，如同玉璧与玉戚的合体，突出体现了二里头文化玉礼器将形式美与象征意义巧妙结合的特点。玉璧戚仍是玉钺的一种，也是象征权力与威仪的玉礼器，从二里头文化随葬玉戚璧的墓主身份都较高可窥见一斑。这件玉璧戚造形规整，工艺精湛，是这一时期玉璧戚的代表。

夏代人们已开始出现使用少量的青铜工具制玉的迹象，随着商代青铜冶炼技术的提高，玉工们开始大量使用青铜工具，使得制玉技术出现了质的飞跃，这种飞跃带来了制玉工艺技术的发展和更新。此时的玉工已能熟练地将线刻、浮雕、圆雕、透雕融合在一起，大大增加了视觉立体感。

2. 安阳殷墟玉器

以河南安阳殷墟妇好墓出土玉器为代表的商代晚期玉器，据有关资料提供的数据可知共出土了玉器750余件，可分为礼器、仪仗、工具、生活用具、装饰品和杂器六大类。在商代晚期，当时社会已经基本完成了社会的生产分工，商业、制作业与农耕、养殖业出现了明确的分工。此时的制玉业已成为一个独立的手工业生产部门，并出现了一大批具有较高艺术水准的玉工。这个时期的玉器造型极为丰富，出现了仿青铜器的玉簋、琮、璋、璧、圭、璜等礼器和仪仗用的戈、矛、戚、刀等，动物、人物玉器大大超过几何形玉器，玉龙、凤、虎、熊、鹰、鱼、龟、鳖、鹦鹉等动物件，神态各异，形神毕肖；写实的圆雕玉人或站、或跪、或坐，姿态多样，是主人，还是奴仆、俘虏，都能够一一辨清。殷商时期的玉器之多是十分令人震惊的，据《逸周书》记载："凡武王俘商旧玉亿有百万。"这个数字可能有所夸大，但还是可以看出商代玉器的拥有量之多是不容置疑的。

安阳殷墟玉器所选用的主要材料，有新疆和田玉、透闪石软玉、南阳玉、岫岩玉，还有河南密玉、滑石等。而这其中以新疆和田玉占多数，其次为透闪石软玉，南阳玉和岫岩玉甚少。那么，远在新疆的和田玉何时输入中原的呢？据《史记·李斯列传》记载，李斯于秦王政十年(公元前237年)上书秦王曰："今陛下致昆仑山之玉，有随和之宝……此数宝者，秦不生一矣。"可见秦统一中国之前，已有新疆和田玉输入秦地。郭宝钧先生根据《穆天子传》有穆王登昆仑的传闻推断："昆仑玉进入中原或可上溯到殷周之间。"妇好墓中出土有相当数量新疆和田玉琢成的玉器，证实和田玉输入中原最迟在殷王武丁时代。据"夏商周断代工程"的学者推算，武丁在位的绝对年代为公元前1250年至公元前1192年。据甲骨文记载，武丁伐羌时，妇好曾率军一万三千人助战，她甚至远征西北土方国，获取了大量的制玉材料（和田玉）。由于武王的宠爱，在妇好去世后，武王将大量的玉器作为财富为妇好陪葬。

図 119 商代晚期 腰佩宽柄器玉人
河南省安阳市殷墟妇好墓遗址出土
中国社会科学院考古研究所收藏

这也为商人把玉器作为珍贵财富，提供了一个很好的佐证。

根据对大量殷墟玉器和少量半成品的考研得知，武丁时期的琢玉工艺技术已达到相当纯熟的高度，他们在选料、用料、琢玉的进行中首选用料为和田玉。殷墟玉器的造型丰富多彩，刻划细腻，突破了新石器时代以来玉石造形器的造型模式，创作了不少诸如人像、兽畜、禽鸟等多种圆雕作品。如墓中所出的某些玉石人像、有极强的写实性，圆雕的兽禽和昆虫或行或立，大多形象逼真，有些还突出了外形的主要特点，如象的长鼻、虎的利齿、螳螂的刀足等，相当神似。浮雕的兽畜和禽鸟，多设计成侧视形，肥瘦适中，以做静止状态居多，少数则作运动状态，如急驰跃起的虎、直冲云霄的鹰。对于某些神话性动物，如蟠龙、凤、怪鸟等，造型也更为婉转优美。这充分反映了当时的设计者的缜密考虑，以及对现实世界的深入观察和对神话世界的向往与构思描绘。在殷商出土的玉器中很多都是前所未见的新器型，最值得一提的是玉韘，它的用途是拉弓射箭时保护手指的勾弦器，可以说它是春秋战国时的韘形佩、汉代的心形佩、清代的扳指的前身写照。殷墟玉器的花纹，往往随客观形象而变化，自然谐调。在殷墟，虽然至今还没有发现较大规

模的制玉手工作坊，但在 1975 年冬，小屯村北发现两座殷代晚期的小型房子内，出土有大量砺石、石锥形半成品，并有少量玉料和几件精致的"俏色"玉石艺术品出土，发掘者估计这里可能是碾制玉石器的场所。从殷墟出土各种品类的玉器中，有些器类的造型与殷墟同类铜器非常接近，特别是部分玉器的纹饰与铜器纹饰相近如一。考古认为，这些出土的大部分玉器应是殷人在当地制造的，至于少数刻有文字的，很可能是方国贡纳的。

商代玉器在碾琢工艺上基本运用了单阴线，双钩挤阳、减地起阳、阳线等手法来表达器物内容和意义的。运用上述手法所表现出来的直线纹、斜线纹、菱格纹、弦纹、回纹、圆圈纹、几何纹、云纹、龙鳞纹、兽面纹、饕餮纹等各种繁多线条所组合的玉器精美藏韵异彩纷呈。从写实到抽象，从变形到夸张无不显示出不同工艺和设计造就的春华秋实之余韵。当时的管状工艺已经相当成熟，对钻不见了台痕，孔壁垂直光滑，孔径大小相差很小。这个时期的镶嵌工艺直接传承了夏的精髓，在玉器上镶嵌松石，在青铜器上镶嵌松石和玉，在牙、骨上镶嵌其他玉石等的技术强化了艺术的效果，增强了视觉的冲击力，突出了色彩对比的感观欣赏价值。在这个时期还出现了俏色工艺。利用原石的璞皮就形巧雕来表现某一特定对象的特征，使之惟妙惟肖。这种巧夺天工的设计制作，使成器后的玉器，形象生动、俏丽风趣。巧琢玉器的出现，不但意味着在创作构思和制作技艺上产生了新的飞跃，同时也开了巧琢工艺之首举。

如图 119 所示玉人，通高 7 厘米，宽 3.5 厘米，1976 年河南安阳殷墟妇好墓出土。玉人为和田青玉所制，通体有黄褐色浸痕。玉人是圆雕，双手抚膝跪坐，长脸尖额，弯月形细长眉，臣字眼，闭口，凸鼻，头梳长辫一条，辫根于右耳后侧，发辫盘绕至头顶，再由头顶延盘到左耳和右

图 120.1 商代晚期 安阳殷墟妇好墓玉人线描图

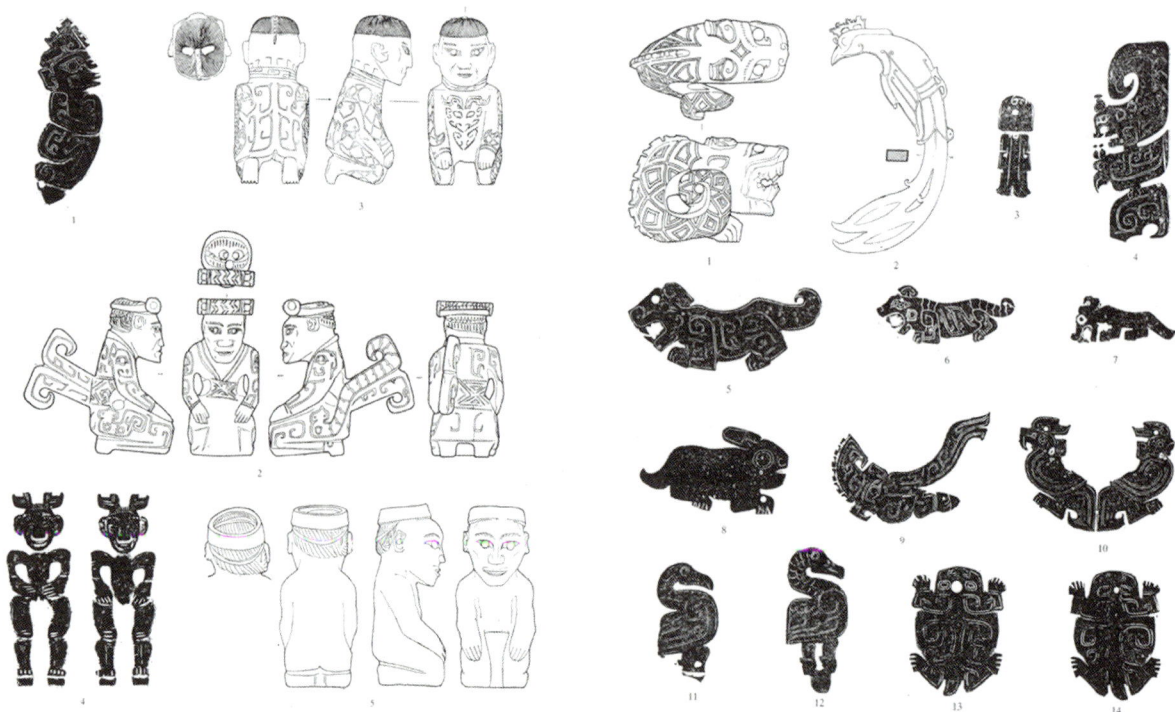

河南省安阳殷墟妇好墓玉人

1. 玉人（518） 2. 玉人（371） 3. 玉人（372） 4. 玉人（373）
5. 玉人（376）

图 120.2 商代晚期 安阳殷墟妇好墓玉人线描图

河南省安阳殷墟妇好墓玉龙、凤、怪兽、怪鸟、虎、兔、鹦鹉、鹅和蛙

1. 龙（408） 2. 凤（350） 3. 怪兽（968） 4. 龙与怪鸟（354）
5. 虎（358） 6. 虎（359） 7. 虎（1310） 8. 兔（412） 9.
鹦鹉（467） 10. 双鹦鹉（468） 11. 鹅（386） 12. 鹅（517）
13. 蛙（356 正面） 14. 蛙（356 背面）

图 120.3 商代晚期 安阳殷墟妇好墓各类动物线描图

（图片来自《古玉鉴别》）

80

图 121 商代晚期 玉琮
安阳殷墟妇好墓出土
国家博物馆收藏
（图片来自《中国国家博物馆馆藏文物研究丛书·玉器卷》）

图 122 商代晚期 几何纹玉簋
安阳妇好墓出土
国家博物馆收藏
（图片来自《中国国家博物馆馆藏文物研究丛书·玉器卷》）

耳，并与辫根相接。头上戴圆箍形"頍"，用以束发。"頍"前连有卷微状饰。头顶露出发丝，上有左右对穿的圆孔，似作插笄用，此孔前另有一穿孔。身着衣，交领垂于胸，长袖至腕，袖口较窄。腰束菱格为宽带。衣下缘似及足踝，衣上饰云纹。腹前悬长条形蔽韠垂及下缘及膝部，似着鞋。腰左侧插一宽柄器，上饰卷云纹和节状纹，上端作卷云形，下端弯曲，从其腰左侧插挂直至身后的形制来看，可能是一种武器的夸张表现。圆雕玉人是商代造型艺术的代表作，它以丰富的想象和细腻的写实相结合，表现人物的状貌，人体比例适当，人物表情丰富，仿佛在凝神思索，又好像在等待，在承受。古人用简练概括的线条把衣纹、发丝乃至肌肉都表现得细腻、协调、得当，体现了商代晚期的玉雕工艺的高超技艺（图120.1、120.2、120.3）。从妇好墓出土的全部玉雕器物来看，当时的玉雕工艺无论是玉料的切割、琢碾、钻孔抛光，还是对不同颜色玉料的巧妙选用，都已经达到了非常娴熟的地步。

图123 商代晚期 青玉龙
安阳妇好墓出土
国家博物馆收藏
（图片来自《中国国家博物馆馆藏文物研究丛书·玉器卷》）

玉器，尤其是玉雕人像，在商代只有王室贵族才能使用，因此对玉人的用途也就产生了种种猜测。妇好墓中出土的玉石人像共有13件。有些专家认为，这些玉人是舞人或侏儒，再加上两件玉磬正好组成了妇好的伎乐队，表明了妇好生前死后的娱乐生活。但是考虑所有出土人像中只有这件腰部佩戴有这样一件卷云状的宽柄器，而且气度雍容，显然是上层奴隶主贵族的形象。因此，另有些专家认为，可能是妇好本人的形象。但所有这些说法目前只是推测。

图121 玉琮高9.3厘米，射径4.7厘米，内孔直径4.3厘米，玉质为闪石青白玉，器物表面有褐色沁斑。这是一件与良渚文化玉琮迥然不同风格的玉琮，该器内圆外方呈圆柱形，内孔光素无纹，其上下两端呈圆形，上面碾琢弦纹。在琮外体中段凸出四条三角形柱体，柱体两侧刻有集束阴线纹饰。

图122 玉簋通高12.5厘米，口径20.7厘米，足径14.5厘米，为和田青玉所制。此器直口，平沿方唇，短颈，鼓腹，腹中利用掏膛工艺掏空，内外打磨极为精到。此器器壁较厚，底部高圈足，底部呈弧形凸起。该器沿唇以下碾两道瓦轮弦纹簋壁四等分，凸出四组、四条扉棱，每条凸出部分有四组扉牙。在扉棱与扉棱之间的区域运用双阴线碾琢有三层雷云纹并用几何连曲纹饰相隔。其底部外表用勾云纹及目纹装饰。该玉簋造型以青铜器为蓝本，形体硕大，雕琢精致，造型典雅、端庄、大度、华丽、气度不凡，为商代玉器中所罕见。

图 124.1 商代晚期 玉虎
安阳殷墟出土
河南博物院收藏

图 124.2 商代晚期 青玉虎
安阳妇好墓出土
国家博物馆收藏

图 125. 商代晚期 玉鸱鸮
新安庄 M305 墓地出土
安阳殷墟博物苑收藏

簋，古代盛食物的器具，圆口，双耳。自商代开始出现，延续到战国时期。《周礼·地官·舍人》："凡祭祀，共簠簋。"古籍中多写作簋，而铜器自铭则常为"皀殳"。青铜簋器物造型形式多样，变化复杂，有圆体、方体，也有上圆下方者。早期的青铜簋跟陶簋一样无耳，后来才出现双耳、三耳或四耳簋。据《礼记·玉藻》记载和考古发现而知，簋常以偶数出现，如四簋与五鼎相配，六簋与七鼎相配。

有许多人认为商周时期的玉容器极少，不为主流，其实不然。除了前面提到的那件玉簋外，妇好墓还出土了十字镂空纹玉盘、玉杵臼、玉觯、石豆等多件玉石容器。据我所了解，出土或传世的商周玉容器，还有故宫博物院藏存的商代几何纹玉碗，河南鹿邑县太清宫长子口出土的商代涡纹玉簋，商代玉斗等。商代玉器在等级社会中的地位之明确，也是一般日用器所望尘莫及的，也正是繁复的古代礼制，赋予了古玉高雅的生命力。在弥漫着宗教神秘色彩和洋溢着艺术魅力的商代晚期玉器上，我们仿佛看到了工匠们在制作玉器时显露的工艺、设计、制作天分，仿佛还感到了他们对艺术创作饱含的欲望和冲动激情。

如图 123 所示的玉龙为 1976 年在商代晚期妇好墓出土，该龙长 8.1 厘米，高 5.6 厘米，玉料呈墨绿色，局部有浅褐色沁。器形为圆雕而成，玉龙张口露齿，"臣"字眼挑眉竖眼，炯炯有神。头顶那一对柱形蘑菇角后仰伏于眼眉之后，似有卧龙腾飞之兆。整体团身曲尾，双足露爪，背现扉牙，大有龙腾虎跃之状。身饰菱形鳞纹，

图126 商代晚期 玉戈
许昌市大路大陈村出土
河南博物院收藏

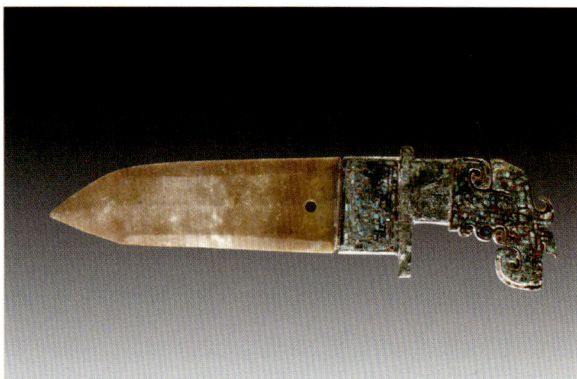

图127.1 商代晚期 玉援铜内戈
安阳妇好墓遗址出土
国家博物馆收藏
（图片来自《中国国家博物馆馆藏文物研究丛书·玉器卷》）

图127.2 商代晚期骨器 镶嵌绿松石骨蟾
个人收藏品

短尾卷于龙身右侧，呈伏卧状，一动一静把龙的神态表现得淋漓尽致。玉龙下颌正中有一对钻的小孔，可供系挂用，可见乃身前把玩之物。值得一提的是此青玉龙为商代所见玉龙中唯一一件圆雕作品，且制作之精致，神态之逼真，用料之考究乃非一般器物所能达及，该器对了解玉龙和龙文化的发展，特别是商代玉龙的形态及内涵的研究有重要的价值。

商代晚期的玉龙，既继承了红山文化的玉龙部分特征，也将蛇身龙体系的造型做了改动和发展。此时的龙，头部明显增大，突出了角、目、口、齿的形态，形体增加了灵动感。一般而言，龙角竖起者时代稍早，角贴背的稍晚，但也能见到无明显龙角出现的龙形和明显受红山玉猪龙影响的

龙形。片状玉龙的尾部相对头部更薄，据说可用于刻划。此外，很多玉龙身上还突破了前期玉龙光素的纹饰风格，满饰由菱形、三角形和重环纹组成的几何形图案，并且从颈背至尾还有一凸起的呈扉棱。商代晚期在玉龙身上的纹饰处理可谓独具匠心，纹饰线条一般均用双阴线勾勒而成，这种使两阴线之间的主纹凸现成阳纹状视觉效果工艺，一直延续至今。

图124玉虎以和田白玉作材料，通体沁为黄褐色。其扁薄片状的造型将一只扭头卷尾的玉虎雕琢的栩栩如生。钻孔工艺钻有一穿代表虎口，颇有见到猎物馋涎欲滴之感。圆形眼，双耳后掠恰如蓄势待发之势。玉虎为扁片状器形，整体可见其呈匍匐状，四爪抠地，竖尾躬身，虎口露牙，

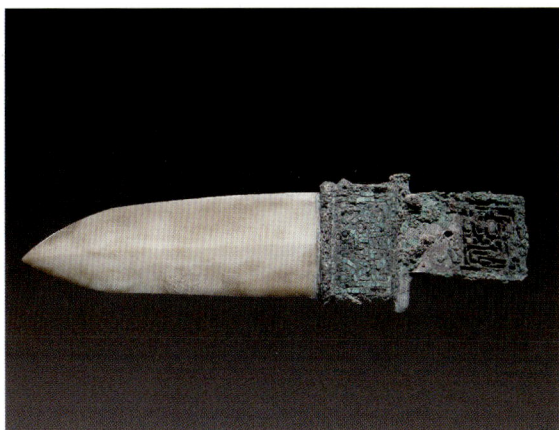

图 127.3 商晚期 玉援铜内戈
黑河路 M5 墓地出土
上海博物馆收藏

精神抖擞就如摆好了呼之欲出之态。

　　商代玉虎较为多见，有片状也有圆雕件，一般形体较小，嘴中利齿用钻孔工艺制成和蘑菇角是其较为明显的特征（见图 124.2）。安阳殷墟就出土有多件类似的玉虎形佩。在商代晚期写实性的动物形象种类繁多，计有虎、象、熊、鹿、猴、马、牛、狗、兔、羊头、蝙蝠、鸟、鹤、鹰、鸱鸮、鹦鹉、雁、鸽、燕雏、鸬鹚、鹅、鸭、鱼、蛙、龟、鳖、螳螂、蚱蜢、蝉、蚕和螺蛳等 31 种。大多为单件，形象逼真，个别的雕成双鹦鹉，尾相连，极富情趣。有些兽畜、两两分别成对，如妇好墓出土的对马、对象、对鹅等。这些表现充分反映出琢玉艺人对动物的精细观察，也是研究殷代野生动物和家畜、家禽的珍贵资料。

　　图 125 玉鸱鸮为和田青玉所制，该器周身均已受沁呈黄褐色。其运用的圆雕工艺让人从俯视

的角度来欣赏体态实为不可多见。器物大胆地从尾至冠分成了三个层次来表现造型的意义，可见设计者独具匠心。整体采用了当时较为普遍的双钩工艺，运用勾云纹、将玉鸟的毛羽刻画的栩栩如生。尖勾嘴、方形眼、C 形绳纹眉、云纹角、双翅收拢，尾舵分叉好似一只俯冲啄食的猛禽。其玉鸟尖嘴下有象鼻孔可见，看来是主人生前把玩佩戴之物。

　　图 126 玉戈为青色玉质，似地方玉种。其整体扁长，长度达 43.3 厘米，戈宽 9 厘米。该器形前端呈三角形，尖锐锋利，两斜边一边平直一边打磨已成斜面状。玉戈双面开锋有刃，整体为扁长形，尾端运用阴线刻有菱格纹和直线集束纹，在玉戈肩部中央钻有一孔。

　　戈是商周流行的一种兵器，以玉为戈始见于二里头文化，其后流行于商、周两代。商玉戈可以分为早晚两期，早期玉戈较多见的有在相应部位琢出扉棱，晚期的则少见扉棱。早期玉戈形制较大，晚期则较小。殷墟玉器的色泽瑰丽多彩，晶莹光润，以深浅不同的绿色最多，黄褐、棕褐次之，淡灰色、白色（包括乳白）、黄色的较少。多数玉器反映为杂色与主色相异的玉斑，纯色的较少。夏鼐先生认为："这些颜色的不同，是由于它们的化学成分不同所致……不同的元素或化合物的同时存在，也会在呈色方面互相影响。"但据最近的研究发现当时在中原地区制作玉戈一类玉器的材料是一种表面极为细腻的玉石，这种玉材与普遍使用的其他玉材有所不同。在对玉矿的深入调查中，至今未发现它确切的存在地点。玉戈普遍多见于商周时期的墓葬之中，晚商时代玉戈的作用已经完全退出了实用兵器的舞台，成为了一种专用的礼器。它的功能是在祭祀活动中祈求力量和胜利，在社会活动中彰显威严与等级。

　　如图 127.1 所示玉援铜内戈，该器通长 27.8 厘米，玉援长 15.8 厘米，由铜内与玉援两部分组

图 128 商代晚期 兽面纹玉斧
安阳殷墟妇好墓出土
中国社会科学院考古研究所收藏（图片来自《中国国家博物馆馆藏文物研究丛书·玉器卷》）

成。玉援呈圭形嵌入铜内中，其前锋锐尖，近末端钻有一圆穿孔。该器青铜内有两阑，阑后有木柲痕迹。内饰范铸兽面纹和鸟纹，并镶嵌绿松石，整器两面纹饰相同。观其之形体，其制作之精湛，构思之巧妙，纹饰之华丽，让人叹为观止。笔者仅知殷墟出土玉援铜内戈为两件，有幸都已一睹其风采，但每每再次相见，总有驻足难以离去之感。

在骨器、象牙器和玉器上镶嵌绿松石的技法，从黄河下游的大汶口——龙山文化中就开始较为流行。这种工艺技术，不但在殷墟玉器中发现，早在二里头文化就发现了。当时不仅有镶嵌绿松石的玉器，更有镶嵌绿松石的铜器和粘嵌在漆木类有机质托架上的大型绿松石龙形器出土。从其表现主题和传统制作上看，可能更多地继承了黄河下游龙山文化的工艺风格。制作这种器物的工艺流程应该是首先铸成阴刻纹饰的青铜器底板，然后依照纹饰的规格，就绿松石的大小，裁割成各种合适的形状以树胶或漆等黏合在器具表面凸起的阴刻纹饰凹处的不同部位，再进行表面打磨，致使松石与青铜凸起纹饰平整、吻合，具有光泽后方为完成。

绿松石镶嵌器物的形成和使用，象征着社会等级的奢侈品在生产与享用中追求更加精美和奢侈的社会发展趋势。这种通过人类智慧集多种材料元素为一体的形成过程，充分反映了当时制玉工艺的发达和审美观念的提高，同时也反映了当时上层建筑领域奢侈的铺张与豪华的仪仗。

图 129 商代晚期 龙形玉玦
安阳殷墟出土
中国社会科学院考古所收藏

130 商代晚期 玉兔
安阳殷墟王峪口 M7 遗址出土
中国社会科学院考古所收藏（图片来自《安阳殷墟出土玉器》）

图 131.1 商王武丁时期 龙纹玉刀
安阳妇好墓出土
国家博物馆收藏

图 131.2 商王武丁时期 龙纹玉刀（局部）

图 128 所示器物为商代兽面纹玉斧，该器长10.2 厘米，宽 4.8 厘米，厚 2.1 厘米。玉质为和田青玉。其器柄端呈黄褐色。整体呈长梯形扁圆体，上端较厚，两侧内凹成一小槽，似起到镶嵌于某种物质之中的作用。其刃呈弧形，三面磨成刀口，两边用直阴线框出长方形，前端有圆穿孔，可固定木柄。斧身两面均饰兽面纹，口向下，细眉大眼，下段两侧有边棱。制作极为精美，当属礼器无疑。

图 129 龙形玉玦为和田青白玉材质，通身吃满土沁故表现为黄绿色。该玉玦龙吻部突出，双眼呈谷纹形，龙身卷曲，首尾相连。其背脊扉棱分两种同形制，中间五个凸起相似的部分为一种，首尾两个相似的扉棱为一种。玉玦中间根据纹饰走向运用镂空工艺开有一个不规则孔洞，周身双面用卷云纹勾勒出六条小龙。

"满者为环，缺者玦" "玉有缺则为玦"，玦者乃遇满则缺的意思。玉玦古时多为王侯佩带，

王侯佩带此物是为了时常对自己提出警示，告诫其应该卑恭谦让。她是我国最古老的玉制装饰品，其影响之广泛，其历史之长远，其意义之深远遍及东亚整个地区。玉玦在古代主要是被用作耳饰和佩饰，小玉玦通常会成双成对地出土于遗骸耳部，较大的玦则可能是装饰佩件或符节器。新石器时代的玉玦制作朴素，造型多作椭圆形和圆形断面的带缺环形体，除红山文化猪龙形玦外，均光素无纹。

红山文化猪龙玦形制特殊，形体普遍较大，有的玦上另有一小穿孔，当可视为佩玉。考古发掘已经证实，该文化的大型玦多出土于死者胸前，可以确定它不是耳饰。商代玉玦呈片状，尺寸一般在 5 厘米至 10 厘米，分两种类型。一种是光素的环玦，另一种为龙形玦，作卷曲状，背饰扉棱，龙身勾彻有云雷纹、卷云纹等，其图案化风格极其富有冲击感。周代玉玦仍作片状，肉部明显宽于商代，中孔较小，并出现椭圆形玦。玦身多为

光素，部分饰弦纹、云雷纹，纹饰与商代相比有简化趋势。那个时期龙形玦很少，均无脊齿。

玉玦用途，古今说法甚多，概括起来有五种：一作佩饰；二作信器，见玦时表示有关者与之断绝关系；三寓意佩戴者凡事决断，有君子或大丈夫气质，如"君子能决断，则佩玦"；四刑罚的标志，犯法者待于流放之境或某一地方，见玦则不许还；五用于射箭，使用时将玦套戴在右拇指上，以作钩弦。此中孰是孰非，一要看时代的需求，二要看形制的吻合，三要看所用的场合并联系坑口年代与置放在棺椁中的位置来加以分析定位。

图130是一件较为特殊形制的玉兔，周身受沁呈褐绿色。观其整体形象，兔首低垂，两耳后掠，兔略张嘴，双圈圆眼俯视，躬身屈背，对足逆向而并，小尾巴翘起。其神态恰如一只小兔正在安逸地品味着嫩草芳香之感。该器为长4.13厘米，高3.37厘米，厚0.74厘米的片形器，背部从耳背至尾部呈规整波形，器物表面用云纹装饰，中间钻有一穿供人串系之用。此件饰物一改商代晚期对动物形制的普遍风格，无论从艺术的角度还是工艺的角度都可称之为不可多得的佳作，这种半圆形制的动物雕件只有在璜的身上可以找到一点影子。

图131.1、图131.2所示龙纹玉刀通体呈青白色，带有褐色土沁。该器凹背凸刃，首尾相翘，刀身窄长，短柄可握。该刀完全按照人体学的原理，临仿相同时代青铜刀所制。此玉刀刃已经开锋，较为锋利，但无使用痕迹。其背脊上雕有扉棱一溜，近背处两面以阴刻双钩线饰以精细龙纹，刀身后端靠近柄处有一钻孔。玉刀整体线条流畅，手感适中，纹饰精美。妇好墓出土的玉刀仅此一件。

玉刀作为礼仪用器，盛行于夏代的二里头文化，它既是权力的象征，同时也象征着农耕的收获。其形状大致有两种，一种是扁平的长方形，一侧为刀背，一侧为刀刃；另一种则做成了带柄的形状。玉刀中常见的纹饰有直线交叉形成的网纹以及代表某种象征意义的人面或兽面纹。比较精致的还刻有花纹或者镶嵌有其他种类玉石作为装饰的类型。商代中晚期的玉刀多为佩玉或摆饰器，器形略呈弧形，装饰华丽，刀背装饰有连续排列的凸齿，刀面有复杂的装饰纹。

殷墟玉器的形制与造型，笔者感到最好能够到博物馆实地看一看实物。从国家博物馆到河南博物馆，乃至殷墟宫殿宗庙遗址景区都有安阳小屯殷墟和妇好墓出土玉器的实物展出。实地观光的好处在于能够比较直观地近距离观察玉器的真实面貌。但提请大家注意的就是要留意复制品，细看展方的介绍标牌上面标注。另外一个问题必须切记，到博物馆参观馆藏必须带着问题去看，要明确此次在去看需要解决的是自己在收藏中的一些什么问题，这样就会有针对性地在观察中获得意外收获。在参观中要注意不同灯光、背景色、对玉器直观所产生的影响以及拍摄形成的色泽还原差别。

为什么在此笔者不用文字来表达器物的观感呢？笔者感到无从落笔。最好的赞美之词难以描述那些绽放着文明智慧的玉器原形和内在。有人看了我的一篇文章说道，那是华丽辞藻的堆砌。笔者感到，如果那是华丽辞藻的堆砌，那么在堆砌之中还能够找到其器物的精粹。要是哪位朋友把它看成是一堆陈词滥调的重复，我会感到很不安，很内疚的。

3. 三星堆文化玉器

三星堆，出土的青铜器和玉器令世界震惊，其中隐藏着巨大的历史秘密更是令人刮目相看，百思而不解其要领。目前国内的大多数学者和专家在研究三星堆文化的诸项课题时，注意力相对

图 135 三星堆文化 有领璧形器（凸唇璧）
四川广汉三星堆遗址出土
三星堆博物馆收藏

图 136. 三星堆文化 玉管串饰
四川广汉三星堆遗址 2 号祭祀坑出土
三星堆博物馆收藏

图 137. 三星堆文化 戚形玉璧
四川广汉三星堆遗址 1 号祭祀坑出土
三星堆博物馆收藏

图 138. 三星堆文化 玉剑
四川广汉三星堆遗址 1 号祭祀坑出土
三星堆博物馆收藏

部似三角形，在三角形底线中央钻有一孔。三角形底线以下两侧刻有对称的凸出齿脊，从三角形底线的第一对齿脊开始有平行的凹洼线将齿脊均匀分开，直至第四对。此器有刃，刃较厚钝，采用了瓦轮纹、钻孔、打磨等工艺制作完成。其表面打磨相当完美，这件器物的造型也是别出心裁颇费心思。

有领玉璧是一种产生时间较早、流行地域很广的玉石器。在三星堆遗址和金沙遗址都有形制多样、制作精美的领玉璧出土，是商周时蜀地较为流行的一种玉器种类。该器制作极其规整，通体打磨抛光，碧玉质，淡绿色微黄，褐、黑色斑块则是受到土壤中矿物质的影响而产生的。该器边缘凸起，在有领璧形器，肉的两面有五组同心圆阴线纹，每组两圈，各组之间又有同心圆浅凹槽，各组同心圆之间的距离相等，显然经过精确的计算阴线纹线条均匀流畅，表现出极其高超的制玉技术。这种形制却是三星堆文化首次发现，这极可能是金沙本地玉工别出心裁的创造，具有鲜明的地方特色。

图136玉管串饰由长短不一的15件玉管组成，玉管长度从1.7厘米至4.85厘米不等，颜色有绿、浅绿、黄绿三种。其外形呈长圆形，多数两端不平直，为斜坡形。此件饰品可以断定为当时贵族佩戴。

在晚商时期三星堆文化的等级制社会中，串饰已不可避免被赋予"礼"的内容，为后世相继形成的一系列贵族用玉制度奠定了相应的基调。由于玉制之"礼"内容形成的玉饰之"礼"，成为当时社会形态的具体体现，故玉串饰的形制具有明显的贵贱之别，非其人不得佩其饰，所以顺礼也。这种在晚商社会已经开始渗透于人事、神事等诸多方面，并直接影响了三星堆时期先民的生活俗尚、宗教意识、审美观念和物质追求情趣等各个领域。

戚形玉璧整器呈灰白色，长20.8厘米，宽9.3厘米，孔径3.3厘米。器形长而薄，两端呈圆弧形，一端宽，一端窄，中间有一圆孔，孔壁高高凸起，这是三星堆特有的器型，因形似古代的一种兵器——戚，故命名为戚形方孔璧。也有学者认为，这是一种玉制的农具，称其为"玉锄"。

图138玉剑已残，整体以及钙化呈鸡骨白色，长28.2厘米，宽3.4厘米。该器整个剑身如同一片柳叶，双刃，剑身开有凹槽，剑舌墩部手感尚好，两面略带凸起弧度，钻有一孔。这种形制的剑一般要到西周才会出现，而这柄玉剑的形制却和西周时期很是相似，结合江西新干大洋洲商墓出土的柳叶形玉矛，我们可以认为这是柳叶形兵器之起源。

三星堆文化遗址出土玉器的发现经历了四个不同阶段，从1929年村民燕道诚在偶然中的发现到1987年三星堆仁胜村墓地玉器的出土，其中经历了宝成铁路修建的抢救性发掘，考古部门有针对性的发掘，当地村民在劳作中的不经意发现等长达80年的历程。在这个漫长的过程中，三星堆文化的玉石器也是相伴着玉石器的研究而经历着曲折的行进路程。三星堆文化玉器的发现，证明了已经出现的玉石分化迹象。这些流失于民间，流失于海外，馆藏于中国国家博物馆、川博、川大博物馆、社科院考古研究所、三星堆博物馆或被海外博物馆收藏的珍品，在今天已经开始引起了许多学者的注意。虽然对某些器物的看法有所分歧，但笔者认为未必不是一件好事。在未知世界里许多东西都是推测形成的，只要在逻辑上可以成立，完全可以作为一种学术观点来探讨研究。

4. 江西新干大洋洲商文化玉器

江西新干商代大墓中出土的玉器是商代时期长江南岸出土数量最大的一批之一，出土的754

图 139 商代晚期 侧身羽人玉配饰
江西新干大洋洲遗址出土
江西博物馆收藏

件玉器对研究当时长江中游地区方国的玉器文化和玉器碾琢技术具有极为重要的价值，同时也对当时的社会现状以及思想意识的解读有着积极的作用。江西新干商代大墓和湖北盘龙城遗址出土的商代玉器，长江上游地区的三星堆遗址出土玉器以及黄河下游地区滕国遗址等出土的玉器，共同代表了商代玉器的制作水平以及文化特征。在商代，同一埋藏单位内出土如此之多的铜器、玉器，只有四川广汉三星堆、成都金沙遗址和殷墟妇好墓可以与之媲美。新干商代大墓玉器群的空前发现，不仅是中国南方考古的一项重大突破，而且也为我国玉文化研究揭开新的篇章。它所提出的种种发人深省的新问题以及所揭示的奥秘，必将给考古学、历史学、民族学乃至整个中国古代文明史的研究，产生深远的影响。该遗存出土玉器可分为礼仪器和饰件两大类。礼仪器 40 件，器类有琮、环、璜、璧、玦、戈、矛、铲等。其余均为装饰品，主要用作佩带装饰物和插嵌于其

图 140 商代晚期 蝉纹玉琮
江西新干大洋洲遗址出土
江西省博物馆收藏（图片来自《中国出土玉器全集》）

他物品上作观赏品，器类有笄、镯、项链、腰带、串珠等。这些玉器其种类之丰富，数量之惊人，实在令今人赞叹不已！

图 139 "侧身羽人玉"配饰是出土文物玉器中文物等级最高最精美的一件。此配饰高 11.5 厘米，身高 8.7 厘米，背脊厚 1.4 厘米，为叶蜡石质。该器通体呈柔和的均匀的棕红色，表现为一个人侧身蹲坐的姿势。其双脚和臀部着地，双膝上耸，双臂抱至胸前。令人称奇的是，当我们从其头部、面相、躯干、四肢看去是人的特性的同时，还从头至腿看到鸟的特征。头顶是鸟的高冠，嘴呈勾啄状，腰背两侧有羽翼，腿部也垂有羽毛。人和鸟的特征既是各自特征鲜明，又很和谐地集于一身，成为一个富有怪诞色彩的"羽人"。这样的形制难道是玉工的臆造吗？不，它代表了当时社会在精神上、信仰上对鸟崇拜的反映。我国古代的许多部族都曾有过对鸟的崇拜，同新干大洋洲乡在时间相近的四川三星堆，出土有人首鸟身神；成都金沙遗址出土了太阳神鸟；殷墟甲骨武丁时期的卜辞中最常见的一个古族是亚雀或雀；和侧身羽人玉配饰同时出土的有一件青铜伏虎，虎背上立一小鸟，虎不惊鸟，鸟不惧虎，给人一种庞然大物的老虎驯服于鸟雀之下的感觉，很显然，这些形制所反映的均是对鸟的崇拜和敬慕。

这件玉配饰的工艺水平是相当高超的。其质地为叶蜡石，呈柔和均匀的棕红色，有蜡状光泽，纯真无瑕。它形体各部位的比例匀称，是同时期玉雕人物中较突出的一个。其琢制工艺，使用了圆雕、浅浮雕、镂雕、掏膛及表面抛光等技法。最显示高超工艺技术的便是羽人头顶后部的三联套环，它是在一块玉材上掏雕而成，环环相套，活动自如。这种掏雕工艺在琢玉行内又叫"活链"。以往人们认为"活链"的技艺是在明代才开始的，这一发现，将其提前了2000多年。需要再强调一句的是，现代琢玉的条件和工具都远远超过了古代。可是，活链仍是一项高难度的碾琢技艺，远在商代时能琢制出这么精致的三联套环可谓登峰造极。

图140 蝉纹玉琮为磷铝石质材料所制，质地不纯，含有灰白色石英，呈灰黄色，有紫色和黄褐色斑点，玻璃光泽，不透。该器通高7厘米，射高0.5厘米，一端射径8.3厘米，射壁厚0.7厘米~1厘米，另一端射径8.1厘米，射壁厚0.8厘米~1.1厘米。外方内圆，上小下大，两端面平，有不甚明显的短射。器体四角凸起形成对称的长方弧面，弧面的上下饰有浮雕式蝉纹，上下蝉尾相对。蝉为大头圆眼、翼宽尾窄的弧状，琢工较粗，有的眼睛几乎分辨不清。器身中间一个浅横凹槽将方弧面和整个琮体分为上下两节，铊轮切割痕迹明显。中部横截面抹角微呈方形，上下两端各饰阴线三周，且都是最外一周较深，另两周较浅。中间一个浅横凹槽和四角的横凹槽相平齐，宽度相等，在浅横凹槽的上下各饰阴线两周。孔壁打磨光滑，器体抛光。

大洋洲出土玉琮一共两件，与良渚文化的玉琮相比无论在数量、材质、工艺上，大洋洲玉琮均不趋于弱势，有明显的衰落迹象。在江西丰城、德安等新石器时代晚期遗址中，也有零星玉琮出土，丰城市采集的一件多节式玉琮，无论足造型，还是简体兽面纹的构图，都与江苏寺墩、草鞋山等地良渚文化多节式玉琮相近。大洋洲玉琮，是新石器时代玉琮传统文化在本地区延续的体现。

图141 有领形玉璧为磷铝石质，青黄色，局部泛白，质地不纯，含有白云母的晶片和铁锰质斑点，蜡状光泽，不透明，沁蚀严重。其直径18.4厘米，一面外孔径7.2厘米，内孔径6.7厘米，领高0.1厘米，另一面外孔径7.25厘米，内孔径6.8厘米，领高1.1厘米，肉厚0.32

图 141 商代晚期 有领形玉璧（凸唇璧）
江西新干大洋洲遗址出土
江西省博物馆收藏
（图片来自《中国出土玉器全集》）

图 142 商代晚期 玉玦
江西新干大洋洲遗址出土
江西省博物馆收藏
（图片来自《中国出土玉器全集》）

厘米~0.5厘米。体扁薄，中间有对钻大圆孔，孔周两面均有凸起成环状的圆口，即所谓的领。出土时断裂成七块，已黏合，正反面均饰有八组同心圆线，线条规整而流畅，最外一组由三条细线构成，宽3.3毫米，其余七组由两条细线构成，宽1.5毫米，各组线条间有规律地相间采用减地雕。孔壁正圆，打磨精细，两面抛光。

图 142 玉玦，出土为一对，该器是选用透闪

图 143.1 商代晚期 玉戈
新干大洋洲遗址出土
江西博物馆收藏
（图片来自《中国出土玉器全集》）

图 143.3 商代晚期 长条形无阑玉戈
新干大洋洲遗址出土
江西博物馆收藏
（图片来自《中国出土玉器全集》）

图 143.2 商代晚期 无阑直内玉戈
新干大洋洲遗址出土
江西博物馆收藏
（图片来自《中国出土玉器全集》）

图 143.4 商代晚期 有阑直内宽援玉戈
新干大洋洲遗址出土
江西博物馆收藏
（图片来自《中国出土玉器全集》）

石质材料所制，表面呈黄绿色，有紫褐色和黑褐色斑点，蜡状光泽，不透明，有沁蚀痕。玉玦直径 6 厘米，孔外径 1.9 厘米，孔内径 1 厘米，中间厚 0.8 厘米。体扁而微厚，（"肉"与"好"是对应的，"肉"代表着玉的部分，"好"为孔。）玉玦肉的部分中间厚，边缘薄，孔径小且均偏于一侧，故缺口都较长。两面对钻，孔壁成斜状，有旋转线痕，孔壁中间留有因对钻而形成的台痕，器体抛光细腻光滑，整器小巧玲珑。

大洋洲出土玉玦 20 件，是数量较多的一种器形玉件。笔者调查发现类似的玉玦多数在使用过程中出现了损坏现象，同时也有当时多次补接的痕迹，这一点说明了当时玉料的珍贵性以及加工的不易性。在大洋洲遗址出土的玉玦，有人认为它是礼器的一种，我想这个观点如果成立的话，也是大洋洲与中原殷商在用玉制度方面不同的地方。

图 143.1 玉戈为透闪石材质所制，器物呈淡

绿色，有棕褐色斑点，不透明，大面积泛白。该器通长 42 厘米，内长 7.5 厘米，阑长 2 厘米，中脊厚 0.6 厘米，内厚 0.8 厘米。体扁薄，双面薄刃，三角形前锋，出土时断裂成五块。此器有阑，直内、直援，阑两侧挑突，有凹弧槽，援较窄，最宽处约为援长的五分之一，前锋薄而尖，有中脊，脊线直通至内部，上刃略拱，下刃近直。内呈长方形，末端斜状，内前端有一小圆穿。阑部阴刻五道平行竖线两组，中间填以阴刻复线三角形纹，每组复线由三条阴线组成。

图 143.2 玉戈为透闪石材质所制，青绿色，呈油脂状光泽，玉质微透明，该器表面有大面积泛白，泛白处不透明。此器通长 27.5 厘米，孔至内末端长 7.5 厘米，厚 0.6 厘米。其器体扁薄，双面薄刃，三角形前锋，有中脊和边刃，脊线直通至内端，出土时断裂成六块，上、下刃微凹进，尤以内下端凹进更深，以此将内与援分开。援上刃微弧，下刃近直，援后中部有一小圆穿孔，为

图 144 商代晚期 神人兽面形玉器
江西新干大洋洲遗址出土
江西省博物馆收藏
（图片来源《新干商代大墓》）

溯源识真高古玉

单面钻形成。

图 143.3 玉戈为透闪石材质所制，通体呈灰绿色，油脂状光泽，微透明。玉戈表面可见已经大面积泛白，泛白处不透明。该器长 41 厘米，孔至内末端长 5 厘米，厚 0.6 厘米。其器体扁薄，双面薄刃，出土时断裂成五块，长条形无阑，三角形前锋锋端尖锐，中脊和边刃都不甚明显，援、内不分，器体近末端约八分之一处有一小圆穿孔，表明此器为戈，穿孔为单面钻成，孔壁呈斜状且带螺旋纹。

图 143.4 有阑直内宽援玉戈为透闪石材质所制，通体呈青灰色，有褐绿色阳起石的条带状结构，表面可见玻璃光泽，玉质不透明，出土时粘有大面积的朱砂。该器通长 46.5 厘米，内长 8.5 厘米，阑长 1.8 厘米，中脊厚 0.6 厘米，内厚 1 厘米。其器体扁薄，双面薄刃，三角形前锋，出土时断裂成六块。此器有阑，直内、直援，阑两侧挑突，有齿槽，援较宽，最宽处约为援长的三分之一，上刃略拱，下刃微内弧，有阳纹脊线和边刃。内端近方形，末端斜状，内前端有一小圆穿孔。阑部阴刻菱形纹，上下各饰以一组由三条平行阴刻细线组成的边框。

图 143.1、图 143.2、图 143.3、图 143.4 玉戈，基本上器体均为扁薄形，直内直援，双面开刃，前锋凸出呈三角形状，但细部却又不同，其造型各有特长。这些玉戈的运用在当时很可能是在不同场合，形制代表着某一个意识形态的内容，或是某一个区域、部落、人物的象征。我们可以想象一下，在一个重大的礼仪活动中，代表着不同内容的持戈方队缓步走来，每个方队持着同一种形制的戈集于旌旗之中，这种浩然临风之气，如同天地之间的对接，恢宏磅礴。同时出现在那个时代不同形制的戈之繁多，也在证明着对戈的认识、认可、使用是极为普遍的。

图 144 所示神人兽面形玉器为磷铝石材质所制，灰白色，蜡状光泽，玉质莹润但不透明，表面有棉絮状表现，出土时器粘有朱砂。该器通高 16.2 厘米，顶宽 7 厘米，下宽 5 厘米，厚 0.1 厘米~0.42 厘米。正面浅浮雕图案体现了一个戴着

98

图 145 商代晚期 玉虎形扁足件
江西新干大洋洲遗址出土
江西省博物馆收藏
（图片来自《中国出土玉器全集》）

平顶卷角高羽冠的神人兽面像，下额呈圆弧形。神人兽面像由上下两部分组成，上半部分为神人像，梭形眼，卷云粗眉，大蒜鼻，鼻梁直线向上延伸至过眉脊后左右向外展出为额，向下内卷成两个圆点表现了鼻尖上方的对称凸出部位，脸庞两侧各有三个对称的上卷角状扉棱，向上的第一个扉棱可看为鬓发上翘发型的写照。下两个又可看成是大耳，耳垂上钻有孔，拟挂首饰之用。

下半部分可看做兽面，阔口露牙，嘴角各有一对獠牙露出，左右圆孔此时可以看成为兽的双眸。兽面头顶上平行有四道去地挤阳线条，用三道瓦轮纹相隔为界。再往上即是高耸的羽冠，羽冠顶部平直，平行线两端成尖扉棱状内卷角，与神人脸庞两侧凸扉棱所对应。其羽冠由竖刻十一组呈放射状的纹饰组成，代表着羽翎。脖颈由窄向下变宽，下端横刻一道阳线。此器物背面平整光素，

99

图146 商代晚期 镂空扉棱玉片
江西新干大洋洲遗址出土
江西省博物馆收藏图
（图片来自《中国出土玉器全集》）

唯颈部有四组平行阳线，最下端则阴刻由三道阳线构成的菱形图案。此器采用双线凸雕、单线阴刻、钻孔等多种工艺制作，通体抛光润泽。笔者认为这是带着兽形面具的巫师形象，它与遗址内同时出土的一件青铜双面人形神器有着异曲同工之妙，这种写实的装饰物，应该为巫师身份的形象代表或某种礼仪场合使用的神器。

图145所示玉虎形扁足三件，为透闪石材质所制，器物呈灰白色，表面已经严重风化，呈土状光泽，不透明。该三件器物通高18厘米，顶宽4.7厘米，顶端厚0.58厘米，尾部厚0.53厘米。呈扁平长条形，整体轮廓似变体虎形，顶端较宽，往下逐渐变窄，及至尾部更窄且外卷，末端收成勾状。其整体器物两侧，一侧琢制出两个较大似扉棱形状的勾戟，臀部拱起，以代表虎背脊的线条，在另一侧琢制出两组共4个扉棱以代表虎之四足，其中一个近虎首处有一圆孔，以示虎之眼，可供串系之用。双面的四周边缘用阴线勾勒轮廓，线纹随形而走，线槽内留有朱砂。虎乎？兽乎？该器因为其形似同墓所出土的青铜"虎形扁足鼎"之扁足，而得名。该器应该是由一块整料切割成型后，再解开成为三片片状加以纹饰修饰而成。

图146所示镂空扉棱玉片为透闪石材质所制，通体呈黄白色有玻璃光泽，但不透明，表现为中度沁蚀。该器同类型共出土四件，整体通高7.44厘米，上端宽2.43厘米，厚0.35厘米，下端宽1.1厘米，厚0.31厘米，内侧厚0.35厘米。该器呈扁平长条形状，上端较宽并微翘，下端稍窄近平。其内侧断面微向内凹呈弧线形，外侧较薄，碾琢形成两组个扉棱，其中每组扉棱中为首一扉棱呈勾戟状，两组相间而置。因形似同墓所出土的青铜"虎形扁足鼎"腹部之扉棱。

以上两组实物照片所展示的这些虎形扁足和镂空扉棱片出土时均涂有朱砂涂抹。据出土报告所示，它们与遗址内同时出土的九件青铜卧虎耳扁足鼎的相关部件相似，可以考虑实际是足漆、木鼎上的构件组合件之一。

根据相关资料显示，新干大洋洲遗址出土文物属于吴城文化的产物。这在学术界已经达成共识，但其墓主人的归属却是难以定论。在新干大洋洲商墓出土的754件玉器中（品相完好的有80余件），包括了玉琮、璧、玦、璜、瑗、矛、戈、铲，还包括了侧身蹲坐羽人、神人兽面纹形饰、蝉、蛙、鱼、镯、串饰、柄形器、水晶套环，圆勒以及一

图 147 商代晚期 玉鸟片形器
山东滕州前掌大遗址出土
中国社会科学院考古研究所收藏
（图片来自《中国出土玉器全集》）

些附件，如扉棱片形器、虎扁足等，可谓琳琅满目，使人目不暇接。

新干大洋洲商墓遗址出土玉器在材料的运用，达到了相当的水平。据有关考古资料对比后认为，大洋洲商墓出土玉器制作所选材料的玉质与璞料大多数在质地、色泽上接近新疆和田玉白玉、青玉，甚至有的还能够与羊脂玉比肩。另外还有一部分主要是磷铝石、磷铝锂石、水晶石、叶蜡石、绿松石五个类别。透闪石玉料应该来自新疆地域，但也有部分材料和陕西黄田所产玉料有着相同之处。而磷铝石、磷铝锂石、水晶石类材料应该取自鄂赣交界处的幕阜山伟晶岩中。其他鄂浙地区郧县、青田等地的玉石、松石、叶蜡石也在使用范围。大洋洲商墓中对朱砂的使用已经较为广泛，先民们将朱砂洒在墓坑中，涂抹在陪葬的器物之上。其作用第一是防腐。另外可能还有更加深刻的含义，笔者认为应该与巫术有关。

新干大洋洲商墓遗址出土的玉器所采用的工艺技术在当时是比较先进的。这种在比较进步基础上形成的技术，反映在人们熟练运用铜质砣具加工制玉的工艺之中。铜质砣具碾琢形成的切割、钻孔、镂雕，最后进行整体精细抛光。这种在设计上将阴、阳线纹与浅浮雕、圆雕相结合，表现了其设计制作成熟发达的水平。在大洋洲商墓出土的玉器遗存之中，我们不难看出玉工的聪明睿智及匠心独运。这些造型独特、器形规整、用料讲究、纹饰精美的玉器，其灵活多变、生动传奇的形象，以及应用写实，抽象与变形的艺术表现手段所展示的不仅仅是一种工艺的成熟和继承，更表达了其深层文化内涵的传神。

江西新干大洋洲遗址出土玉器，其器形基本与当地民风以及部落自有特征关联，这种关联形成了其独特风格的形成。这种风格由于受殷墟文化玉器的影响较弱，造成了两者之间在发展水平、文化内涵、功能形制上所形成的鲜明对比，显示了不同地域文化在交流中消化和相对独立性的个性。这无疑给我们了解、认识、探讨、研究新干商墓提供了较为丰富的资源。

5. 山东滕州前掌大商文化玉器

前掌大村位于滕州市南约 25 公里处，辖属官桥镇。该村西约 1 公里为著名的薛国故城遗址，两者之间贯穿着南北向京沪铁路，村北百余米处有一条魏河沿北侧逶迤绕西而过，使村北成为一块突出的台地。北侧略高向南渐与村舍地面平齐，俗称"河崖头"，河崖头东西宽约 200 米，南北长约 100 米，北侧河段南岸断崖耸立，多处暴露出灰土层，甚至墓葬中的夯土层也明显地暴露无余。前掌大遗址分南北两个区域，1998 年 9 月底至 1999 年元月初，相关部门对前掌大遗址南区进行了一次较大规模的调查发掘。在调查中考古人员发现，南区这批保存较好的墓地，布局合理、

图148 商代晚期 玉戈
山东滕州前掌大遗址出土 中国社会科学院考古研究所收藏
（图片来自《中国出土玉器全集》）

图149 商代晚期 鸟禽片形器
山东滕州前掌大遗址出土
中国社会科学院考古研究所收藏
（图片来自《中国出土玉器全集》）

结构清晰、出土器物较为丰富，这与北部相比明显有别。在短短两个半月的清理发掘中，仅玉器就出土了150余件，这其中包括了玉器、玛瑙、松石、水晶等一些精美器物。

前掌大遗址的面积之大，发现的墓葬之多，是山东地区罕见的，这些比较集中的墓葬排列有序。墓葬中的随葬品丰富精美，出土的大量玉器、车马器、漆器等都是在山东地区前所未有的。出土的青铜器和玉器则更是令人惊叹，有数百件之

多，且器类全面，造型优美，纹饰精致，大量的带有铭文的器物为研究山东地区商周之际的古国文化，提供了重要的实物资料。

滕州前掌大遗址出土玉鸟形象的饰件可以分为爪、蹼形两种。有爪类的出土较多，有蹼类的仅四件。图147玉鸟片形器就属于有蹼类的鸟形玉饰件。该器玉质呈淡绿色，玉质通透，有微沁，其体通透长1.7厘米，高2.3厘米，厚0.51厘米。此件器物小而精致，且玉质相当不错，通观整体，玉鸟似俯卧于地，长颈翘首，弓背凸胸、圆眼、圆喙、单足趋前。恰如一只嗷嗷待哺的幼雏期待着母亲的归来。该器采用了阴刻纹饰的工艺，使眼部等处更为突出，其颈项下部钻有一孔，为系带之用。

前掌大遗址出土的玉戈一共有二十余件，这些玉戈大致可以分为三种类型。图148玉戈归内直、长内一类的器形，这种玉戈在前掌大遗址出土仅两件。该器体通体光滑，呈不透明的乳白色，体长7.7厘米，宽1.7厘米，厚0.22厘米。通观整器长援、长内，戈尖微偏于戈脊凸出中线，两边开刃出锋，上刃与下刃长短不一。该器刃部凸有脊棱，内后呈扉牙之状，援内交界处留阑，阑

图 150 商代晚期 玉蝉
山东滕州前掌大遗址出土
中国社会科学院考古研究所收藏
（图片来自《中国出土玉器全集》）

表面刻有两组相套的阴线菱形纹，内中部钻有一孔，用于捆绑系绳。

图 149 玉鸟在前掌大遗址中类似器形有四件发现。有的人称其为"玉鹅"，也有人称之为"玉鹤"，不管是鹤是鹅，看做鸟禽类器形总是不会错的。该器玉质呈淡绿色，半通透，整器风化严重，局部呈白色，玉鸟嘴尖已残。该器通长 4.3 厘米，残高 3.2 厘米，厚 0.3 厘米至 0.49 厘米。通观其器，

回首仰视，半蹲趋前，弓背垂尾，羽翅微垂拢紧与身，恰似一只乖巧的小鸟见到长辈的肢体语言。笔者在前掌大类似形制的器物中，发现其形制的表现形式均为幼雏的造型，更是显得乖巧生动。想必这种形制的表现主题一定含有某种特殊符号与意义。此玉鸟运用阴刻纹饰，以单阴线刻划出了圆眼，鸟首与鸟身之间利用了颈部的弧度形成了一个类似柄勺形状的穿孔，以利系挂。

前掌大遗址出土玉蝉共计 12 件，可分为两种器形，其中如图 150 所示的类型玉蝉有两件。该蝉玉质呈淡青色，整体通透光滑，体长为 2.3 厘米，宽 2.2 厘米，厚度为 1 厘米，为较好的玉质所做。通观整器，玉蝉头宽圆润，尾尖分叉，颈部运用双勾挤阳的纹饰凸起一道棱线。双菱相套伏于蝉兽，双目凸起炯炯有神，一面坡功法在蝉翅间形成椭圆形道道羽纹，双翅收拢，视若待发。器物上的通天孔说明了它是佩玉，乃主人生前爱物。

如图 151 所示此件玉笄是前掌大出土遗存中的唯一一件。该器通体呈清淡色，表面无沁润圆，体高 2.7 厘米，宽 2.45 厘米至 2.9 厘米，厚 1.35 厘米，插口孔径 0.22 厘米~0.8 厘米。观其整体形似方形，头顶部有一圆孔为安插笄竿所备，双

图 151 商代晚期 玉笄帽
山东滕州前掌大遗址出土　中国社会科学院考古研究所收藏
（图片来自《中国出土玉器全集》）

面满工，阴刻线纹饰勾勒出的兽面形象威严有加。
"臣"字眼内弯盘角与头顶两侧，笔者认为应该
看做羊首，而眼与鼻之间的纹饰是多么形象地表
现了羊的眉骨与鼻脊啊！

　　玉笄是绾发用的细长尖头形玉器，有些上端
为玉质材料制作，并刻有各色造型和纹饰。玉笄
的用处是插入发髻，使其不会散开。男子的玉笄
则兼有绾发、固冠双重作用。玉笄早在新石器时
代已经出现，到商代玉笄制作有了较大的进步，
殷墟妇好墓出土的夔龙首玉笄，头部扁平，雕成

夔龙形，大钩喙，短尾上卷，用勾撤法琢出"臣"
字眼，笄杆光滑平素，整个器型典雅古朴。商以
后直至宋代玉笄数量不多，形制无大的变化，自
汉代始笄首普遍加以装饰，笄身仍主要呈光素圆
柱。宋代玉笄雕造趋于精致，首部花纹比例加大，
多雕鸟兽、花草形。明清两代玉笄制作最精。明
代有长短两种，但都略短于商周时期的笄，其短
粗的是男子用来持冠的，细长的则是女子簪发之用。

　　牌饰在前掌大遗址的出土玉器中有 13 件，
与图 152 相似形制的有 11 件。该器玉质呈淡绿色，

图 152 商代晚期 兽面纹玉牌饰
山东滕州前掌大遗址出土
中国社会科学院考古研究所收藏

图 153 商代晚期 兽面纹玉牌饰
山东滕州前掌大遗址出土
中国社会科学院考古研究所收藏
（图片来自《中国出土玉器全集》）

图 154 商代晚期 玉玦
山东滕州前掌大遗址出土
中国社会科学院考古研究所收藏
（图片来自《中国出土玉器全集》）

周身沾满朱砂，通体较为通透，表面圆润细腻，其体长 4.78 厘米，宽 2.6 厘米，厚 0.5 厘米。视其整体呈弧形，以双阴线刻琢出了扁宽头、方形目、大张口、角较长及嘴角内翻，双角外卷，角直立微外撇的神兽形象。在这件器物的口中钻有一通天孔，看来是一件串饰的组件。

图 153 兽面纹玉牌饰，整个器物晶莹剔透，呈淡绿色，为上好玉料所制。该器高 2.65 厘米，宽 3.7 厘米，厚 0.4 厘米，器形规整，为单面碾琢纹饰，轮廓似蝴蝶状，背面光素平整。该器运用阴刻线纹饰将"臣"字眼、卷云纹、阴线、钻孔布置得恰到好处，淋漓尽致地展示了神兽的面部特征，让人看后敬畏之意油然而生。

图 154 所示玉玦为淡青色玉质，通体光滑圆润但不透明，直径 2.7 厘米，孔径 1.08 厘米至 1.3

厘米呈不规则圆形，厚度 0.4 厘米至 0.51 厘米不等。该器为单面钻孔制作，肉小于好，器物边缘圆钝，玦口尚未截开，可能尚未加工完成，可视为半成品器物。

图 155 玉玦是前掌大遗址出土的八件玉玦中形制最怪异的一件，这种形制在这个商代都极为罕见。该器呈白色（图片有点跑色）质地洁白莹润，直径 2.8 厘米，器肉宽 0.5 厘米~1.1 厘米，孔径 1.0 厘米，厚 0.5 厘米。该器边缘较薄，整器开有一个缺口，中间钻有一个跑偏的孔，好大于肉。该器器身钻有一个横孔，器身边缘处璧唇上琢有几道不相对称的凹槽。根据其不规则的凹槽来看，该玉玦很有可能是由璇玑一类器物的改制件。

图 155 商代晚期 玉玦
山东滕州前掌大遗址出土
中国社会科学院考古研究所收藏
（图片来自《中国出土玉器全集》）

图 156 商代晚期 玉牙璧
山东滕州前掌大遗址出土
中国社会科学院考古研究所收藏
（图片来自《中国出土玉器全集》）

图 157 商代晚期 玉虎
山东滕州前掌大遗址出土
中国社会科学院考古研究所收藏
（图片来自《中国出土玉器全集》）

图 156 为商代晚期的玉牙璧，有人把它称作
"璇玑"。从整体来看，该物为圆形器形，边缘
有扉棱四组均等而列，四个旋牙朝着一个方向顺
时针作等分而割，中间对钻成一穿，好小于肉。
其意义究竟为何，至今仍是众说纷纭。图 156 玉
牙璧直径 2.9 厘米，孔径 0.3 厘米~0.5 厘米呈不
规则形，厚有 0.5 厘米，玉质呈淡绿色，整体打
磨精致，玉质较为通透，油润可人。

玉虎在前掌大遗址中出土了 12 件，其中只
有两件为圆雕作品，其他均为片形器。图 157 玉
虎凶悍威猛，前爪紧撰，虎口张开露出虎牙，似
已扑到猎物，只等尽情享受。该虎全长 6.95 厘米，

高 2.8 厘米，厚 1.1 厘米，玉质呈绿色，较为通透，
头、尾、爪、臀等部位有褐色沁斑。通观整体可
见去光滑圆润，打磨十分到家，见其昂首前扑，
卷尾拖地后肢蹲坐，前肢按起，可有刚刚经过一
番厮杀后的喘息之态？整体工艺在虎的身上采用
了大刀阔斧的粗阴线纹饰，将虎的肌肉力度特征
表现的栩栩如生。

商代玉石器中有相当的以牛为题材的作品，
但多以牛头的片形器为主，整体圆雕立体造型的
较为少见。图 158 玉牛是前掌大遗址出土的六件
以牛为题材中最为精美的一件。其造型可与安阳
妇好墓出土的石英石材质玉牛"司辛"媲美，有
着极高的艺术观赏价值。通观，可见造型典雅规
整，工艺古朴精细，玉质呈淡绿色，周身略有微
沁。整体长 4.81 厘米，高 1.99 厘米，厚 0.8 厘米
至 2.2 厘米不等。该牛整体作俯卧状，通体浑圆，
牛嘴微涨，憨厚可掬，神似悠闲之态。该器运用
双勾卷云纹工艺表现了玉牛通身纹饰的视觉冲击

图 158 商代晚期 玉牛
山东滕州前掌大遗址出土
中国社会科学院考古研究所收藏
（图片来自《中国出土玉器全集》）

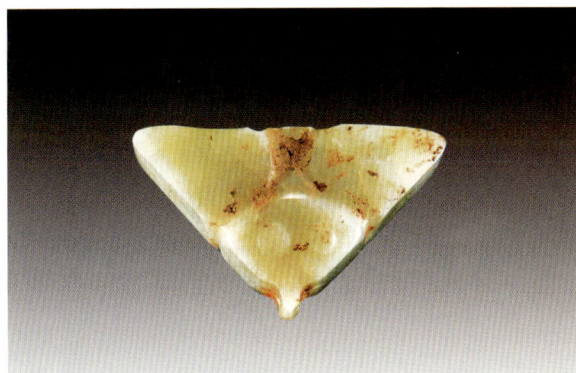

图 159 商代晚期 玉鸟片形器
山东滕州前掌大遗址出土
中国社会科学院考古研究所收藏
（图片来自《中国出土玉器全集》）

感受，其丰满的体态，慈祥的"臣字眼"，体现了当时社会的富足。器物吻部横向开有一槽拟作牛嘴张开，三角形牛耳隐于内曲牛角之下，尾巴紧贴后臀，乃晚商之风也。在其下颚之处当面钻有一孔为系绳之用。

图 159 为前掌大遗址出土玉器中鸟形纹饰中的另一类，这种形制在出土器物较为常见，有 11 件。其玉质呈淡暗黄色，不透明。观其整体，似鸮，玉鸟呈三角形平面状，如同翱翔在蓝田的猛禽，展翅俯瞰着大地的葱绿，巡视着唾手可得的猎物那般迅捷张狂。其器形，尖喙、圆目、宽身、展翅、分尾，在腹部有一田字纹为阴刻线所成。通视整体长 1.8 厘米，宽 3.2 厘米，厚 0.5 厘米至 0.7 厘米不等，其头、目、身、翅、尾及尾部羽毛均用阴刻线碾琢纹饰来表达其意义。

前掌大遗址出土玉钺仅有两件，而如图 160 所示的这件玉钺，可谓是集多种造型和形制的精粹之器。难能可贵值得珍惜的是，在目前已经出土的类似器物中仅此一件。该器玉质呈浅绿色，略带沁，较通透，体长 7.1 厘米，高 3.9 厘米，刃宽 2.5 厘米，通体光滑圆润。该器可分为两个部分：柄前端上部立一虎状之形，该虎立耳，尾上卷，站于器柄之上与玉钺融为一体；第二部分，可见钺体甚宽，自上而下向两边呈弧形展开似凤字形，钺身中央对钻有一孔，钻孔与柄之间有阴线纹饰表现折现，以示绑缚之意。其柄部扁平，柄末端翘起部分似一动物造型，上下两孔分布表

图 160　商代晚期　玉钺
山东滕州前掌大遗址出土
中国社会科学院考古研究所收藏
（图片来自《中国出土玉器全集》）

示眼睛与曲蹲的肢体。

　　商周金文中的王字，基本是三横一竖的结构。此时的王字最下一横，具有明显的玉钺之锋刃向下的弯弧度形。很显然王字之本形，与不安柄之玉钺相像，是借玉钺之形而造。新石器时代末期墓葬中出土的"玉钺"，具有军事酋长的权杖功能。考古发现，玉钺通常置于墓主人的肩部或腿部。钺的穿孔可捆绑木柄，柄上端装有玉钺端冠饰，柄下端装有玉钺端饰。玉钺身、木钺柄、玉钺冠饰和端饰组成了完整的玉钺形态。而前掌大遗址出土的这柄玉钺却是将所有构件集于玉之一身，完美地替代了其他材料的作用。

　　图 161 玉兔为淡绿色玉质，通体通透润滑，体长为5.45厘米，高2.15厘米，厚0.2厘米至0.31厘米不等。通观整器，为双目纹饰，可见玉兔呈卧伏之状，前肢趄前，后肢蹬地，双耳后掠，圆

目探前，短尾微翘，整体线条流畅，阴刻线细化了口、目、唇、爪、耳的特征，两个钻孔前后有序，实物不可多得的佳作。该器形在出土的同类器形中仅见两例。

　　商代玉兔在我国古代玉雕中占有重要地位，特别是动物形的玉雕，造型多样，形象生动，仿古朴拙，极富艺术感染力。那个时期出现的玉兔，造型生动活泼，雕琢细腻平整。玉兔的形状多为片形器，但也有少数圆雕作品。商代玉匠对动物形态在玉器器型轮廓上的表现手法是极为熟练的，其把握度可以讲已经达到了惟妙惟肖的程度，他们将写实与抽象的手法以及原始宗教的修养巧妙地融为一体，达到了极高的境界。

　　这是前掌大遗址中一个中等墓葬（M29）出土的唯一一件实用玉质器物，它置于墓坑南端棺与椁之间。该器由于置于诸多青铜器之间，故铜

溯源识真高古玉

图 161 商代晚期 玉兔
山东滕州前掌大遗址出土
中国社会科学院考古研究所收藏
（图片来自《中国出土玉器全集》）

图 162 商代晚期 玉斗
山东滕州前掌大遗址出土
中国社会科学院考古研究所收藏
（图片来自《中国出土玉器全集》）

沁以使玉器周身形成浅绿色斑沁，其实际玉质为绿色，较为通透。通视整体，尖圆唇。侈口，斗体体壁略收弧度，底部较厚，矮圈足，近底部斜出斗柄。柄端以残，柄身棱角分明，横截面似倒状 V 字形。该器通高 6.92 厘米，上口径 5.3 厘米，底口径 4.5 厘米，残柄长 5.6 厘米，宽 1.65 厘米，厚 0.5 厘米。

为什么笔者在介绍前掌大遗址玉器的时候要将玉鱼放在最后呢？这是因为在其出土的 362 件玉器中，玉鱼是占了很大比例的，前掌大遗址出土的玉鱼可以分成大约五种形态，共计 49 件之多。图 163 所示的这对玉鱼在陪葬坑中搁置于内棺中侧，由于骨骸已经腐朽无法确定其正确位置，根据出土报告显示，应该是在墓主人肩胸部之间侧面，与其共同出土的一共八件玉鱼。此对玉鱼玉质呈淡绿色，表面均有褐色沁斑，一面受沁较为严重，通体较为透明。其体长（上）7.45 厘米，宽 2.9 厘米，厚 0.4 厘米。（下）8.2 厘米，宽 2.7 厘米，厚 0.4 厘米。其纹饰为双面，鱼体较宽，吻部前突撅起，似"丁字嘴"，而非"丁字嘴"力度硬朗，尾部直线作斜刀刀状。其工艺为阴刻线、钻孔、侧刀组合，清晰地刻划了头、唇、眼、

背鳍、腹鳍的形状，在嘴部阴线中部钻有一穿，为系带之用。笔者认为，该器实质上应该是墓主人生前随时携带的一把精致鱼形玉制小刀，有实用功能。

鱼作为中国传统吉祥象征符号形式，同样也是中国玉器常见的题材之一，它在商周流行甚广。研究中国历代鱼形玉器的造型与发展，可以对古代鱼形玉器的断代和鉴定起到更准确的构件作用，同时也可以对用鱼作主要装饰纹饰的其他类型古器物的研究提供借鉴。从新石器时期至先秦来看，玉鱼的功能可以定位为某种意义的代表性佩饰。根据现有出土实物来看玉鱼的另一功能便是刀的作用，至于是刻刀还是其他功能的刀具，探讨意义不大，定义为一种随身携带把玩的小型刀具，在笔者看来较为准确。但由于各个时期在对玉鱼使用和认识上的差异，玉鱼又体现了某种在墓葬中的特殊意义。笔者认为，起码至商代玉鱼所表现的意义已经开始由单纯的装饰开始了礼葬的转化，但其装饰性仍为主流，到西周玉鱼的功能便发生了很大的变化，西周中期的鼎盛时期玉鱼是以礼葬为主了。到了东周以后，零星出土的玉鱼虽依然具有殓葬的现象出现，但已经开始

归类和叠加。这对地域与地域之间的不同文化、思想、环境、工艺等的特殊性起到了直接的感官认识。笔者认为，每个人都可能有他的着重点即比较独到的精处，什么方法好，便于总结，便于分析，便于归类，就可以根据各自的特长，甚至和所在地区配伍，精到某一个点位，将其作为突破口，取得意外的收获。中国地大物博，疆域广大，历史变更繁复，要想全部掌握恐怕一时难以成就，而某一点的掌握和突破相对来说就简单得多了。

我在许多场合讲过，西周玉器的断代研究、器形演变、纹饰脉络、工艺痕迹等，作为民间研究者，缺乏许多可以研究交流的支持和条件。可以讲，光文字资料查阅和考证就会需要物质支持和毅力坚持。因此，我们也只能在某一个立意上尽量利用比较翔实的资料与实物来扩展自己的知识，提高其认知度。大家都认识到西周玉器用玉质量总体高于殷商，这主要反映在和田玉材质的器物数量大有增加。同时，这也说明了玉石之路的畅通，以及东西地域之间的交流加强。道路畅通和交流频繁的结果，应该会形成对双方不同程度的影响，由此就产生了当地文化与其他地域文化的互动，就会产生新的事物。

我认为对玉质的了解和认识是对古玉器认知的开始，对玉质材料属性的认知，会帮助我们在鉴赏中正确区别古玉成器前后风化质变的不同。周代玉器材质品种较为多样化，虽然大量采用和田玉，但是岫玉、地方玉种还是较为普遍存在的。古玉的沁状与沁色丰富多彩，这与材料的种类、密度、解理以及器物所在环境有着千丝万缕的关联，搞清楚这些关联是需要必要条件的。

对西周玉器所用玉料的认识，应该建立在殷商时期所采用何种玉质材料的认识基础之上，或至少也要作为一种参考比附标准来探讨研究其材料属性，这种认识的建立必须与实物以及当时材料资源的来龙去脉相结合，与当时地质资源和地理情况相结合。商周玉器的发展，已经摆脱了单一生产工具的属性，几乎涉及人们生活的各个领域。现在大家一般将其按用途分成为礼乐器、仪仗器、丧葬器、装饰器、陈设器、生活用器、实用工具、杂器八大类。这些器物的用途并非一成不变。比如有的既作为礼器，又作葬器，有的则先作某类，后又作他类。无论是品种还是形制，只有少数几种较为稳定，绝大多数都随时代变化而演变，有的早生早灭，有的晚生晚灭，还有形成时期虽然很早，却延续至今。

笔者认为，西周玉器无论从形制、纹饰、工艺和思想内涵的多角度来看，是继商代之后的又一个精美玉雕艺术结晶和珍贵遗存。从另一个角度来看，商代统一、强大、铺张、奢华与西周的隐忍、自强、自制于繁文缛节，最终分崩离析的社会现象形成了很大的反差，这在玉器纹饰形制上是可以寻觅其踪影的。但我们将商代玉器与西周玉器相比较后就会发现，商代玉器多礼器，西周玉器多佩饰，商代玉器多圆雕，西周玉器多片雕，这些风格迥然各异的特征。提示了鉴赏古玉时我们应该抓住和发现核心的精髓，当我们在器物材质上定位以后，工和沁这两个要点就成了鉴赏古玉基本要素的核心部分。这个核心的把握不准，似是而非，那一切都无从谈起了。周玉的刻工或砣工，是古人在古玉上留下的难以磨灭的烙印，它反映的是古人在工艺、技术、刀砣具、劳作、时空、情致、崇尚等的全部内容和信息。故，古玉形制以及碾琢痕迹纹样的表现形式，便是研究古玉的核心与精髓之一。

1. 西周玉器

下面笔者先简易地来谈谈对周玉的纹饰、形制特征一些认识。西周玉器边牙的排列方向、形状多变，而似无序，疏朗，间距长，多尖牙形、弯牙形，多在方条形玉板上施用，其形象感更为抽象、隐秘、令人费解地表现了玉器形象上的奇诡与神韵。西周玉器造型，明显突出人物、动物、鸟鱼的代表性特征，以夸张的手法对各种造型加以修饰。如，突出宽阔或高耸的头冠，以表现其不同的身份与地位。鸟鱼造型，更加宽短或修长，以表现其修饰、抽象之美。鹿角多叉尾贴，虎大头等等，而卷尾，牛角高尖，兔耳宽长，龟鳖多圆，虫蛹多弯，鱼凤之尾宛若凹豁宽刃之钺状等更是较为普遍。这些基本特征应该看做是西周晚期的风格，而在早期基本还是遵循了晚商的风格为多。从西周中期开始，由于融合了部分西部诸民族的

图 164 西周早期 玉器
1. 玉戚 2. 玉斧 3. 弧形玉戈 4. 玉戈
陕西西安张家坡遗址出土
国家博物馆收藏

图 165 西周早期 玉戚
陕西西安张家坡遗址出土
国家博物馆收藏
（图片来自《中国国家博物馆馆藏文物研究丛书·玉器卷》）

文化艺术结晶，再加上丰富的玉料资源和别具一格的玉器的输入，无疑给周代文化艺术注入了新的生命，由此也引起了在形制和纹饰上的变革。这种创新发展的演变导致了西周玉器在产生、传承、附载上与西域古典艺术融合而化为了新意，并造就了超脱的经典艺术风韵。

西周玉器的纹饰，是商代方折形纹饰向战国圆形纹饰过渡发展的伏笔。西周玉器继续沿用了商代的双阴线阳纹，但方折纹多趋于方圆形或圆形，纹饰趋于简化，许多玉器上的纹饰比商代玉器上的纹饰来得更加繁复、抽象、诡异。商代纹饰的两端多内敛而见密束划痕，西周纹饰的尖端却渐有舒展豪放。这种工艺纹饰所反映的感觉，恰好与人们套用商周不同社会宗法制度理念的影响所分析的结论相反。商代纹饰，线条的走势和转折，有短促的节奏感。西周纹饰，线条的走势和转折，却流畅、连贯、婉转，甚带意境。恰好这与人们套用对商周不同社会制度理念所分析的结论所背道而驰。商代多用的鸟形变形云纹，到西周则成为了多变的涡云状或翅尾肢体的S形状，也会变异成其他不同形状。商代，尤其商晚期的纹饰尤为繁缛、精细、饱满，而西周的纹饰则逐渐显得稀疏、明朗、简朴。这与历代玉器专家们所套用古人的"夏尚忠，商尚质，周尚文"的说法，也是不相符的。笔者认为，在同一段历史出现两种与社会形态不相符的艺术风格，则是商周之际的独特之处，是周王朝以小搏大带来的后遗症，是官方意识形态和民间意识形态势力平衡的结果。周王朝作为战胜者的虚弱和商人作为战败者的不可小觑，形成了盘根错节、根深蒂固的思想意识。虽然周王朝官方意识形态长期成为主流，成为正史，但商人记录的历史却并没有在周王朝的封杀和围剿下消失殆尽，而是顽强地在各种器物上"留下自己的烙印"。

双阴挤阳纹和一面坡纹是西周早期沿用商代

图 167 西周 龙纹玉环
山西曲沃北赵村遗址晋侯墓出土
陕西省博物院收藏

图 166 西周双龙纹 玉瑗
河南省三门峡市三门峡虢国墓地出土
河南省三门峡市虢国博物馆收藏

纹饰与碾琢工艺的过渡，到西周中期，其纹饰工艺已经明显摆脱了商代的影响。西周"一面坡"刀法，并不像许多人所认为的那样，简单地把坡面和陡壁有机地组合成线条，只要形成"一面坡"就可以认定了的。西周玉器就"一面坡"而下定论这是很片面的，其实许多收藏爱好者多年来都有此共识。"一面坡"工艺是自夏商时期以后的一次砣具与工艺的革新，它以崭新的形式一改之前玉器上碾琢痕迹的面貌，对以后各个时期碾琢工艺的发展具有十分深远的影响。把西周"一面坡"刀法和双阴线阳纹混同于商代一面坡纹和双阴线阳纹，是不对的。西周一面坡纹的坡宽，宽于商代一面坡纹的坡宽，西周一面坡纹的坡宽角度缓于商代一面坡纹的坡宽，西周一面坡纹的陡坡浅于商代一面坡纹的陡坡。另外，西周一面坡纹的沟底没有加深的那种细线，而商代一面坡纹的沟底会出现加深砣线。但在商末周早时期，其特征是会以两种不同形式表现的。这些现象并不是我们想象的西周一面坡纹刀法的根本核心特征，它并不能作为鉴定西周一面坡纹饰的依据。

可以这么说，当代的许多高仿艺术品就是按图索骥制作的，也可以这么说，当代仿古艺术品大师们对古玉的认识和理解已经远远高于部分的专家和藏家。他们在不断地探索和研讨中花费了极大的财力和精力，他们对古玉的基本特征具有相当深度的认知，这是许多的专家、藏家所不可及的。

对西周一面坡纹工艺根本特征的甄别，大致可以从以下几个方面进行：

①一面坡纹宽坡上，应该有平行而等距的缕缕似精解玉砂打磨的痕迹，这种现象在纹饰的两头特别明显，但这不是解玉砂打磨留下的痕迹，应是砣具之痕（沙粒在砣轮下易于游离，错位，不会出现固定的等距的长线痕迹）。现在的仿品在坡面上，用放大镜观察可以看到其细腻光滑，微痕细密短促的表现，毫无古砣所留的特有磨痕韵味。当然，也有极少仿品，运用极细的针状刀尖刻划形成近似平行的古砣线痕，细小观之，其痕会弯曲走调显得毫无章法。

②其平行缕状磨痕的线条会宽窄不一，深浅起伏。倾斜观察坡面，有隐隐的起伏叠压之状，

图 168 西周 人首神兽纹玉戈
山西曲沃北赵村遗址晋侯墓出土
陕西省博物院收藏

图 169 西周 玉戈
三门峡虢国墓遗址出土
三门峡虢国博物馆

图 170 西周 龙凤纹玉圭形饰
山西曲沃北赵村遗址晋侯墓出土
陕西省博物院收藏

明显可以观察到每一砣的痕迹，这种多砣的痕迹没有规律可循，往往会出现砣痕与砣痕的叠压情况，这是碾砣工具在运行中撤砣留下的打磨烙印。仿品因其工具高速运转，形成每一砣都同向、笔直，为同一水平方向的一致痕迹，难以达到手工操砣的那种自然起伏动荡状态。

③与宽坡相交而构成垂直开沟线，这种工艺在西周玉器碾琢工艺成熟时期开始出现。西周的陡坡浅于商代的陡坡，因而沟底光滑程度优于商代，商代的沟底有继续加深加宽的砣痕，而西周的沟底显得平缓。我们要注意的是尽管陡坡已经变的矮浅，但坡壁上仍留有与平行或倾斜排列的平行短弧形叠压砣痕。

④商周玉器纹饰在圆角的各转弯处，在涡纹、云纹的起止两端，都会留下清晰、有致深刻的缓慢移动转弯砣痕，这是砣具拐弯时放缓速度进行变向所致。这种在转弯处留下的"一面坡"碾琢手法是鉴别商周玉器真伪至关重要的手段之一，它和之后转弯处扇形娴熟有序的砣痕不同。而仿古艺术品利用微型磨具反复打磨或刻划，致使微

细痕迹纵横交错，显得杂乱无章。

⑤西周晚期的阴线与早期的繁复、刚柔反差很大。此时的一宽一窄，宽撤窄勾，线条圆畅、飘逸柔美，给人一种别开生面的新颖感受。在当时，虽然西周双阴线仍保留着殷商工艺的特征，

图 171 西周 玉人首龙纹璜
国家博物馆收藏

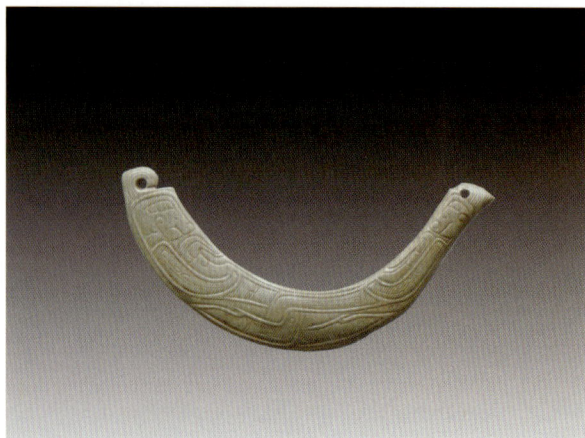

图 172 西周 玉璜
山西曲沃北赵村遗址晋侯墓出土
陕西省博物院收藏

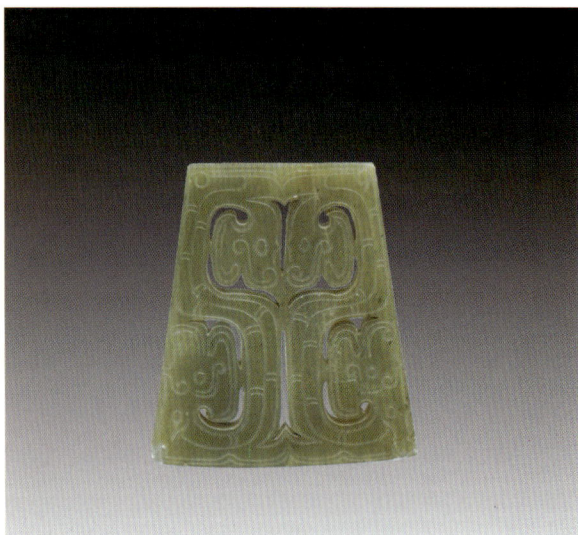

图 173 西周 人龙纹玉牌饰
山西曲沃北赵村遗址晋侯墓出土
国家博物馆收藏

但在此基础上已发生了勾撤并用，外线围绕内线（外撤内勾）的规范性碾琢手法。这些工艺手法的变革在中国玉器碾琢史上起到了承上启下的作用，是玉雕工艺纹饰曲线美的首发，它充分体现了中华民族以柔克刚的民族品质，实现了玉与温润的审美性完美结合，完成了畅朗委婉、清丽尔雅的再造。

图165 该器玉质呈白褐色，上面有朱砂，不通透，但打磨相当精致。玉戚形似凤字形，上窄下宽近顶端左侧有一较大圆孔上嵌绿松石，在其玉戚上端中部另有单面钻成孔一个，其两侧出月

牙状扉棱各一组，左右对称。弧形刃部两头翘起呈尖状，刃两面磨成，较为锋利。

图166西周双龙纹玉瑗，直径10厘米，孔径6.9厘米，厚0.3厘米。青玉，浅豆青色，双面饰尖尾双龙纹，臣字眼，眼角线回勾，典型的西周刻法，龙身饰云纹，双阴线刻法。外边棱被磨得圆滑，体薄，微透明。

图167 该器双面刻有两对蟠卷龙纹，玉质泛白表面覆盖褐色沁斑。该器直径15.6厘米，孔径6.8厘米。其双龙首尾相顾，旋转与卷云纹之间，其巧妙构思令人惊叹。

图168 人首神兽纹玉戈出土已残为五段，整体表面土沁深入肌理，呈黄褐色，长36.2厘米。该器物双面雕刻纹饰相同，以双勾技法为主，并辅以极细的集束阴线。长援起脊，内有一穿孔，两边有棱脊，通体抛光。通视可见其侧面人首神，头披长发，大耳蒜鼻，臣字眼，蒜鼻之下有一大獠牙向内弯曲露出，下颌一缕长须垂及足脊，单臂屈曲，以手持髯，利爪长尾，以尾撑地呈踞坐状，其手除拇指似人手指形外，其余手指和足趾君为利爪形。更令人称奇的是其神兽纹饰发丝般的阴刻线竟达每毫米并列5条～6条之密集。此戈制作精良，神兽题材诡异，纹饰深镂细刻，雕琢技艺高超绝顶，是一件罕见的玉器精品。

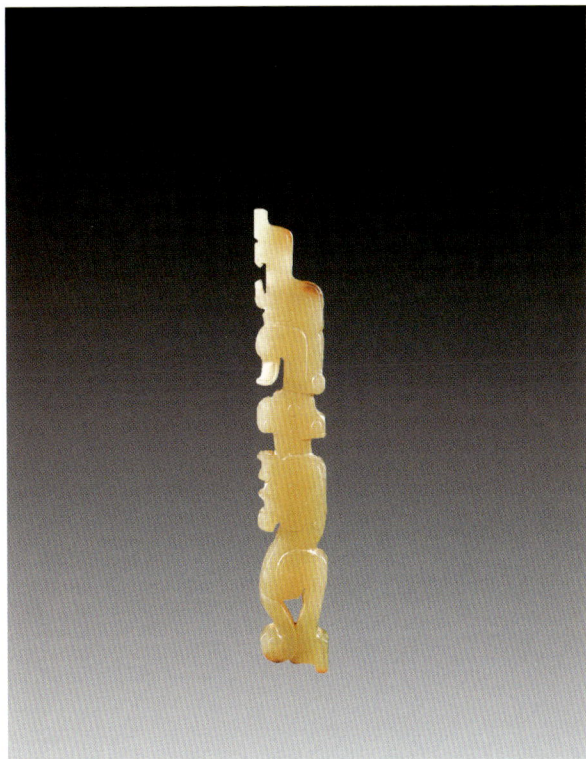

图174 西周 猴形玉饰
山西曲沃北赵村遗址晋侯墓出土
山西省博物院收藏
（图片来自《山西博物院·珍粹》）

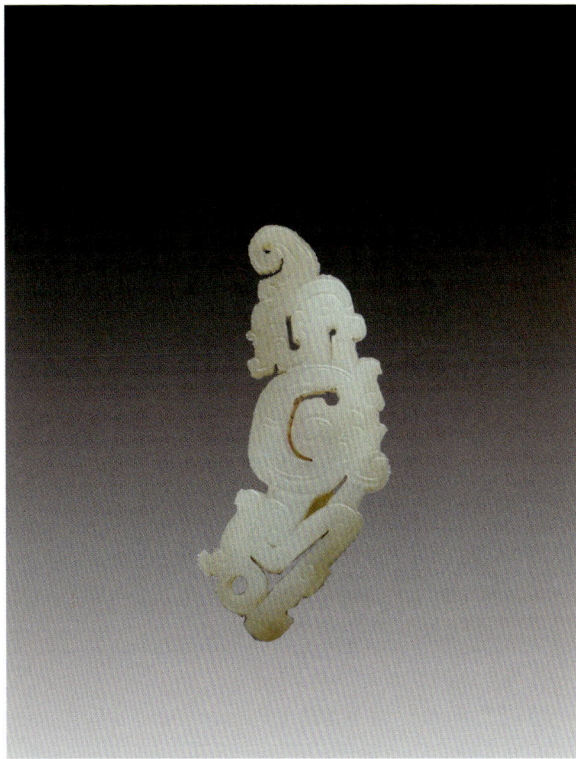

图175 西周 人形龙纹饰
山西曲沃北赵村遗址晋侯墓出土
山西省博物院收藏

图169 西周玉戈，通高4.1厘米，射内径3.3厘米。出土于三门峡虢国墓M2009墓主人胸腹部，青玉，大部分受沁成黄褐色。方柱体，内圆外方，射较短。

图170 龙凤纹玉圭形饰为曲沃北赵村遗址晋侯墓地31号墓出土，其器物在坑口棺椁中的位置为墓主人腹部。其整个器物已经沁满土沁，呈黄褐色，该器通长10.3厘米，宽3.8厘米。该器双面刻有相同纹饰，龙纹与鸟纹盘曲回旋，交错勾勒，其纹饰与造型流畅华美，韵味甚浓。

图171 玉人首龙纹璜，该题材诡异，形象奇特，雕琢手法熟练老道。观其形整体通长10厘米，宽1.9厘米，厚0.5厘米，为青白玉质地，局部受有微黄、褐色沁。该器呈半圆弧形双面刻有双人首共身纹，其头部鬓发后掠叉开，集束纹密集清晰，前额微凸与鼻、嘴、下颚形成一条流畅的整体线条。双人对面相视，"目字眼"阔鼻、大嘴、

勾云纹以示耳。璜的中部双勾挤阳的手法体现了躯体，双肢的轮廓，两躯体相互缠绕对称。璜下端另刻有双龙一对，其肢体与双人首融于一体。在璜的两端顶部各有一对"象鼻孔"供系绳之用。玉人首龙纹璜是西周人首龙璜的经典之作，这种形制这在以前没有出现过，其工艺、造型都代表了西周制玉工艺的水平，周代玉璜一般较窄，似半环，它是组佩的重要部件，它在组佩中的多寡代表着佩戴者的社会地位，在当时什么身份使用多少玉璜的组佩是有严格规定的。

图172 该器玉质已成灰褐色，全长8.5厘米，为璜形非对称造型。通观整器，有似圆雕而非似之感，其流畅的线条和优美婉转的体态使人耳目一新。观其，整体满工，两面纹饰线条相同，以双勾挤阳技法体现了龙纹的线条，龙首回探与两端，双龙之体缠盘相容于璜体之中，臣字眼炯炯有神，整体富有灵动和立体之感。

图 176 西周 玉马
山西曲沃北赵村遗址晋侯墓出土
陕西省博物院收藏

图 177 西周 玉牛首形佩
三门峡虢国墓遗址出土
河南省博物院收藏

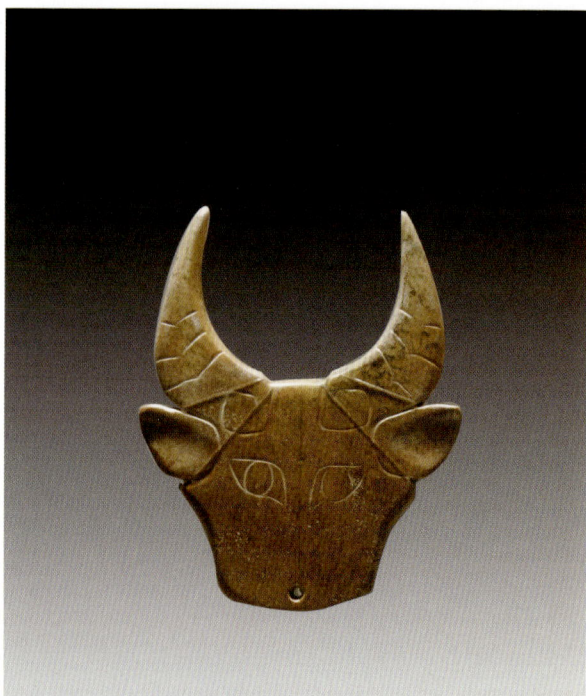

图 178 西周 玉鹿
三门峡虢国墓遗址出土
国家博物馆收藏

有两件，均为双面相同纹饰，该器玉质为白玉，局部有黄褐色沁斑，玉质脂润通透，通高 9.4 厘米。通观整器玉龙从天而降，用口衔住玉猴，玉猴泰然自若挺胸蹲立，回首告别，双手作揖，卷尾撑地期待神龙携其升天成仙。其造型之别致，寓意之深奥，形象之安逸，在动与静之中形成了和谐和遐想。

图 175 西周人形龙纹饰，出土类似造型五件，青白玉质，通长 8.1 厘米，宽 3.1 厘米。通观整体，为片形双面工，人龙合体造型。在人形头顶后勺及前胸均有一大二小三条龙纹出现，小的龙头朝下尾部屈体卷起形成圆孔，大龙团身昂首。人体方眼大鼻，呈半蹲状，在其下臀部附有一条比较抽象的龙形。该器运用钩撤挤阳、阴线、镂镂、钻孔等工艺完成制作，完美地将抽象与夸张整合在形意的表达主题之中，此件器物为五件中最精彩的佳作。

图 176 玉马，长灰白色玉质，已残，残高 5 厘米，残长 7.7 厘米，为立体圆雕，该器采用

图 173 人龙纹玉牌饰为和田青玉所作，高 6.7 厘米，地宽 5.4 厘米，顶宽 4.3 厘米，厚 0.9 厘米，呈梯形状。该器左右对称，运用双勾纹饰在底部雕有两个面向相背的玉人首，顶部雕有两个面向而视的玉龙首，两对造型分布合理、错落有致。其器物为单面纹饰，背面平整光滑，顶端与底端各自斜钻五孔与七孔，孔自背面穿透至边缘一侧。

此牌出土于晋侯墓遗址 31 号墓，是一件串饰中的主要佩饰，它在组佩中起到了承上启下的作用，以它分界线上端是挂于项颈的部分，下端则为装饰的串饰部分。

图 174 为曲沃北赵村遗址晋侯墓出土，一共

图 179 西周晚期 鱼形璜
三门峡虢国墓地女贵族孟姑墓出土
虢国博物馆收藏

图 180 西周 团身龙形玉佩
三门峡虢国墓遗址出土
三门峡虢国博物馆收藏

图 181 西周 衔尾盘龙玉佩
三门峡虢国墓遗址出土
三门峡虢国博物馆收藏

双勾阴线挤阳卷云纹的工艺表达了玉马肌肉的力度，阴刻线表达的"臣"字眼，以及鼻翼翕张的形态显示了其安详的神态。该器运用打磨去地的方法将马首、四肢、臀尾的肌肉与骨骼比例表现得恰到好处。这种虚实结合、欲扬先抑的写实之美，既表现形式和装饰之美，又把马的神态表现得惟妙惟肖。

玉马始见于商，数量极少，它的特点是造型

图 182 西周 玉罍
山西曲沃北赵村遗址晋侯墓出土
陕西省博物院收藏
（图片来自《山西博物院·珍粹》）

多呈扁平状，"臣"字眼。到西周晚期，玉马出现了圆雕，线条遒劲有力、转折自然，使马的造型开始逐步立体化。

图 177 西周玉牛首形佩为和田青玉所作，玉质受沁严重，全部呈土黄色，玉质细腻较为透明，整器高 11 厘米，宽 9 厘米，厚 0.6 厘米。通观整器，正面为牛首造型，牛角高耸呈弧度向内略弯，角上有倒"人"字形阴线纹饰，双耳紧贴牛角之下呈凹面状，勾云纹阴线作眉，"臣"字眼横向上挑，背面光滑细腻，牛首下端中间钻有一孔供系绳之用。此牛造型古朴典雅，形象端庄规整，是写实与抽象的完美结合。

图 178 西周玉鹿出土于内棺盖上，角部有残，玉质细腻微透明，但已经全部受沁呈棕褐色与浅土黄色，玉鹿通高 8.5 厘米，身长 4.5 厘米，厚 0.4 厘米。该器鹿角高耸，"橄榄眼"直视前方，双耳肥大后掠，前肢趋前，后肢微曲，短尾遮臀，似在奔跑跳跃中之鱼跃，双面纹饰基本一致，鼻孔钻有一孔为系绳所用。此器由玉工采用斜坡刀、钻孔、阴刻线，镂镂工艺完成。

图 183 西周 玉鼓
山西曲沃北赵村遗址晋侯墓出土
陕西省博物院收藏
（图片来自《山西博物院·珍粹》）

图 184 西周 龙纹玉握
三门峡虢国墓遗址出土
虢国博物馆收藏

图 179 西周晚期鱼形璜为和田青白玉所作，表面呈灰色，局部受沁，通长 7 厘米，宽 2 厘米，厚 0.4 厘米。该器拱背似璜形双面纹饰相同，运用双阴线、阴线、侧刀工艺手段刻划了鳞纹、尾纹、鳃、背鳍、腹鳍。鱼形璜首尾各自钻有一孔，似佩饰之组件。

图 180 西周团身龙形玉佩为地方玉质，整器受沁灰白色，体高 4.8 厘米，宽 3.85 厘米，厚 0.4 厘米，整体片平，呈圆形外附一个璜状。通观整体，见其透雕两只盘龙，外侧盘龙"臣字眼"，披发后掠，卷鼻张口将环中玉龙衔于口中。整器采用镂雕、双勾、阴线、钻孔等工艺，将造型的夸张，纹饰的抽象集于一体，表现了极高的艺术造诣。

图 181 衔尾盘龙玉佩为和田青玉所作，该器大部分一件受沁呈灰白色，通体长 4 厘米，宽 4.1 那么，厚 0.8 厘米，整体近方形，为片形状。通观整器采用了镂雕、阴线、双勾、钻孔等工艺，见其龙身曲盘环状，首尾相衔龙唇上翘，下颌内勾，龙角后掠贴脊，龙身云纹密布。其龙身近尾

部分叉向内边棱出有一钻孔，此外角上亦有一斜穿孔。该龙与图 180 团身龙形玉佩有异曲同工之妙。

图 182 玉罍器型与纹饰均仿自青铜，西周考古的首次发现品种。玉罍玉质呈深绿色，小口圆腹，无底，颇有小巧玲珑之感。其肩饰凤鸟纹，上腹浮雕火纹间以四瓣目纹，下腹饰三角垂叶纹，通高仅 6.2 厘米。该器与玉人、玉熊、玉牛、玉鹰出于同一椁室的一个青铜方盒内，可见是墓主人生前把玩喜爱之物。

图 183 玉鼓为青白玉质，有黄色沁斑，通高 5.7 厘米，宽 6.2 厘米，形似扁壶状。通观其整体圆雕写实，上端有一个穿孔圆冠供人系带，鼓体左右两侧各饰神兽首一幅，鼓底方足便于置放。该器纹饰均为阴刻线刻划，表面打磨圆润。据考，鼓为军中号令之象征，此物极有可能为军中传令信物，这在玉器中难得一见，是不可多得的一件遗存。

图 184 龙纹玉握，该器长 6.25 厘米，径 2 厘米 ~2.6 厘米，青白色玉质，局部受沁呈白色。管

状，两端并齐，一端略粗，中部束腰，呈喇叭状，上下单向钻孔。表面饰阴线双龙纹，两端为龙首，中部龙身呈螺旋状缠绕，饰重环纹。

在虢国墓遗址出土的葬玉类中，M2009 墓出土的两件玉握是最为典型的。其左手握为和阗青白玉，呈圆角方管状，周身饰八周弦纹，两端分别饰四只蝉纹，为商代遗物；右手握为和阗青玉（图 184），呈圆管状，周身饰旋转龙纹，是西周时期的典型器物。

西周玉器可分为早、晚两期，以穆王时期定为西周玉器早期的上限。由于周穆王巡游昆仑，曾攻其玉石，取玉版三乘，载玉万只而归（见《穆天子传》）。所以西周早期玉器纹饰，反映了周穆王巡游昆仑的史实。《穆天子传》的记载证明了西周王朝玉石之路是畅通的，和田玉的来源是较稳定的。从考古发掘品上看，西周玉器用料几乎涵盖了和田玉的所有品种，有白玉、青玉、青

图 185.2 玉组佩（局部）

图 185.1 西周 玉牌联珠组佩
山西平顶山市应国墓地出土
河南博物院收藏

图 185.4 玉组佩（局部）

图 185.5 玉组佩（局部）

图 185.3. 玉组佩（局部）

白玉、黄玉、墨玉、碧玉等。在使用和田玉的比例上，已远远超过商代，达到一个小小高潮。

图 185.1 所示玉组佩是应国遗址墓 M37 出土的玉牌联珠组佩，长 35.5 厘米，由梯形玉牌和缀于其下的五组玉管、玉珠、玛瑙珠串饰组成，色彩斑斓，夺人眼目。整组玉佩结构之复杂、组合之规整、饰纹之精湛，使人不难想象墓主人佩戴时的雍容华贵。西周玉组佩没有严格而明确的定制，但是很讲究玉色泽和形式的对称与和谐。这套玉牌联珠组佩不但制作对称精道，而且色彩柔和淡雅，是不可多得的玉中珍品。

在历史上两周时期的考古所发现的出土玉器是十分丰富的，但在早期，我们的考古工作者却因为种种原因而没有引起相应的重视，这种现象直至 20 世纪 60 年代以后才略有改善。考古界的先驱夏乃鼎先生曾经对商周、汉代玉器的区别作过经典的论述，由此开拓了古玉考古研究的先河。20 世纪 60 年代以后，特别是近三十年来，随着考古的新发现，随着遗存资料的不断充实加强，随着人们对收藏意识的不断提高，随着市场开发进程的启动推进，引发了不同层面的人们在探讨、传承、收藏的各自道路上，齐进并发，造就了轰轰烈烈的研究收藏热潮，这种热潮不乏严谨和认真，但也充满了热情与冲动。查看历史，真正对

古玉引起重视并进行系统研究的时代，应该是 20 世纪的 70 年代后，但时至今日其中真正在执著地对分期断代与类型研究，玉器区域特性研究，特定器形类研究，玉制及礼制关系的研究，玉器矿物学的研究、美学的研究上下功夫的学者却并不多见。

2. 东周玉器

东周（前 770 年—前 256 年）是指周朝的后半段。周王室东迁洛邑以后到灭亡这段时间，历史上称为东周，以区别于在这以前定都镐京时期的西周。东周首位君王为周平王（宜臼），共传 25 王，历时 515 年，最后为秦所灭。东周前半期，诸侯争相称霸，持续了二百多年，称为"春秋"。后半期剩下的诸侯大国继续互相征战，称为"战国"。

东周玉器的最大特点是演变轨迹十分清晰，出土遗物可对比参考性丰富，具备了较为细致的分期条件。东周玉器彰显了相互攀比，相互争斗中的社会蜕变和美好寄托，一改在玉器纹饰上的单一风格，其纹饰布局从疏朗写实转为了繁复抽象，进入了百家争鸣"郁郁乎文哉"的辉煌发展阶段。东周玉器大致分为春秋早期、春秋晚期和战国时期三个阶段。在春秋早期，玉器尚带有较为浓厚的西周遗风，虽然当时的钩撤刀法已经有了一定的改变，开始出现了内外双勾阴线，线与线之间的距离缩小了，碾槽加深了，斜坡变窄了等细小的变化。这种突出阳纹，似浅浮雕，类似减地平面雕的工艺变革，形象地反映在蟠螭纹、蟠虺纹、变形夔纹的碾琢工艺上。在这些纹饰中人们能够详细地分解出单元纹样。细看，在粗细均匀的纹饰之间，图案纹饰之间相互关联却又不相连接的为"变形夔龙纹"；将所有相同均相互连接成为一个整体的称之为"蟠虺纹"；将纹饰

图 186.1. 春秋早期　蟠虺纹玉环
河南省光山县宝相寺黄君孟墓出土
河南省信阳地区文物管理委员会收藏

图 186.2　蟠虺纹玉环（局部）

图 187. 春秋　玉虎形璜
河南光山县宝相寺黄君孟墓出土
河南博物院收藏

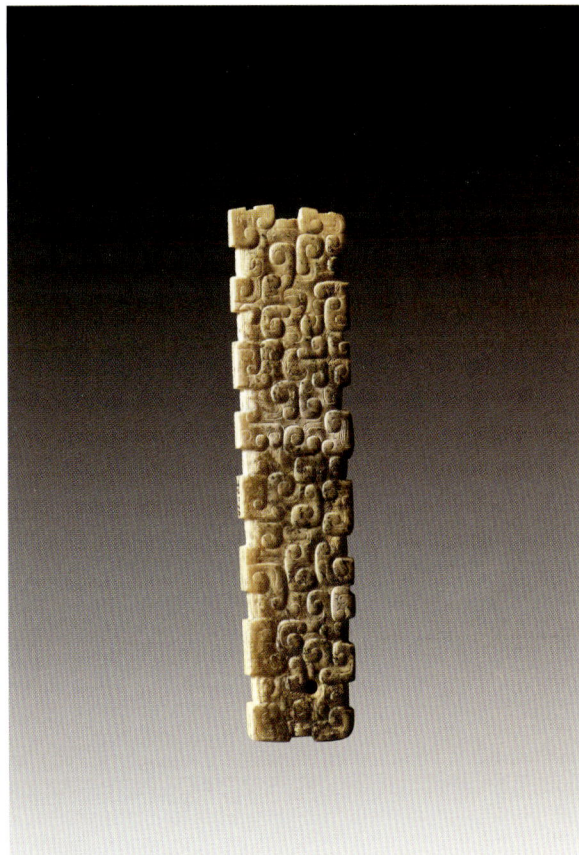

图 188　春秋　长条形玉饰
江苏吴县严山吴国玉器窖藏出土
南京博物院收藏
（图片来自《东周吴楚玉器》）

有主次之分，且主题较宽较粗的呈蛇形虬曲的称
之为"蟠螭纹"。春秋早期的这些纹饰还能看见
圆眼、勾喙、肢爪类的纹饰。在这个时期扉棱也
在器型中慢慢消退，尖的、方的、凸起的部分渐
渐变得稀少圆润。同时一些动物类造型的器物制
作少了，而玉虎却在这个时期独领风骚。此时虎
的造型或俯首弓腰垂尾，或昂首平身翘尾，头与
躯干大小几乎相等，口圆颔方，体征特征明显。
在东周早期，所有在器物表面碾琢的云纹、雷纹、
勾连纹、窈曲纹仿佛都是一个单独的元素，但当
将它看做一个整体以后，那种线随形走，纹随意
走的蜿蜒曲折之间却充满着和谐的艺术元素。

　　春秋晚期，由于铁制工具的广泛使用，推动
了制玉工具的改革，促使工具效率有了更进一步

的提高，这也促就了制玉技术的突飞猛进。这时
的玉器制作不但承袭了商殷、西周的经典传统，
也发扬了春秋早期制玉技术，向精细、华丽的新
工艺方向发展。当时制作的那些种类丰富多样的
玉器，其造型优美，纹饰精细繁缛，不仅镂雕技
术精湛，而且制玉与金银细工结合，创造出了许
多精美绝伦的上乘佳作。

图 189 春秋晚期 玉蝉
甘肃宝鸡竹园沟 4 号墓出土
宝鸡市博物馆收藏

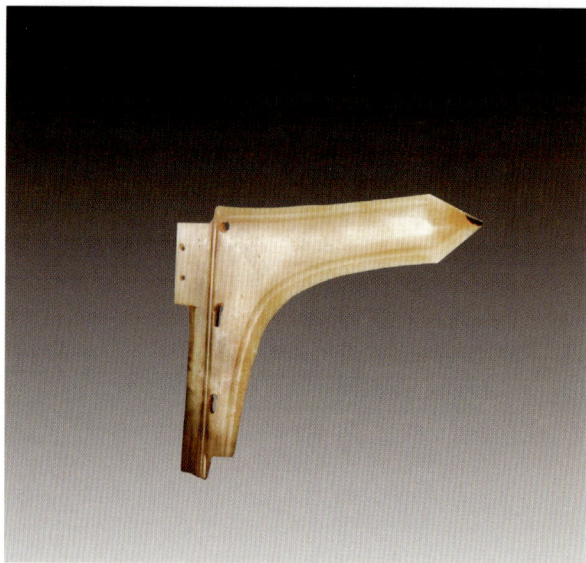

图 190 春秋晚期 玉戈
陕西凤翔县南指挥村秦公 1 号墓出土
陕西历史博物馆收藏

（1）春秋玉器

图 186 变形蟠虺纹玉环，和田青玉质，局部有褐色浸斑。体扁平，圆环形，外径 11.7 厘米，厚 0.2 厘米，中心有一圆孔。一面光素，一面以双钩饰细密变形并兼装饰图案的鸟纹。《尔雅·释器》："肉好若一，谓之环。"此器"好"（孔）径近 6 厘米，与玉质部分（即肉）径相近，符合"肉好若一"的标准，当谓之环。

图 187 虎形玉璜为和田青玉所制，表体呈青灰色，整体长 12.5 厘米，宽 6.2 厘米，单面纹饰。该器整体扁平片形，工艺极为精细，器型硕大豪放，纹饰大刀阔斧，极具震撼力。方头方目，双耳前照，虎嘴皱鼻微开，弓身曲背虎尾垂卷，四肢半卧半蹲。虎威犹在。如果我们把它拉伸成一个平直图像，那么器型完全更改。虎首缩进，拱背翘尾，双耳前驱，四肢欲跃。使得如此生动鲜活的画面在变形中耐人寻思。

玉琥与其他几种礼玉不同，它摆脱了几何图形的框架。一反常态成为动物的造型。玉琥是最晚加入"六器"行列的，大约出现于战国晚期。秦汉时代儒生在为天地四方定玉名时，缺少礼西

方之玉，而西方的神主是白虎，于是玉琥便成了祭拜西方的礼器。由于玉琥的形状与其他五种礼玉不协调，所以后世学者有的将它画成"琾"（一种长方形、顶部下凹呈三角的玉器），有的则干脆用璜来代替它。实际上，用虎形玉器来作礼器显得牵强附会，因为从商代以来的玉琥无一不是装饰佩戴或摆放把玩之用的。战国时期，虎的形象被制成虎符，是王侯用以调兵的信物。从流传至今的战国虎符来看，它一般为铜制卧虎形，对剖为两半，君与臣各持一半。虎符表面还有错金文字。而战国时期的虎形玉佩也为卧形，样子与虎符非常相像。

图 188 长条形玉饰玉质，由于受沁比较严重呈象牙白状，内中夹杂有深绿色斑点，其高 10.55 厘米，宽 2.25 厘米至 2.5 厘米不等，厚 0.6 厘米，整体似扁体平面梯形状。该器一端为锲状，一端钻有一双面对钻的天地孔，其长形四周琢出方形牙脊 16 个，两面纹饰均为减地浅浮雕与细阴线相结合工艺，整器布满蟠虺纹。其造型规整大气，纹饰疏密有致，工艺精湛细腻，画面古朴典雅，不失为一件难得的玉雕艺术珍品，此件玉

图 191.1 春秋 石圭盟书
山西州城温县张计村遗址出土
河南博物院收藏

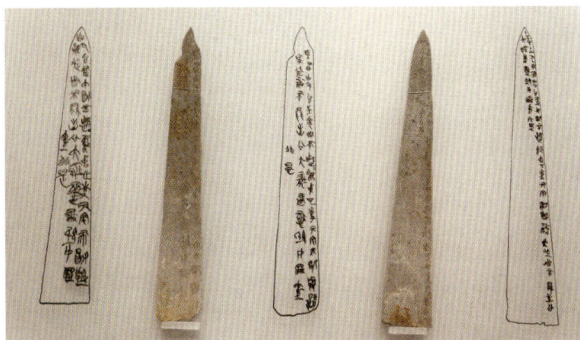

图 191.3 春秋 石圭盟书（局部）

图 191.2 春秋 石圭盟书（局部）

191.4 春秋 石圭盟书（局部）图

饰的繁复碾琢纹饰，为后人提供了琢玉工艺的宝贵资料。

图 189 玉蝉，其玉质为和田青玉，已基本钙化呈象牙白状。此器长 4.4 厘米，厚 0.8 厘米，造型比较写实，运用圆雕工艺，在其头部两侧琢以外鼓双眼和微微隆起的背脊、收拢的两翼，以及两翼上的云纹，均采用双勾阴刻、斜坡、孔钻的技术手段完成。其双翼下边侧的两对钻孔以及头颈两侧的斜穿孔说明了这是一件嵌缀件，它是墓主人生前的心爱之物。

蝉在古人的心目中地位是很高的，它是一种神秘而圣洁的灵物，无论是佩蝉还是含蝉均被视为纯洁、清高、通灵的象征。蝉是古代先民普遍的推崇物，也是生活中不可缺少的物品。《唐诗别裁》说："咏蝉者每咏其声，此独尊其品格。"由于蝉栖于高枝，风餐露宿，不食人间烟火，则其所喻之人品，自属于清高一型。骆宾王《在狱咏蝉》中说："无人信高洁。"虞世南《蝉》："居高声自远，非是藉秋风。"他们都是用蝉喻

指高洁的人品。玉蝉是按照蝉的形象制作而成的玉器，玉蝉形器在新石器时代的红山文化中就已出现了，此后历代皆有发现，当时玉蝉器形稍大，具有写实的圆柱体特点。商代玉蝉有红山文化遗风，形态夸张兼具写实风格，蝉身器官用阴线刻画，较具神韵。西周、春秋时期玉蝉发现较少。其玉蝉形态相对写实，表现手法常用细阴线雕琢器官纹饰，用双勾阴线或斜坡刀雕琢羽翅头部云纹，以烘托立体感，这种浮雕阴刻相结合的造型纹饰，使静止的蝉似乎孕育着新的生命。

图 190 的玉戈为非常优质的和田白玉所制，优质通透油润，具有老熟的质感。该器长 13.6 厘米，高 11.8 厘米，内长 3.5 厘米，宽 1.6 厘米，内厚 0.5 厘米。通观整器，直内、直援、长胡三穿，援部不起脊，援上下两侧开刃，刃后又磨出凹形槽，三角形锋，胡上三穿，靠上部一穿为圆形，其余两穿为长方形，阑部为凸起的长条形，在长方形直内中部切割出一凹槽，并在内部钻有两个小孔，以便将柲体嵌入条形凹槽之中加以固定，

125

然后再将柲体透过三穿绑缚。该器作为礼器其精美程度比较罕见，无论是器形的设计还在工艺手法都是一流考究的。该玉戈可以基本认定为秦景公生前所使用的仪仗器具。

　　图191 州城遗址位于温县东北15公里武德镇西张计村。南北长1700余米，东西宽1600余米，大部分已埋入地下。在该遗址东北部，出土一石圭"盟誓台"。1930年、1942年、1963年在此出土过页岩石片盟书，其中1942年出土的一批现藏于中国社会科学院考古研究所。1980年，河南省文物研究所在此发掘出土了万余片由石圭片和石简片组成的"盟书"。内容记载了晋定公十五年十二月二十七日（公元前491年1月16日）韩简子与其他诸侯国盟誓的情况。盟书遗址的发现，证明州城是春秋时期的一个重要城市，对研究春秋时期的政治制度、外交制度以及书法艺术都有重要价值。

　　在春秋晚期，主流价值观礼崩乐坏，多种价值取向并存，礼制僭越破坏了原始的神性。由于诸侯纷战，造成了玉石来源只有一些地方料尚可采取，真正的新疆和田玉很难到达某些区域。此时在某些诸侯国的管辖地域，收集璧、琮等大型玉器已非完全作为祭祀与收藏之用了，而是作为改制其他玉器、玉饰的原材料主要来源之一。春秋时期的玉器纹饰，以虺龙纹为主要的题材，这种纹饰以侧面的龙首为主，具有圆眼、翘鼻、张口、吐舌的形象，常以细小的形态布满器表，形成抽象繁密的风格。整体看来虺龙纹的制作方法，会随着时间与区域性的差异而改变，因此也就产生了双线虺龙纹、宽线虺龙纹、浮雕虺龙纹及单线虺龙纹等多种形式的表现形态。

　　①双线虺龙纹：这种纹饰盛行于春秋早期，它的表现形式是用细砣雕琢的双线纹，组成翘鼻、张口、吐舌的侧面龙首形象。双线虺龙纹在玉璧、玉珩等几何造型上，大多沿着器物的形状作规律

性的分布，但是在象生动物玉饰上，双线虺龙纹的安排则随器而异。在兽面纹饰上双线虺龙纹可以相背、相对或上下不同姿态来表现其意义。但是，这些线条都是做对称性分布的。从而以多变的形式表现出了抽象繁密的夸张神秘之风格。

　　②宽线虺龙纹：这种纹饰盛行于春秋中晚期，它与双线虺龙纹有所相似，具有翘鼻、张口、吐舌的侧面形象。但其两线之间的距离较大，制作方法比双线虺龙纹更为复杂。其纹饰必须用细砣碾琢两条间距相等且较宽的双阴线，再用斜砣将其中一条线磨琢成斜坡面。其中，在象征口鼻的S纹处，必须分上、下两个部分，让斜砣由相反的方向来磨琢，使其整个S纹犹如两个C字的连体，并在中间产生一道斜转的凸棱。这种起伏、平斜、扭转的线条，由于折射光的缘故会产生不同的视觉感受，这就为器物纹饰增加了极好的立体艺术效果。

　　③浮雕虺龙纹：浮雕虺龙纹盛行于春秋晚期，它是前两者的重合，其工艺相当复杂。由于浮雕虺龙纹是用不同云纹、谷纹、S纹所组成，因此必须先用细砣在玉器表面阴刻出龙纹的轮廓，然后再在轮廓线内外进行减地处理，形成浅浮雕云纹和谷纹造型，这些云纹与谷纹的拼接形成了虺龙的雏形，在雕琢圆眼和细扭丝纹的最后处理完成后，便会完美地展示出浮雕的虺龙纹图像。这种纹饰不仅可以呈现侧面龙首的形象，还使浮雕虺龙纹显得更加形象生动和飘逸婉转。

　　④单线虺龙纹：单线虺龙纹是春秋中晚期秦辖地区所盛行的纹饰，它是先在玉器表面刻划出阴线，再加以碾琢刻划的一种工艺形式。这种纹饰，虽然在翘鼻、张口的侧面形象上与其他的虺龙纹雷同，但其纹饰由单阴线刻画组成。这种单线虺龙纹，是排列有序地在玉器表面以细小的纹饰线条呈现的。

　　春秋时期的虺龙纹，不论是双线、宽线、浮

雕或单线，始终以固定的侧面形象，维持着抽象繁密的风格特征。直到春秋晚期以后，虺龙纹才开始出现解体的趋势，为战国时期的规律性纹样线条，开启了进变的序幕。

谷纹在玉器中极为普遍。古代以饰谷纹的玉器为瑞玉，玉器中最早出现谷纹，可见于春秋晚期。谷纹的特点是，有的浅浮雕（深度很浅）、谷粒圆鼓、体形较大、手感圆钝。有的出现谷粒后端较尖细，但不加细弯阴线（表示种子萌发后的根须），还有的排列较稀疏，且不太规则。玉与谷（纹）的结合，有其文化的深刻内涵。《国语·楚语》："玉足以庇荫嘉谷，使无水旱之灾，则宝之。"玉之宝贵性，亦源于其有阴阳得到双重性，它既可消旱涝，也以保丰收。《酉阳杂俎·忠志》载，（唐）代宗即位日，楚州献定国宝一十二三曰谷璧。其中白玉也，如粟粒，无雕镂之迹。王者得之，五谷丰熟。谷璧之神力，超出人们的想象。其实它源于"谷神"说中将谷物神化，并视为万物的主宰的观点。谷纹与玉龙的结合，始兴于春秋晚期。典型器可见谷纹龙形佩，这种谷纹龙形饰表面满饰圆润饱满的谷纹，在其中却弯曲婉转地隐现着一条条灵动的回首龙，这种纹饰将龙与谷有机地融于一体，嵌入了当时祥龙丰登的强烈愿望。谷纹与玉龙的结合，正好应了相龙星以祈雨的仲玉之说。《说文》："珑，祷旱玉也，为龙文。"谷纹龙形佩当属此类。春秋谷纹与谷纹龙形饰是战国玉器谷纹及谷纹龙形饰的直接源头，并一直得到了流传和继承。

"游丝雕"也称"游丝毛雕"，它是春秋玉器加工工艺中碾琢纹饰的一朵奇葩。这种极为细密的阴线纹，其细微的程度，令人叹为观止。春秋战国由于铁器的使用以及水凳（当时的水凳应该是比较低矮的，它必须适应当时跪坐的条件）的发明，便有了"游丝毛雕"。其特点为线条细如毫毛，若隐若现，跳刀不断，气若游丝，其线条婉转流畅，疏密有致，交接之处绝无断续叠压，俨如游丝白描一般。游丝毛雕其实由两个部分组成："游丝"，其线条细若游丝，流畅清晰，连绵不断，如出一辙；"毛雕"，这是针对游丝的转弯之处来说的。其线条表现为，疏密有致，转弯成弧，道道出刺，长短相宜。笔者认为这是一种有硬度较高的砣具直接碾琢形成的线条痕迹，不应该有解玉砂的划痕。"游丝毛雕"从现代的角度来直观的理解是比较形象的一个命名，至于是汉前或汉之后的叫法，笔者没有更多地去研究，但是，可以这样来理解，只要符合这个命名特征的器物都可以称为"游丝毛雕"，这个命名只是为了推崇汉人在一种线条表现上的高超技法，没有必要对它的粗细、长短、深浅做出特定的标准。

（2）战国玉器

如果用一个词来概括战国时期的社会状态，那就是"动荡"。但是，与此同时战国社会也是处于思想大解放的"百家争鸣"时期。战争的频繁、地域的分裂，导致了军事上的互相竞争，也带来了物质象征的攀比。战争导致了区域之间人类的迁移和政权更迭，但是这种迁移和更迭并没有阻碍文化艺术的沟通和融合。当时在东起齐鲁、西至戎秦、南始荆楚、北到燕赵的辽阔区域内，通过主动或被动的交流影响，加快了各地玉器竞相争艳的步伐，他们取长补短，相辅相成，共同为创建丰富多彩的战国玉文化构架，立下了不朽的丰碑。

春秋时期，以孔子为代表的儒家学派赋予了玉极为丰富的道德文化内涵，这些内涵在战国时期被许多人所接受和鼓吹。当时不仅王公贵族以佩玉为尚，而且这种"玉德"概念也已经深深地嵌入了社会各个层次的思想灵魂之中。上起王侯，下至庶民，无不以玉为贵，玉器被广泛地运用于祭祀、装饰、丧葬等各个领域。在这之后伴随着

图 192 战国早期 谷纹玉璧
湖北随州擂鼓墩曾侯乙墓出土
国家博物馆收藏

图 193 战国 玉螭虎食人佩
由国家文物局拨交的传世品
国家博物馆收藏

尊神敬天思想的动摇和夏商青铜礼器的盛行，玉器制作以神为本的思想发生了动摇和改变，玉器在礼器中的地位受到了很大的挑战，其用途较多地转变成了信物、盟誓、朝拜、婚聘、殓葬等功能，其庄严肃穆之感日减，装饰艺术韵味增多。不过，由于用玉器祭祀天地鬼神的思想已经根深蒂固，这种独有的功能仍然顽强地固守着即将失去的领地，后世继承延续。

随着制铁技术的日趋完善，导致了铁制工具的大量出现和使用，这便促进了玉雕工具和碾玉技术的飞跃发展。玉雕工艺突破了几千年来由于受到工具性能的约束所造成的工艺瓶颈，转而向精雕细琢、生动传神的工艺造型快速发展。彻底突破了春秋时期以装饰玉、葬玉等小件器物为主的范畴，制作出了许多大型的玉器。战国玉器之精细，几乎可见于每一件玉器上。当时所普遍采用阴刻、浅浮雕、镂空、碾磨、接榫等多种碾琢手法形成的器物，无论是那细润的质地，还是那新颖的造型，以及滴水不漏的巧妙灵透，都淋漓尽致地利用了技术工具与技术手段的特长，在那面、边、点、线条中体现了无可挑剔的流畅，令人叹为观止。可以说，战国玉器是中国治玉史上

图 194 战国中期 龙形玉佩
河北平山七汲村中山国 1 号墓出土
河北省文物研究所收藏

的又一座高峰，它为汉代玉器的制作奠定了坚实的基础。

早期战国的玉器具有春秋玉器的遗风之雅，这种渐进式的演进的过渡，有着较为清晰的考古佐证支持。此一时期玉器的用玉，质地优良，当时比较崇尚青、白色玉料。那时，一些价格较低的本地或相距不远之地的美石也被选用，但只是在一些地位较低的事件和葬器中多见使用。战国玉器琢玉技艺精湛主要体现在线条上，包括造型的轮廓线和纹饰的阴阳线上，其锋利劲挺，准确流畅都是史无前例的，其中龙的形象占有显著地

位。除有传统的龙和凤并作变形外，一种似龙的螭，张牙舞爪，体呈S形，携带着神秘感脱颖而出。在战国玉器中龙形瑞神动物图案位于其首，虎、凤次之。此时的龙，头长、身细、尾尖、四足俱有，它与从蟒蛇变化而成的龙，形成了两种迥然不同的风格。这种龙形饰件的出现，使器型似S形的龙形片形器受到了前所未有的热捧。战国时期诸国割据，各地新兴的都邑相继建设自立，随之而来的是玉器在各自不同意识形态的裹挟之下，形成了一个以各自中心为主的风格主题。同时也由于各地制玉中心频繁交流，所以各地的玉器区别不甚明显，比较具有时代特征的标准和风格依然还是主流。当时玉器已不仅是最高统治者独家享用的专利，它的使用范围和使用层次正在起着根本变化，如兵器的镶嵌装饰、祭玉的出现等。并为玉器的概念逐渐从神玉和王玉的轨道部分脱离开来嵌入了伏笔，为向玩赏、实用、价值方向的发展奠定了基础。

图192谷纹玉璧为和田青白玉所制，局部已经白化呈褐色，该器直径13.1厘米，孔径5.2厘米，厚0.8厘米。通观整器，可见肉靠好之边缘分别阴刻有勾云纹、网纹，外缘阴刻一周勾云纹及斜阴线。在肉上碾琢着谷纹及卧蚕纹，双面满工，形制相似。

图193所示玉螭虎食人佩为成色较好的和田青白玉所制，整器布满残存朱砂，长6.2厘米，宽3.8

厘米，厚0.4厘米，两面纹饰相同，为镂空雕饰件。通观整器，一螭虎伏于一赤裸妇人之体上，似衔着其腰腹。虎的一爪按住人的右臂，另一爪按住人的左足，妇人展臂伸足四肢攀附于龙体之上。螭虎双耳高耸，菱眼横竖，虎须似针，曲盘环形。环形边缘各有一对纹饰基本相同的人首兽身纹饰登云相拥左右，其脸部表情显得较为安详冷漠。笔者认为这不应该是螭虎在吃人，而是与战国的殉葬制度有关联。整个器型的造型在隐隐约约地寓意着一种神秘的仪式和追求赐福的意境。单单就事论事地解读为"玉螭虎食人"，则过于简单化。

图194龙形玉佩通体受沁呈褐黄色，玉质较为透明，该器为镂雕片形两面纹饰相同。通观整器，可见中间嵌有一环，环肉延环边缘内外阴线刻有两个圆形线，两道阴线之间刻划着绞丝纹。环外缘顺时针等分镂雕三条昂首回头玉龙。龙形独角、张开、圆眼、翘尾，龙身具有S龙的特征。龙体皆有鳞纹，云纹，弦纹点缀，极具动感。此器镂雕精细，造型完美，乃战国玉器之精品矣。

图195龙纹玉覆面为青白玉所制，玉质中夹杂一些绿色花斑，较为透明。整体长7.9厘米，宽5.8厘米，厚0.2厘米至0.4厘米不等。通观整器，非对称椭圆形造型两耳凸起，每只耳均有两穿。一周环有一条阴刻云纹、斜线纹、细方格纹、双勾菱形纹等纹饰的条带，与中间十字条带形成框架，等分形成了四个空间。每个空间均有一条

图195 春秋战国 龙纹玉覆面
无锡鸿山丘承墩越墓出土
南京博物院收藏

图196 战国中期 鎏金嵌玉镶琉璃银带钩
河南辉县固围村5号墓出土
国家博物馆收藏

浅浮雕的 S 龙相守，龙眼圆润，龙首回探，龙爪收腹，龙尾内蜷。该器制作十分精美，造型别致和谐，但作为玉覆面仿佛小了一点，如果把它看成玉覆面的某一个好像又太大，笔者比较赞成古方先生的意见，还是称"玉佩饰"较为妥帖，这件器物至少在墓主人生前应该是作为喜欢的镶嵌物拥有的。

丘承墩是无锡鸿山越墓中等级最高的一个遗存墓地。该墓早年被盗，主室、后室、壁龛均受扰动。2003 年 3 月至 12 月经国家文物局批准，南京博物院、江苏省考古研究所和无锡锡山区文物管理委员会组成联合考古队，经过考古发掘整理出土了随葬器物 1100 余件，玉器约 40 件，其中葬玉有玉覆面和带钩，佩玉有龙形佩、双龙佩、龙凤佩、龙首珩、璧形佩、龙形、环、瑗、鸥形管、管和动物造型的凤鸟、奔兔等，以及琉璃珠、管和枭形饰等，剑饰有格和首，此外还有玉削等。青瓷器中，乐器 100 余件，有三足缶、于、丁宁、钮镎、句、钮、甬钟、磬、铃形器、座等，其中缶、镎、座为首次发现的越国乐器；礼器 200 余件，有盖鼎、鼎、盖豆、盒、壶、扁腹壶、盉、盘、三足盘、鉴、盆、甋、炉盘、温酒器、虎子、璧、羊角形器等；生活用品有杯、盘、碗、盅、筒形钵、碟、器盖等。硬陶器有鼎、坛、罐、器盖等。泥质陶器有盆、璧、羊角形器、纺轮等。另有四件琉璃釉盘蛇玲珑球形器。青瓷乐器主要出于壁龛中，玉器和青瓷重器主要出于主室东部，羊角形器和璧主要出于主室中部，而绝大多数随葬品集中出于后室。丘承墩出土的众多精美器物，尤其是许多高等级青瓷礼器、乐器和玉器的首次发现和确认，展示了越国最高等级随葬品的风采。

图 196 鎏金嵌玉镶琉璃银带钩，于 1951 年在河南辉县固围村 5 号战国墓出土，长 18.4 厘米、宽 4.9 厘米，其玉玦和兽首部分为和田白玉所制，造型呈琵琶形。该器银托面包金浮雕玉兽首组成整器，两侧缠绕着二龙，至钩端合为龙首，口衔状若鸭首的白玉带钩，两侧有二鹦鹉，钩背嵌三谷纹白玉玦，两端的玦中嵌琉璃珠，玲珑剔透，包金镶玉，文饰繁华，雍容华贵，该鎏金嵌玉镶琉璃银带钩之精美绝伦堪称金银复合工艺的杰作。

无论古代说的"金银错"，还是今天说的"错金银"，金银二字容易明白，但"错"字对一般人来说，就不是那么容易理解了。《说文解字》中对错的解释为："错，金涂也，从金，昔声"。《康熙字典》对"错"字的解释，是引《集韵》："金涂谓之错。"所以，在两千年后的今天，无论我们怎样去解释金银错，都应以两千年前，也就是金银错最流行的那个年代对它的解释为依据，何况，古今字典的解释也是完全一致的。

带钩的材料有玉质的、金银的、青铜的、铁的。工艺制作除雕镂花纹外，有的在青铜上镶嵌玉、琉璃、松石等，有的在铜或银上鎏金，有的在铜、铁上错金嵌银，即金银错工艺。带钩的结构为钩头、钩柄、钩体，基本形制侧视为 S 形。钩体中部或下端有钩柄，固定于皮带的一头，上端的钩

图 197.1 战国中期 云兽纹青玉璜
河南辉县固围村 1 号墓出土
国家博物馆收藏

图 197.2 战国 云兽纹青玉璜描线图

图 198 战国 螭龙首玉簪
山西长治分水岭遗址 270 号墓出土
山西博物院收藏

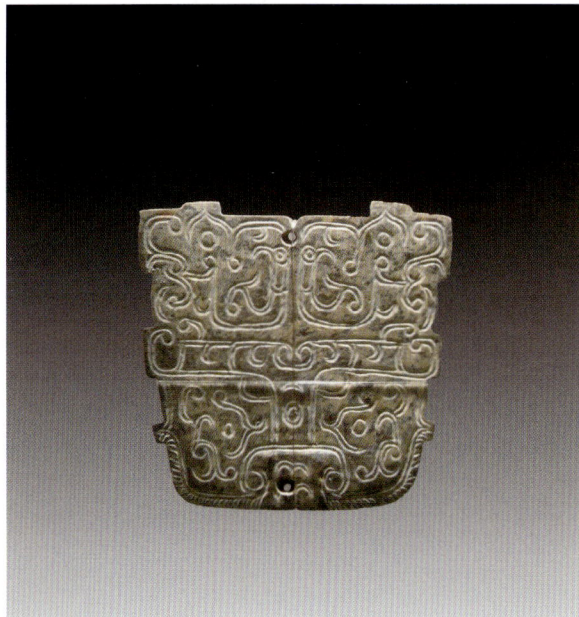

图 199 春秋 兽面玉牌饰
河南光县黄君孟墓出土
河南省博物院收藏

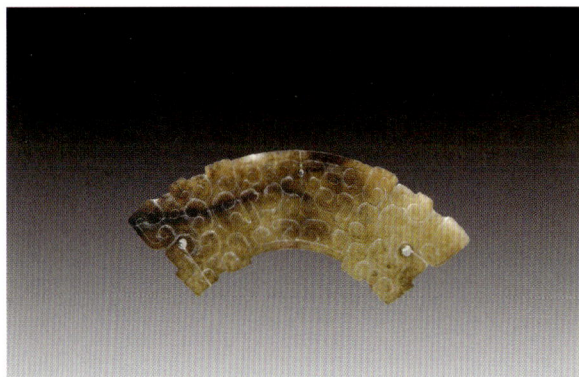

图 200 战国 青玉蟠虺纹璜
淮阳县平粮台楚墓遗址出土
河南博物院收藏

头，钩挂皮带的另一头。参观秦始皇兵马俑时可见，秦俑腰间浅浮雕出腰带，带头和带尾通过带钩而连接。带一般宽 3 厘米~5 厘米，带钩饰于带头，带尾有扣连带钩的带孔，带孔一般为三个，也有两个或四个的。钩接的方法是带头居右，带尾居左，带钩从左侧带尾孔中钩出。皮带用钩的具体使用方法分为单钩法、并钩法、环钩法三种。根据秦俑所使用带钩的实例观察，秦俑皮带用钩使用了"单钩法"，即将带钩钩柄固定于皮带的一端，钩头在皮带另一端的几个孔中选择松紧，然后从孔中穿出。带钩在战国中晚期的使用相当普遍，出土及传世皆很多，很多带钩制作考究，镶金嵌玉，雕刻铭文，美不胜收。带钩相当于我们现在的皮带卡，主要用于钩系束腰的革带，多为男性使用。人们使用带钩，不仅为日常所需要，更是身份地位的象征，尤其是工公贵族、社会名流所用带钩甚为精美，具有极高的工艺水平和艺术价值。

　　图 197 云兽纹青玉璜，由七块质地极好的和田白玉、两个鎏金铜兽头、一条铜片从中贯联组成。通观整器呈弧形，左右各三块玉片均饰纹、大小对称相同。中间一块为梯形造型，全长 20.2 厘米，最宽处 4.8 厘米，其玉质温润，色白而泛浅灰，局部存在褐色斑沁。该器中间梯形造型的玉片呈微曲似折扇形，上侧琢一回首垂尾卧兽。该兽眼形椭圆，项颈弯粗，高臀抵首，垂尾末翘，

前肢趴卧，后肢蹲起，身饰水滴纹，口有以穿，可供穿系。在其下弧边缘中央凸出一半圆纽，也有一穿供系佩之用。此梯形造型玉之左右呈弧形连接对称玉片两件，其左右的扇面形玉片均琢隐起的变形蟠虺纹饰，看纹实系龙身，其外两侧隐起玉龙首，五块玉饰共同组成一个双龙首玉璜。龙首部分眼形长橄榄形出梢，头顶凸角内弯，吻部前突，嘴由镂空雕表现，须眉和嘴唇均细刻绞丝纹，腮上水滴纹清晰可见。龙首口出鎏金铜虎首，虎首口衔两侧出卷云饰的椭圆形玉，该玉阴

图201 战国中期 夔龙形佩饰
河南洛阳小屯村出土
国家博物馆收藏

图202 春秋 束绢牌和绳索纹玉环
1. 束绢牌 2. 绳索纹玉环
山西侯马王马村出土
山西博物院收藏

图203 战国 玛瑙串饰
山西长治市分水岭出土
山西博物院收藏

刻云纹，中间镂空成双头钩连云纹状，椭圆形玉饰左右两边对称各突出一内弯尖喙形状造型。该器设计构思巧妙。纹饰均匀饱满，琢工细腻精致，如此华贵精致的玉璜极为罕见，足以代表当时琢玉工艺水平高度之极。

　　图198螭龙首玉簪，簪柄为上好和田白玉所制，簪首呈绿色，为和田青玉所制，首与柄之间相衔接处有残，通长15厘米。该玉簪呈扁形尖锥状，簪首镂雕一立体螭龙，做工相当精致，在白与绿的对比之间，彰显了古人对色调审美的高

度认识。

　　簪一般呈圆锥或扁锥状，由簪首和簪柄两部分组成。古人对发簪有多种叫法，如钗、笄、发压、步摇等，都统称为"簪"。由于其取料珍贵，均用玉、金之类材质所制，且雕工精致，因而深得人们的喜爱，由于使用较为广泛故流传至今。《说文》："笄，簪也。"笄是古人用来簪发和连冠用的饰物，后世称为"簪"。玉笄是绾发用的细长尖头形玉器，有些在簪首做有各种造型和纹饰以示吉祥福瑞。玉笄的用处是插入发髻，使其不会散开。男子的玉笄则兼有绾发、固冠双重作用。人们习惯把发簪等发饰和女人联系在一起，其实在中国古代，发簪并不是女人的专属品。《周礼·夏官·司马》记载："弁师掌王之五冕，皆玄冕朱里延纽，五采缫十有二，就皆五彩玉十有二。"以合金、木、水、火、土五行之意。"邃延"是玉冠最上面的顶板。顶板的上面和相圈的里面敷

图205 春秋晚期 秦式龙纹宫灯形镂空玉佩
（一对）
直径4.9厘米 高5.1厘米 厚0.5厘米
山西凤翔南指挥村秦公一号墓椁室中部盗洞出土
陕西考古研究所收藏
（图片来自《陕西出土东周玉器》）

图206. 春秋晚期 秦式龙纹玉觿
长5厘米 宽1厘米 厚0.2厘米
陕西宝鸡益门村2号秦墓出土
陕西宝鸡考古队收藏
（图片来自《陕西出土东周玉器》）

图204 春秋晚期 环带状秦式龙纹玉璧
直径16.8厘米 孔径4.2厘米 厚0.5厘米
陕西凤翔县河南屯遗址出土
凤翔县博物馆收藏
（图片来自《陕西出土东周玉器》）

贴红色的麻布，顶板的下面和帽圈的外面敷贴黑
色的麻布。从外观看玉冠仅看到黑色，这就叫"玄
冕朱里"。"延纽"是顶板两端用以悬挂小珠串
的小圈圈。"玉笄"是穿在玉冠和头发上作固定
用的玉簪。"朱纮"是系冠用的红色丝绳。

（3）楚式玉器

楚国是中国春秋战国时期南方最大的一个诸
侯国，楚人是华夏族南迁的一支，兴起于荆楚大

地的楚部落，其国君为熊氏，繁荣于春秋战国时
期，公元前223年被秦所灭。在浩瀚历史长河中，
楚国先人用自己的勤劳与智慧创造出了无数令世
人瞩目的灿烂楚文化，楚式玉器就是其中的一朵
奇葩。楚式玉器的审美取向着重于华丽、精美、
细致、新奇的理念，在构图方面布局得当，工艺
多采用各种雕琢方法，力图将玉器的题材与内容
表现更加生动明确。楚式玉器较流行的表现形式
在于玉器整体不再是以填充繁缛纹饰的方式来完
成制作，而是通过镂雕工艺使玉器单独形成主体，
纹饰不用复杂的零件构成，单独以一条具象的螭
纹构成，将题材以立体的方式表达，而不是图案
化。在继承传统的同时加以创新，似乎很独特，
但又可以在其中找到过去影子。这就是楚式玉器
在保守中追求新奇理念的审美取向。

新奇的作品需要配合高超的工艺技术，才能
完美地体现艺术形象。楚式玉制作者的技艺运用，
在我所见的玉器中，是最高超的。一些浮雕、线
条的运用得当，使玉器的艺术效果增强了张力和
流畅性以及立体感。楚国作为东周时期诸侯国中
是实力最强大的国家之一，其表现不仅在军事的
强大，还表现在文化、生产技术、艺术造诣、经济
基础等方面的厚重。楚文化在一定的范围内影响

图 207 春秋晚期 秦式龙纹残玉琮（两件）
山西凤翔南指挥村秦公 1 号墓出土
图中 1，残高 6.8 厘米 图中 2，残高 4.6 厘米
陕西考古研究所收藏
图中 2.1、2.2 陕西秦始皇兵马俑博物馆收藏
（图片来自《陕西出土东周玉器》）

图 208 春秋晚期 秦式龙纹凸齿斜角长条形玉饰
陕西省秦始皇兵马俑博物馆收藏
（图片来自《陕西出土东周玉器》）

了一些周边地区，致使他们在强大的军事威慑和雄厚的经济实力面前屈服，从而逐渐地改变了这些地区意识形态的固有传统。这些影响形成了以楚国文化为核心内容的文化体系，这就是"楚文化"。而楚式玉器即楚文化中的一个重要组成部分。

（4）秦式玉器

秦国是春秋战国时期的一个诸侯国。秦人是华夏族西迁的一支。其国君为嬴姓。秦最初的领地在今天陕西省西部，在当时属于边缘部分，他在战国初期是比较落后的，这种状况直到商鞅变法后才有所改变。秦国的发展始自穆公，因受制于晋国，其后十五代 200 余年困于西戎。自孝公任用商鞅变法以来才迅速强大，其关键就在于奖励耕织，统一文字、钱币、度量，废除世袭，加强中央集权等一系列措施的施行。而后昭襄王任用范雎，远交近攻，长平之战杀戮赵人 40 余万，又亡东周，奠定了统一基础。为此，通过秦国上下七代国君坚韧不拔征战至始皇，终于一统六国，

奠定了中国两千多年政治制度的基本格局。

与楚式玉精美华丽相比而言，秦式玉器略显粗糙，但秦式玉器的艺术水平和创作能力并不亚于楚式玉器。就判断一件器物的艺术造诣来说，我们必须切入时代地去加以评判，不管是抽象的还是写实的，是简单的还是繁缛的，都要还原其特定的时代背景，题材选择，造型设计等诸多因素再做评论。秦国在东周早期并不是一等强国，地理位置因偏于西北一隅，与中原诸国处于半隔绝的对立状态。秦式玉器审美意识，他没有去选择繁缛华丽的纹饰作为主要的艺术表现形式，而几何造型，简洁明快的线条，对某些主要轮廓的突显，注重抽象艺术再表现却是他的主流。这就如其龙纹饰一般，阴线条刻画了几何形轮廓，几何形轮廓组成了一个单元，几个单元形成了内涵丰富的主题图案。（当然，也有以单独线条的刻画以简单的龙纹来表达其器物意义的龙纹饰件出现），作为主流纹饰，这种抽象的，没有细节表达的龙纹，如果我们没有对秦式玉器的概念认识，是很难区别其主体形象的。秦式玉器的这种

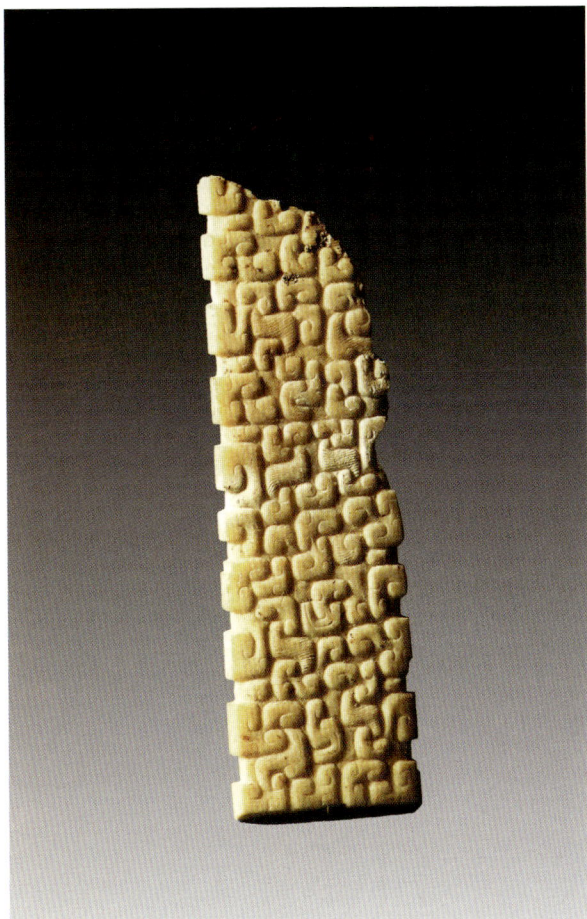

图 209. 春秋　长条形玉佩
江苏吴县严山吴国玉器窖藏出土
吴县文物管理委员会收藏
（图片来自《东周吴楚玉器》）

图 210. 春秋　夔纹玉管
江苏吴县严山吴国玉器窖藏出土
吴县文物管理委员会收藏
（图片来自《东周吴楚玉器》）

表现形式与楚龙纹不同，眼、鼻、角等均细致琢出迥然不同的风格。当这种纹饰表现在器物的表面时，阴线碾琢刻划表达了其效果，让人感到"小隐隐于山，大隐隐于市"的持修之悟。在秦式玉器遗存中尚未有浮雕或减地琢刻的器物现世。但镂雕技艺却在秦式玉器中屡见不鲜，其孔必成"山""八""L""工"等字的近似形状，其手法干净利索，粗而不陋。秦式玉器不需要突出某种主体，所以不用随其形做镂雕，它只想通过单纯的镂雕工艺，体现秦国玉器自我的价值和风格，这种审美价值的体现，表明了秦国审美理念追求力量和直白的完美结合。正如秦式玉器中缺少以凤为题材的玉器一样，凤的艺术形象代表着柔性的美，与龙的阳刚之美形成了鲜明的对比，

这种对比彰显了秦国的审美以"刚"为主，相对中原地区柔性之美的艺术价值理念，强烈地显露出秦国与众不同的艺术价值风范。

（5）吴式玉器

吴国是公元前 12 世纪—公元前 473 年立国于长江下游周朝时期的一个诸侯国，也叫勾吴、工吴或攻吾，从姬姓。其国境位于今苏皖两省长江以南部分，后扩张到苏皖两省全境及赣东北部分地区，国都前期位于梅里（今无锡梅村），后期位于吴（今江苏苏州）。公元前 473 年，吴国被越国所灭。春秋时期，吴国与中原的诸侯国的交往十分密切，同时也开始与其他诸侯国争雄称霸。吴王阖闾任用伍子胥和孙武攻破楚国都城，

图211 春秋 蟠虺纹玉璧
江苏吴县严山吴国玉器窖藏出土
吴县文物管理委员会收藏
（图片来自《东周吴楚玉器》）

图213 春秋 玉觿
江苏吴县严山吴国玉器窖藏出土
吴县文物管理委员会收藏
（图片来自《东周吴楚玉器》）

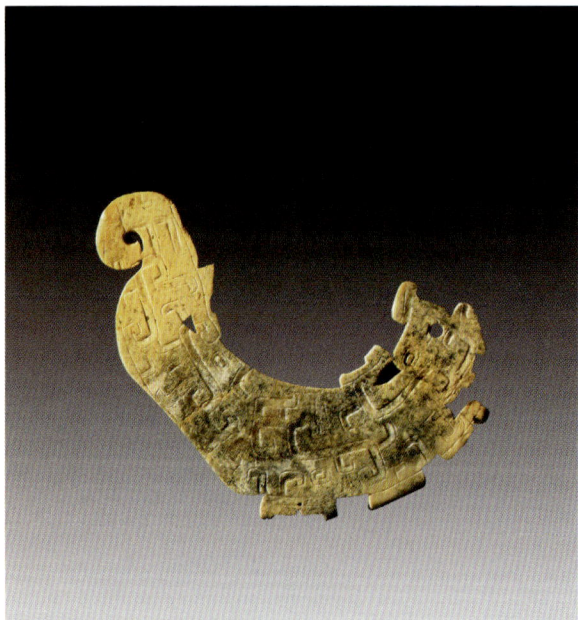

图212 春秋 虎形玉佩
江苏吴县严山吴国玉器窖藏出土
吴县文物管理委员会收藏
（图片来自《东周吴楚玉器》）

为其儿子吴王夫差成为春秋五霸之一打下了基础。夫差不顾国家连年征战空虚，与齐国和晋国争霸成功后，但却忽视了边界上的越国。结果被

越王勾践乘虚而入，夫差兵败而逃，被围困在余杭山，向勾践求和，勾践不准，夫差只得自杀，自此吴国被灭，吴地尽属越国。

吴国玉器不但用料丰富多彩，在造型上也极具个性，小巧玲珑，式样多变具有浓厚的地域装饰特征。从整体来看，吴国玉器的造型设计只是在前朝的基础上略有变化，但同时也在许多方面突破了传统模式，出现了一些新颖的造型，其精湛的工艺令人赞不绝口。从出土玉器的纹饰来看，当时已经具备了整套加工比较复杂的碾琢工序设备，同时也具备了使用这种工序技艺高超的玉工。在这种时代背景下产生了许多不同类型的玉器，其用途极其广泛，函盖了礼器、佩饰、祈求、赠与、信物、殓葬等各个领域，并渗透到了当时人们生活的各个领域。

图209 长条形玉佩，其玉色呈粉白色，表面受沁有褐斑，玉质较为透明，已残。其长度为9.4厘米，宽2.85厘米，厚0.6厘米。该器形状似扁长方形，两面出脊，器物上下对穿天地孔为双面

对钻而成。其两面纹饰相同,满饰浅浮雕卷云纹,卷云纹的组合中我们清晰地发现一条条夔龙密布其中,大小不同的隐起面分布得当,结构严谨,层次分明,整器感观立体感与蜡质光泽匀润珠圆。通观整器,其图案富丽华贵,其做工精湛规整,其布局匀称如一,不失为当时同类玉器的佼佼者,同时也透露了当时吴国治玉的高超水平。

图 210 左边一枚夔纹玉管玉质已钙化呈鸡骨白形式,白色相当纯正,上面有细微褐黄色沁斑,长 3.4 厘米,直径 1.2 厘米,孔径 0.6 厘米,为圆柱形。整器表面阴刻双头夔纹,形制规整和谐,线条婉转流畅。

图 210 右边一枚夔纹玉管玉质呈褐黄色,顶部有残,通高 4.9 厘米,大头直径 1.8 厘米,小头直径 1.1 厘米,孔径 0.65 厘米,造型似一个微缩的棒槌状,为不规则管柱形。该器两端平直,上部直线呈弧度鼓起,下部直线略微收敛,在靠近底端处横钻一直径 0.1 厘米的小穿孔,整器上下通天孔,孔呈喇叭口,为双面对钻而成。器物表面下部琢有两组各自三道的弦纹,上部运用减地斜刀碾琢出三组夔纹。其造型之新颖,工艺之

精湛,可谓上品。

图 211 蟠虺纹玉璧玉色呈灰黄色,有褐色沁斑,整器直径 4.7 厘米,孔径 2.1 厘米,厚 0.5 厘米,为平时佩戴的系璧。该璧肉与好的比例不循规制,内孔边缘与外圆边缘之间有宽窄之别,这也是部分系璧的一个特征之一。玉璧边缘与孔壁经过精心修磨,光滑规整,璧面运用减地浅浮雕工艺叠显了蟠虺纹的特征,在地子空白之处阴刻了网格纹与集束纹,孔径边缘与外圆边缘凸起碾琢呈绳纹形式。该器造型古朴典雅,布局错落有致,纹饰疏密匀称,手感饱满柔润,呈现了吴国玉器特有的江南风韵。

图 212 虎形玉佩出土时为一对,玉质呈牙色白,夹杂有黑斑,整器长 11.9 厘米,宽 3.8 厘米,厚 0.1 厘米至 0.3 厘米不等,为片形弯弧状不规则形。通观整器形似一只跃起下扑状的虎,如果我们将其造型拉直,那就是一只仰首卷尾,蓄势待发的猛虎。这种艺术的变形在现今大师级的作品中是难觅行踪的,这就是古人治玉的精妙之处。该虎圆目怒视,四肢蹲卧,前爪前趋,后爪离地,卷尾似舵,头、脊之处显有扉棱,似改制之作。其反面光素留有四道直线解玉痕迹,正面运用减地斜刀和阴刻线纹,在造型上可以确认无疑为虎。但纹饰上由于是改制过的,故难以准确表达纹饰意义,仅从集束弦纹来看,很可能是蟠虺纹玉璧或璜所改。该器改制构思巧妙,随形相异,工艺豪放犀利,猛虎矫健勃发,乃神来之笔。

图 213 玉觽由透闪石材料所制,呈乳白色半透明状,长 5.8 厘米,宽 1.8 厘米,厚 0.35 厘米,出土时为一对,扁平造型似牛角形状。其根部琢出一小口,距离小口根部有一穿孔供系穿之用,该器周身阴线刻有十多条弦纹,可以看做为蚕蛹的形象,具有冰清玉洁之含义。该器小巧玲珑,成双成对,应该为古人的组佩其中的一部分,也可以考虑是耳饰一类的器物。

图 214 春秋战国 凤形玉佩饰
通长 3.2 厘米 宽 2.6 厘米 厚 0.3 厘米
无锡鸿山越国贵族墓出土
南京博物院收藏
(图片来自《鸿山越墓出土玉器》)

图 215.2 云纹觿（局部）

图 216 春秋战国 神兽管
无锡鸿山越国贵族墓出土
鸿山遗址博物馆收藏
（图片来自《鸿山越墓出土玉器》）

图 215.1 战国春秋 云纹觿
无锡鸿山越国贵族墓出土　鸿山遗址博物馆收藏
（图片来自《鸿山越墓出土玉器》）

（6）越式玉器

越国位于吴国之南,定都会稽(今浙江绍兴),拥有今浙江大部和江西一部分、广东东部和北部以及福建北部,公元前473年灭吴后尽收吴国故地,势力范围一度北达江苏,南入闽台,东濒东

海,西达皖南、赣东,雄踞东南。越国地处江浙一带,是土著越族建立的国家。古越族以鸟和蛇为图腾,因此它们的图案多出现在越国玉器上,比如江苏无锡鸿山越国贵族墓出土的玉鸟和玉蛇纹带钩等。浙江绍兴印山越王陵还山上有越国特有的、专用于丧葬的玉铃和玉钩。春秋晚期至战国早期,越国攻灭吴国,一度强盛,此时越国玉器受吴楚玉器的影响,出现了中原地区常见的卷云纹、龙纹等。在已知的越国遗址中包括了绍兴印山、坡塘,苏州真山,杭州石塘,安吉龙山、龙坝,长兴鼻子山、东阳前山等地的越国贵族墓葬出土的玉器,无论从玉器的形制、类别、组合,还是谈及工艺的精美程度,当之无愧为魁首的当属无锡鸿山贵族墓地出土的玉器,它代表了越国最高等级的玉器和治玉水平。其中葬制采用的"五璜""五环（五璧）"制度是受到楚文化影响的

溯源识真高古玉

138

图 217 春秋战国 龙形璜
无锡鸿山越国贵族墓出土 鸿山遗址博物馆收藏
（图片来自《鸿山越墓出土玉器》）

图 218 春秋战国 龙形璜
无锡鸿山越国贵族墓出土 鸿山遗址博物馆收藏
（图片来自《鸿山越墓出土玉器》）

直接产物。

越国玉器不仅有着自己独到的传统治玉工艺，如镂空雕、边缘切割、减地、钻孔、抛光打磨、阴刻单线或双勾云纹、网格纹、鳞纹、羽状物、绞丝纹等。亦有春秋战国时期新出现的器型和纹饰，如剑首、剑格、韘形、削形佩和减地谷纹璧等。而凤形佩、神兽管、龙凤璜、螭凤纹璧等，将良渚文化玉器的阴线刻划工艺演变成了一种"微雕"的形态，这种形态的延续发展反映了江南民风的细腻，它与北方玉文化的粗犷形成了鲜明的对比。更彰显了越国玉文化的秀丽清婉。

图 214 春秋战国凤形玉佩饰，造型是一只玉飞凤，又称"玉玄鸟"，此类造型在鸿山越国贵族墓中共出土了三件，俱小巧精致。该件玉凤为白玉所制，呈微透明状，由于受沁严重已经表现出白化现象，为鸡骨白色。该器通长3.2厘米，宽2.6厘米，厚0.3厘米。通观整器可见玉凤似如收翅归巢之形态，其爪部勾卷趋前正是飞禽将要落地时的表现，再看其曲颈后仰正是控制落地平衡的要点，凤尾趋上平直起到了舵的作用，如果它要欲飞，其尾部应该下垂压地。这就是我们先人在不断的生活实践中，对事物的观察细微反映到具

体艺术表现上的经典之处。该器双目及凤冠采用了减地高浮雕的技法，翅与尾部边缘随纹饰切割而成，凤翅至凤腿有一贯穿通天孔，正反两面纹饰如出一辙均采用阴刻碾琢了极为精致的羽纹，在羽纹边缘根据写实刻有斜线纹。玄鸟是殷商的图腾，由此可见，当时此地的贵族文化受中原文化影响是何等深刻，本土文化与中原文化交融结合的灵感产生了越国玉文化的经典——玉凤玉佩饰。这种微雕工艺的出现，也代表了越国玉雕工艺的阴刻水平之高超精湛。

图 215.1 云纹觿为青白玉玉质，受沁较为严重，致使玉质已经开始钙化呈白色，局部有黄褐色沁斑，微透明，已残。该器恰似一轮弯月状，两面纹饰相同，残长6.2厘米，宽1厘米，厚0.3厘米。通观整器，其一端略宽而顶端平直，并有一穿孔，两边均有牙脊凸出，在上下牙脊所对应的器物表面阴刻勾连云纹。窄的一端已残，呈慢慢收拢的尖状，与云纹结合部至上下边缘阴刻绳纹做框，框内阴刻云纹。整器左右纹饰虽然不同，但和谐融洽，布局清晰，不愧为南方民族特有的细腻之表现。

图 216 神兽管为青白玉所制，表面已有褐色

斑沁,半透明,该器高3.7厘米,三面各宽1.4厘米,高(三角形的高)0.8厘米,截面为三角形管状造型。通观整器,上下贯穿一对钻形成的通天孔,由上下两端两组神兽组成,管身攀附三条神蛇,其中两条蛇首与另一蛇首向背与玉管两个平面。该器运用高浮雕技法,局部也有透雕,其身体部分刻画着极细的网格纹,背面两侧为羽状纹,构思很是精彩,惟妙惟肖使人过目不忘。

图217龙形璜为青白玉所制,由于受沁严重已呈白色,边缘局部呈褐色,微透明。通长12.6厘米,宽4.8厘米,厚0.4厘米,观其整体,玉璜呈回首卷尾左右相对对称的龙形,龙身拱起呈弧形似马鞍形,在拱起的背脊处有一穿孔供系串之用。龙身边缘刻画着平行阴线勾勒龙形,双面满工相似,龙身表面刻有阴线云纹,在龙爪、头、尾、角处刻有相向集束纹,器型随纹饰落料成型。这件玉龙形璜,制作老道,携带了浓郁的楚玉风格。

图218龙形璜是无锡鸿山越国贵族墓群邹家墩坑口出土的一件改制器,玉质很好,但以受沁呈白色,微透明。通体长2.2厘米,宽1.8厘米,厚0.3厘米,头部前吻处已残。通观整器,已无法从阴刻以及斜坡刀的纹饰描绘器形意义,但其首尾相连的造型还是一目了然,其尾开叉似燕尾,其眼利用了原件的一个方形眼恰如其分,可谓构思巧妙,极富动感。

春秋战国玉器在500多年的发展变化中呈现出了不同的艺术风貌,这种艺术风貌决不能随着历史年代的划分而人为地将它断然隔开。我们可以发现在战国早期的玉器依然遗留有春秋晚期玉器的风格,甚至有些作品十分相似,难以区别。这种现象在各个不同原因的统治集团交替之时表现得尤为突出,但是一旦政权的巩固稳定之后,当新的艺术风格和审美时尚,在整个艺术创作上便会成为一种潮流,是必然趋势。中国玉器在发展的过程中,承前启后是保持源远流长的根本,玉文化有承传性与流变性的双重特点。一般的情况是,承传性不如流变性表现得突出,流变性主要表现是在承传基础上呈现多方面的创新。这种创新代表着时代的进步,也代表着制度的更新,同时也代表着玉文明的不断前进充实。

春秋战国以前的玉器发展史,各个时期所承担的作用和产生的效果都是不一样的,我们不能因为某些偏好而忽视了其中的一段。当我们了解了这段历史之后,对以后历史上所生产的各类玉器选材、工艺、设计、发展就有了一种连贯性的比较和认识基础,这有助于我们在原有的基础之上加深印象,理清思路。这里要注意的是对主流、典型的器物要有所了解,非主流、非典型的器物也更要研究和了解。大墓的遗存要了解,小墓的遗存同样要研究和了解,这一点对民间收藏者来说尤为重要。

断代还原过去时

笔者认为，古玉与古玉器是两个有着完全不同概念的对象。玉只有老坑、新坑之分，玉器却是在经过人为因素后形成的物件。我们谈玉器首先要有一个定义，那就是玉在成器以后才能算得上玉器。成器以后时间短的是新东西，时间长了就变成了老东西。老东西有时期与年代之分，有传世与随葬之分，有被作为陪葬的，也有经过战火、天灾洗礼的，有残的，也有完整的，有改制的，也有多次入葬出土的。那么在确定玉材的来源与性质以后为什么要把形制、纹饰、加工痕迹列为鉴赏的核心呢？那是因为玉在成器的时候第一步就是碾琢，纹饰是靠碾琢来表现的，它与玉之间的关系最为亲密，它是破坏玉质构造解理的第一步。在它身上会叠加起许多的变化痕迹，这种变化痕迹的叠加次序以及碾痕对玉质破坏形成的表现就是鉴定古玉的关键。如果您连第一课都修不好，必终难成才。形制和纹饰是鉴定古玉中断代的依据，这个依据需要书本、实物、先生来教导，入门相对简单。那么很多未见形制的器物又如何来断代呢？那就需要同时代其他器物来作证，形制与纹饰只能起到断代的作用（可以定位在某个时代的风格），不能鉴定古玉器的真伪。"成器以后"说过时间节点，由此展开涉及相当广泛的有关古玉器的问题。

一、材质篇

古玉的皮壳就像人的皮肤一样，是玉质在自然岁月中与其他物质联结并发生变化的公开展现，它给了人们对玉器认可的第一印象。虽然有的玉天生丽质，玉质极佳，能较强地减缓抵抗老化的过程，不仔细观察很难看出岁月的蹉跎，但绝大多数古玉还是会在玉器的表面和结构中寻到沧桑痕迹。分析与对比进而从中发现玉器材料的老化程度，这需要我们对玉性有一个了解，更重要的是能够根据玉材结构所产生的变化分析出工与沁纹之间的时间顺序关系，分析出工与沁纹之间的互相纠结现象。因为玉质应力的变化是工在玉的刻画碾琢过程中，造成改变原始结构，形成次生的一个重要因素。所以认真地对玉器材料上的工和沁纹加以辨别分析是一个不容忽视的问题。玉皮壳的状态还可以区分材料上的原生皮色及原璞玉皮和成器后自然、人为、物理、化学不同受沁过程之间的区别。这些区别的形成以及原有天成的对比，促使我们必须首先了解玉质的构造和解理。在此笔者作一个说明，在这里主要介绍的是新疆和田玉材料所制作的古玉器。我一直劝一些玩古玉器的朋友，最好要拥有一方比较具有特征的和田玉，先从对和田玉的了解入手，那么新疆和田玉到底是怎么样的呢？这就是我把材

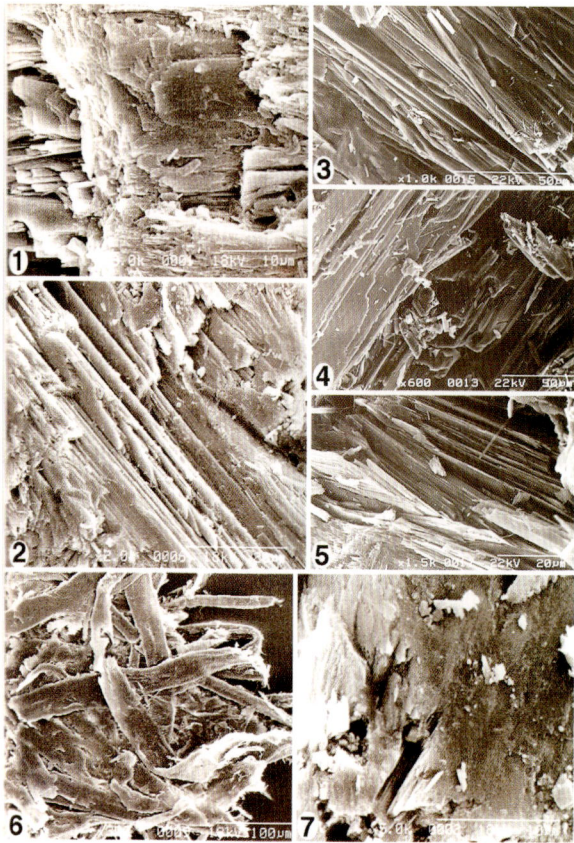

图 219 和田玉结构的显微照片

1. 显微纤维变晶结构，10×4(+)
2. 显微片状变晶结构，10×4(+)
3. 放射状（帚状）结构，10×4(+)
4. 残缕结构，10×4(+)
5. 交代冠状结构，10×4(+)
6. 和田玉敲口断面大致形貌
7. 和田玉矿物颗粒解理及断裂面形貌
8. 和田玉断裂台阶
9. 和田玉断裂裂纹

（图片来自《中国古玉鉴·制作方法与矿物鉴定》）

质放在鉴别还原的首位来讲的主要原因。

传统的和田玉出产于新疆昆仑山和阿尔金山脉，是由一种含水的"钙美硅酸"组成的单矿物集合体，属角闪石族矿物。但现在的和田玉有了泛意指称，它涵盖了所有交织纤维结构，透闪石成分在 98%，摩氏硬度在 6~6.9 之间的软玉。当前很多朋友对新疆和田玉的普遍认知为：其一是白度，其二是脂份，其三是皮色，其四是密度。笔者形象地总结为"白而润之，皮而认之"，但笔者想告诉大家对新疆和田玉应该有一个正确的认识，那就是"湿而润之，密而洁之"。湿而润

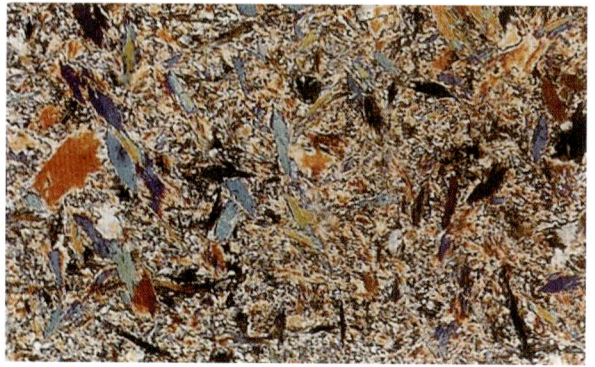

图 220 细微片状变晶结构
（图片来自《中国古玉鉴·制作方法与矿物鉴定》）

的老坑料现在已经没有了，但高密度、高纯净的玉料还是可以见到的。

1. 和田玉的物质组成

和田玉主要有针状、纤维状、柱状和毛发状的 98% 透闪石矿物组成。伴生有低于 1%~3% 的杂质矿物，他们有铬尖晶石、透辉石、绿帘石、斜黝帘石、镁橄榄石、磁铁矿、褐铁矿、磷灰石、针镍矿、白云石、石英、石墨、独居石等。和田玉矿物组分主要由三部分组成：显微纤维状透闪石、片状透闪石和杂质矿物。其中显微纤维状透闪石又可分为隐晶质部分、无定向毡状显微纤维鳞片、近平行的纤维束和放射状(帚状)纤维团等。

和田玉中的透闪石矿物粒度极其微细，矿物晶体的颗粒大小可以直接影响玉质的优劣，颗粒越大其玉质内部的杂质就可能越多。和田玉的主要结构为变晶结构，包括：毛毡状隐晶质变晶结构、显微纤维——隐晶质变晶结构、显微纤维变晶结构、显微片状——隐晶质变晶结构、显微片状变晶结构、显微放射状(帚状)变晶结构六个种类。其次还包括不常见的残缕结构和交代冠状结构。和田玉矿物颗粒虽具一定的定向性，但均不强烈，偶见颗粒具波状消光现象及塑性变形。这些均表明该变质作用应力强度是在矿物的弹性限度范围之内。另外与世界其他软玉一样，和田

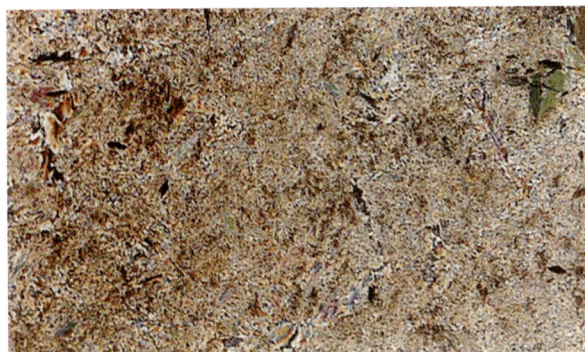

图 221 细微片状隐晶变晶结构
（图片来自《中国古玉鉴·制作方法与矿物鉴定》）

玉的组成虽然也是透闪石，但和田玉却有其独特的有序分布形式；靠近侵入岩一侧为青玉，随着氧化亚铁含量的减少，依次过渡为青白玉和白玉。这种过渡和世界其他软玉的分布有着根本区别。

和田玉内部存在的杂质矿物质对玉质颜色的形成有着直接的作用。这是因为，透闪石中镁铁之间的完全类质同象替代置换不同，导致了矿物颜色与特性的不同。

综上所述，和田玉的主要构造包括块状构造和片状构造，以块状构造较为常见。和田玉有针、柱、纤维、毛发状透闪石矿物组成，呈交织状。和田玉的透闪石成分在 98% 之间，其他杂质的多少与和田玉晶体的大小有关，并影响了玉色的形成。而高质量的和田玉（如大多数的新疆和田玉，少部分的俄罗斯、青海产的和田玉）一般呈微晶质或隐晶质。

2. 和田玉的物理性质

（1）基本物理性质

①**颜色** 软玉的颜色比较多，有白、灰白、黄、黄绿、灰绿、深绿、墨绿和黑等。软玉的颜色取决于透闪石的含量以及其中所含的杂质元素，颜色在软玉的质量评价中至关重要，同时决定软玉的品种。

②**透明度** 绝大多数为半透明至不透明，以不透明为多，极少数为透明。

③**光泽** 一般而言，软玉呈玻璃光泽，但软玉的光泽较为特殊，古人称软玉"温润而泽"，是指其光泽带有很强的油脂性，给人以滋润的感觉。这种光泽不强也不弱，既没有强光的晶莹感，也没弱光的蜡质感，使人观之舒心，摸之润洁。笔者要在这里强调的是一个"泽"字，这个"泽"一般理解为是一种光泽，那么这种光泽是怎样的呢？她就如同湖泽的水面一般，混则暗淡，清则明亮，泽光似水。这也是和田玉要在特定的自然光线下观察其玉质的奥妙所在。这也是和田玉光泽要强调"湿而润之"的由来！

④**折射率和光性** 软玉的折射率为 1.61~1.63，平均为 1.62，软玉为多矿物集合体，在正交偏光镜下没有消光。（这个问题笔者将在专门的章节中介绍）

⑤**发光性** 紫外光下软玉为荧光惰性。

⑥**光性** 透闪石矿物为二轴晶，负光性。

⑦**吸收光谱** 软玉在 498nm 和 460nm 有两条模糊的吸收带，在 509nm 有一条吸收带，某些软玉在 689nm 有双吸收带。

（2）力学特征

①**断口** 参差状

②**密度** 变化于 2.90 g/cm^3~3.10g/cm^3 之间，平均为 2.95g/cm^3。

③**硬度** 摩氏硬度为 6.0~6.5。

（3）其他物理性质

软玉对冷热变化表现为惰性，冬天摸不冰手，夏天摸不感热，因此人们喜欢贴身佩戴。

3. 和田玉的结构构造

众所周知，在世界软玉矿床中，绝大多数是产于超基性岩接触交代带的"绿色玉"，像和田

图222 新疆和田玉白玉籽料

玉这样独特成因的以"羊脂玉"为优秀代表的软玉，只在少数国家的个别地区偶尔发现，且规模较小，而无论质与量皆与新疆和田玉相差甚远。因此，研究和田玉的地质学特征和宝石学特征，对我们了解和田玉是很有意义的。

和田玉主要由透闪石矿物组成，其中羊脂白玉，质地细腻温润，被视为玉中极品。和田玉基本上是由透闪石的微晶、隐晶质集合体构成的，依据矿物组分及其表现形式，可将其分为显微纤维状透闪石、片晶透闪石和杂质矿物三个部分。显微纤维状透闪石部分占组成的占绝大多数，一般含量为80%~90%或更高。含量愈高，表现在标本上为结构愈致密均一。显微纤维状透闪石依据其形态和大小，又可分为隐晶质部分、无定向毡状显微纤维鳞片、近平行的纤维束以及放射状（帚状）纤维团等。

无定向毡状显微纤维鳞片：由不定向透闪石显微纤维杂乱交织成的集合体，大小在显微镜下不可测，但形态可以依据消光现象大致分清。

近平行的纤维束：透闪石纤维沿长轴近似地平行排列，消光方向平行于纤维延长方向。

放射状（帚状）纤维：团簇状纤维透闪石呈放射状分布，具微弱的波状消光现象。

和田玉内部纹理所特有的显微结构宏观表现为特殊的内部纹理，具有鉴别意义。用强光电筒从侧面照射，肉眼即可发现内部纹理的存在。

4. 和田玉的分类

我们一般将和田玉原料分为山料、山流水料、籽料、戈壁料四种类型。山料：指从玉原生矿脉中开采出来的玉料。一般棱角分明、裂纹较多、质地较差。山流水料：原生矿脉出露地表后经受一定程度的物理风化作用而自然崩落，后经冰川、季节性洪水等搬运一定距离，有一定的分选但不彻底。山流水料不像山料那样棱角分明，有一定的磨圆度，质地一般比山料好。籽料：原生矿脉中的玉料经河流长距离搬运、分选，质地相对疏松、多裂的部分被逐渐磨去，变为磨圆度好、裂少的小块玉料，这种料称为"籽料"。籽料大多有褐黄、褐红或黑色外皮。戈壁料：一种在沙化的大漠中生存的玉料，一般戈壁料油性都比较重，表面有长期风沙肆虐形成的波形坑洼表现，密度相对比较致密。

（1）山料

山料又称"山玉""碴子玉"，古代叫"宝盖玉"，指产于山上的原生玉矿。山料的特点是块度大小不一，呈棱角状，表面粗糙，断口参差不齐，玉石内部质量难以把握，质地常不如籽玉。但山料是各种玉料的母源，同时也是玉石的主要来源，不同的玉石品种都有山料，如白玉山料，青白玉山料等。要注意的是山料中的玉疙瘩是十分优秀的玉料，它完全可以和籽料媲美，这是其一。其二要注意山料的开采方法，如去年贵州罗甸发现和田玉软玉矿带后，使用炸药采矿致使玉石内部结构破坏，形成大量暗绺，就是一个范例。真正采玉应该完全是人工工具采挖的，这样的采挖方式不会对玉质造成破坏。

（2）山流水

山流水名称是按其出现特征而命名的。它是一个很富有诗意的名称，即指原生玉矿石经风化崩落，并经洪水冲刷搬运至河流中上游的玉石。

山流水的特点是玉石的棱角稍有磨圆，地质学称为"次棱角状"，距原生矿源距离较近，表面较光滑。

（3）籽料

籽料又名"籽玉"或"籽儿玉"，是指原生玉矿被流水冲刷搬运到河流中被"磨圆"的玉石。它分布于现代或古代河床及河流冲积滩和阶地中，玉石露于地表或埋于地下。籽玉的特点是形态为卵石形，一般块度较小，表面光滑，因为经河水长距离和长期的搬运、冲刷、磨蚀，保留了玉石中最为致密坚硬的部分，所以籽玉一般质量较好，内部质量容易把握，成材率很高。籽玉和山料一样有各种不同的颜色和质地，主要产于昆仑山水量较大的几条河流，如玉龙喀什河、喀拉喀什和河、叶尔羌河和克里雅河以及这些河流附近的古代河床、冲击滩涂及河床阶地中。

（4）戈壁玉

戈壁玉，是玉石在戈壁滩上经千百万年的风吹雨打风化形成的，表面凹凸不平却油亮光润，

也是很奇异又有特色的玉石原料。戈壁玉的皮壳是分类的依据，它们可以分为柚子皮、橘子皮和鱼子皮。它们的皮壳反映依次是由粗到细，柚子皮最粗，鱼子皮最细，橘子皮居中。通常柚子皮和橘子皮的戈壁玉其皮壳下的内在质地稀松且带有明显的玉花，而鱼子皮下的玉质相对于另两种是最为细腻的。戈壁玉包括了其他玉系中的所有颜色，这点很大程度上是因为戈壁玉的形成初期是"泊来"的。戈壁玉的颜色中以青色、青黄色、

图 225 新疆和田青白玉籽料

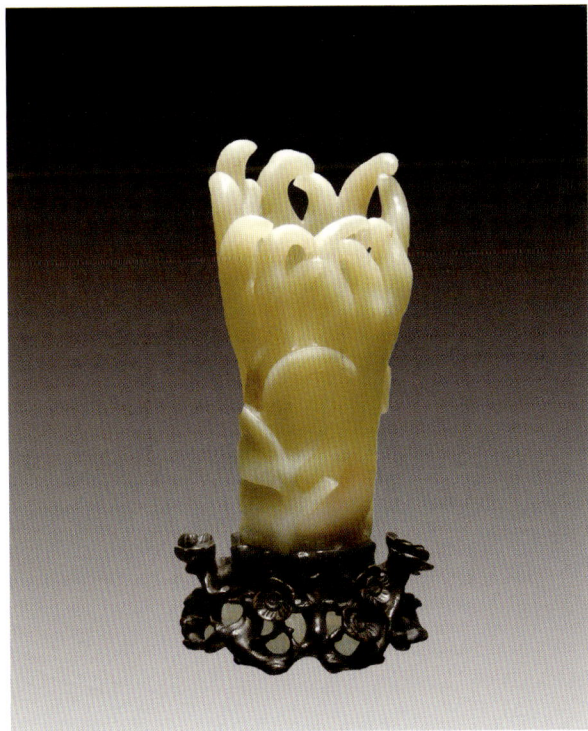

图 223 新疆和田黄玉佛手花插
北京故宫收藏

图 224 新疆和田玉青玉籽料

图 226.1 新疆和田玉墨玉籽料

图 227 新疆和田青花玉

图 226.2 这就是图 226.1 所见墨玉的强光透视成像，反映的白玉地张表现。

图 229 新疆和田碧玉 扳指
台北故宫博物院收藏

图 228 新疆和田玉
1. 糖玉 2. 糖白玉

黄色和糖色居多，另外也有深碧色、黑色和白色，更为稀有的是多种颜色共生在一块玉中。综合玉质和颜色，以鱼子皮的白色戈壁玉及多色戈壁玉最为名贵。

根据笔者多年对和田玉的研究和在新疆的实地考察，本人感到无论是山料、籽料、山流水、戈壁玉绝大部分应该都是由玉矿母体所原生的绺裂处剥离的。山料由于是人为地将玉料从母体剥离，故材料的绺裂呈通天入地的贯穿状，玉质较为疏松。山流水由于已自然脱离母矿经过了数以千万年的互相撞击，水的冲刷和地质以及大自然的气候影响，大自然已对相对比较疏松的部分进行了自然的提炼，留下的玉块往往比较致密。籽料在山流水的基础上更是进行了天裂地变的历练，留下的是脱离母矿后最好的精髓，这种精髓实际上就是概念中的石疙瘩，就和木材中的木结一样，呈绞丝，纹理随形而走，质地极为致密。戈壁玉由于河床的改道，形成的自然条件改变致使玉料通过了水的冲刷和风沙的二次加工,大自然已对相对比较疏松的部分进行了自然的剔除和提炼,留下的玉块往往是精华部分。故其表面受到的侵蚀与籽料形成迥然不同,其反映在视觉上的效果也就不同。

笔者在以上的论述是一种较为普遍通俗的,但对真正的籽料、山流水、戈壁料的形成笔者有着自己的看法,在此暂不多叙,在以后的系列丛书《妙别玉声》中会有重点介绍。那么为什么要在这里重复讲这个话题呢?因为笔者感到这和鉴定和田玉古玉有着密不可分的因果关系。

和田玉从颜色分,主要有白玉、黄玉、墨玉、青玉、糖玉、碧玉、青白玉七种。由于大家对和田玉颜色的分类一般都比较清楚,故在此笔者仅用相片略作介绍。

墨玉分碧玉地张和白玉地张两种,碧玉地张用强光探视可见玉质在灯光的折射下呈碧绿色,并有分布不均匀的黑色小墨点。白玉地张难得一见,表面黑如墨,亮如漆,但强光灯探视可见白色温润可人。图226.1就是一枚本人收藏的白玉地张墨玉籽料。

5. 和田玉的地质表现及资源概况

和田玉分布形成于特定的地域和特殊矿床之中。据新疆维吾尔自治区1999年制定的和田玉标准(DB65—035—1999),和田玉是指:产于新疆境内,昆仑山至阿尔金山一带的成因特殊的以透闪石为主的玉石。具体分布在塔里木板块公格尔中央隆起带、桑株塔格中央隆起带、柳什塔格中央隆起带、阿尔金断隆带。和田玉矿床一般位于海拔3300米至4600米,故其分布有"两头一中间"之说。即西头以莎车、叶城为代表,东头以且末、若羌为代表,中间以和田、于田为代表,中间最为有名,成因类型为接触交代型。

(1)和田玉基本地质表现特征

和田玉形成于2.5亿年前的华力西期,特别是华力西中晚期,围岩主要为中元古界长城系(距今17亿—14亿年)和蓟县系(距今14亿—10亿年)中的镁质大理岩。一般来说,围岩越纯越白,容易形成白玉并且质量也越好;围岩中含铁多容易成青玉;含炭多产生墨玉;围岩含锰、钛多色灰暗;含镍、铬色翠绿。

对和田玉形成有利的侵入岩是花岗岩、闪长岩的过渡岩类,一般来说,花岗岩、花岗闪长岩、石英闪长岩易形成白玉和青白玉,闪长岩易形成青玉。靠近岩体边缘和田玉颜色越深,远离岩体边缘则颜色越浅。和田玉多在断裂构造带上或附近,特别是在构造带的上部,有纽形的特征。和田玉形成时的温度为300℃~450℃,压力为0.2千巴至1千巴。

(2)各区段和田玉特征及资源量概况

西部

从塔什库尔干县大同玉矿经密尔岱到叶城县西河乡,矿化带断断续续地露出地表约长70公里。单个和田玉矿床矿化带一般宽3米~5米,矿脉厚0.1米~0.6米,矿化带最长约100多米,单矿脉长1.4~1.8米。玉石以青玉、青白玉为主,有少量白玉。叶城县西河休,主要以糖青白为主,玉石工艺性较好。按东西向每隔2公里就有一个和田玉矿点推算,在70公里长度范围内有35个和田玉矿点,每个和田玉矿点平均按1000吨计算,则该区和田玉资源约为3.5万吨。

中部和田地区

从皮山县的赛图拉至于田县的叶黑浪沟,和田玉山料矿化带断续出露长约450公里,和田玉山料主要分布在于田县、和田县,皮山县和策勒县也有分布。如于田县的阿拉玛斯、赛底库拉木、哈尼拉克、其汗可、叶黑浪沟等，和田县普什至黑山一带、奥米峡等地。和田玉矿脉一般长10米~50米，厚0.3米~0.8米，玉石主要以白玉和青白玉为主；皮山县主要分布在新藏公路219国道以北赛图拉至康西瓦一带，矿化带带长20米~200米，宽0.3米~1.5米，多为青玉和青白玉，结构较粗大；策勒县也有分布，主要在乌鲁克萨

依大队以东的阿克白乃克山，以青白玉为主，质量总体较差。籽料主要分布在洛浦县、和田县的玉龙喀什河及其古老河床阶地上，有羊脂白玉产出；墨玉县也有分布，主要在喀拉喀什河出山口普基至秃斯阿克其的阶地上；山流水主要分布在玉龙喀什河上。依存于游汗也依拉克及木孜塔格冰山以北的河道中或冰积物中；戈壁玉主要分布

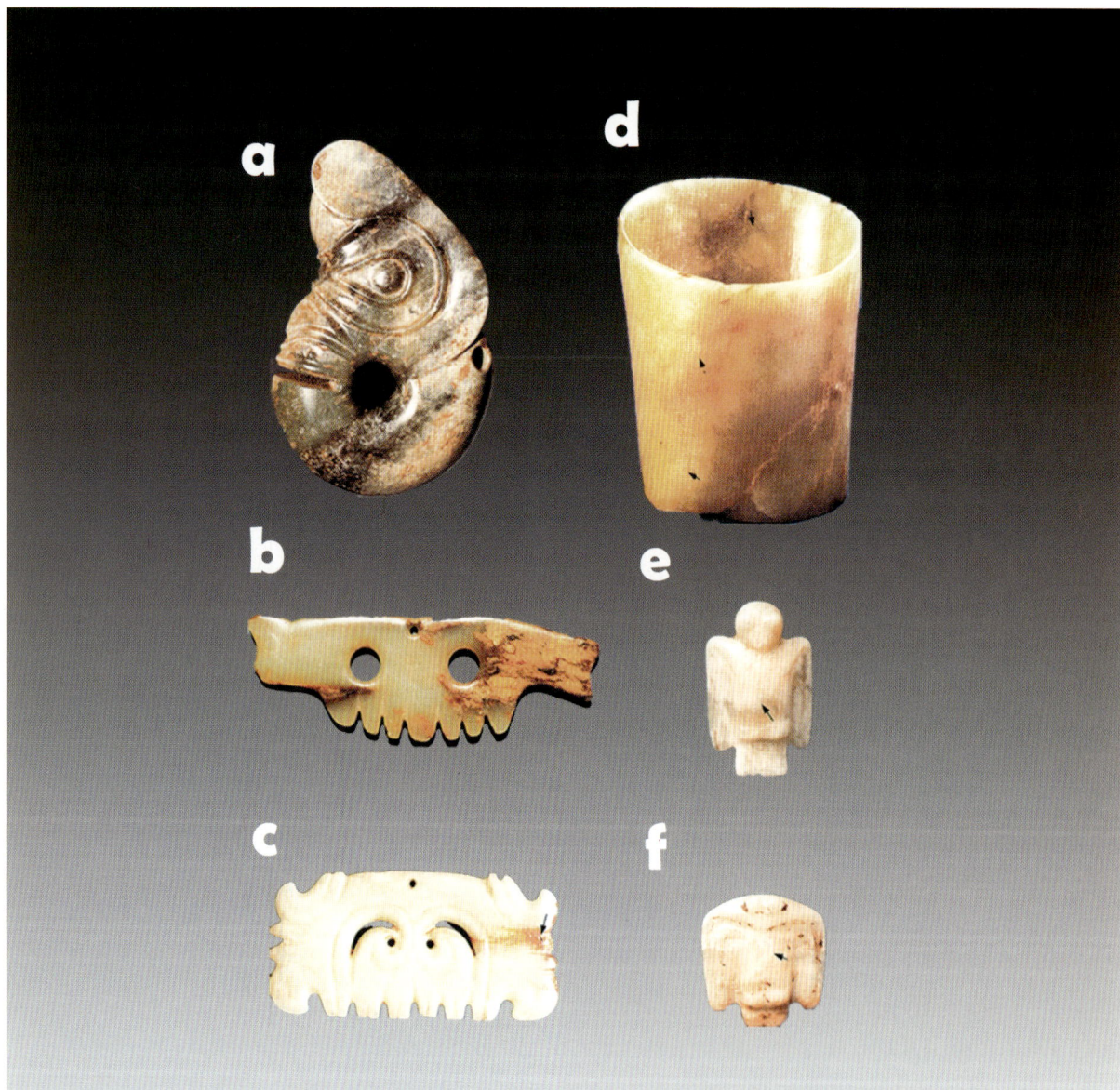

图230 部分玉质岩理的肌理构造细解图
a. 玉猪龙自右上方至下左方呈平行带状，为沉积层理构造
b. 双兽纹佩由风化侵蚀所形成的层理结构
c. 云纹佩自左向右显示了深色条纹，为原生沉积层理构造。箭头所指可以清晰看到受差异风化和蚀孔
d. 马蹄形器箭头所指可以看到圆砾状之内的碎屑
e、f. 青白玉玉鸮箭头所指可见风化后产生的藻类纹结合团块构造组成表现。

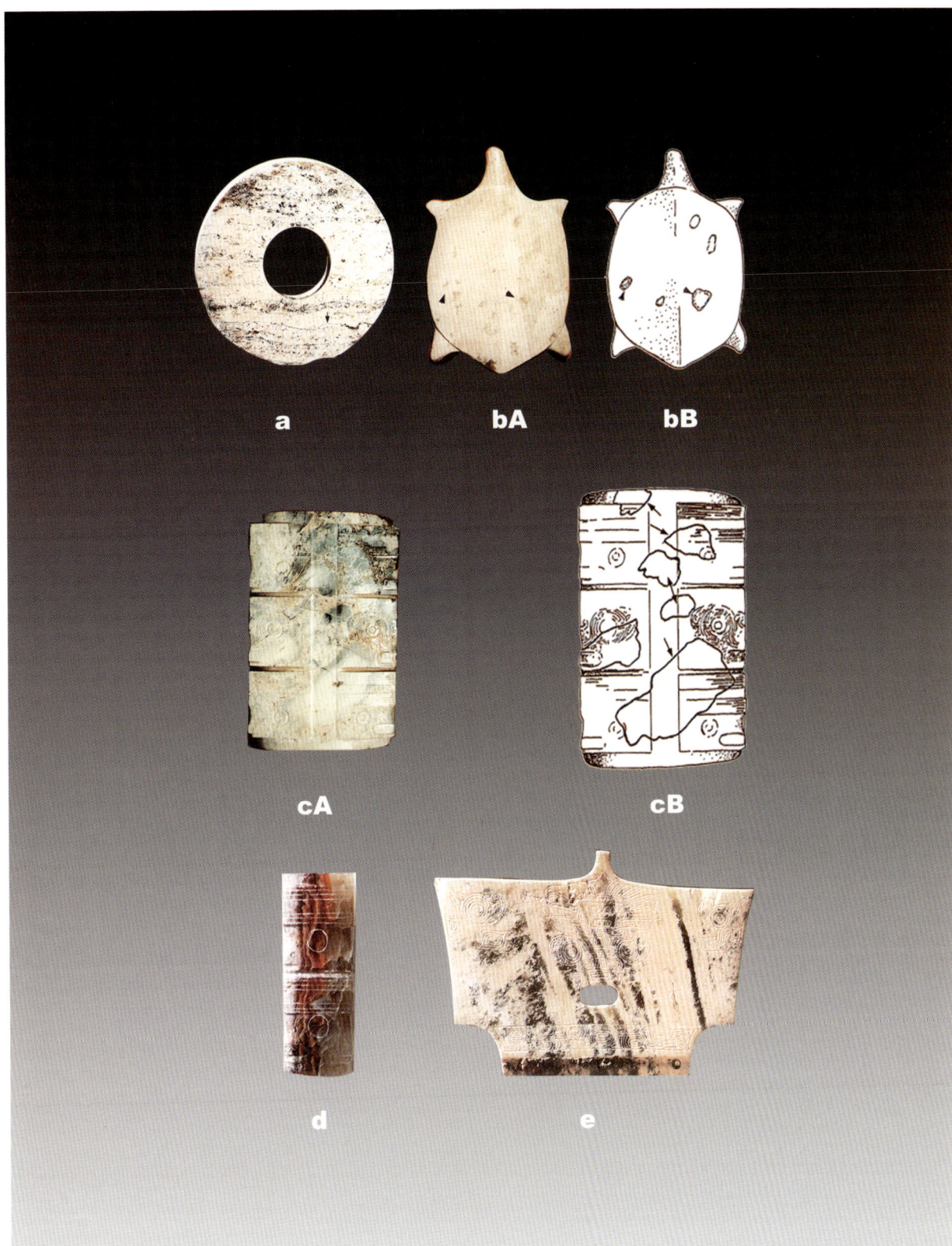

图 231 部分良渚文化所保留的沉积岩理与构造细解图

a. 平行的黑白间隔纹理是平行的纹层岩理，箭头所指的是微小缝合线构造

B b. 其中箭头所指处在龟的背部，可以见到多出包裹粒岩理

CA、CB. 玉琮上由风化造成的腐蚀斑和角砾岩构造清晰可见

A 图箭头所指为缝合线构造

d. 玉管的纹理开片以及经差异风化后形成的褐红色相间平行的纹理岩层

e. 冠形器青玉白化后显示的平行层理构造明显可见

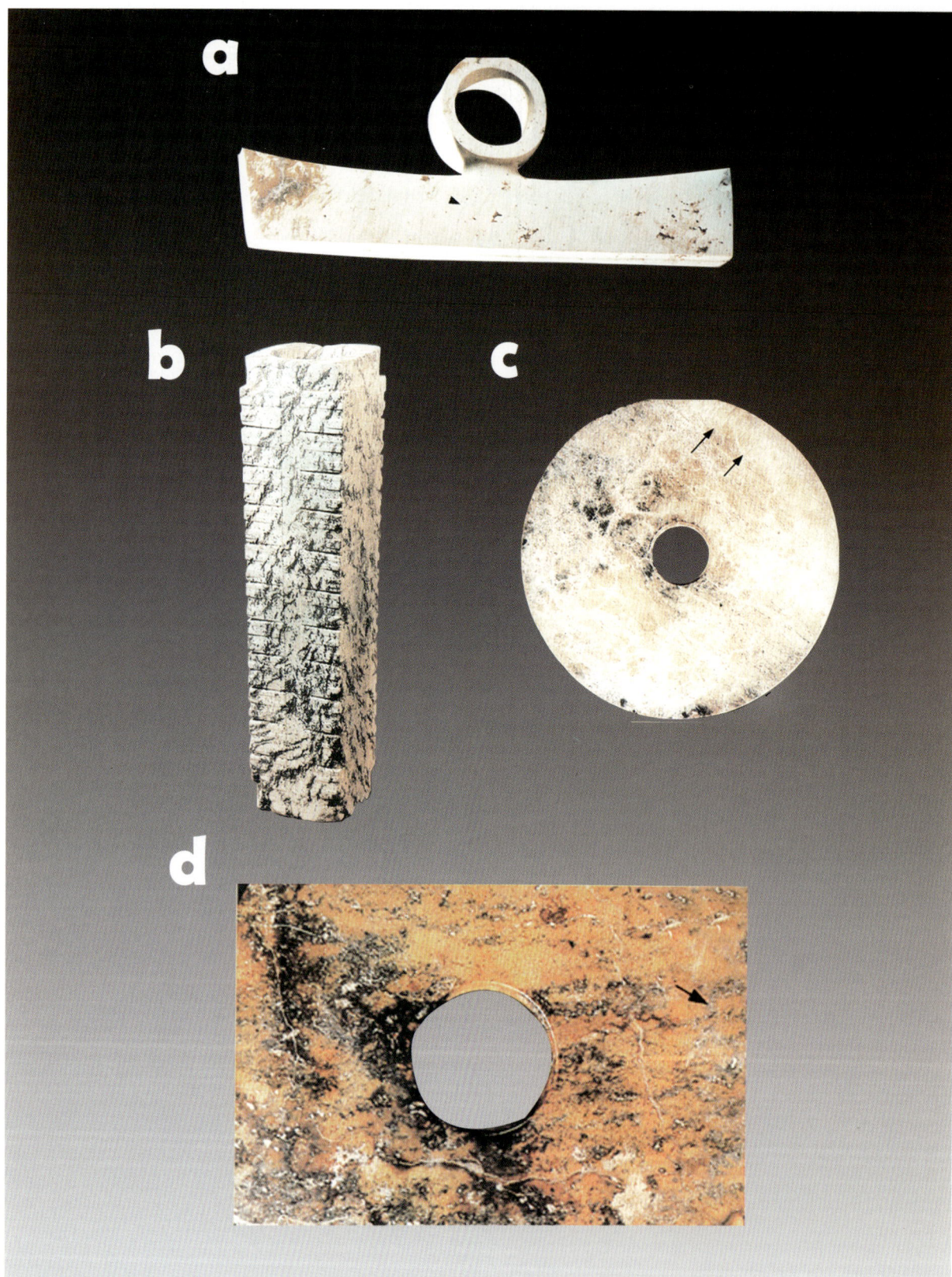

图 232　部分良渚文化所保留的沉积岩理与构造细解图

a. 柄形器表面呈细波浪形细纹层理

b. 玉琮表面风化受沁造成的层理结构

c. 玉璧上箭头所指的是细微岩脉岩理的层理结构

d. 玉璧局部放大观察到的因风化受沁形成的水平波浪状层理。

图 233　良渚文化玉器所保留的不同疙瘩状岩理图
a. 玉冠状饰器物表面的水平疙瘩状岩理（上海福泉山 60 号墓出土）
b. 圆柱形器表面的疙瘩状岩理（江苏吴县张陵山出土）
c. 玉琮表面的疙瘩状岩理
d. 玉管因受沁变成红褐色，局部白化而显示出来的疙瘩状岩理
e. 玉钺风化受沁形成的红褐色和黑斑以及局部白化所形成的原生疙瘩状岩理

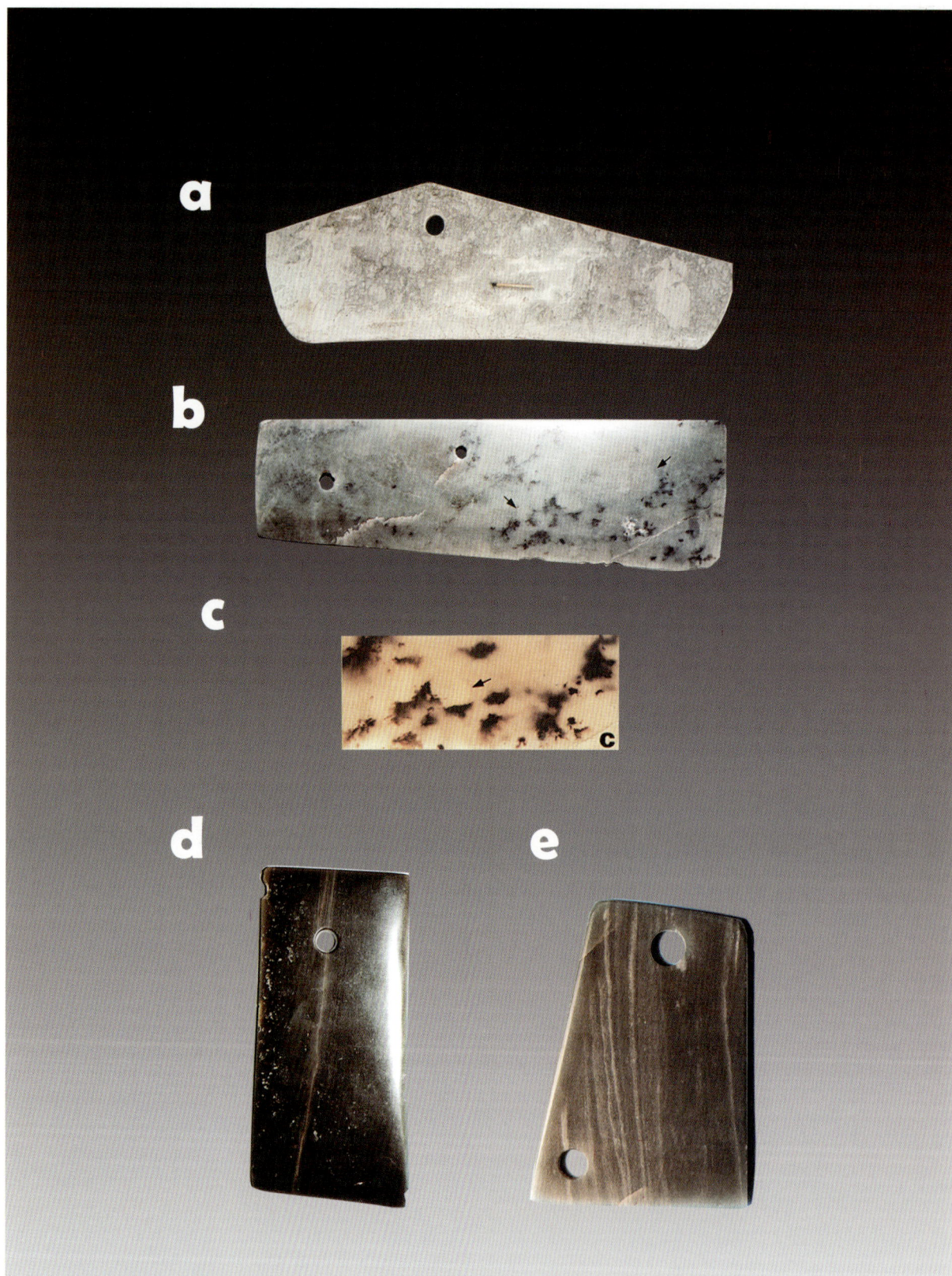

图234 部分齐家文化所保留的沉积岩理与构造细解图

a. 齐家文化玉器表面主要特征为内碎屑构造，其重点是角砾和少数圆砾

b. 二孔刀局部因风化形成不规则黑斑点纹，有内碎屑，主要成分是圆砾

c. 二孔刀局部放大后的呈现

d. 箭头所指是玉铲中间部分清晰的层理构造

e. 二孔玉斧可观察到清晰的绿白相间层理构造

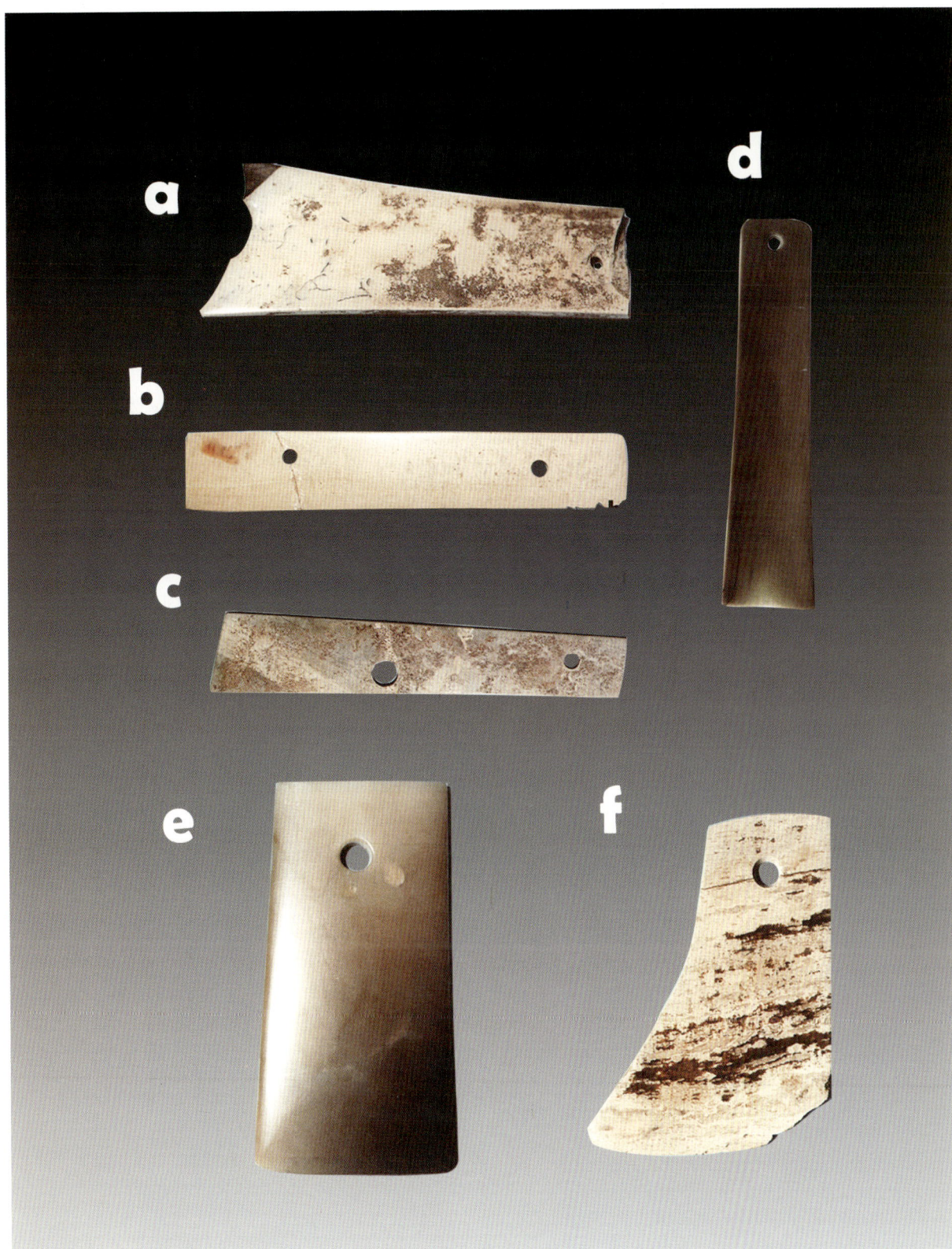

图 235 部分齐家文化所保留的沉积岩理与构造细解图

a. 玉璋表面的藻类纹层构造及黑色虫蚁状斑点

b. 二孔刀表面极其细腻的藻类纹生长层

c. 二孔刀平行藻类纹层岩理表现形式

d. 玉圭的微小缝合线构造表现

e. 这件玉器玉质结构相当致密、均匀、细腻

f. 玉斜刃斧局部可以看见因风化受沁形成褐色与白色相间的层理构造。

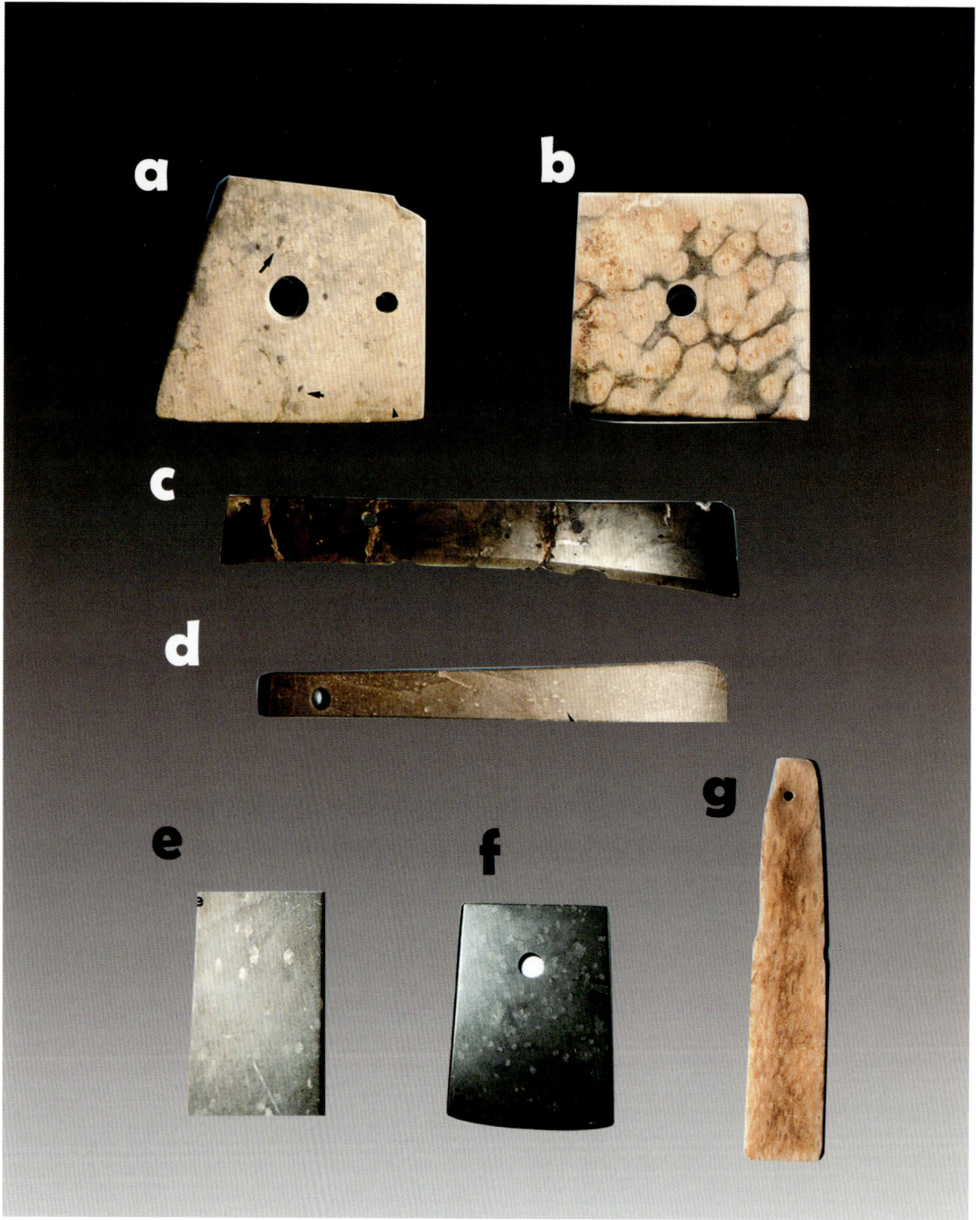

图236 部分齐家文化所保留的沉积岩理与构造细解图

a. 箭头所指的是藻包裹粒岩理与团块构造

b. 玉器表面保留下来的珊瑚化石以及外围的藻包裹痕迹

c. 这件二孔刀表面留有不规则团块构造

d、e、f. 这几件器物表面白色椭圆形痕迹是管孔构造的表现

g. 圆棒状中的藻包裹岩理表现。

图230至图236及注解文字，来源于钱宪和、谭立平编著《中国古玉鉴·制作方法与矿物鉴定》。

在策勒县。

和田地区山料资源量估算情况，按东西向每隔2公里就有一个和田玉矿点推算，在450公里长度范围内有225个和田玉矿点，每个和田玉矿点平均按500吨计算，则该区和田玉资源量约为11.25万吨。

籽料资源量按每立方米砂砾石含和田玉20克计算，在长度50公里，宽度约3公里的玉龙喀什河主要出玉地段，开采深度平均5米，估算约15万吨，减去已开采量13万吨，估计还有2万吨。戈壁玉按策勒县主要出产地长30公里，宽30公里，即900平方公里计算，含量也按每立方米含和田玉20克计算，采深按3米计算，估算有5.4万吨。山流水的和田玉资源量没有任何相关调查，资源量暂不估算。

东部且末县至若羌县

和田玉矿化带断续出露长220千米，估计和田玉矿点110个，每个矿点和田玉资源量按500吨计算，则该区资源量约为5.5万吨。且末县主要分布在哈达里克河、塔特里克苏、塔什赛音等地，若羌县主要分布于库如克萨依至里山一带。矿床矿脉一般长10米~40米，矿脉厚0.1米~2.6米，且末县多以青白玉及糖玉为主，若羌县外山以糖包白为代表，里山以黄玉为代表。

笔者为什么要一再强调首先必须了解和田玉，因为玉质岩理的肌理构造是原生的有力证据，不可改变。针对这一特征对鉴赏古玉可以起到很好的辅助作用。如果大家已经仔细看了上面的部分，那么您可以再看看下面的图片，可能对您带来益处。

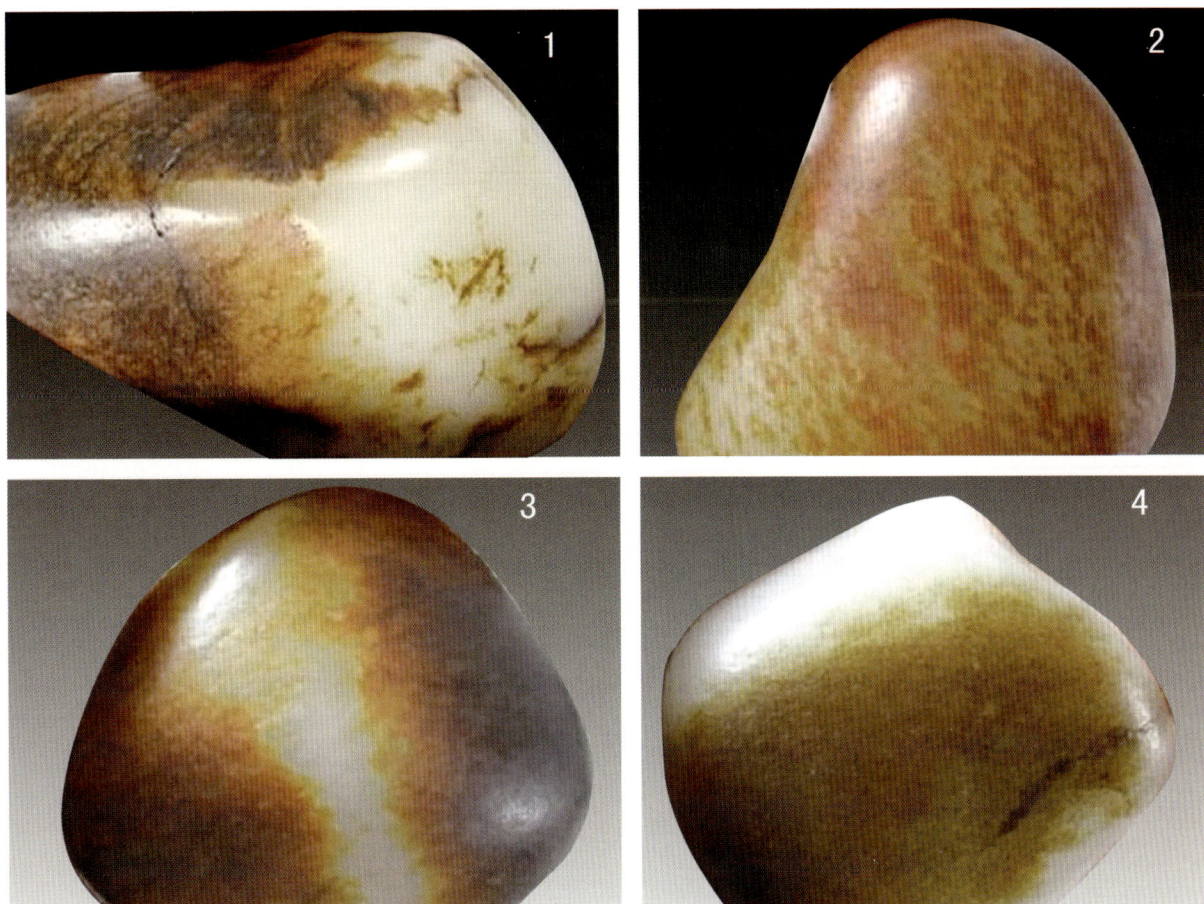

图 237 新疆和田玉皮色辨别解图

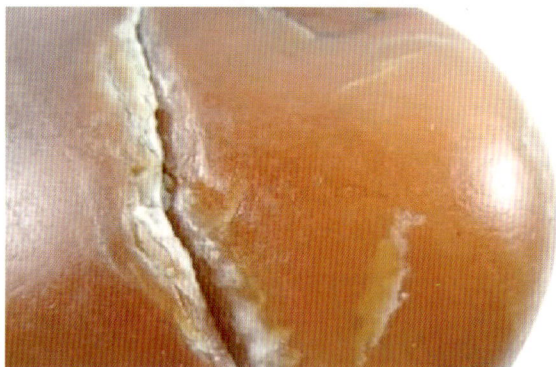

图 238 和田玉籽料绺裂处皮沁解图

图 239 和田玉籽料假皮

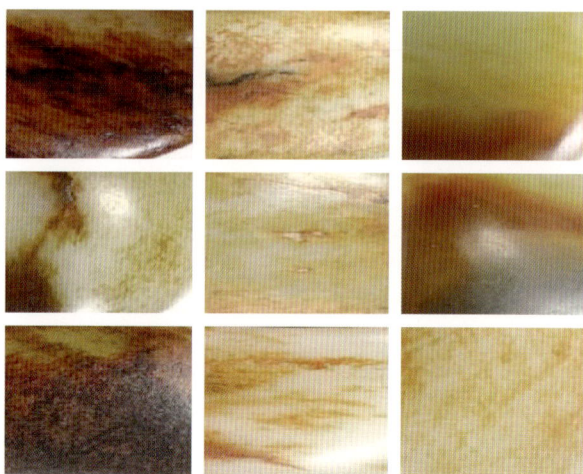

图 241 和田玉籽料精制假皮图解

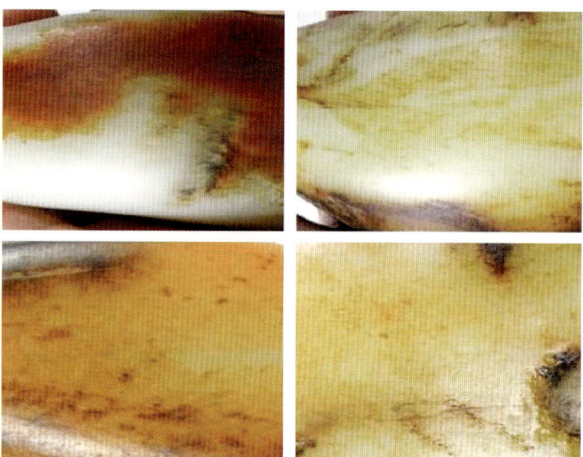

图 240 和田玉籽料加强皮图解

6. 和田玉籽料的真假皮色辨别

当今形形色色多种多样的假皮，使人眼花缭乱真伪难辨，这使初学者要区别真假皮色的确是有相当的难度。做得好的皮色就是玩了多年籽料的人也难免会有看走眼的时候。相对明显的真皮子给人直观的感觉是附着在玉料表面，浅浅的一层，相反有些给人直观是经过浸泡之后渗到肉里的，那就有了一种假的感觉。每种皮色要多角度地加以观察考虑，还必须仔细观察有裂口及裂纹的地方，是否有着类似于山水画一样渗开的感觉，如有这种感觉，再仔细地考虑一下这块料的皮色是否活，死皮最好不要去碰。皮色的真假，我认为还是要多看实物，在实际中体会。

从图 237.1、237.2 来看，明显的真皮色给人直观的感觉，真皮色是附着在玉料表面的。反之，如果感觉皮色是经过浸泡之后渗到肉里的，这时就要多加考虑。还要仔细观察皮色上裂口及裂纹，是否有类似山水画渗开的感觉，如有，也要仔细考虑这块料皮色的真伪。至于皮色的真假，还是要多看实物。

皮色的颜色是很协调的，在同一块料上就可能有不同颜色相互和谐地存在。人工做皮不可能形成这种色泽非一致的和谐色调，这也是我们所说的明眼料，但这种料的价格，包括很小的料，其价格也是不菲。再者是产在玉龙河的老河床的和田玉籽料，这个地段的籽料皮子除了黑皮还有红皮和其他各种颜色，这种籽料看上去虽

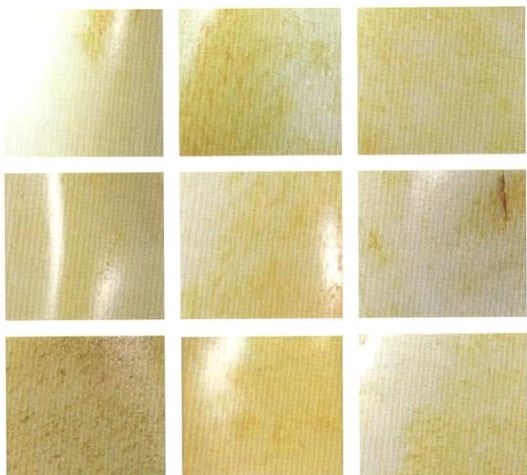

图 242 和田玉籽料真假难辨的皮图解

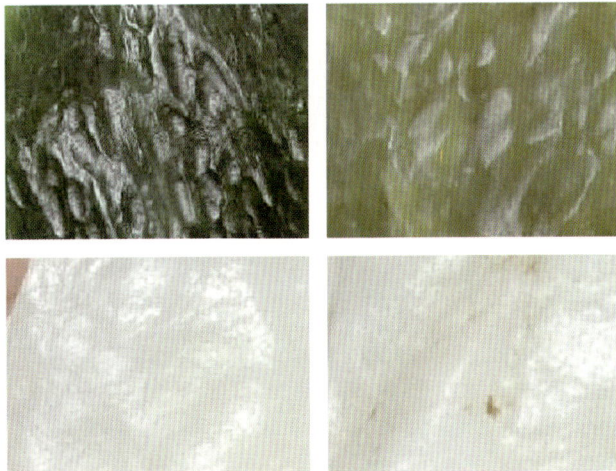

图 243 和田玉戈壁玉的真假之分图解

然皮色很漂亮，但总给人一种有点浮的感觉（图237.3）。新河床（现在的玉龙河）的皮色看上去就不是那么沉稳了（图237.4）。根据不同的皮子还可以大约判断出和田玉籽料的产地河段，当然我所说的只是特征比较明显的料。至于有许多皮子特征不是很明显的籽料，在把握不准的情况下最好先不要去碰它，因为我感到您也没有必要打这个赌，因为这样赌会很不划算。

如图238（上）所示，从裂纹处可清楚地看到真皮的皮色是如何过渡的。做这种皮色是高难度的，几乎不可能，很明显这种皮色的料是出自新河床。从图238（下）可以看到，皮色已深深地浸入玉的内部，从裂缝处即可看出，这也不需要什么经验，肉眼就可看出。

我们再来看一下假皮子（如图239所示）。这种皮色给人的感觉很不舒服，皮色的过渡很不自然。这种皮色看多了，一般都能分辨出来，遇到这种皮子的料子您最好不要去碰，做皮的染色剂有毒！

图240的这几块料是二皮子，原本料上带有一些皮色，但人为加上了一层假皮。图240下面两图，原石籽料本身是白肉带黑点，但加上皮色之后，变成了红皮下的黑点，给人的感觉很真，实为假皮一种，这种皮色可以蒙不少的行家。

图241所见的这块料为高档料，皮色很漂亮，但这也是中间透肉，两头带皮的假皮料。皮色的色调完全一样，制作手法上稍微复杂一点。这种皮色在做好之后，要有人工的长期盘玩过程，才能形成现在的这种皮色，该料用肉眼是真假难分的，而且价格极高。首先这种料从形状、料形、润度上都还算很不错，但错就错在了皮色上。

再看看这些不真不假的皮（图242），这种皮色也是我们最常见的假皮色。这种假皮盘玩的时间久了，皮色也就越来越淡，变得真假难分。假皮、真皮，在收藏上我们不应该一律排斥假皮。毕竟我们要的是料形好、肉质佳的玉料。而对于那些皮色很淡的籽料，可以对皮色采取不用计较的办法来对待。只要密度高、料形好、颜色正、脂润肥，也是很值得收的料。但如果您是玩皮的话，可以这么说，这种皮色95%为假皮。如果您想赌剩下的5%，也可以试试呀。

下面我们再看一下戈壁料（图243），图片上面两张为人工做的假戈壁料，仔细看有人工加工留下的琢痕。下面的两张图为真戈壁料，不过还是要仔细地多实物，实物在手会更清楚一点。

这里必须说明的是，无论是假皮、假籽料，还是假戈壁料，在形式、方式或方法上做假的程度都会不同，在实践过程中假的会以各种不同姿

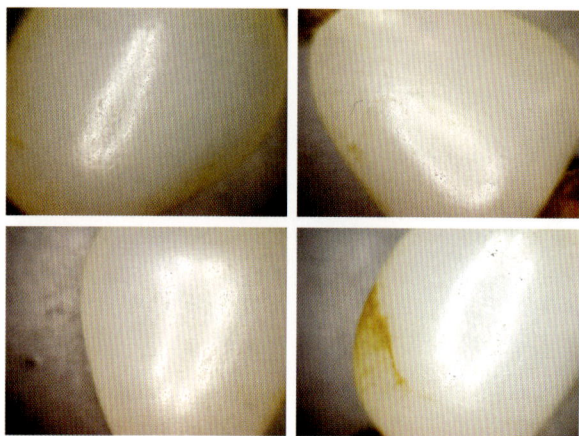

图 244 新疆和田玉籽料表面放大像

态和形式悄然跃出。所以必须强调要多看实物或细图，从中找到人为痕迹，再来慢慢地领会，积累经验，且不可操之过急。

籽料的"皮"和"汗毛孔"是成玉后次生的，是由于地质、气候的变化，在漫长的"睡眠"中受到周围物质环境的侵蚀，其表面质地松软的部位和侵蚀受伤裂痕处慢慢长出了"皮"色和"汗毛孔"。皮是一些金属元素的侵蚀融入形成的，而"汗毛孔"也是长期冲刷和侵蚀导致的，它分粗细两种，这些都是大自然的鬼斧神工留下的痕迹。

天然的皮色在放大镜下的效果图244。

质名称	特 征	形成变化特征
铬尖晶石	与橄榄石共生，晶体呈细小的八面体，通常呈粒状和致密块状集合体，颜色黑色，条痕褐色，半金属 光泽，摩氏硬度5.5，相对密度4.2~4.8，具弱磁性。	形成新玉、古玉中的黑斑点
透辉石	柱状、针状晶体，白色、灰色、灰绿浅绿至绿，摩氏硬度5.5~6。相对密度3.22~3.56。致密、强化玉质的吸水率和抗弯强度。	在古玉中是透闪石矿物失去水分所变成的产物
绿帘石	晶体呈柱状，柱面有条纹，集合体常呈粒状。颜色呈各种不同色调的草绿色，随铁含量的增加颜色变深，玻璃光泽，一组完全解理。摩氏硬度6~6.5，相对密度3.38~3.49，随铁含量的增加而增大。	新玉中的碧玉
斜黝帘石	斜方晶系、单斜晶系，肉眼下鉴定特征：呈浅灰色或灰绿色，其他特征与绿帘石相近。摩氏硬度6~7，相对密度3.35	可能致使玉质闪灰或闪青
镁橄榄石	颜色较浅，甚至可为无色或白色，淡黄色、淡绿色，随成分中 Fe^{2+} 含量的增高，颜色加深而成深黄色至墨绿色或者黑色，玻璃光泽，透明至半透明，解理 {010} 中等；常见贝壳状断口。摩氏硬度6.5~7。相对密度随 Fe^{2+} 含量的增加而增高（3.2~4.37）。晶体呈柱状或厚板状。但完好晶形者少见，一般呈不规则他形晶粒状集合体。	具有耐高温、抗浸蚀、化学稳定性好等优点，这为和田玉玉质的稳定起到了一定作用
磁铁矿	晶体呈八面体、十二面体。晶面有条纹，多为粒块状集合体。铁黑色，或具暗蓝靛色。条痕黑，半金属光泽，不透明。无解理。断口不平坦。摩氏硬度5.5~6.5，密度5.16 g/cm³~5.18g/cm³，相对密度4.8~5.3，具强磁性，性脆，无臭，无味。	中医认为有镇静安神的功效。并有抵抗风化的能力，氧化后变为赤铁矿或褐铁矿。次生形成褐色铁沁。

褐铁矿	以含水氧化铁为主要成分，褐色的天然多矿物混合物。但它的含铁量并不高，是次要的铁矿石。褐铁矿呈多种色调的褐色，一般为钟乳状、葡萄状、致密或疏松的块状甚至土状，也有像黄铁矿那样的晶体形状（称为假象）。	形成褐色铁沁
磷灰石	磷酸盐矿物的总称，呈浅绿、黄绿、褐红等色，玻璃光泽。具不完全解理，断口不平坦。摩氏硬度 5，相对密度 3.18 ~ 3.21。	
针镍矿	镍的硫化物矿物，它呈浅黄色针状晶体，甚至像毛发一样。产于碳酸盐矿中，也可以由其他镍矿物变成火山物质升华而成。摩氏硬度 3~3.5，相对密度 5.2 ~5.6，颜色呈浅黄色或金色。	
白云石	主要是由碳酸钙与碳酸镁所组成的矿物的比例大致为 1：1，具有完整的解理以及菱面结晶。颜色多为白色、灰色、肉色、无色、绿色、棕色、黑色、暗粉红色等，透明至半透明，具有玻璃光泽，摩氏硬度 3.5~4，相对密度 2.85~2.9。	玉质石化过程中释放的 Ni、Cr、Co、V 等铁族金属起到催化剂的作用。
石英	外观常呈白色、乳白色、灰白半透明状态，摩氏硬度 7，断面具有玻璃光泽或脂肪光泽，相对密度因晶形而异，变动于 2.22~2.65 之间。跟普通砂子、水晶是"同出娘胎"的一种物质。当二氧化硅结晶完美时就是水晶；二氧化硅胶化脱水后就是玛瑙，二氧化硅含水的胶体凝固后就成为蛋白石；二氧化硅晶粒小于几微米时，就组成玉髓、燧石、次生石英岩。	致使玉质增加抗磨性和硬度，增加油脂光泽。
石墨	碳质元素结晶矿物，它的结晶格架为六边形层状结构。属六方晶系，具完整的层状解理。解理面以分子键为主，对分子吸引力较弱，其天然可浮性很好。	形成墨玉，增加玉质温润，脂份。
独居石	属单斜晶系，单晶体呈板状或似楔形，或各向等长状。浅黄色至浅红褐色。强玻璃光泽或松脂光泽至蜡状光泽，微透明至透明。摩氏硬度 5~5.5，相对密度 4.9~5.5。	

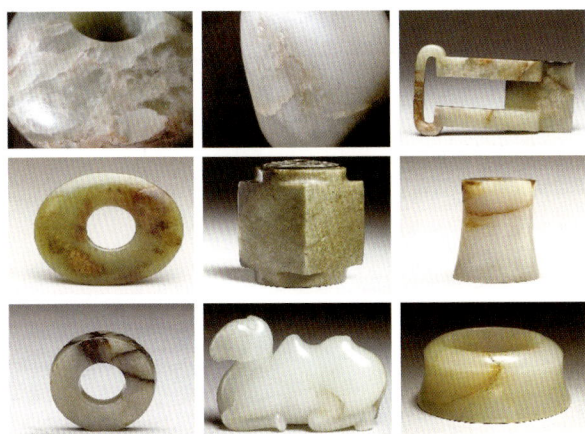

图 245 玉质在应力起到变化后形成的弧形绺裂在玉器上的表现成像

7. 和田玉围岩、成分杂质、玉色、玉质变化的对应关系

由于新疆和田玉的特殊结构，致使它虽然具有一定的走向，但其表现形式是不强烈的，这种应力的变化和裂变，与混凝土承载过重时形成的裂变和延伸有着很多相仿之处，这种表现为鱼鳞状的片状绺裂及延伸就是玉质韧性的表现。故大多数和田玉籽料表面的绺裂都呈半圆弧度，优质玉料表现尤为突出。和田玉矿靠近侵入一侧岩石

的一般是青玉，随着氧化亚铁的逐步递减依次为青白玉、白玉。一般高品质的白玉离围岩有一定的距离，质地紧密呈微晶或隐晶质，而无定向毡状纤维（交织纤维结构）鳞片在演变过程中的表象，会在古玉的皮壳上有所反映。

那么和田玉所含杂质有多少种类呢？它们又会促使和田玉发生什么样的变化呢？我在下面做了一个表格，仅供大家参考：

从图245可以清楚地看到，由于玉质受到诸多原因而造成了应力发生变化时，一部分古玉器表面绺裂都会呈半圆弧度的情况成像资料。其中图中第一排中间的成像是和田籽料，它在没有成器前也会发生呈弧度的绺裂情况，这些绺裂的出现均与外应力或内应力的变化有关。

以上是我对和田玉所了解的一些心得，也着重进行了比较详尽的介绍，并且对和田玉各种不同材料的性质进行了叙述。为什么单独提和田玉而不谈独玉和岫玉呢？讲句老实话，我对岫玉和独玉的认识还比较肤浅，故不敢在此妄加评说。再者，广大新玉、古玉爱好者对和田玉是十分青睐、情有独钟的，而本人对和田玉也是爱不释手。我认为，由于和田玉的特殊结构，形成了和田玉在古玉表面特殊的表现形式。其内部解理的走向，晶体结构的分布，在受到外界因素的扰动后，它会有所变化。这可以提供给我们一个分析其沁变过程的直观视感，以便理解和田玉籽料以及其他材料的形成和表现形式在古玉上的特殊性。它不像岫玉（包括其他软玉）等其他玉料那样斑斓绚丽，如果比较一下的话，它显得更加厚重而又沉稳。

二、形制篇

至春秋战国前要将古玉的形制一一道来恐怕那是一部巨著，每个时代的形制都有其不同的特征。这里还要牵扯到各个不同地域、统治者以及当时社会背景、意识形态等诸多成因，同时还要考虑地域文化，民族文化之间的相互影响。所以绝对地描写形制特征并将其归纳到某个时代，笔者感到颇为其难。这里面要考虑一个玉器的特性，虽然它是不可再生资源，但其在数千年的传承过程中，结合玉质的稳定性，以大改小，以残作巧，以素添纹都是屡见不鲜的。再者还有一个传世的问题，故只能将古玉器的形制与纹饰框在某一个特征相吻合的时间段，绝不能砸死在一定的制作年代。古玉器的形制与纹饰之间有着相辅相成的内在关联，这种关联代表着当时制作者所处社会的意识形态，也代表着当时社会的审美观念。当时这种形态与观念可能会受到劳动生产力的约束，他们只能极尽所有手段和方法来力争做到完美。

根据玉器用途的不同，玉器可分为玉兵器、玉工具、礼器玉、丧葬玉、佩饰玉、玉器皿和玉摆件等几大类。玉兵器和玉工具：随着青铜制造业的发展，到了商代绝大多数已经失去了实用价值，从而成为一种身份地位标志和礼仪象征。玉礼器：早在新石器时代，华夏祖先就已经大量使用；丧葬玉器：丧葬玉，也称"葬玉"，指的是古人专为保存尸体而制造的玉器，而不是泛指一切随葬玉器。佩饰玉器：佩饰玉是古代玉器中重要的一个种类，是古人挂在衣服上或带在身边作为装饰用的玉器，体积小，精巧，轻便而质佳。由于佩饰玉是古人身份和修养的象征，所以自古以来，佩饰玉中就多材质上佳、雕工精湛的珍品，现在更是玉器收藏中的重点。玉器皿：玉器皿最早见于商代，但是因其制作难度大，直到明清时期才成为玉器生产的主流产品。玉器皿数量庞大，种类繁多；摆件：玉摆件，又称观赏陈设性玉器，主要包括玉雕动物、玉人、大型的玉牌、玉屏风、玉山子、玉如意等。

形制与纹饰的分类可以从功能、纹饰、造型、以及玉料、颜色上进行。其功能大致可以分为以下几个种类：

1. 玉礼器

礼器有"六器"与"六瑞"之分，这些器物是自有文字记载的。《周礼》："以玉作六瑞，以等邦国；王执镇圭，公执桓圭，侯执信圭、伯执躬圭、子执谷璧、男执蒲璧。"《周礼》还记载："以玉作六器以礼天地四方，以苍璧礼天、黄琮礼地、青圭礼东方、赤璋礼南方、白琥礼西方、玄璜礼北方。"六器是周王朝正式建立的国家典章制度，六瑞标志官职高低。六器祭祀天、地、四方之神。在玉种、色彩和器形上，规定得十分明确和严格。人们所熟悉的"问鼎"之典故，说的是公元前606年春时，楚庄王伐陆浑之戎，观兵于周郊，问周定王瑜九鼎之大小轻重。这被当时人们认为是大不敬，以下犯上，有夺取王位之意。因此王公贵族必须按身份佩带不同类型、不同尺寸的礼器。在《周礼·大宗伯》中，对诸侯所执之象征身份的信物就有详细的规定：其中镇圭长一尺二寸，桓圭长九寸，信圭长七寸，躬圭长七寸或五寸。这四种圭加上刻有谷纹的璧和刻有蒲纹的璧就合称"六瑞"。

当然除了这六器、六瑞之外，还有其他一些礼器与符节器，如环等。为了分类简明清晰，我们就把这类的器型归纳入玉用具一栏之中而不在这里讨论了。

璧，是古玉礼器中大家非常熟悉的器形。一般造型为扁圆形，也有非圆形或出廓的，但正中一定有孔。大璧径长一尺二寸，天子礼天之器。诸侯享天子者亦用之。礼天须用苍色，故璧形圆，象天苍，象天之色。子所执谷璧，饰谷纹，取养人之义。男所执蒲璧，缘饰为蒲形，蒲为席，取安人之义。三者统称为"拱璧"，因皆须两手拱执。另有一种系璧，形较小，为佩于绅带之物。玉璧在新石器时代已有，多光素无纹饰，器形比较简单。商周时代的璧，厚薄不匀，形制也不规整，内外大多不够圆。春秋战国时，璧则相当规整，并有蚕纹、谷纹、蒲纹、兽纹等雕饰。汉继承前代风格，雕工比较精细。汉以后至宋、元时，玉璧不多见。明、清时又兴盛，出现大量仿古制品，璧上常见精细的浮雕和螺旋状纹饰。玉璧是古代贵族所用的礼器，不同时代和不同情况下，也有起信物和装饰物作用的。汉代的玉璧，上有小孔，就是用来穿线做佩饰或挂在墙上做装饰用。璧在汉墓中发现很多，常放在死者胸部或背部，有的放在棺椁之间，甚至还镶嵌在棺的表面作装饰用。玉璧用途很复杂。大致可分以下几类：一为祭器，用作祭天、祭神、祭山、祭海、祭星、祭河等；二为礼器，用作礼天或作身份不同的标志；三作佩系；四做砝码用的衡；五作辟邪和防尸腐用。

玉琮，一说到玉琮，首先想到的就是良渚文化，良渚玉琮作为良渚文化的典型器物，因其具有精美绝伦的纹饰和重要的历史价值，以及巨大的艺术魅力，自古就被嗜玉者所追捧。良渚玉琮的用途学术界也众说纷纭，有"男性祖先说""地母女阴说""图腾柱说""礼地说""度衡说"等，但一般认为玉琮与宗教祭祀、财富权力有关，也有人将它视作"巫玉"之列。种种现象说明琮

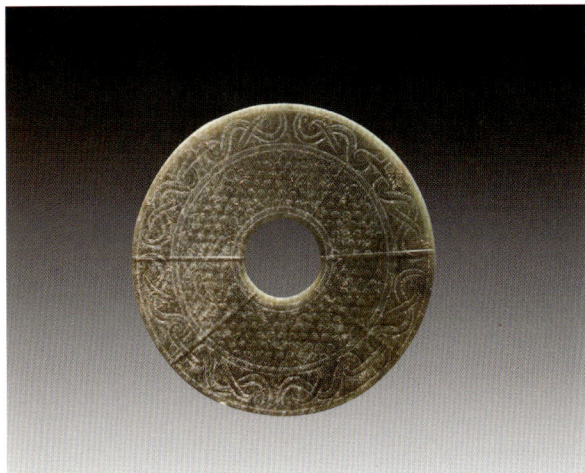

图246 战国 青玉兽面谷纹璧

与原始宗教及祭祀礼仪密切相关，它的主人必属部族酋长，大祭司巫师之类的上层人物。

从发掘现场可以看到，墓主身份越显赫，殉葬品中的琮、璧就越多，墓主人似乎是要显示生前的极尽奢华，而用随葬的璧、琮来证明自己生前的身份，及其在各部落中享有财富与权势的程度。良渚时期的玉琮是否与祭地有关尚在探讨中，在学术界看法不一，至今尚未定论。后世将其称之为"辋头"的玉琮，最早见于安徽潜山薛家岗第三期文化，距今约 5100 年。至新石器时代中晚期，玉琮在江浙一带的良渚文化、广东的石峡文化、山西的陶寺文化中大量出现，尤以良渚文化的玉琮最发达，出土与传世的数量最多。到商周时期玉琮数量就不多，从出土的实物看，这一时期琮的形体普遍较矮小，多光素无纹。玉琮切割规整，中孔较大，琮体较新石器时略薄。殷墟妇好墓曾出土了两件有纹饰的玉琮，一件上下各饰一组弦纹，四角有凸棱，侧面饰竖道弦纹，该

图 247 良渚文化 神面玉琮
上海金山亭林良渚墓葬出土 上海博物馆收藏

造型很少见。春秋战国时期玉琮的造型与西周相近，形体较小，战国部分玉琮刻有细致的兽面纹、勾云纹等纹饰。到汉代玉琮已经进入没落期，许多传世玉琮不是被改制，就是被作为玩赏之物，完全丧失了其在玉文化历史上的巅峰地位。

玉琮是礼天之重器。从整体看它内圆外方，好似那象征天圆地方的几何标志，上下贯通的虚空内圆意味着苍天和大地的气息相连，而雕饰精美的兽面纹奇异而神秘，仿佛是沟通天地的使者，祈求上苍对人类的庇护。它器形规则、庄重而神圣，凝聚着天地精气之精华。

玉圭"礼东方"，"土外有土，大地之义也"，"东为春，大地皆春，万物皆生，故有礼"。《说文》中称"剡上为圭"，指的是上部尖锐下端平直的片状玉器。圭来源于新石器时代的工具石铲和石斧。作为重要的礼器之一，在古代被广泛用作"朝觐礼见"标明等级身份的瑞玉及祭祀盟誓的祭器。《周礼》记载圭有多种形制、多种用途，现在考古实证材料还不能予以证实，不少问题有待研究。圭的形制特点因时代不同、种类相异而存在较大的差别，新石器时代的"玉圭"从严格意义上讲并不是真正的圭。这种长条形、平首带穿的玉器多见于龙山文化，以素面为多，少数在下端饰有阴线弦纹，精美者刻有兽面纹。纹饰系用坚石所刻，有明显的刻划痕迹。真正的玉圭见于商代，有两种形式，一种平首，圭身饰双钩弦纹，另一种尖首平端，近似后代的圭。周代玉圭，以尖首长条形为多，圭身素面，尺寸一般长 15 厘米至20 厘米。战国时期出土的圭数量较多，其中不少是石制的。圭身宽窄大小不一，现今所见的均为光素。山西侯马盟誓遗址和河南州城温县张计村遗址所出土的盟书均书写于不规则的石圭之上。

圭，是周代重要的祭祀礼仪用器，后来又成为一种权利的象征。其种类根据《周礼》记载共有大圭、镇圭、桓圭、信圭、躬圭、谷圭、土圭、

青圭、裸圭、珍圭、琬圭、琰圭、四圭有邸、两圭有邸、瑑圭、圭璧、命圭等17种。并有礼器、瑞玉、等级、葬玉、测量工具及德行等诸多象征性与用途。周代通过玉圭尺寸的不同体现了从天子到朝臣各身份等级的高低，并以玉圭不同的名称为依据，赋予朝臣行使不同的权利。如谷圭，持有者可以行使和解或婚娶的职能；琬圭，持有者可以行使嘉奖的职能；而琰圭的持有者，则可以行使处罚的职能。圭在六器中排列于第三位，它是古代帝王、诸侯及高级官员们在官场上举行各种典礼仪式时拿在手上的一种玉器，六器中的圭乃祭拜东方之神器的首位。根据《周礼》之规定，礼敬东方之神所用的圭必须以青玉琢成，非其他玉可替代。就玉圭而言，其应用范围要比六器与六瑞中的其他玉器广泛得多。圭的原型其实是源自于原始时代的石斧。石斧是古人最重要的生产工具和狩猎武器，对原始人类的生存和发展起到了非常大的作用。石器时代结束，金属工具得以大量使用，人们仍以留恋和崇拜的心理来看待着先祖的遗物。先祖在古代先民心目中本来就是神灵，那么，祖先所遗留的石斧自然也具有神气而受到人们的敬仰。在神权政治的作用之下，石斧的形态渐渐移向了独特的礼器造形。一般来说，大凡上半部较厚，底边部位较薄，且差距较大的是斧；上下厚薄基本均匀，犹如一个工制的长板

图 248　上图：战国中期　石圭盟书
河南辉县固围村出土
河南博物院收藏
下图：西汉中期　玉圭
河北满城陵山一号墓出土
河北省文物保护中心收藏

图 249　晋国晚期　侯马文书
山西省侯马市晋国墓出土
山西博物院收藏

条者，就是圭。总而言之，圭是一种在一定的观念形态作用下产生的特种玉器。

玉璋，在六器中排列第四。《周礼·春秋·大宗伯》曰："以赤璋礼南方。"说明在周代礼制中，璋是用来祭祀南方之神的祭器。玉璋是和玉圭相似，呈扁平长方体状，一端斜刃（也有叉形刃），另一端有穿孔。玉璋的形状，东汉许慎在《说文解字》中说："半圭为璋。"也就是说，玉璋是玉圭从上端尖锋处垂直切下之一半者物，这种形式与出土遗物及古籍和古碑刻纹图中所称为"璋"者也是符合的。值得注意的是玉璋出土的地域范围在各种礼制性玉器中是最广泛的，以中原地区为中心，东起山东，北至陕北，西南达四川，南及香港、越南等地，都有这种样式的玉璋出土，但它在各地的用途是否完全相同，还需要进一步

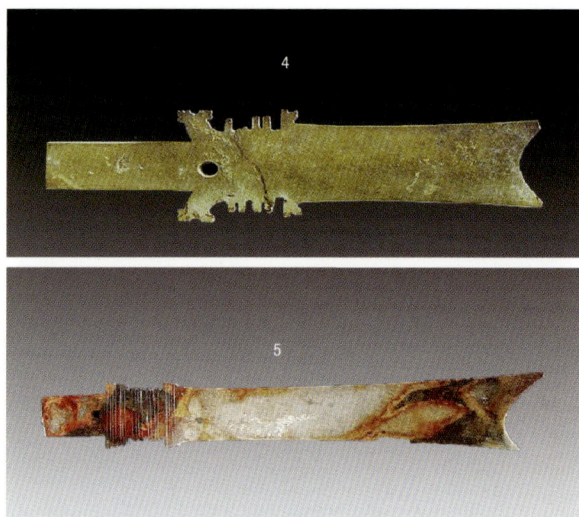

图 250.2. 玉璋
4. 商代中期玉璋；5. 商代晚期至西周早期玉璋
（图片来自《中国出土玉器全集》）

图 250.1 玉璋
1. 二里头文化玉璋；2. 龙山文化玉璋；3. 商代晚期玉璋
（图片来自《中国出土玉器全集》）

研究。

　　玉璋的种类据《周礼》中记载，有赤璋、大璋、中璋、边璋、牙璋五种。我们可以把它们归纳为三类：第一类"赤璋"，赤璋是呈红色的玉璋，是祭南方之神的礼器。第二类"大璋、中璋、边璋"是天子巡守用的，《周礼·考工记》记载："大璋，中璋九寸，边璋七寸，射四寸，天子以巡守。"说明玉璋还是天子巡狩的时候祭祀山川的器物，大山川用大璋，中山川用中璋，小山川用边璋，所祭的如果是山，礼毕就将玉璋埋在地下，如果是川，礼毕就将璋投到河里。第三类"牙璋"是作符节器用的，可以用来调兵，《周礼·典端》载："牙璋以起军旅，以治兵守"。玉璋还有觐见和婚聘的功能，如"诸侯朝王以圭，朝后执璋"，又如《周礼·考工记》中记载："大璋亦如之，诸侯以聘女。"

　　玉璋始见于新石器时代晚期，山东龙山文化遗址分别出土过三件玉璋，为迄今所知最古老的玉璋。二里头文化遗址出土也出土有一件玉牙璋，青灰色，通体磨光，光洁鉴人，柄上钻一圆孔，斜端刃，刃微凹，近柄端两侧对称出扉牙，长 48.5 厘米。而四川省广汉市三星堆 1 号祭祀坑

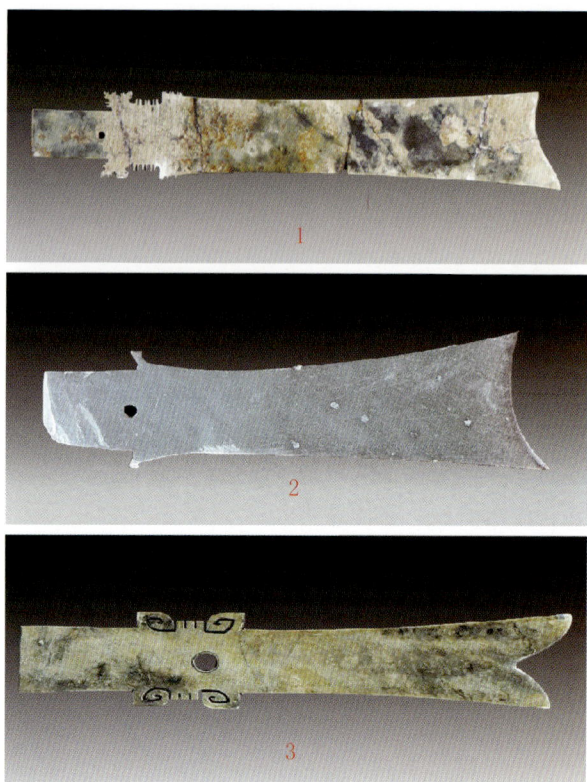

出土的玉璋，年代应属商代中期，玉呈黄褐色，一面经火烧后呈鸡骨白色，前端部为叉形刃，中下部两侧对称出扉牙，柄部细长，近柄处钻一圆孔。四川省广汉市三星堆 2 号祭祀坑出土的玉璋，年代上属于商代晚期，玉呈灰绿色，前端部为叉形刃，中下部两侧对称出扉牙和向内勾卷的云雷纹，两侧齿饰之间有一圆孔。西周的玉璋比较少见，器形与商代相近。四川省成都市金沙遗址出土的玉璋，年代上也属商代晚期或西周早期，器身窄长，尺寸较小，中略内凹，叉形端刃一尖长，一尖短，长方柄，扉牙之间饰平行阴线。

　　春秋战国时期的盟誓遗址中，出土有许多玉璋形器，上面书写着盟辞。但这种玉璋形器并不是标准的玉璋，看上去像有着侧刃的长刀。如果将以两个璋形器拼在一起，与书写盟辞的玉圭的形状倒很接近，并符合"半圭为璋"的定义，所以从这一点来看，这种璋形器也是一种玉璋。由

图 251. 春秋 青玉虎形佩
河南光山县黄君孟墓出土
河南博物院收藏

图 252. 西周 玉虎
三门峡虢国墓遗址出土
虢国博物馆收藏

于盟誓活动带有军事联盟的政治色彩，因此在这种场合使用玉璋也是符合它的定义的。战国以后玉璋这种器型就从中国玉文化的舞台上消失了，是否因为它的主要功能——调兵遣将令符的功能被虎符所替代了呢？这留给我们的是一个不解之谜。

玉虎，雕成虎形的玉器，一种碾琢成虎形的古代玉器。夏鼐先生认为："我以为表面刻虎纹的玉器应依器形命名，前加'虎纹'二字。至于虎形玉器，有孔的可称虎形玉佩，无孔的当为玩器或陈列品，可称玉虎。"《拾遗记·秦始皇》："始皇嗟曰：'刻画之形，何得飞走？'使以淳漆各点两玉虎一眼睛，旬日则失之，不知所在。"根据《周礼》的规定，琥是专用来祭祀西方之神的祭器，必须用白色玉材雕刻而成，但对尺寸形制没有做出严格的规定。倒是《周礼正义》在解释六器时曾有这样一个说法："白琥以玉，长九寸，广五寸，刻伏虎形，高三寸。"在六器中唯有琥璜是仿生形玉器。白琥璜是专用性的礼玉器，其他任何古代虎形象生玉器都不能替代它的功能。于是儒家以视之威猛来象征深秋虎之肃杀，向西方之神致敬，表达虔诚之功。这也是根据古代传说，虎是西方氏族的远古图腾，自当演变为西方之神的过程。

图 253. 西周 青玉虎形饰
三门峡虢国遗址出土
三门峡博物馆收藏

六器之末为玄璜，是专用于礼敬北方之神的祭玉，在六器中排列于第六位。玄者黑也，也就是说该璜必须以黑色玉制成，其他玉琢成之璜则不能具备此种功用。玉璜的形体可分两种：一种是半圆形片状，圆心处略缺形似半璧；另一种是较窄的弧形。一般玉璜在两端打孔，以便系绳佩戴。直至商周以后，玉璜逐渐形成具有礼器和佩饰的两种不同功能。

璜的形制相当于环的一部分。关于璜的形制来源大致有四种说法：其一，半璧说，源于《周礼》郑氏注："半璧曰璜，象冬闭藏，地上无物，惟天半见。"郑玄注解把破的半弧形状比喻成苍天

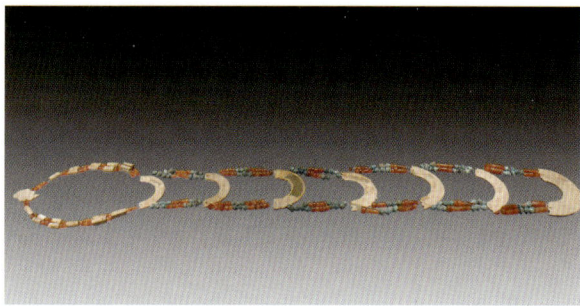

图 255.1 西周 联璜组合玉佩
三门峡虢国墓地遗址出土
虢国墓博物馆收藏

图 254 殷商 玉虎
安阳殷墟遗址出土
殷墟博物馆收藏

图 255.3 西周 联璜组合玉佩（局部）

图 255.2 西周 联璜组合玉佩（局部）

与大地的相交。在天、地的交汇之处，半圆形的天穹与大地相交，形成了弧度的意形。这一说的起源是古人从地平线的现象得到启发，继而产生了璜的形象意识。其二，半宫说，古代修筑城池，都会在城池外围挖一条护城河，护城河的两边岸线构成一圈璧的形状，但这是天子城池的标准。诸侯的城池不得超过天子的规制，护城河不能全部环城连通，只允许以东、西两门为界限，从南半部通水。这样就形成了一个半弧性河段，史称半宫，璜之形制是由半宫而来。其三，彩虹说，认为璜的造型是古人依照彩虹的现象构思而成。当时的人们不知道彩虹的形成原理，将它作为上天赐予人间的神物的预兆，并从"苍天垂于河川，俯首饮水"受到了启发。其四，神龟说，古人观察到了龟甲的侧面形象，由此产生受到了启发。其道理是，玄璜是礼北方之器，而古代传说中的北方之神是玄武，玄武者龟也。在上古时期，龟被纳入虎、凤、龟、龙"四灵"之一，是具有未

卜先知的神灵。在夏、商、周三代及此之前，龟是国之重宝，是万万亵渎不得的。国家的重大事件都要卜龟，求智于龟灵，这种见地不是没有可能性。

笔者认为上述四种说法孰是孰非的争论是没有疑义的，出土的众多玉璜很好地证明了这一点。整圆为璧，璧象征着天，象征着太阳。半圆为璜，璜只能代表着半边天，也是月亮的缩影。当半月当空万物凋零之时，岂不是只有一半的生机了。不过，真正如半璧的璜在良渚文化玉器中多见，以后的璜大多没有璧的一半，而仅仅是璧的一小部分而已。因而，璜无论是在等级、威严、神验、权柄等方面，都只能是苍穹之半。

玉璜从新石器时代早期开始一直是女性的象征，并仅限于个人饰件，并附带着体现其社会地位的意义。步入良渚时期后，琮、璧和钺开始超越个人饰件的范畴，成为重要的社会权力象征。这标志着社会结构的相对复杂，社会成员的地位、

图 255.4. 西周 联璜组合玉佩（局部）

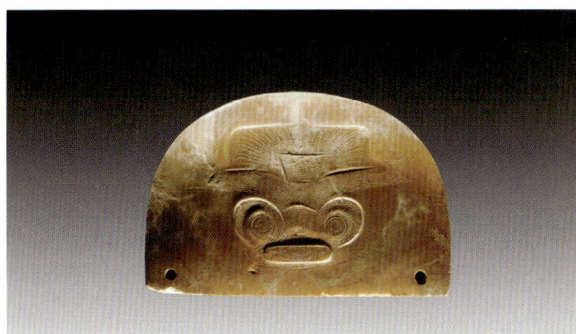

图 256.1. 良渚文化 神人兽面纹玉璜
余杭反山 22 号墓地出土
浙江省文物考古研究所收藏

图 255.6 西周 联璜组合玉佩（局部）

图 256.2 良渚文化 玉璜
杭州市余杭区瑶山 11 号墓出土
浙江省文物考古研究所收藏

图 255.5 西周 联璜组合玉佩（局部）

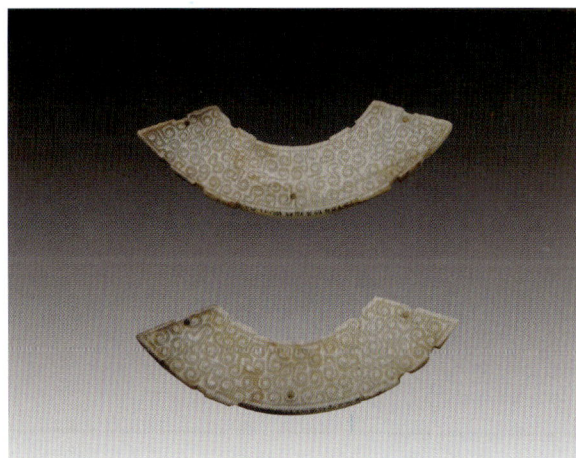

图 257 战国 卧蚕纹玉璜
湖北随州曾侯乙墓出土
国家博物馆收藏

等级和财富分化明显加剧。当象征男性权力的琮和璧开始流行时，璜作为女性的象征仍然未见明显变化，这表明女性地位已退居于男性之下。随着良渚文化的衰落，无论是琮、璧，还是璜，统统随着酋邦社会体系的解体而消失，社会结构进入了比较简单的等级关系状态。虽然其中一些玉器的形制与工艺后来被中原地区的复杂社会所继承，但是由于青铜礼器的出现，它们的象征性和社会意义已经和新石器时代不可同日而语。

璜又是串饰组佩中的一个重要组件，在串饰中它不仅仅是一种装饰美的元素，更多的是在串

饰组佩中代表了身份的意义。许多专家学者认为，联璜组玉佩的使用和列鼎的使用有一定关系，如使用七鼎的虢国墓地，虢国国君虢季墓出土了一套七璜组玉佩，礼降一级使用五鼎的虢季夫人墓出土了一套五璜组玉佩，使用璜的数量正好与其使用列鼎的数量相对应，从而得出"七璜组玉佩

167

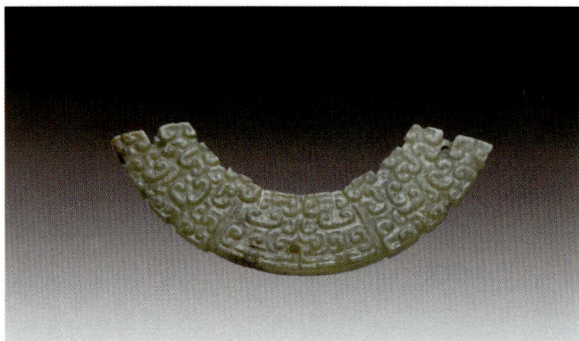

图 258 春秋 勾云纹玉璜
山西太原金胜村晋国赵卿墓出土
山西博物院收藏

图 260 二里头文化 玉钺
河南偃师二里头遗址出土
国家博物馆收藏

图 259 西周 大玉戈
山西曲沃赵北村晋侯墓地 63 号墓出土
山西博物院收藏

当和侯伯礼仪皆以七为节相关"的结论。笔者认为这种推断欠妥，虢国墓地的这种现象只属于巧合。纵观西周时期各个墓地出土联璜组玉佩情况就可以发现，用鼎与用璜没有根本联系，且身份地位高的人不一定都使用联璜组玉佩。笔者认为，联璜组玉佩的使用并不像列鼎一样是体现礼仪制度的必备物，而只是身份地位的体现，更多意义上是经济实力的体现。

2. 玉兵器

追溯历史，通观全部，在史前的东亚地区至少有 18 个新石器文化区出现过玉质的兵器或类似兵器的工具（用于狩猎等）。开始时玉制的兵器应该完全为实用工具类器物，从这些文化区出土文物的痕迹上可以得到证明。玉制兵器发展为礼器的过程，其实就是人类不断提高对自然界认识的过程。玉质兵器类包括斧、钺、矛、戈、矢、

凿、刀等许多种类，依其刃线可分为三类，端刃、边刃和双刃器。在这些种类繁多的兵器中，端刃器种类较多，有斧、钺、锄、凿和刀形端刃器等；端刃器以斧为代表，玉斧是一种扁平的梯形器，上端有孔，可绑扎执柄，下端有刃，如果刃部宽大则叫钺。刀形端刃器比较特殊，可能源自某种农具；边刃器主要是刀，玉刀最早见于商代初期，可作礼仪之用。早期玉刀制作相对简单粗糙，到了商代中晚期玉刀的刀面、刀背、刀柄通常会碾琢一些华丽的纹饰，这说明了其用途发生了明显的改变。这种改变不仅仅体现在玉刀形兵器类工具上，也包括其他类型的兵器，这些兵器在商末周初都不同程度地走向了演变的过程；双刃器出现年代最晚（但在台湾的新石器时代有类似的器物出土），但总体来说，这种双刃的器物还是以仪仗或装饰的功能为主流。

玉兵器类工具的功能改变，发展最终成为了军事集团指挥者等级的象征，它刃的主体功能逐渐向辅助功能转移。其中有一些形制的器物渐渐地淡出了，还有一些却在形制上发生了变化或纯粹变为了装饰品。到商代之后，玉兵器的实用功能就比较少见了，这显示了实用玉兵器类型形制的器物已经开始衰落。虽然它还存在，但其实质的内涵已经发生了根本的变化，唯有那些小巧玲珑、纹饰精美、制作考究的玉质小刀，类似兵器上的饰件、摆件依然传承至今。

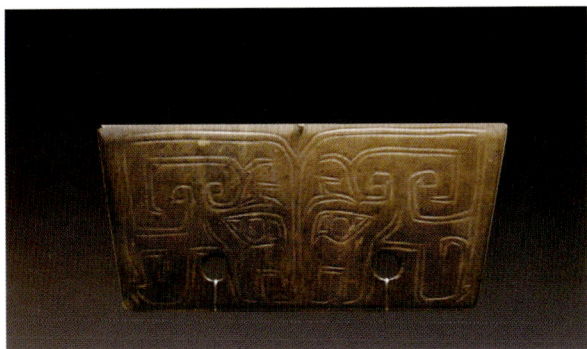

图262 上图：殷商 兽面纹玉刀
安阳殷墟遗址出 国家博物馆收藏
  下图：龙山文化 玉钺
山东日照出土 国家博物馆收藏

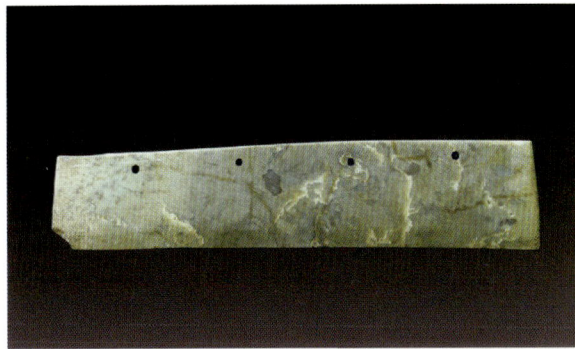

图263.2 上图：齐家文化
青海省大通县上孙家寨墓地出土 青海省博物馆收藏
  下图：西周 玉柄铁剑
三门峡虢国遗址出土
这柄铁剑是已知我国人工冶铁最早的制品，由河南博物院收藏。

图261 上图：殷商 铜骹玉戈
    下图：殷商 铜骹玉援矛
安阳殷墟出土 殷墟博物馆收藏

图263.1 图左：战国 玉剑璏
山西河津九龙岗出土
    图右：战国 谷纹玉剑首
山西侯马乔村出土 山西博物院收藏

3. 玉佩饰

所谓玉佩饰，顾名思义即人身上所佩戴的装饰性玉器。爱美是人类的天性，早在远古时期我们的先民们就以兽牙、兽骨、美石、玉珠、砗磲等为饰。他们在长期劳动生产过程中，在制作石器的过程中，逐渐发现了温润多彩，细腻坚韧的精美玉石，于是他们全身心地运用当时所能，将其制作成了各种自己喜欢的造型装饰器，随身佩戴。这种佩玉形制来源于生活，来源于自然，来源于直观的感悟。所以在新石器时期的许多饰佩都与大自然相关，并成为了风尚被相袭习。既然是佩戴在身上的玉饰，那就要符合两个起码的

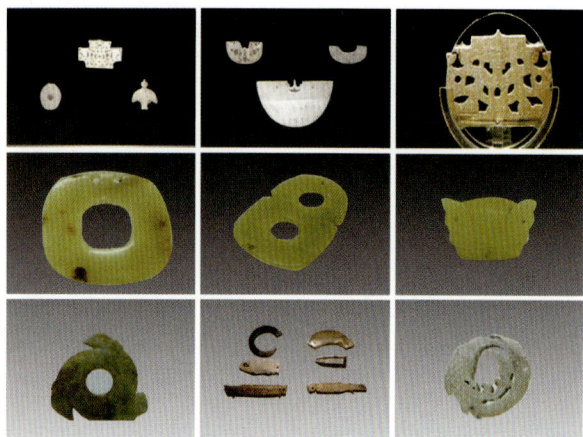

图 264 新石器时期 各类佩饰
良渚、国家博物馆收藏

图 265 殷商 动物造型玉佩饰
殷墟出土
殷墟博物馆收藏

图 266 西周 各种动物玉佩饰
三门峡虢国遗址出土
虢国墓博物馆收藏

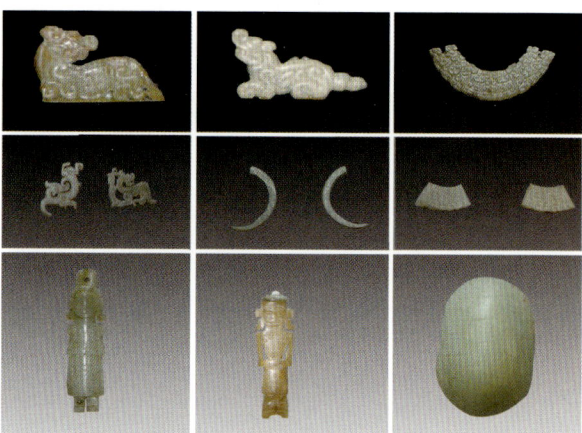

图 267 春秋战国 各种佩饰
山西博物院收藏

条件，第一器型不能太大，第二要有可系绳穿之孔。玉佩饰，就是满足这两个条件的玉器，玉饰件古往今来造型、纹饰可谓是千姿百态，不同时代各有千秋。大致说来有头饰、耳饰、项饰、臂饰、手饰、身饰，脚饰等几个大类。

社会的进步，生产力的不断提升，人们的审美观念根据民族习俗和时代的变迁而不断的产生着变革，佩戴玉饰也随着这种变革而日新月异。历代佩饰既有传统的继续，又有众多的创新，内容极为丰富多彩，种类蔚为壮观。佩饰玉除了作为装饰和地位象征外，它的另一个重要的作用，就是作为君子道德的象征和成为君子必须的自我约束典章。关于这一点，《礼记·玉藻》中有两句重要的论述："古之君子必佩玉，右徵角，左宫羽，趋以采齐，行以肆夏，周还中规，折还中矩，进则揖之，退则扬之，然后玉锵鸣也。故君子在车则闻鸾和之声，行则鸣佩玉，是以非辟之心无自入也。"这一揖一扬之间必然牵动了所佩之玉饰，其铿锵的节奏乃"音舒声远"矣。发出声音之优美，竟有如乐曲中的徵角宫羽之音，可谓奇妙无比。古人以玉比德，故佩美玉、奏美乐，以讴美德，这也是一种维护阶级统治，加强集权统治的物化创举。礼对于佩玉者的行为规范有着相当苛刻的要求，一套玉佩悬挂于身，也只有随着连贯、均匀、协调的步伐，才能形成优美的乐章。这样走是很累的，但古人依然乐此不疲。因为，

图 268 新石器至春秋战国各个时期的玉组佩

图片来自国内各大博物馆

4. 殓玉

佩鸣之声还有另一种重要的含义，即以此向天帝人君表示自己绝无非辟之心，这是向统治者表示尽忠尽节的一种形式。于是乎在这里完全可以看出，佩玉在当时也是一种政治行为，佩玉的本质在于借助于人身的佩戴，赋予一定的礼制含义，无怪乎佩用玉器也要列入周代的国家典制当中。

用玉殓葬，在我国有着悠久的历史。早在旧石器时代山顶洞文化中，就发现有许多散布在尸骸附近的穿孔石珠、兽牙等，这说明当时已有随葬玉石类器物的风俗。距今 7000 年左右的河姆渡文化，6000 年左右的大汶口文化，5000 年左

图 270 西周 缀玉面罩
山西曲沃北赵村晋侯墓地出土
山西博物院收藏

图 271 西周 缀玉面罩
山西侯马出土
山西博物院收藏

图 269 西周 缀玉面罩
三门峡虢国墓地出土
河南博物院收藏

右良渚文化和红山文化，以及 4000 年前的齐家文化随葬玉器均有这种现象的发现。大汶口文化时期的邳县大墩子遗址中，就发现了把石环搁置于眼眶内用作眼罩的做法。长江下游的良渚文化墓葬中也有随葬璧、琮等玉器的痕迹，20 世纪 30 年代发现的苏州吴县草鞋山遗址、常州武进寺墩遗址、上海青浦县福泉山遗址的墓地均有随葬的璧、琮出土，这印证了《周礼》中"苍璧礼天，

黄琮礼地，璧、琮以殓尸"之说。辽西地区牛河梁遗址的红山文化墓葬有许多引人注目的特点，只葬玉器基本不葬陶器、石器，即是"唯玉为葬"观念的体现。商周时期是中国奴隶社会的繁荣时期，社会中存在着以"礼"为主的等级制度，西周晚期虢国墓地出土的缀玉面罩、玉含、玉握、玉夹脚饰、踏玉等一大批殓玉发现，很好地注解了当时的葬礼制度。

事实上，根据已知的考古发掘证据来看，真正的纯随葬玉并不只是我们现在认为的玉衣、玉含蝉、缀玉面、玉手握等，除玉衣、缀玉面、玉塞是专门为殓葬制作的以外，其他玉质器物，包括玉料都可以作为殓玉来使用。但必须说明的是，殓玉不是泛指埋葬在墓中的所有玉器，而是指当时人们认为可以保存尸体而使用的玉器。这可以分为特制的，改变其玉料用处性质的，碎的、未加工玉料以及置于特定位置祈求保护尸体不朽的不同种类。至于其他陪葬玉器，它们起到的是装饰或象征的作用，笔者认为这些玉器可以考虑不在殓玉之列。另外，在出土玉器中有一部分玉器做工明显粗糙，用料明显较差，笔者认为这与墓主人身份有关，和葬制的配置有关，同时也要考虑一些突发的情况和当时难以按制处理的隐晦。早在西周晚期，殓玉制度已经比较完善，春秋战

溯源识真高古玉

172

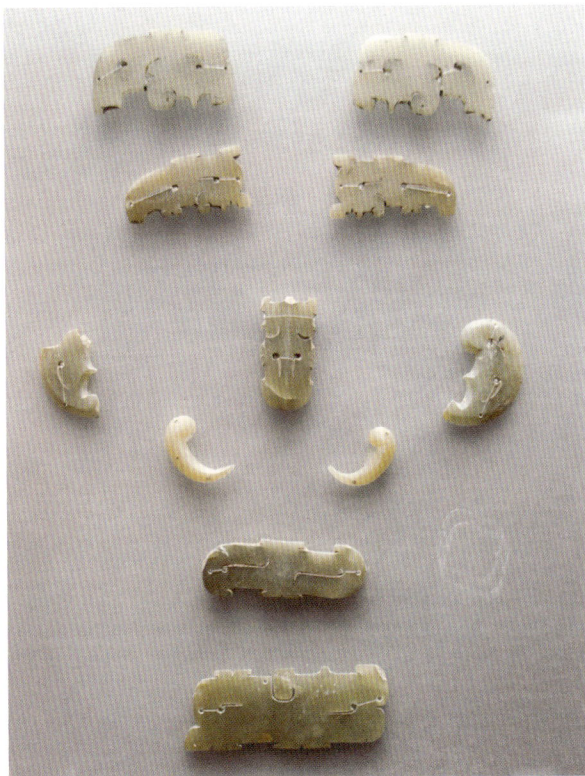

图 272 西周 缀玉面罩
山西洪洞永凝堡出土
山西博物院收藏

图 273 西周 玉握
三门峡虢国遗址出土
虢国博物馆收藏

图 274 西周 玉握两件
三门峡虢国遗址出土
虢国博物馆收藏

国时期的殓玉使用已经显露出了奢侈的一面,这些制度与奢侈的形成,为汉代殓玉的发展奠定了扎实的基础,同时也是殓玉器各归所用的端倪。

图 269 缀玉面罩由 142 件玉片组成,其中中间 14 片由五组不同形制的玉片组成,以表示眉、目、耳、口、鼻,其比例匀称,形象逼真,覆盖于墓主人的面部,极富艺术表现力。在其五官之位相当于额头、双颊、唇部及下颚部位外圈,还散布着 44 件呈几何形状的玉片,这些玉片的边缘

处均钻有透孔,并在每片玉片下面根据玉片穿孔多寡连以小红色玛瑙管形珠,以便穿缀于丝织物构成的衬地材料上。这些玉片大部分是由改制而成的,部分玉片还留有原来玉器纹饰的纹样,那些留有纹样的改制件均光素向上,将有纹样的一面做了反面。其玉质为青玉,受沁后大部分呈灰白色、土黄色和黄白色。这件珍贵的文物在两周墓葬发掘中较为罕见,它的出土,对研究我国古代的殓玉渊源,有着极大的帮助。

图 276 西周 小玉籽（用作琀玉）
上图：新石器时代 玉握手
山西芮城清凉寺出土 山西博物院收藏。
下图：春秋晚期 玉握手
河南桐柏月河一号墓出土 南阳市文物考古研究所收藏

图 275 玉握
上图：新石器时代 玉握手
山西芮城清凉寺出土 山西博物院收藏。
下图：春秋晚期 玉握手
河南桐柏月河一号墓出土 南阳市文物考古研究所收藏

它是"金缕玉衣"的雏形，亦称"幎目""面巾""幠目"，其乃覆于尸面之巾。所谓"缀玉面罩"，就是将做成眉、眼、鼻、口形状的玉石片，按一定形状排列，缀附在织物上，覆盖在死者面部，这种缀玉面饰就是汉代玉衣的雏形。战国时期，缀玉面饰成为一种颇为流行的丧葬礼俗。

玉握又称"玉握手"，《释名·释丧制》云："握，以物著尸手中，使握之也。"也就是说，握在死者手中的器物称之"握"。《仪礼·士丧礼》："设握，乃连腕……握手，用玄，纁里，长尺二寸，广五寸，牢中旁寸，着组系。"详细记载了"握手"及其握法。从考古发现来看，大量出土的握则是以玉、石制成的，它们成对地出现于人骨架手部或腹部，握玉的含义大概还象征着财富，可

能也和巫术有关。从目前考古资料来看，玉握的发展大致可分为三个时期，即新石器时代至商代，西周至西汉早期，以及西汉中期至魏晋南北朝。

新石器时代的玉握，主要发现于山东胶县三里河大汶口文化和龙山文化遗址中，以及上海青浦县崧泽文化墓葬中。殷商时期，以玉为握的并不多见，至少在目前已经发布的考古报告中很少提及。1958 年—1961 年的殷墟发掘报告中，提及墓葬的玉石器"或放在头侧，或握于手中"，但报告未指明作琀和握的玉、石器的具体形制。1969 年—1977 年在殷墟西区的墓葬发掘中，提及玉、石装饰品则写道："佩在身上，握于手中。"报告仍未指出玉握的具体形制。从其他商墓随葬情况来看，除握玉外，当时死者手握海贝是很盛行的葬俗。西周至春秋战国时期，玉握的使用相当普遍，其形制大约可分为两种。一种为长方形扁条状，多用其他玉器改制而成。山东曲阜鲁国故城一座西周墓 (M48) 死者左手握剑鞘形玉饰，右手握长条形玉饰；河南洛阳中州路的一些东周墓人骨架左右手掌或腹部，往往有成对菱形石片、多边形有穿石片、兽形石片和长条形石片等出现，有的学者认为它们就是"玉握"的雏形。

另一种玉握呈圆柱状，这种器形发现较多。

图 278　玉琀蝉
三门峡虢国遗址出土
三门峡博物馆收藏

图 277　西周　玉口琀
三门峡虢国遗址出土
虢国墓博物馆收藏

图 279　玉琀蝉
1. 战国早期，陕西凤翔秦都雍城遗址内战国早期墓出土，陕西省考古研究所收藏
2. 春秋晚期，山西凤翔南指挥村秦公 1 号墓出土，陕西考古研究所收藏
3. 春秋晚期，山西凤翔南指挥村秦公 1 号墓出土，陕西省秦始王兵马俑博物馆收藏
4. 春秋晚期，山西凤翔南指挥村秦公 1 号墓出土，陕西省秦始王兵马俑博物馆收藏。

沣西西周墓中的玉握大都为圆柱管状一对为伴，有的还涂有朱红色颜料，上村岭虢国墓地的一些墓的墓主手中亦握玉。山东曲阜鲁国故城西周中、晚期墓葬中，有四座墓的死者双手各握成对的圆柱形石饰，置于腹部，圆柱形石如束腰形，两端较粗，有的有穿孔，有的无穿孔。曾侯乙墓出土一对玉握，长 4.8 厘米，一端较粗，装饰阴刻的云纹，并肩饰阴刻弦纹和斜线纹，通体磨光，做工较精。甘肃灵台洞山东周墓中，将一完整的玉片敲为两半，一半含于口中，一半握在左手内。陕西西安南郊山门口的一座战国墓中，将一件石璧分成三节，分置口及两手内，口中者约为手中者的一半。这显然是殓葬死者时，匆忙地将一件玉器临时裁截成琀和握所致。西周至春秋战国时期，虽然还沿袭商代以玉饰作握手的习俗，但已经大量出现专用于葬制的玉握。玉握的形制趋于统一，以扁平长条形和圆柱形玉石器为主，而以圆柱形玉石握最为常见。圆柱体握有的中央有穿孔，有的则没有，还有的圆柱体制成腰鼓形，以便于把握。

　　综上所述，我们可以看出新石器时代至商代玉握的一些特点，手中的玉握原为装饰品，只是在殓葬死者时才握于其手中。到了春秋战国，玉握则是在葬玉礼制化后才流行起来的，玉握出土于人骨手部，残件、改制件、玉料开始变成了有一定规制的真正手握。笔者注意到在实际的考古发掘中，由于层次、骨骸等诸多原因，我们很

难将它同系于腰腹部的佩饰区分作出一个正确判断。特别是在那些被破坏严重遗址的出土玉器中，由于覆盖层次的不明确或盗墓的掠夺性行为，很容易将佩饰与手握之间混淆。

　　西周至春秋战国时期，虽然还沿袭商代以玉饰作琀、握的习俗，但已经大量出现专用于送葬的玉琀。当时玉琀以碎玉石片、小石子、石贝和微型玉雕为主，大多数入口中的玉数量较多，目的是充盈死者的口腔。碎玉石片都是有意识地将完整玉饰砸碎而成的，说明此时人们已经人为地制作玉琀，但在形制上并没有统一的规格。

　　在死者口中置放玉琀体现了世人的认知。口

图 280 玉琀
陕西韩城芮国梁代村墓地出土
陕西考古研究所收藏

图 281 西周 玉踏
三门峡虢国遗址出土
河南省博物院收藏

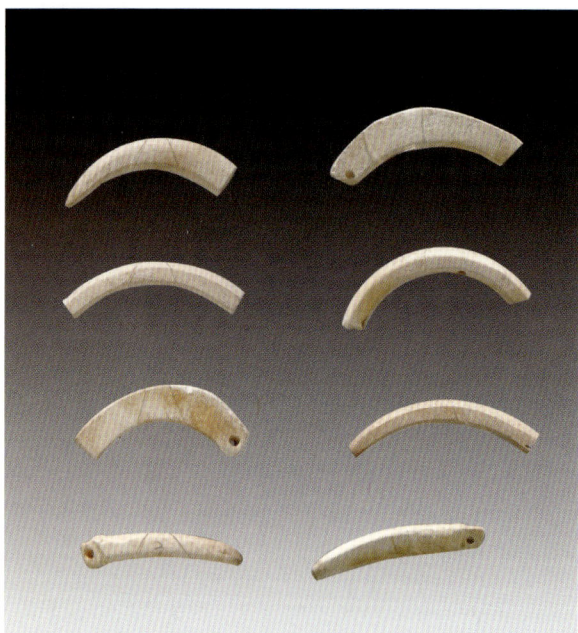

图 282 西周 玉夹脚饰
三门峡虢国遗址出土
河南省博物院收藏

是人身上的一个非常重要器官，人的语言交流、生命维持，将它视为主要的依靠。不仅如此，它还有许多可以帮助人自身行为的功能，古人基于这种现象所生产的朴素观念，故在死者仙逝后，不忍心让其空口而去，于是便在死者的口腔里放入了各种吉祥的东西。这样既安慰了死者的亡灵，又慰藉了生者的寄托，这可能就是玉琀产生的原因。在高等级的丧事中琀是不可少的，它由专门的部门制作和备用。《周礼正义》郑玄注："天子琀玉以玉，诸侯以璧。"这说明国丧用玉还是

有等级的。这句话对天子用琀做了规定，但在记载中没有说明形制，而对诸侯用琀倒是规定了是小型的玉璧。琀除了璧以外，还有蝉、鱼、琮、环、管、珠、印等形状，各有其不寻常的含义。即如蝉而言，自幼虫从地下钻出以后，经过蜕壳变为成虫而飞向天空，表达了生者祝愿死者的灵魂如蝉蜕而升天之意。

玉琀有的书上称之为"押舌"或"玉玲"，是古时入殓时放在死者口中的玉。《周礼·天官·天府》："大丧共（供）含玉。"大丧，指皇帝丧。其余则有含璧、含珠、含瑁、含米、含贝等，因死者身份不同而有所区别。考古发现，早在殷商时，死者口中就含有贝、玉等一类的器物。含玉多为蝉形，故又称"玉蝉"。古人认为蝉性高洁，《史记·屈原贾生列传》中记载："蝉，蜕于浊秽，以浮游尘埃之外，不获世之滋垢。""蝉蜕与浊秽，以浮游尘埃之外"，蝉在最后脱壳成为成虫之前，一直生活在污泥浊水之中。等脱壳化为蝉时，飞到高高的树上，只饮露水。可谓出污泥而不染。蝉能入土生活，又能腾飞羽化，故人们往往以蝉的羽化来比喻重生之意。古有成语"蝉形玉含"，其含义就是逝者精神不灭，转世再生。

在已知的殓玉中还有九窍玉塞、玉夹脚饰、踏玉等许多种类的玉器。九窍玉塞，顾名思义即填塞或遮盖死者身上九孔窍的九件玉器，在汉代

较为盛行。其中由于口塞不能全部含在口中，故与"玉琀"不同。东晋葛洪《抱朴子》："金玉在九窍则死者为之不朽。"这同玉衣也能使尸体不朽的迷信说法是一致的。人有九窍，两眼复以瞑目。两耳塞以耳镇，口中放置玉琀，鼻孔塞进耳塞，以至前后私处均用玉塞塞起。古人以为这样一来尸体便永远不腐，死人便幻化成仙了。玉踏、玉夹脚饰是西周出现的一种新的葬玉器物形制，这在以往的考古发掘中只有晋侯墓有个别发现，在三门峡虢国墓出土的大量葬玉中玉夹脚饰的再现，值得我们对当时葬玉制度的变革和出新进行一番深入的考证和研究。

笔者认为，当时的殓葬用玉，其中有许多应该是当时墓主人生活中的一些用玉，很可能是由于墓主人生前喜欢再在过世后作为陪葬，依据葬玉的制度而搁置于身体的各个部位的。周代作为奴隶制度的巅峰，作为礼制的执行典范阶段，将其礼制为基础的理论，已经形成相当完善的体系，并被社会所接受。作为基本体系，这种体系理念在玉器上的反映必将尤为明显，它作为玉器的一个组成部分与葬玉的发展也是同步而进的。这些理念的稳固，为以后汉代葬玉的施尽奢华和琳琅满目打下了坚实的基础。这种葬玉的风俗一直延续到曹魏时期魏文帝"珠襦玉匣"禁令的颁布才略有收敛。但是在实际生活中，20世纪上半叶我们依然可以寻觅到它的熟悉身影。

三、痕迹篇

痕迹，在这里所说的痕迹指的是玉器在成器的过程中，为了表现其形制、纹饰、意义所附加的各种人为工艺痕迹。工艺痕迹是古玉器表面的第一层，是使玉石材料变为器物的痕迹，它在古玉器的各种不同变化中始终严格地占据着底层的位置。如果这个位置发生了颠倒，那就是有问题了，您需要谨慎对待了。工艺痕迹上，会有各种各样成器后的次生变化，最后以包浆包裹，完成了其完整的古玉器表面痕迹的表现。

古玉器加工痕迹的显微研究是指通过光学放大技术对玉器加工痕迹进行放大观察和辨识、判断，其观察对象为被加工部位的工具运动方向和方式，以及表面和痕迹中打磨抛光程度的形式。在当前的文博学界，器物加工痕迹显微研究作为一种新的研究理念和方法已被大多数学者认可，越来越多的人开始尝试这一领域。笔者认为，伴随着光学放大技术的日趋完善和提高，它对了解从古至今不同时期玉器的加工工艺，并诠释生产效率和因此产生的各个时代玉加工手段都有非常重要的参考作用，是古代玉器研究的创新与突破口。碾琢打磨的微观观察成像用清晰的画面给了我们一个放大后的影像，这使大家对研究古玉痕迹有了一个更为直观的印象。但在这里必须提醒大家的是一般俗称的电镜其实就是一个高清晰的电子探头，当像素达到500万时也只能形成6寸大小的比较清晰相片。现在一般千元左右的所谓高清晰显微电镜像素不过在130万~400万之间，对焦点与背景之间没有足够的景深给予反映层次的清晰空间，渐进放大倍数不能很真实地反映放大倍数。故，造成许多所谓放大数百倍的成像其实根本不是真实数据。具有十字刻度的电镜在对焦时是需要换算的，对一个痕迹连长短宽窄都搞不清，怎么来分析？这简直就是在糊弄自己和别人（我也犯过类似的错误）。在不断地总结和实践中，笔者感到痕迹放大的观察设备要基本具备几个条件：具有准确刻度显示；具备层次分明的观察效果；具备色彩不失真效果。这种设备一般高倍光学物理放大镜比较可以胜任。笔者通过近三年的观察认为，电镜的观察是一个平面上某一个点的观察，是器物某一个点在平面的表现形式，缺乏层次感，缺乏比例尺度。从一件器物的工艺痕迹底部开始往上观察有一个纵深的关系，作为电镜观察者首先要具备对器物表面层次的概念，如果没有对实物观察过或者自己亲自操作对器物作分层次的纵深观察，仅仅凭一张成像是不能说明问题的，甚至会有误导。但如果我们用物理光学显微镜来观察，相对可以弥补电镜的不足，但必须具备两个条件：必须要有比例刻度使观察者知道被观察物的范围大小，如阴线的宽度等；必须具备对器物纵深的了解，如多层次的划分等。最主要的还是要知道显微观察与普通放大镜观察所反映的成像的区别，而且必须亲自对实物进行观察。因为一般显微观察设备都有辅助光源，故要考虑光源所产生的折光、吸光，光源的色谱以及明暗等因素。

由于我们对过去的了解甚浅，由于加工工艺涵盖诸多的不确定性。因此，我们对痕迹鉴定的微痕研究同样也会感到迷茫。很少有人可以明确地解释在观察中得到的结果，除非明知是古器物（那么怎么说都不为过）。笔者向许多朋友请教，大家都有一个共识，就是古玉器的真伪判别，应该是综合性的观察后所得出的结论，问题就是在于如何综合，什么和什么综合的问题了。玉石成器是标志其从材渐进到器并附加意义的过程，附加意义的形成需要人为加工、点化。那么加工痕迹就成了所有附加人为意义表达的第一步操作，也就是在料上的第一层面。古玉器在其存世的漫长经历中，从应力释放到风化氧化，从次生变化到物质入沁，从物理变化到化学变化都有着不同的特征表现和条件需要。鉴别古玉器就必须首先搞清这些变化之间的关系和层次，还原过去时的空间。工艺痕迹既然是第一步，也就是讲必定在器物的最底部，其上面应该有多重各个时间段受到不同条件影响所形成的表现，这种表现应该沉淀于加工痕迹之上，研究和看懂这些古玉器所反映的过程，这就是综合观察必须具备的理念。

笔者感到，用现代工艺逻辑来观察古代玉器，能较容易理解玉器是如何加工形成的原理，掌握了加工工艺的逻辑性有利于对玉器加工技术和社会使用规范的进一步理解，更有利于对古玉器断代和辨伪。由于玉器工艺痕迹的观察以及逻辑性研究是一门看得见摸得着的学科。而玉器加工痕迹显微观察研究理论依据的是玉器在制造过程中，被加工部位因力学、工具及媒介物作用而发生的不可逆转的物理变化会在玉器表面留下各种不同的切割、顶挖、勾划、打磨、抛光等加工印迹。这种不同的加工技术和方式、加工工具、媒介物都会在玉器上反映出形制、纹饰和表面光泽的不尽相同。因此，我们可以依据其形状、纹饰、光泽等工艺痕迹大致对现代工艺进行，可以从铡、錾、冲、压、勾、顺等九种工艺类型的角度来比较研究和观察。

①．切割工艺痕迹：使用柔性的麻绳、棉绳等工具，带动解玉砂或使用硬性的木片、岩石片、陶片、金属片、金属纽丝带动解玉砂在玉器上做单向或往复双向或多角度对玉器进行加工。这些痕迹在带有平面的器物上多见。有时是为了把大块玉料切开成合适制作的尺寸或者进行粗线条加工，有的时候则是为了把玉料上的绺裂去掉。

②．钻孔工艺痕迹：分为管钻、桯钻、掏钻等多种。管钻使用各类管状材料（有可能是如同竹管、陶管、铁管等）的空心带动解玉砂间接对玉材进行单向或双向加工。桯钻使用（有可能是木、竹、陶、金属等材料）实心材料工具带动解玉砂间接对玉材进行单向、双向加工。掏划是使用石英、黑曜石等石核不加解玉砂，直接对玉材进行单向或往复双向的加工。这些痕迹在玉器上是经常可以看到的，比如去除花枝间的余料、器皿的内堂，镂空雕刻，用于串绳的穿孔，高浮雕压地去料时都会留下痕迹。

③．打洼工艺：用砣具碾压打磨的方式致使

溯源识真高古玉

被打磨处形成下洼，并使之光滑平整。在红山文化的玉器上，在表现动物耳部的时候、在比较宽缓的沟痕中多会留下这类痕迹。

④.锉磨工艺：使用一定厚度的砣子带动解玉砂进行锉磨。处理玉器边沿的部位，使其平整，这在璧一类的器物上经常可以发现痕迹。

⑤.拉丝工艺：也称"镂空"。这是使用弓状框架拉直柔性麻绳、棉绳或金属丝等工具，带动解玉砂往复运动对玉料进行加工的一种工艺。各个时代的拉丝工艺不尽相同，但基本原理都是以一弓架牵引索类材料带动解玉砂的方式工作的。

⑥.直线工艺：使用片状工具加解玉砂或直接使用夹沙烧制材料在玉材上往复研磨的工艺方式，其工具材料可能是石核、陶片、锐利石片等。在玉材上往复刻划而成的直线，是玉器上最常见的打样加工手段。该手段可分为阴线和阳线两种，其中阳线的形成还需要打洼压地工艺的辅助，刻划只是在修饰线条时起到作用。

⑦.斜刀工艺：斜刀工艺是在阴线的基础上将阴线一侧再打磨成斜坡的一种工艺。这种工艺可以致使光线照射下形成多角度反射，以达到强化纹饰艺术效果的目的。这种工艺在商周时期的器物上相对较多出现。

⑧.曲线、圈线工艺：一条曲线是由多个直线组成的，因此它会形成单向碾琢的同方向扇面、双向交织刻划扇面等特有的转弯碾琢痕迹，这种

扇面状碾琢痕迹一般会在出廓的一端形成放射状的出锋。圈线工艺有管钻与碾琢形成两类，碾琢形成的圈线与曲线工艺有所近似，为管钻工艺在刻画动物身上纹饰和表现眼睛的时候经常会用到。

⑨.打磨工艺：采用不同晶体颗粒的固体粒度对器物表面或碾琢沟痕进行打磨抛光、修饰的一种工艺手段。这种打磨抛光修饰由于受到不同工具材料的限制以及砂质的成分影响，会形成直线与游离的划痕，并影响其光泽呈现的优劣。

同时，我认为古玉的加工工艺微痕鉴定剖析还必须考虑玉质次生表现，即氧化层产生的变化特征反映。只有将工具加工、次生、玉质解理、氧化层以及年代磨损通盘考量，才能得出真正的结果。由于我们现在可以利用高倍放大镜或电子显微镜成像技术来观察诸多的古玉微痕反映，故对于古玉研究的尺度和标准应该更为严谨和科学。我提倡必须引用具有说服力、真实性的成像来解读古玉。但是，我们同时也应该注意到由于古玉坑口的不同、玉质的不同、环境的不同，古玉微痕和次生及氧化层的特征反映是极具针对性的。我们不能将某一件出土古玉的标准附加于所有古玉之上，我们研究的目的是要找到其共性，去掉其特殊性。

制玉工艺与制玉技术史反映的是制玉历史的生产过程，这种历史的生产过程一旦确立是无法复制的。我们现在进行的古代制玉工艺技术方面的研究，因为许多局限性只能是根据古代玉器上

图283.1 各种不同微距镜头拍摄的成像对比
1.相机微距镜头拍摄的成像
2.可以放大所谓400被电镜拍摄的成像
3.物理光学显微放大镜40倍成像

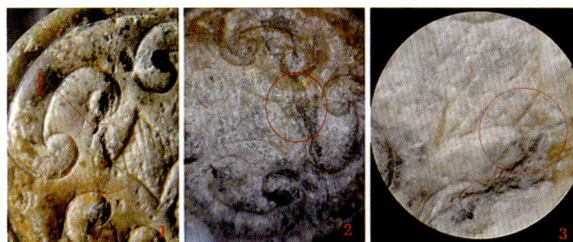

图283.2 各种不同微距镜头拍摄的成像对比
1.相机微距镜头拍摄的成像
2.可以放大所谓400被电镜拍摄的成像
3.物理光学显微放大镜40倍成像

残留加工痕迹与相关印证材料，通过科学仪器成像观察反映进行推测，缺乏确凿的佐证。现在很多朋友开始进行了一些有针对性的尝试，但笔者感到，有相当一部分人忽视了技术背景和工具条件限制所带来的约制，造成了实验数据并不准确的结果，其实这也是一种急功近利的表现。古玉爱好者应该对古玉负责，对古玉的传承负责，对我们的子子孙孙负责。搞懂一点说一点，交流一点。这一点是建立在严谨的科学、翔实的资料、前辈的总结基础上的，那决不能是华丽辞藻和专业术语的照搬，甚至是乱用。

玉器加工痕迹显微观察研究理论的依据是"玉器在制造过程中，被加工部位因力学、工具及媒介物作用而发生的不可逆转的物理变化在玉器表面留下各种不同的切割、顶挖、勾划、打磨、抛光等加工痕迹"。原始工具轴心的不稳定，旋转速度和轨迹以及材料的不可逆转性是其共性。现代加工技术产生的机械共振，工具材料种类的多样性以及速度的调制产生的轨迹同样也有其不可改变的共性。如何排除共性，认识其非共性就是我们利用高倍放大镜研究古玉微痕的首选。笔者认为，古玉工艺微痕迹的鉴定应该是在局部的碾琢痕迹之中发现问题，而次生与氧化层的变化

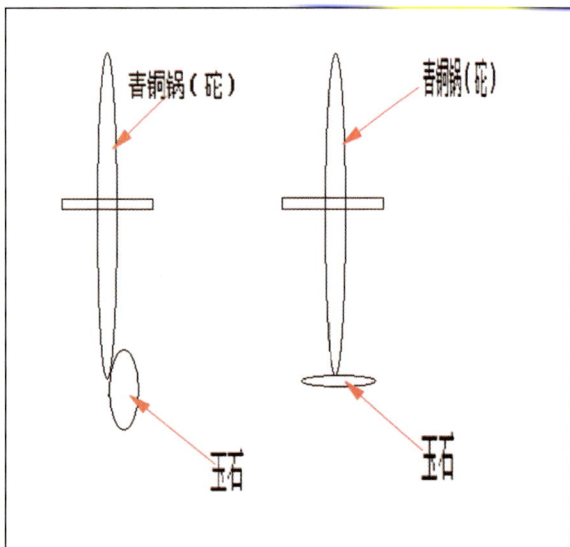

图 283.4 铜砣加工示意图

需要整体与局部相结合来发现问题。工艺在前，变化在后这种情况不可逆转。

在玉器上都会留下不同的碾琢痕迹，这种痕迹的规律性，是识别的信息，这些信息反映的是有着明确因果关系和逻辑关系的必然规律。当我们在玉器表面发现了某一个工艺痕迹信息的存在，就必然在这个玉器上能找到其对应的因果关系的其他工艺类似痕迹信息，这就是玉器工艺里的逻辑。这种逻辑还必须与玉质、碾琢、打磨、切割、盘玩成器之后产生的次生变化相结合。这种逻辑还必须与玉质入土环境介质或传世经历相结合。通常掌握加工工艺的逻辑性和古玉成器以后的质变特征，有利于对古玉器断代和辨伪的进一步考量认知。用工艺逻辑和玉质次生氧化现象来观察古代玉器，对古玉爱好者来说是一门看得见摸得着的学科。例如，古代加工工具的跳刀和现代机械振幅引起的跳刀的不同，古代加工工艺落砣、跟砣、轧砣、起砣与现代机械工艺操作的不同，由于轴心不稳定形成碾琢痕迹的不同，根与底子处理的不同等都是工艺上值得观察的结点。

大家都已经认识到，现代玉器加工技术可以仿造出古代玉器任何器形、纹饰的器物，可以造出逼真的沁色甚至是包浆。为此往往看器形、看纹饰、看沁色，会形成对某一件玉器有几种不同的结论，这些结论表达的语言往往存在颇多的主观性和不确定性。笔者认为针对一件器物，我们不要先评估古玉器的年代和真伪，先搞懂现代玉器加工工艺和古代工艺最大的差别在哪里。这可以从三个方面下手（玉器材料性质不同，造成同等加工条件下痕迹也不相同；加工工具的材质不同包括解玉砂，也会造成痕迹不尽相同；加工工具的旋转速度和运动方式不同）。依据这些工艺痕迹的信息对古玉器进行观察，鉴定工艺痕迹，就不会发生一件玉器几种判断的现象了。那么怎

么来认识这三个方面呢？笔者认为还是从新工开始比较是条捷径，先看老，后断代。应采用吸纳多角度信息，研究采集这些看得见、摸得着的工艺逻辑关系信息，对自己鉴赏水平的提高有百益而无一害。只有科学鉴定玉器所表达的语言才能更加具体形象，更便于理解，更容易达成共识和得出统一的结论。研究和了解中国古玉器的加工工艺的发展过程，梳理出各个时期的玉器表面有哪些工艺痕迹的时代特征，有哪些和加工工具、媒介之间的逻辑关系相符，是最终形成新的研究方法之根本。

加工痕迹在鉴定古玉的过程中是一个不容忽视的节点。不可否认的是每个时期加工痕迹的表现形式是有所不同的。加工工艺的传承、延续、变化，仅仅是在砣机的正、侧、深、浅、起、落、弧度、打磨、钻孔、掏膛等有限的手法中形成变化。这些手法无非是旋转、刮磨、切割、刻划、镂镂。笔者感到，我们现在对古玉器碾琢痕迹的认识和理解与先人的敏慧睿智，数千年的玉治，与无数帝王将相、达官富人、市井百姓喜好构建起来的无限遐想以及所形成的千变万化器物形制有着不可攀比的落差。加工痕迹的鉴定不是物理数学的定律，它是十分抽象的、未定的，它就像诗文一般可以化成美与丑的遐想和烙印。故，我认为加工痕迹只能作为古玉判别的辅助。

加工痕迹的史料记载至今没有连续性。特别是早期玉器工艺及加工工具的记载更是一片空白。许多现在形成的所谓有关工具与加工方式的观点和提法，其实也是浮想联翩的产物，根本没有得到相关的佐证证实。从兴隆洼文化、河姆渡文化、裴李岗文化到红山文化、良渚文化，中间有数千年的空缺至今无法加以充实，我们不能正确地去加以认识。加工工艺是一个循序渐进不断成熟、发展的过程，这个过程的连续性，现在尚未在考古中有所体现。当我们见到那些已经明确

的古代玉器，对其加工工艺之细腻、精湛、巧妙惊赞不已时，是否感觉到它的许多天赋是现代工艺所无法完成和再造的呢？是否感到在研究者谈及它的制作工艺及工具体现在论据和表述的软弱无力呢？

每个时期、每个地域、每个群体、每个作坊的传承发展速度、社会条件和地理环境的不同，都会造成加工水平的不同。再落实到每一个人，掌握技巧和熟练程度的不同会形成不同的加工水平，并体现在器物的痕迹上。发达地区和贫困地区制造业的水平差异，同样也形成了工艺水平的不同。选材的不同，加工力度，甚至包括碾玉者个体体能、嗜好、加工时心理差异的不同，都会在加工痕迹上或多或少地留下印记。但这些不同不可能摆脱工具和材料的局限性，却也包括了许多不稳定性和特定性。好玉用好工，上层建筑在享用之极的奢侈中必定会集中国力，选用一流的玉，一流的玉工，制作一流的玉器。故，当我们确定一件器物是一流玉质时，必定要看其工和形，三者的完美结合，那就是真品中的极品。

当然，民间器物的完美性，可能达不到如上所述的条件。但依此类推，是可以得出结论的。这里我要强调的是，大家在学习上可以宽泛一点，很多问题是在泛中找到答案的。高古玉介于陶器、青铜器之间，唐代飞天与敦煌壁画之间，草原游牧文化与中原农耕文化之间，在历史上都有着密不可分的互动和关联，这些关联会镌刻在时代遗留器物的烙印中，让我们去寻找和认识。如果您连春秋战国，东周西周都搞不明白，我劝解您就先别玩古玉了，因为古玉的精彩就在于其深厚的文化底蕴上。

《诗经·小雅·鹤鸣》："它山之石，可以为错。""他山之石，可以攻玉。""如切如磋，如琢如磨。"我想，在我们理解古代玉器的痕迹加工的时候，首先我们应该了解一些砣机的形成

和发展历史。这是人类进化中劳动实践过程的产物，是人类聪明才智的体现发展过程，是作为一个古玉爱好者必须应该了解和体会的。笔者认为，八千年的琢玉历史，承载了丰厚的历史沧桑与更迭陈迹。作为现代人哪怕是了解和读懂了其中的一段，也会有一份意外的收获。

在学习和收藏古玉时大家比较重视年代的断代，却很少会去研究那个时代的制度和风情地貌、玉治民俗、社会状况。我们在看加工痕迹时，往往会比较重视"一面坡""汉八刀""游丝刀"等痕迹，很少会去研究当时生产力的发展和砣机的使用情况。我曾讲过，加工痕迹的鉴定不是物理、数学中的定律，而是十分抽象的，含有诸多的未定性。不了解青铜器的发展，铁器的发展，合金的发展。只是肤浅地看看快速、慢速砣机痕迹和特征。请问，如果我现在也用水凳来制作，您如何来看？故，我们必须设法把自己融入到当时的历史背景中去。去仔细体会当时的场景，这种身临其境的解读，往往会给自己带来极大的收益。

"石为错"，这是将石头作为了刻磨的工具。玉器的加工有切、磋、琢、磨几项基本步骤，早在两千五百年前，我们的祖先已经经典地阐述了玉器加工的整个过程。不过由于加工的工具发生了变化，由石头、竹木、青铜、铁、合金、金刚

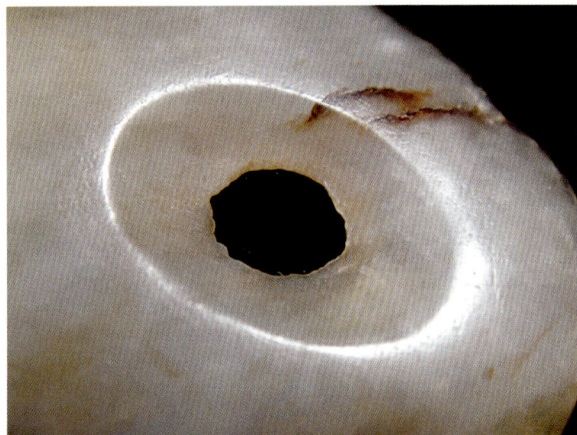

图 283.5 双连玉璧局部

石锯片一步一步地走到了今天。砣还是那么地圆，解玉砂还在用，速度发生了变化，旋转方式发生了变化。但所有的加工手段和方式还是百变不离其踪（除了现代超声波等的加工方式）。

由于缺乏考古资料，至今也没有玉器加工工具实物出土。因此探寻古玉加工的技巧和工艺许多都是通过古玉痕迹的表现结合传统工艺的手法来推测的。依据牟永康先生对良渚文化玉器的加工论述："可区分出硬性片状物切割和柔性线状切割两种。"片状切割表现为：线条刚劲有力，每条阴线两侧及地缘平齐匀称。线状切割表现为：痕迹为多条近平行的弧线，曲线中部弧度较大，甚至可以接近正圆，两端的弧度较为平直，有的近似平线。这种方式的切割主要用于较大器物的切割。新石器晚期的玉器加工手段基本是以某种物质带动解玉砂进行磋磨刻划完成的。我为什么要说是某种物质呢？因为这种物质是不确定的。正是由于这种不确定才造成了痕迹的千变万化。而真正意义上的砣机时代应该是在青铜砣的出现。它在淘汰了石砣的同时使加工有了质的飞跃。这种发展最大的进步在于可以利用砣的两侧结合锋利的正面进行多种方式的加工。

笔者认为由于铜砣质地较柔软的缘故，古人进行碾琢时，同时也对坨头的一种磨削。他们利用砣的侧面碾琢使铜砣刃口始终保持锋利，进而保证了在对阴刻线加工时保持坨头刃口的锋利。故在铜砣加工的一件器物之上会形成阴刻线不够连贯以及宽窄不一和多处接刀的痕迹。在西周晚期铁器的加工工具开始应用，（这在三门峡虢国墓出土的玉柄铁剑上得到了印证）。铁砣的出现致使当时玉器加工痕迹的力度和细腻度上都表现得更为流畅犀利，但那时的砣具应该还处在一种比较原始的状态之下，还会有边磨边琢的现象存在。笔者认为真正发生改革突变的是"水凳"的出现，应该在南北朝出现改进后的"水凳"。制

图 283.6 夔龙云纹小系璧局部

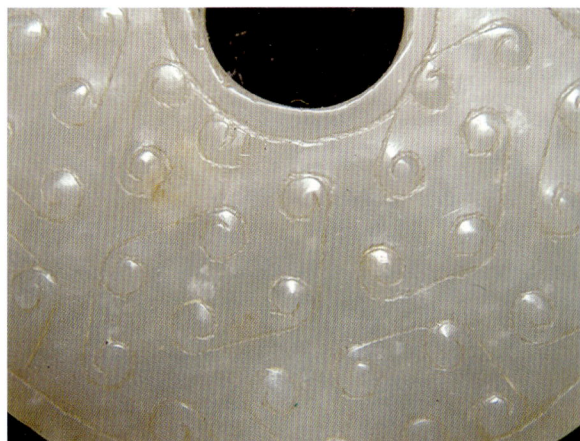

图 283.8 许多仿古艺术品 青白玉系璧局部

图 283.7 西周双龙首玉璜局部

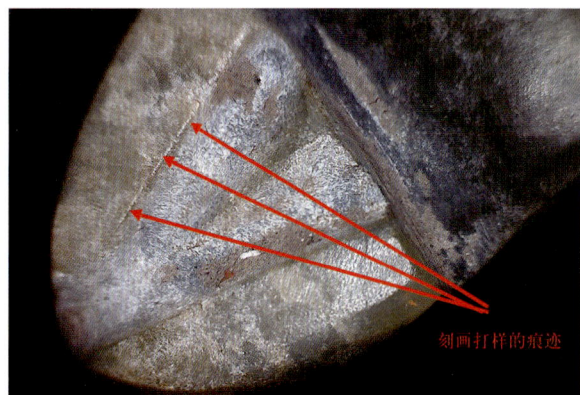

图 283.9. 预先打划的打样痕迹（放大40倍）
红色箭头所指之处为在玉器进行正式碾琢前预先打划的打样痕迹。

玉人从此站了起来，开始了手脚并用的协调运作，当时除使用碢的硬度得到了不断加强外，同时也标志着"水凳"技术的成熟和定型，这种成熟的定型一直延续到清末民晚。

再来看看各种碢具加工的痕迹对比（仅供参考）：

图 283.5 这件双连玉璧应该是新石器时期的留存，我们在玉器的表面不但可以清晰地看到橘皮纹，而且可以看出当时穿边缘的不规则棱牙，以及原始治玉工具留下的许多不规则的碾琢痕迹。

图 283.6 这件夔龙云纹小系璧，已经盘玩过。它打磨得十分到位，这一点可以从表面的平整与云纹的肩弧度上证实。但其碾琢痕迹就有宽窄、重复与不连续地表现了，这正是铜制工具加工中

侧磨与刃磨不断变换所具有的特征。

图 283.7 这件西周双龙首玉璜其碾琢痕迹就显得犀利流畅了，虽然近距离观察西周碾琢工艺可以看到碾槽内的密集划痕在起碢部分的明显痕迹，但其斜坡刀的陡壁之硬朗，转弯处的流畅都说明了碢具硬度的加强。故，笔者认为这是铁制工具加工的痕迹。

图 283.8 这就是许多现代仿古艺术品的加工痕迹了，且我们不谈其碾琢痕迹的爆口，仅从现代碢具不能随势而就以及落碢、起碢两个点位的工艺表现即可一目了然。

如图 283.9 所示，商代玉器在制作的过程之中，首先要进行设计打样。这种打样痕迹往往由于打磨处理的不到位而保留在玉器纹饰边缘的表面，该痕迹应该是极为锋利的高硬度材料刃口所

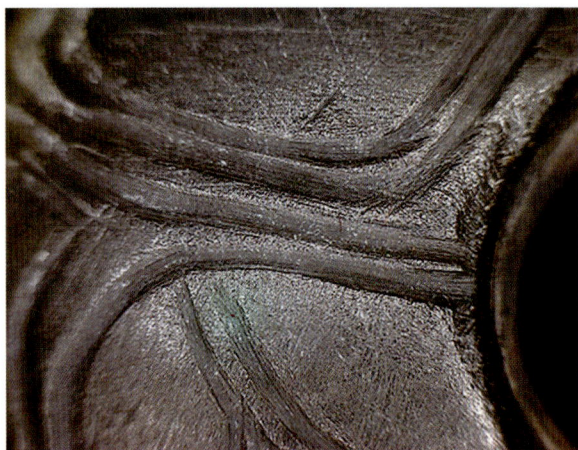

图 283.10 商代玉器加工的碾琢痕迹（放大 40 倍）

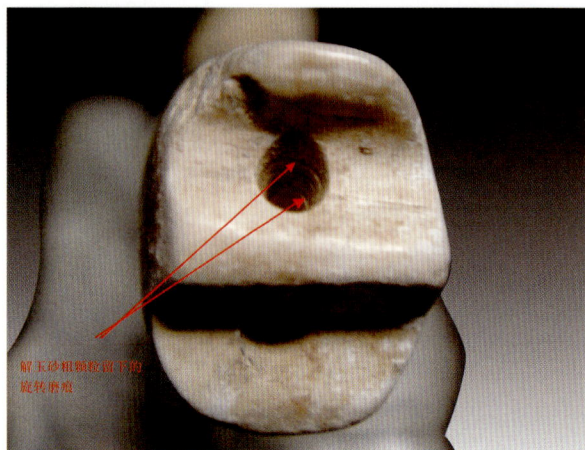

图 283.11 商代玉器的穿孔（微距拍摄）

解玉砂粗颗粒留下的
旋转磨痕

图 283.13 商代玉器表面打磨痕迹的成像
（微距拍摄）

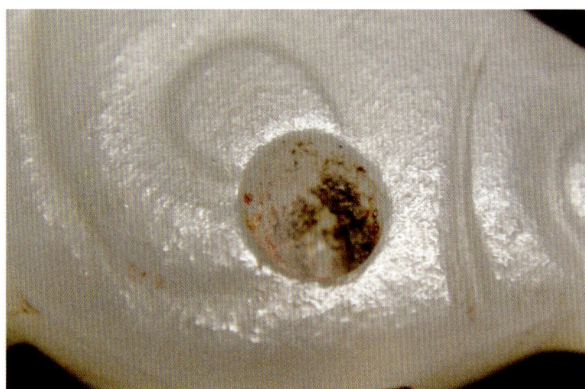

图 283.12 商晚穿孔工艺的表现（微距拍摄）

致，这种不规则的短线划痕有人工手指使劲形成的晃动表现。它的主要特征有，紧贴在玉器纹饰痕迹的边缘基本平行于玉器纹饰痕迹，这种划痕多为一条或多条，为了划线定位在起始点上有明显加深的点位刻痕。这种现象在妇好墓的出土玉器中也可寻觅到它的踪影。

图 283.10 所表现的这种粗细、长短、深浅不同的痕迹，完全是解玉砂与砣头共同作用所形成的碾琢表现，它是商代特有的。这种砣痕会显得杂乱无章，在交叉处会出廓叠压，在落砣处会有多道下砣痕迹，在起砣处会呈现宽松的、散乱的、无章可循的集束细线，在转弯处会出现砣具一砣一砣跟进变向和另一方向的相同对接表现，这些都是商代玉器碾琢痕迹的特有风格。这种解玉砂的游离状划痕随着砣具的旋转，其长短、左右是

没有规律可循的。

商早期穿孔无论在精密度和光洁度上都比晚商略胜一筹。上图成像表现的是商代玉蝉头部的对穿孔，其中一个作为重点可以看的较为清晰。商代穿孔错位的现象是倒置的，早期较为讲究，晚期反倒较为粗糙，这可能与解玉砂的粗细有关。早期穿孔一般在孔的上半部打磨较为精细，这种现象特别是肉眼可以观察到的地方显得尤为突出，下半部解玉砂痕迹相对明显。晚期穿孔定位游离较为严重，往往会出现多次的偏离修正情况，同时也出现了多次换钻的台阶痕迹，对穿壁几乎不打磨，一般都能观察到解玉砂粗颗粒留下的痕迹。

商代穿孔工艺是所有工序完成后的最后一道工序，故它会破坏原来纹饰。这种穿孔往往是向

某一个方向倾斜的，穿孔的外口由于穿孔的倾斜形成椭圆形的形状，这种形状俗称"马蹄孔"（图283.12）。

与穿孔一样，商代玉器碾琢痕迹往往都会破坏打磨痕迹的连续性，这说明打磨在前，碾琢在后。首先笔者认为这种打磨抛光痕迹是一种整体与整体之间的摩擦，它没有用柔性材料混合解玉砂打磨的游离状态，始终是直来直去的往复进行。其二，我们可以在不可能进行长距离推拉的器物沟沟坎坎中也观察到了这种直线运动。故笔者依此这一现象，提出了陶具打磨的概念。笔者做了硬陶、黑陶、红陶、粗陶、细陶的对比实验，证明了运用碎陶片打磨后形成的痕迹完全与商代玉器表面打磨痕迹吻合（这个观点在下面的章节中会详细提到）。细陶经打磨是可以在玉器表面形成类似玻璃光泽的，这种玻璃光泽还附带着第二种概念，那就是氧化形成的膜层。这种膜层在出土时是完整的，它包裹了整个器物形成了生坑状态。至于它以后的变化，在此书章节中已有阐述（图283.13）。

现代仿古艺术品玉器的特征是，明显缺少氧化层下的玉质变化，他可以在某个层面上仿的惟妙惟肖，但不可能做到面面俱到。从理论上来讲一切人为形成的现象，是可以通过某种手段来加以再造的，这包括工艺痕迹、造型、纹饰等，而数千年历史沧桑所镌刻的印记却是无法复制的。工艺痕迹、形制、纹饰代表了一个时代的信息传递，它不具备证明这种信息准确性的要件，而氧化层是对这种信息的密封，是裹挟在次生变化之上对这种信息的保护和证明，是代表了真正身份的信物。

殷商是玉器发展的巅峰时期，它的精湛工艺极具欣赏价值，有着强烈的艺术感染力和观赏魅力。它的双勾阴线纹采用了在1毫米间隔距离下，平行着两条均细阴线行走在玉料之上的工艺手法，给人造成了一条阳线的视力错觉。双阴勾线形成的勾云纹是晚商碾琢工艺的主体表现形式，而减低起阳正好是双阴勾线的姐妹线纹，这种现象在直线纹上表现的尤为突出。当时的管钻水平已经达到对钻孔直径、衔接台痕差别甚微的程度，镶嵌工艺、俏色工艺也已显示出其特有的魅力。作为重要手工业之一的制玉，当时在殷商已经具备了一套较为完整的技术知识和完善的操作流程。特别值得一提的是他们在选料、用料上的缜密考虑和严谨态度。运用材料的天然形态，利用残器或边角料，针对环、镯的钻心玉料等的因材施艺，充分反映了当时对用料的珍惜和严谨以及玉工睿智的聪慧。

在这里我要提一个有关玉器的话外题目——陶器。据有关资料显示，我国早在商代，就已出现釉陶和初具瓷器性质的硬釉陶，从河北省阳原县泥河湾地区发现的旧石器时代晚期的陶片来看，中国陶器的产生距今已有11700多年的悠久历史。陶器的发明，是人类文明发展的重要标志，是人类第一次利用天然物，按照自己的意志，创造出来的一种崭新的东西。人们把黏土加水混合后，制成各种器物，干燥后经火焙烧，致使产生质的变化，形成了陶器。从此它揭开了人类利用自然、改造自然的新篇章，它的出现具有划时代的重大意义。

陶器烧成温度较低，因坯体并未完全烧结，故胎体硬度较差，但它比竹管，木棒之类的肯定硬度高。请看看这段表述：

砂轮粒度主要关键是加工出来的精度和效率的反映。粗粒的，精度要差，但效率高，细则反之，但也有其他对砂轮粒度要求，砂轮和工件接触面大，工件韧性好，或薄壁结构的工件要用粗粒度。反之硬脆，高速磨削，成性磨削，精磨就要粒度小。一般来讲，切质地比较硬，厚度比较大的，要用软一些的切割片。

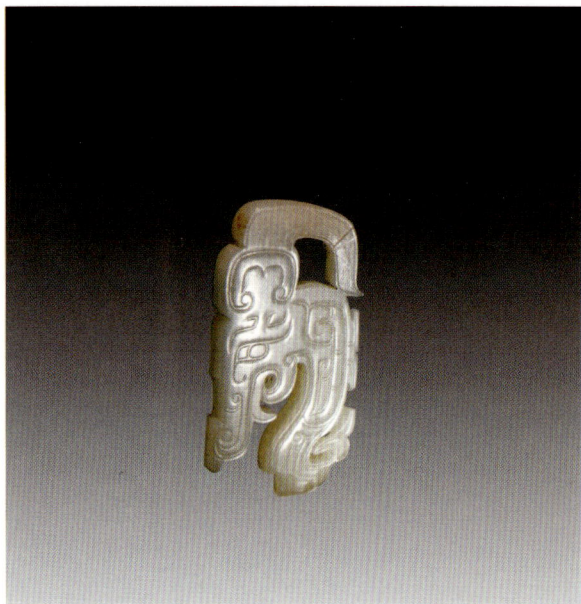

图 283.14 西周 玉盘龙
三门峡虢国遗址出土
虢国墓博物馆收藏

图 283.15 西周 鸟纹玉璋
虢国墓出土
三门峡虢国博物馆收藏

　　笔者为什么要给大家看这段文字呢？因为，笔者感到我们在大谈碾琢工具的种类时老是提到石砣、木托、铜砣、铁砣等，唯独漏掉了陶砣。笔者认为陶器很可能是在铜砣广泛利用之前的主要加工碾琢玉器的工具。理由如下：

　　第一，陶器制品的成熟早于铜器，早在兴隆洼文化、裴李岗文化、良渚文化、河姆渡文化期制作工艺已相当成熟，且始终伴随着玉器共同生存。陶器可以根据不同加工要求制作出成本极低的各种形状磨具，并且可以再生。这完全可以解释今天见不到玉器加工工具的现象。

　　第二，完全具备了批量生产砣具的条件，其粗陶与细陶可以根据不同加工要求制作不同形状的砣具来对玉料进行有针对性的加工。如果加入解玉砂烧制，就解决了古玉上解玉砂加工痕迹也有机械痕迹问题的困惑。再者陶具本身也是参杂着石英石沙粒烧结而成的。

　　第三，由于陶质砣具磨损后的丢弃或再生，可以在逻辑上解释至今尚未发现早期玉器加工工具的因果。它的特性在于硬度较兽皮、竹管、木棒、麻绳等高，比合金金属软。但可以磨制石器，铜器、铁器，乃至今天的高碳钢。我们大家用陶片磨一磨家里的菜刀，再在放大镜下观察其碾磨痕迹就会豁然开朗。

　　第四，由于陶砣的特点和制陶工艺的成熟，致使其加工成本低于铜砣，加工速度高于其他原始材料。再说陶砣不受地域的限制，而类似竹子一类的工具是要受到地域限制的。而且在理论上我们还可以解决玉器怕油脂的问题，在没有解决动物皮张的硝制工艺时，利用生皮打磨玉器对玉器本身的表面破坏是现今人们都认识到的一个严重问题。笔者认为，古人应该在其睿智的启发下择优选择运用陶土来制作各种砣具加工玉料，碾琢打磨玉器。

　　如图283.16所示是西周碾琢工艺示意图上红箭头所指之处为西周"一面坡"撤刀工艺的成像。在良渚文化的阴刻线以后，能够超越的当称西周阴刻线。由于工具的进步，工艺的成熟，玉质的途径来源的改变。西周阴刻线展示了其缜密规范、刚劲精细、阴柔弹性的效果。据山西曲沃晋侯

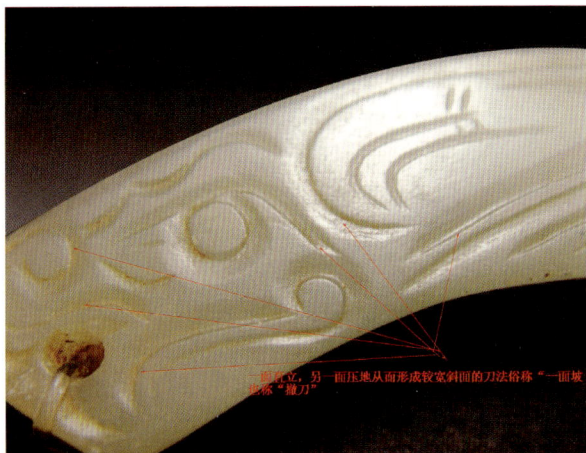

图 283.16 西周碾琢工艺示意图

图 283.18 双阴线的表现手法
龙纹玉玦，韩城芮国墓地出土，采用双阴线的表现手法。

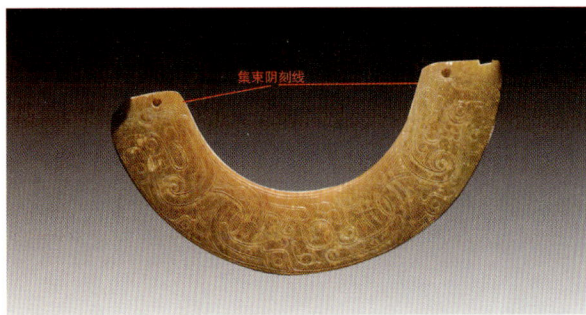

图 283.17 玉璜上的集束纹阴刻线
这件玉璜是山西曲沃北赵村晋侯墓地 63 号墓出土的玉组配中的一件，红箭头所指的集束纹阴刻线充分展示了西周阴刻工艺的水平。

图 283.19 宽撤窄勾工艺
韩城芮国墓地出土双龙纹玉璧，是典型的宽撤窄勾工艺。

M31 号墓室考古报告记载，其中的一件刻有夔龙纹的玉玦在其 0.1 厘米宽的夔龙眉上，碾刻了竟有五六条阴刻细线，每条阴线宽度只有 0.2 毫米，达到了微雕的水平。这种阴线在当时应该都出现在档次极高的玉器上，一般普品很少有之。

西周晚期的双阴线与早期的繁复、刚柔相济有了很大的反差。其特点为两条线条形成一宽一窄，宽撤窄勾，线条曲圆流畅、飘逸柔美，给人一种别开生面的感觉。虽然西周双阴线仍保留了殷商工艺的特征，但在此基础上发生了勾撤并用，外线围绕内线（外撤内勾）的规范性造型。它在中国玉器碾琢史上起到了承上启下的作用，是玉雕工艺纹饰曲线美的首创，充分体现了中华民族以柔克刚的民族品质，实现了玉与温润的完美结合，完成了前者畅朗委婉、清丽尔雅的再造（图

283.17）。

笔者在对商周玉器的加工过程进行了分析后，发现其碾琢工艺的工作一般都在玉器表面打磨完成后，再施其刻琢纹饰的，而干器表面打磨工具应该是陶砣。笔者做了大量实验发现，陶器残片打磨玉器表面所形成的打磨痕迹与商周玉器表面打磨痕迹几乎一致。由于许多原因，本人暂时不能将对照相片如实贴上。但完成的实验对比已经取得了验证和收获。特别是已经拿到了我打磨材料的一部分朋友，对我的观点极为支持，认为我的这个实验完全站得住脚。所以讲工艺痕必须与时代相符，与当时的生产力相符，与当时的文化背景相同，但就是满足了这些条件也只能作为鉴定古玉辅助依据的理由。

玉器以其悠久的历史、独特的礼乐文化内涵、

精美的造型纹饰以及存世数量的稀少，在收藏品市场上受越来越多收藏家的青睐和追捧，又由于日益彰显出的不菲价值和广阔升值空间，引起了大家的关注和热捧。在这种情况下，它同样受到仿古玉作假、买假者的垂涎，那丰厚获利空间所产生的诱惑，也使许多达人贤士甘心堕落于肮脏的交易之中。正因为如此，笔者感到许多古玉爱好者最致命的弱点，是在于不得其当时文化气韵之真谛和要领，在对古玉内涵基本无知的状态下，以机械式僵化思维而四处探寻所谓的好东西，即便是面对一堆赝品，即便是已经捉襟见肘，还难以克制那种浮躁，仍作着一

夜暴富的黄粱美梦。中国国家艺术研究中心的秦耕先生在其发表的《粗糙的名家作品不值得收藏》一文中精辟说道："一件真正的艺术品要有三个构成因素：第一，艺术；第二，学术；第三，市场。"他针对目前收藏品市场的涌动告诫大家要分清作品与商品的关系，理性收藏。当然，秦耕先生所指现代艺术品收藏成分大一点。可是，这一番话是否对古代艺术品也是一种考量呢？笔者建议大家有机会可否读一读发表在《国家艺术》第十一期的这篇佳作。也许，读罢会对自己有所启发……

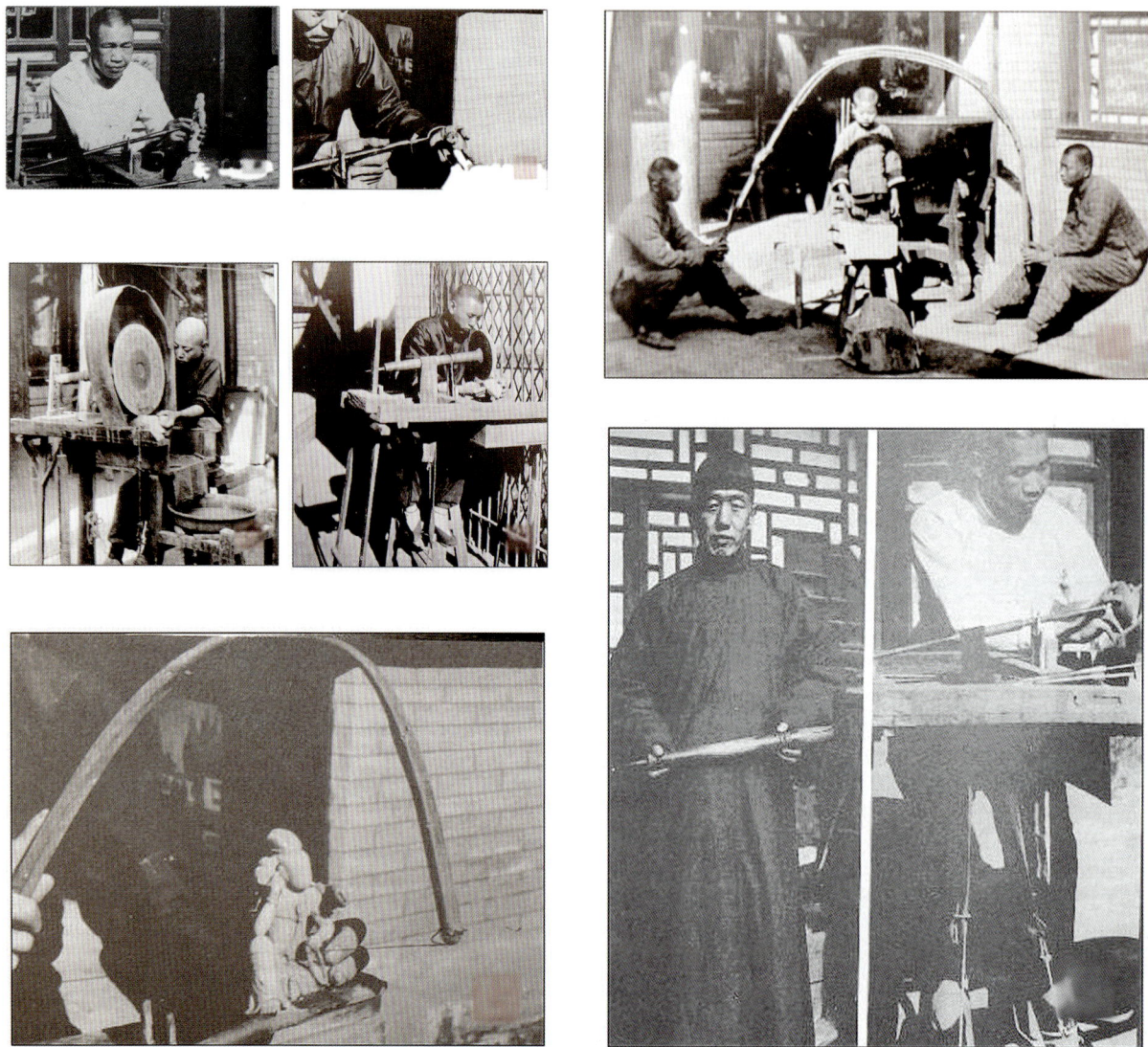

图 284 一组七张治玉实景的老相片

一组七张，这可能是可以找到最老的治玉实景相片了。从中我们可以找寻到什么呢？年代应该是民国，相片反映的工艺包括了解玉、掏膛、锼工、切割、打磨、碾琢六项，过去的玉工师傅看来生活似乎也不差，衣着光鲜铮亮。

四、风化篇

古玉器风化就是指玉经过漫长的历史岁月，不论是处于地下或是地上，引起了材质本身的应力发生改变，其晶体排列发生了崩解和蚀变，形成了玉石的破坏和改变。这种改变促使了各种物理、化学、和生物作用形成受沁或发生质的变化。物理作用涉及玉石破碎而不涉及造玉矿物的任何分解。相反，化学作用则意味着一种或多种矿物的蚀变。由此，我们知道了风化分物理与化学两种类型，而我们在这里讨论的主要是古玉器成器以后在风化表现中的物理现象，同时也要提及成器以前的玉质风化物理变化现象。至于化学变化我想归类于沁色篇，故在此不予复述。我们只有将这两种不同风化的现象搞清楚，并能正确地加以区别，那么对古玉真伪的鉴赏和认识就基本解决了一大半。

关于物理变化，小时候学习物理，记得老师说，"形变量变质不变"就是物理变化。说得通俗易懂一点就是"没有生成其他物质的变化，实质保持物质化学性质的最小粒子本身不变，只是粒子之间的间隔运动发生了变化，没有生成新的物质"。很多朋友会把物理变化与化学变化混淆，其实物理变化与化学变化的根本区别就在于物理变化没有新物质生成，而化学变化有新物质生成（如铁被氧化生成氧化铁的过程就是化学变化）。

笔者认为引起玉石发生物理风化的主要原因是玉质的解理构造发生了变化，解理是反映玉质晶体构造的重要特征，它的变化对玉质今后的各种变化有着极其重要的作用。由于玉石人为进行的加工或脱离母矿体，其本身解理产生了由静应力的形式变为低于内应力的状况，为了求得外应力与内应力之间的平衡，于是就产生了内应力的释放。这种极为细微的变化有着一个漫长的过程，它与现在仿古艺术品的人为速成不同，是一种自然的进变，是按照玉质解理走向的缓慢的变化过程。

在这里笔者介绍几种比较常见的玉质变化，供大家参考。

1. 饭糁与豆花

饭糁的表现形式为在玉质内部中的白斑，呈饭粒未成熟状，也似大米胚胎处的白点。豆花，顾名思义就如同豆腐花一样。它们的形成来源于玉质本身的结构问题，这些都是玉质疏松的一种表现。在新玉中它往往似玉花或棉絮状的反映，随着时间的推移就变化成为了饭糁，饭糁的扩大化便是豆花。这种现象在新玉、古玉中都有反映，在鉴定时主要还是看其在工艺痕上叠盖的连续性

图 285 新玉中的饭糁表现

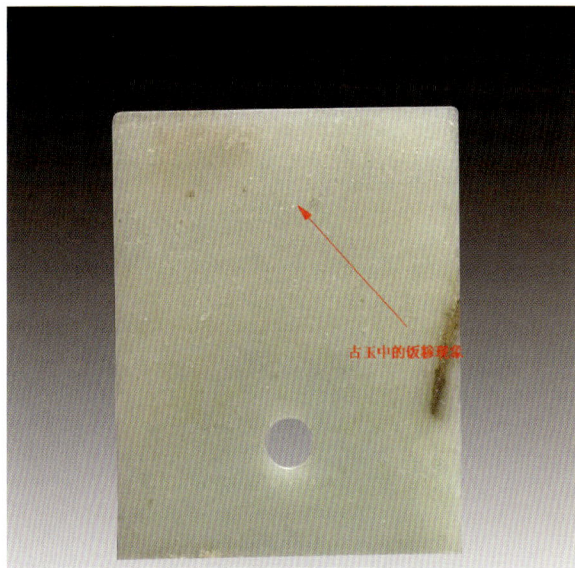

图 286 古玉上的饭糁表现
台北"故宫"藏玉牌

古玉中的饭糁现象

189

图 287 新玉上的豆花

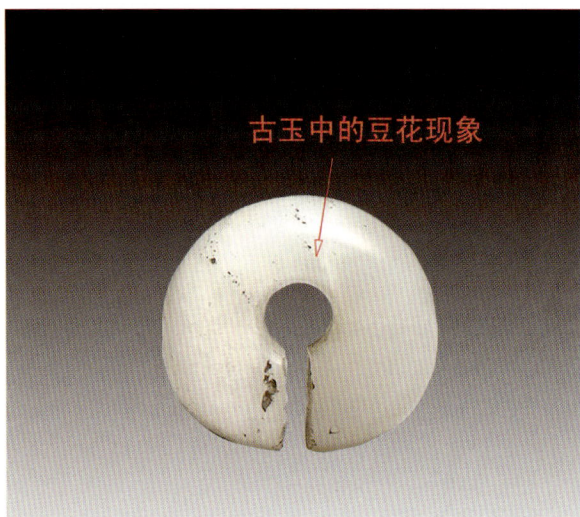

古玉中的豆花现象

图 288 古玉上的豆花
台北"故宫"藏玉玦

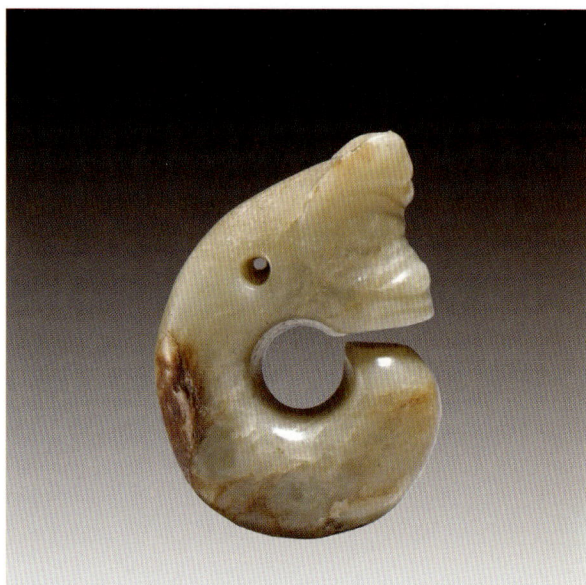

图 289 古玉表面冰裂纹
台北"故宫"收藏的玉猪龙

和受沁表现，一般古玉对玉质要求较高，这种带有玉花的材料在选材时就会被剔除。但由于材料应力的变化在成器后还是会出现这些现象的发生。

古玉玉料中的白色絮状杂质（豆花），呈片状白化现象，它是从玉质内部呈现的白化现象，有如捣碎的豆腐脑，分布散乱无章，找不到可循的规律。这种现象是玉质老化的一种表现，通常是在玉质相对疏松处由内向外在皮壳上表现出来。这种现象一般在清以前的玉器中较为可能形成，而且年代越久越为明显，要注意到原生的絮状杂质一定是有根的。

2. 冰裂纹

玉无纹，天无云，珠宝商界有一句口头禅："十宝九裂，无纹不成玉。"玉器内部石纹是指在内部存在的、而在外表则难以判断的纹理。这种现象大都是在玉石早期形成的地质过程中受内应力作用而产生的，在其后的地质过程中往往又被后期的矿物充填愈合，因而一般是封闭的。石纹在透射光照射下容易辨认，而在反射光下并不明显。这与裂不同，裂所指的是非常直观的，一般明眼人拿到实物便一目了然。

它在古玉的表现形式上有两种：

其一，由于受玉质内部的晶体异向性的影响，沿着一个或几个方向有规律地裂开，表面显得平整光滑，且存在有固定形状、方向和规律性。

其二，这种解理面不是破碎面，破碎面在发生破裂时没有一定的方向和规律性。这种解理我们俗称"冰裂纹"。

古玉在漫长的演变过程中，各种相关的、贴近玉器本身的、在空气中携带或在盘玩过程中夹杂的各种物质，缓慢地沿着玉质的绺裂以及玉质疏松处沁入肌里，产生沁色。这种沿着解理绺裂形成的表现形式会明显地在玉质表面出现，这就上"抚之无痕，视之可见"的由来。一般情况沁色会沿着裂纹沁入，同时也有裂纹由于产生的早晚有别而同时呈现在一件器物上的现象，一般来

图 290 古玉表面冰裂纹
台北"故宫"收藏的玉蝉

图 292 不是冰裂纹
整体纹路呈放射状，抚之有拉手感，绺裂处有明显的缝隙开片直接下去，无古玉的斜开片（与表体呈 45 度夹角）之感。

图 291 火烧泼水形成的裂纹
整体纹路呈放射状，抚之有拉手感，绺裂处有明显的缝隙开片直接下去，无古玉的斜开片（与表体呈 45 度夹角）之感。

图 293 另类冰裂纹
图 293 所示虽然也是冰裂纹，但是这种生硬的入沁，使人一看就明白了它是什么货色。

讲早期的裂纹有明显的沁色，中期的裂纹有沁色较弱，晚期的或者说未入土的裂纹中不见或很少有沁色（图 289—图 296）。

3. 牛毛纹的特征

牛毛纹是按照纹路的走向而沁入玉质的，其表现形式为，顺着一个方向（玉质解理的走向），

有多根沁纹伴随向前延伸的。在高倍放大镜下观察，其一根一根沁纹是凹陷下去的，这种牛毛纹多是黄色，也有黑色和红色。这种现象被学者认为是沿纤维状晶粒界面和解理纹的蚀痕，是长期埋在地下被侵蚀（沁变）的反映，被认为是软玉类古玉并不多见的有力证据之一。笔者认为牛毛纹的形成与传世的玉器在成器后的把玩有关，是一种把玩、抹油形成的包浆渗入玉质解理的现象。

图 294　标准冰裂纹

图 294 所示的汝窑瓷开片裂纹，这是一个相当标准的冰裂纹，在此为了比较清晰地表达冰裂纹的形式，借来做个对比。

图 295　古玉器表面的乱柴纹

图 296　典型木头乱柴纹

真正的木头乱柴纹。比较一下像不像图 295 所表现的绺裂纹？可以用心找找感觉。许多朋友将乱柴理解为树枝状，这是一个误区，柴在这里的理解应该是相片中类似的木柴纹理。

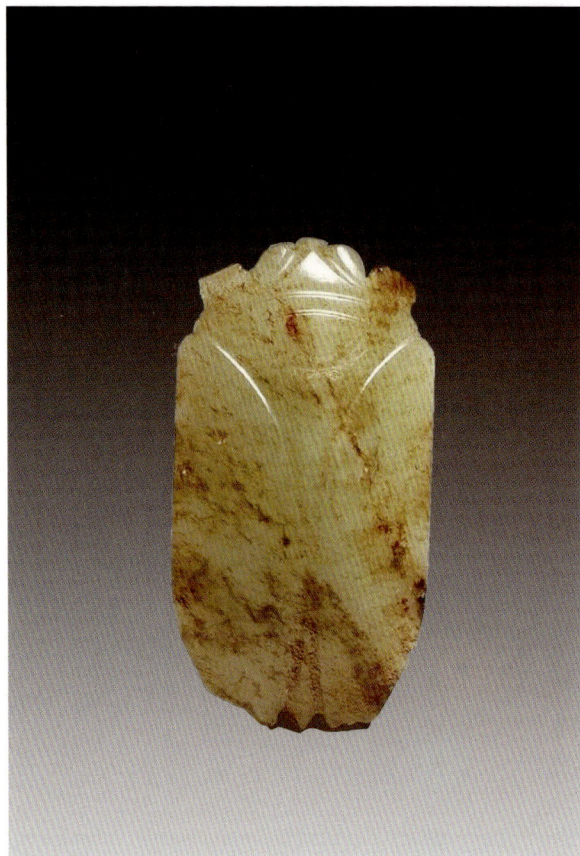

图 297　玉蝉上的牛毛纹

台北"故宫"藏玉蝉，纹理呈相向方向排列和自然伸展，其状有细密如耗牛毛般的感觉。

4. 蚂蚁脚

蚂蚁脚是指在玉表形成的近似黑褐色的一丝丝或一簇簇，基本朝一个方向排列走向的一种特殊沁色。这种玉表的浅沁表现沁纹呈不规则网状，细如蚁迹，就似蚂蚁的走过的脚印。蚂蚁脚也有的呈一丝丝的，但比牛毛纹显得粗短些，不像牛毛纹那样沁入机理，它看似有纹抚之无纹，在高倍放大镜下，可见其黑色部分的凹陷现象。这种沁色也有现代艺术品的出现，多为热处理形成，其纹路呆板，大多似放射状扩散。

5. 玉质的老熟通透

谈到古玉我们往往会说到古玉的玉质老熟通透，通透的概念对新玉的通透诠释为全透，半透，不透（这个标准以 0.3 厘米为标准，能比较清晰

图 298　蚂蚁脚

其表面的粒粒黑点一簇簇的，单个看就似蚂蚁走过留下的脚印，这就是蚂蚁脚。

图 300　玉环的玉质老熟和通透度

安阳殷墟出土

在辅助灯光的照射下，我们可以明显地感觉到玉质的老熟和通透度。

图 299　谷钉纹玉璧上典型的蚂蚁脚沁纹

台北"故宫"藏

在 10 倍放大镜下观察呈不规整网状击碎纹，纹线边缘似微锯齿状，纹路稍有凹陷。

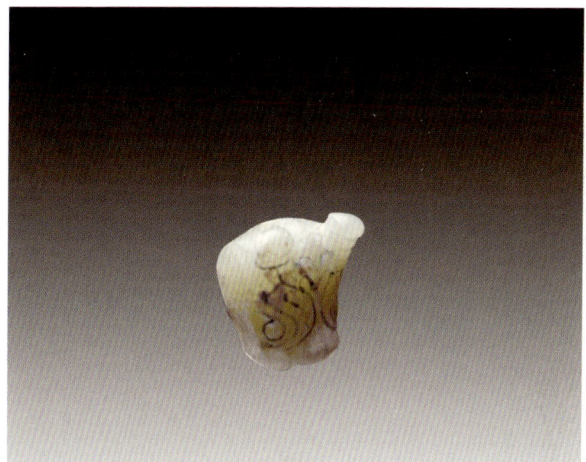

图 301　神兽首的玉质内部

安阳殷墟出土

在辅助灯光的照射下，我们可以明显地看到玉质内部的一些情况。

地看到背面物体为全透，看上去模糊不清的为半透，一点也看不到的为不透）三种形式。而古玉的老熟通透与玉质玉化与否有关，与古玉的受沁和白化现象有关。我们在一些保存较好的古玉中，往往在"开窗见地"处可以明显地找到玉质的老熟和通透感觉。在盘玩后古玉因玉体净化质变产生了滋润感，同时也出现了玉质老熟的通透状态，此为出土古玉的特有征状之一。这种老熟与通透的立体状有果冻般的，甚至是水晶般质感，可以清晰地看到玉内部中杂质及质变的结晶。这种现象的玉质在汉代以前尤为常见。

6. 橘皮纹

玉皮壳的古玉橘皮纹有两种：一是抛光时所留的痕迹；另一种是自然风化的结果。古玉皮壳上，这物两种橘皮纹有同在和单一存在的可能性。橘皮纹的形成和玉质本身质地有关，也和保存的环境有关。（见图 304、图 305、图 306，所示器物均为馆藏文物）

古玉皮壳的绝大多数古玉的表面都存有若隐若现的橘皮纹，这种特有的现象是由于玉器成器后长期在不同环境中受到各种物质的氧化侵蚀所致。这种次生变化以两种形式存在于玉器的表面：

图 302 玉鹰玉质的通透感
南阳市物资城 1 号墓出土
这种玉质的通透之感，可以预见到其制作的材料之优良。

图 303.2 艺术品橘皮纹（酸咬所致）

图 303.1 红山文化玉猪龙表面的橘皮纹

图 303 玉人上的土沁
山西曲沃北赵村出土
已全部浸熟了土沁，但其优良的玉质优良通透温润。

一是抛光时所留下的形式；另一种是自然老化的形式，这两种橘皮纹有时会同时存在于一件器物之上，有时只是一种存在。其表象就似经过一段时间搁置后缩了水的橘子皮，表面呈现出粗细不等的凸凹状橘皮纹差不多。橘皮纹粗细的表现与玉质的密度和纯净度有关，干净、密度高的玉器，其表面的橘皮纹极为细腻，反之就要差多了。而仿占艺术品的所谓橘皮纹则会显得极不自然。

这件所谓的辽金白玉雕件上面的橘皮纹极具迷惑性，这是运用喷砂工艺制造的。其制作流程为碾琢完成后，根据想要形成橘皮纹的粗细选

择不同型号的金刚砂，然后对器物进行喷砂处理，喷砂工序结束后，再进行全面的打磨。识破这种工艺比较简单：其一，在弧面有金刚砂划过产生的长条划痕；其二，碾琢痕迹的陡壁上会有直线划痕。这是由于喷砂射线不能找到撞击正点致使沙粒打滑所产生的破绽（图 303.3）。

7. 古玉表面的氧化与灰皮

大家都知道古玉会有白色、灰白色的灰皮，古玉会钙化形成鸡骨白。玉质的灰皮形成和白化到底

是如何形成的呢？如何来正确区别这种现象的真伪表现形式呢？

灰皮体现的是玉表的一种白化现象，它是玉器在各种自然环境影响下的变化反映。一般干坑的，不接触强腐蚀性物质的，不会对玉表形成大面积破坏，特殊部位可能形成蚀斑和蚀孔。腐蚀性大的水坑会对玉器的影响大，其表面光泽和完好度都将受到破坏。酸、碱、各种化学物质强的，地温差异大的，自然地质变化剧烈的，与水、氧和各种有害气体接触多的环境必然对玉器的影响大。玉质质地的不同，浸泡接触面积的大小，时间长短决定了玉石被侵蚀的深浅程度。在同样环境下密度相对低的结构及绺裂处应首先开始发生变化，而质变的过程定式一般是：轻微漂白—灰皮加重—形成一定程度的鸡骨白—整体钙化为鸡骨白。一般腐蚀和吸附物的吸附是同步进行的。这些现象的发生给自然形成的灰皮注入了许多的可变性，致使其各种不同的自身或外部条件相结合生成了玉质的白化现象，要注意的是无论是沁

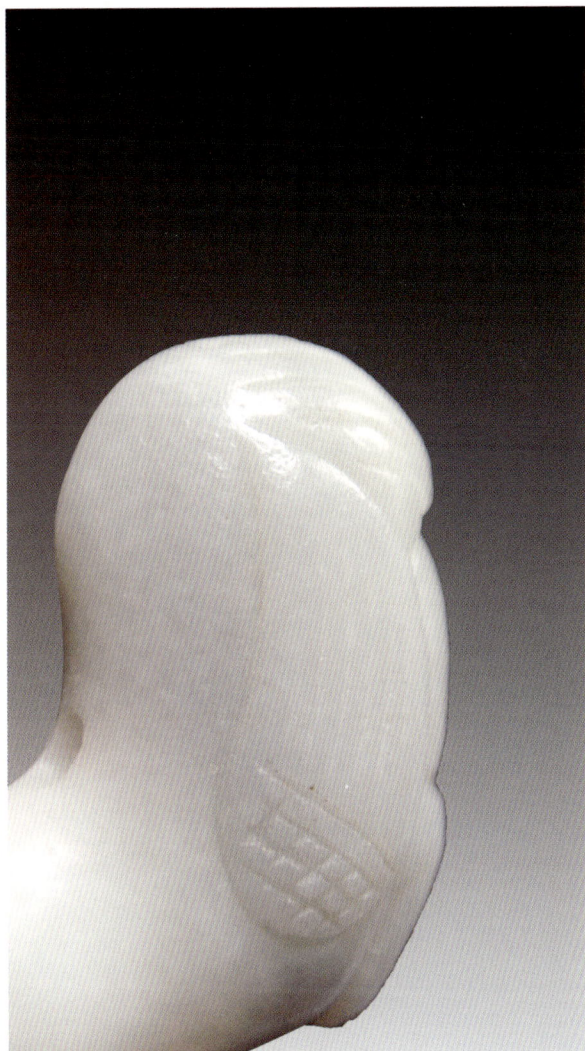

图 303.3 仿辽金白玉雕件

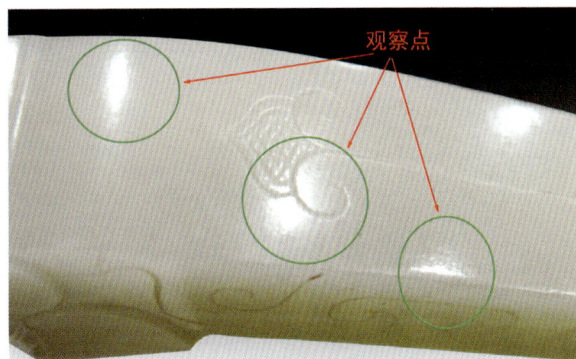

图 305 汉代白玉带钩上的橘皮纹

图 304 红山文化勾云佩皮壳上的橘皮纹

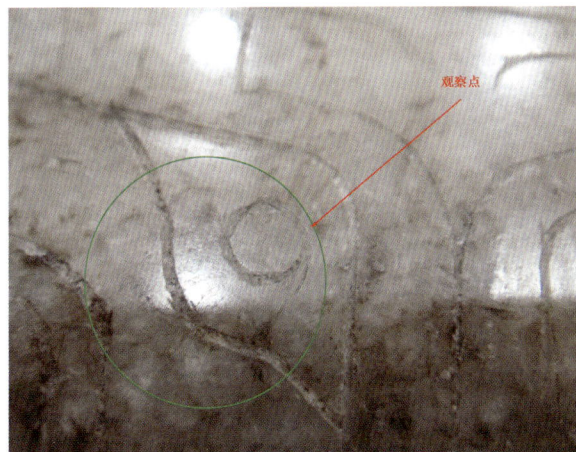

图 306 西周青玉璧上的橘皮纹

图307.1 沁色根的表现成像
这是一枚玉衣片，从中我们可以清晰地看到沁色的根。

图307.2 生坑的灰皮
生坑的灰皮厚薄不均，有的地方显示地张，水沁说明了器物在坑中的情况。

色还是灰皮都是有根的。

以上相片说明了灰皮的厚薄是不尽相同的。一般来讲越厚，盘去的难度越高。灰皮的分布和呈现是自然和有一定规律的。凡玉质上佳、环境条件比较中性的，其表面白化较轻，呈白雾薄云状，非常自然，稍盘即消，见水即现。灰皮的发展、变化现象会随着时间的推移（特别是在偏酸的潮湿坑口中）加重，甚至变成鸡骨白。这种现象的发生是由于玉质结构发生变化所致，但由于其玉性仍在，故迎光侧视仍会发现温润含蓄的光泽。

当玉质达到鸡骨白时一般玉器表面会呈现出，"沁裂纹""藻类纹"、"玉筋格""土斑"等。这其中玉筋格是不轻易受沁发生玉质的变化的，而白化的"水沁"和其他白化产生的原因可能有所不同，它在玉器表面的反映形式同样也不尽相同，并且难以盘去。

图307、图308、图309均显示了玉质白化的不同反映，这都是属于透闪石的矿物结晶生长及白化作用的研究范围。在这里笔者主要谈一下古玉在不断的演变过程中所形成形状不同的改变，并形成阳起石的生长状况。这里要注意到火炽同样会产生透辉石和空隙层，所不同的是由于脱水造成玉质干枯，失去了玉器原有的玉性和光泽并会产生密集的，呈散射状的裂纹，在高倍放大镜下观察，我们可以发现其绺裂间的不透光现象是里外一致的。酸腐蚀可以造成玉质疏松，在微观条件下观察可见以造成针状和粉末状，由此产生晶体间隙的白化。但这种现象一般仅仅浮于表面的疏松组织之上，而且失去光泽。

图310反映的是最常见的在玉器表面形成的微突起的零星晶体，也就是透闪石与阳起石完整的晶形。这种现象在碾槽中往往特别明显，而且在与物质接触的一面会有显著的特征产生，而与空气接触的一面就不会产生此种现象。大家记住这是很关键的，原生色往往需要光和作用产生，次生色需要附着物后产生。不知您是否已经发现。白化引起的晶体改变形成了针状、纤维状、弯曲的板状的结晶变化，还改变了晶体排列的方向并引起了白化部分空隙层的剧烈增加，使光线的路线发生改变，造成的光线反射，体现于白化现象上，这就是光的作用。

综上所述，透闪石的白化应该是透闪石由于晶体排列发生了次生的变化，形成了晶体间的空隙，改变了光线的反射路径，造就了玉器表面的白化现象。而蛇纹石古玉的白化变化基本不外乎

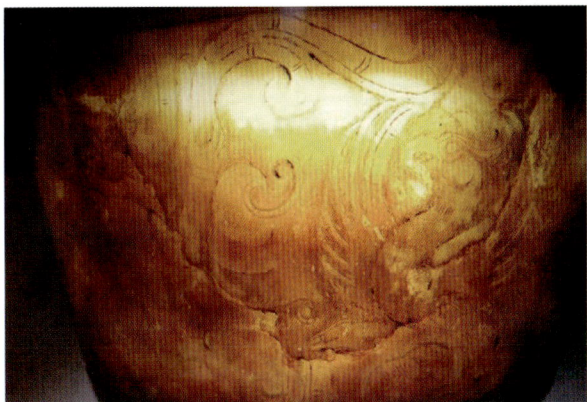

图 308.2 玉质纹理中的变化
您可以在图 308.1、图 308.2 两张相片的对应处找到灰皮、绺裂、玉质、沁色在玉质纹理中的变化。

图 308.3 灰皮
这样的灰皮已经比较厚实，一般很难在短时间内盘去。而且往往如果用力不当会造成皮壳碾琢痕迹的破坏。

图 308.1 玉质纹理中的变化
这里作个声明，该器物为笔者收藏，对此件器物的认识并不统一，存有分歧。但笔者根据个人的认知感到在灰皮与受沁的因果关系上可以商榷。）

图 309.1 良渚文化 玉琮
浙江省博物馆收藏
良渚文化玉琮，已经钙化呈鸡骨白，但其表面的玉质依然散发着温润含蓄的宝光。

三类，由粉化、再结晶、取代转化三个因素形成。它们之间有着共同的特征，即由于空隙的形成改变了光线反射的路径，造成了视觉上的白化。但也有根本的区别，掌握好这些特征，对正确鉴赏古玉有着非常重要的作用。

图 311.4 说明了表面白化的玉器在盘玩之中由于油性物质填充了表面细孔造成光线的变化，从而致使白化现象消失。但是由于笔者感到拿自己的藏品很难具有说服力，又不可能到博物馆去盘玩真品，故不能提供准确的相片。但是，笔者也要提醒大家这种白化消失后出现的现象，在仿古艺术品中不乏其数。

8. 钉沁、蚀孔、蚀斑与蚀沟

一位资深的古玉收藏朋友曾告诉笔者一种古玉难以仿制的外表现象，玉器时常会有一种在表面亮晶晶的，类似云母特征的反映。为此，笔者在不断的学习和摸索中认识到了其中的原因，这是由于古玉和其他岩石在矿物、化学反应或生成过程中构造变化的风化差异反映。风化的表现为由外及里呈层次感的、不同颜色的带片状形式，这种形式可以延伸反应到玉器原石的外形和原生结构。假如色带的表现和玉器形状相似，随着玉器的外形共伸，说明这是成器成后形成的沁色。

图 309.2 良渚文化 玉梳背
浙江省博物馆藏
良渚文化玉梳背，已经钙化呈鸡骨白，其局部还有辐射沁斑似"藻类纹"褐色沁斑。

图 309.3 良渚文化 玉钺
浙江省博物馆藏
良渚文化玉钺，其中的玉筋格明显透光显示了原来玉质的质地，这些部位是不轻易受沁发生玉质的变化的。

图 310 崧泽文化 二联璧
请注意玉器表面凸起的阳起石晶体特征。

311.1 蛇纹石玉璧（局部）
从图中可以发现蛇纹石玉璧之白化表层中有空洞、裂隙存在，其晶体空隙极多。这种现象的形成与原来矿物由于被埋藏风化期间受到溶解有关。

反之，色带的走向不能随形伸展，那就可以理解为是一块有着天然扩散条纹的玉料所制。而玉器的条纹和沁色呈杂乱延伸形式的（除玉质原来是绞纹外），一般可以考虑有人为手段加工所制。笔者的这种认识是否正确，有待广大古玉爱好者的验证，但作为辅助鉴赏古玉仍是有积极意义的。

钉沁的形成是由于闪玉内嵌的方解石颗粒风化较快所致，由于胶结颗粒的填充形成较为慢，虽然它们两者均已是闪玉，但其所含微量元素成分并不相同，故会形成填充物比较硬或耐腐蚀即凸起，反之即凹陷。而凹陷被其他物质所遮盖后，最后形成了钉沁状的表象。钉沁状的表现形式为：

钉沁一般直径在 2 毫米~4 毫米，呈黑色或红色斑点微微凹陷，类似于太湖石上的空穴。

蚀斑、蚀孔的形成是由于玉质本身含有较为容易受到侵蚀的物质和包体（白云石、水镁石、绿泥石、滑石或细晶体闪玉内含粗晶体闪玉的斑晶等）受到腐蚀造成的。表现形式为产生孔洞，在孔洞边沿有较为明显的透明白色晕圈，圈之外则颜色不甚透明。这种晕色和真正的鸡骨白裂纹边的透明白色条带非常相像，人工酸蚀难以效仿。再有就是蚀孔内填满了细微的各种色彩的砾石沙粒或形成了十分坚固的胶固体。甚至会有晶体因为口小肚大的缘故而在孔中安家乐业的现象，这

図 311.2 玉质中的筋格
浙江省博物馆藏良渚文化冠形器

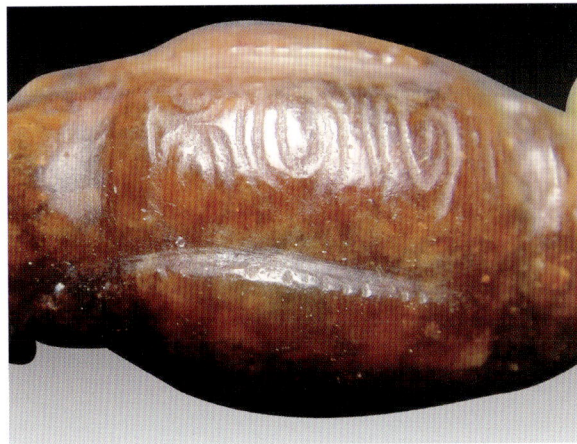

图 311.4 白化消失后作伪玉器又出现的现象

图 311.3 玉器表面形成的土斑
江省博物馆藏良渚文化玉琮

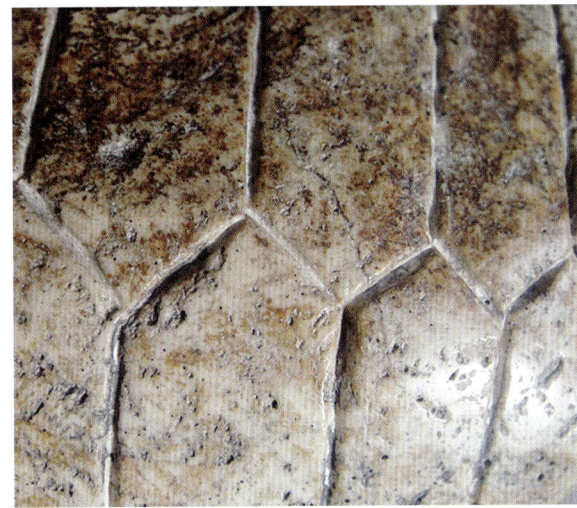

图 311.5 褐色沁
该器为老玉新工
如图所示的是钙化玉质表面形成的褐色沁

种孔洞的边缘是圆润的。

蚀沟的形成和玉质本身以及环境的变化有着不可分割的联系。由于酸碱比较容易在较为明显的绺裂纹和疏松处沉积，这就加速了裂纹、疏松处的风化和物质沁入了，从而致使特别容易地生成次生阳起石和透闪石形变。故在古玉的沟槽内发现有次生的白云石、蛋白石或赤铁矿，基本可以断定为古玉器。

综上所述，无论是钉沁、蚀斑还是蚀沟，它们的形成都是物理变化的结果。在研究和认识上可以看做是玉器在成器后的二次风化。笔者认为利用现代手段仿古牟利，第一是急功近利的，第二是成本相对较低的，第三是制作时间较短的。仿古者往往在玉料的原生和成器前的次生上下工夫。再根据玉料的形状，选择古代形制模仿古代碾琢工艺来制作。而化学变化比较容易实施，但沁入肌理确是很困难的，一般仿古制品受沁都浮于表面。故建议广大古玉爱好者不妨在此下点工夫。

这里在谈一下蚀孔。笔者感到，无论是土腐蚀还是水腐蚀，它所形成的蚀孔状态基本有五种类型：沁孔视受沁情况不同，主要有土沁黄色或洁净的白色；沁孔无论大小，运用高倍微观镜观察，孔内均为细小的蜂巢状；天然沁孔中完全似

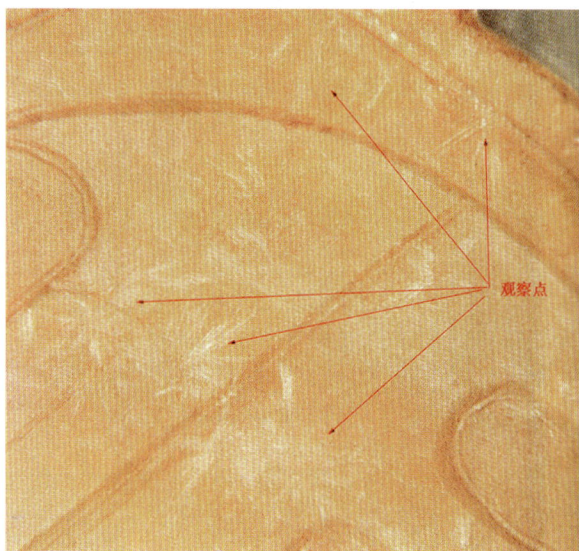

图312.1 针状白色透闪石
红箭头所指可见针状白色透闪石，呈放射状，其余为原生红褐色微粒透闪石
（图片来源《中国古玉鉴·制作方法及矿物鉴定》）

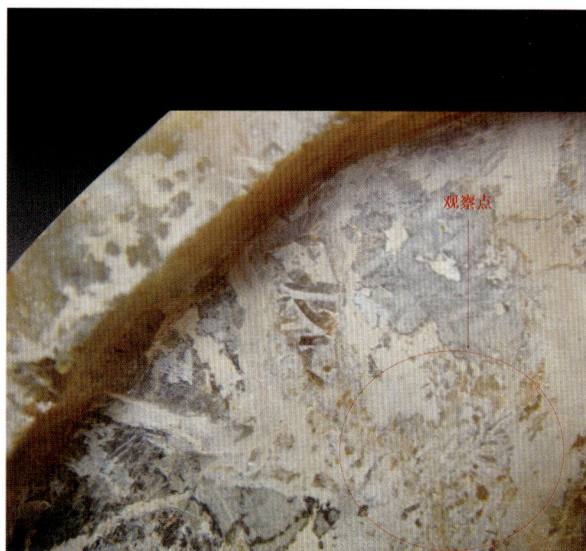

图312.3 黑褐色针状阳起石
图312.3所示褐色部分显示的是次生凸出表面的黑褐色针状阳起石，这种凸出的针状褐色阳起石最长可达4厘米

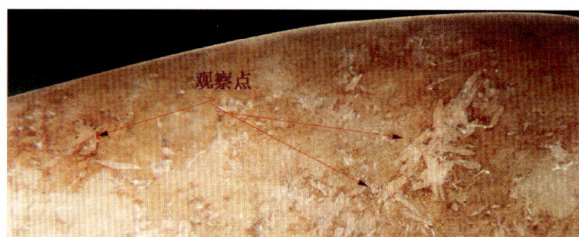

图312.2 次生柱状透闪石群
红箭头所指处是次生柱状透闪石群（最长0.5厘米）
（图片来源《中国古玉鉴·制作方法及矿物鉴定》）

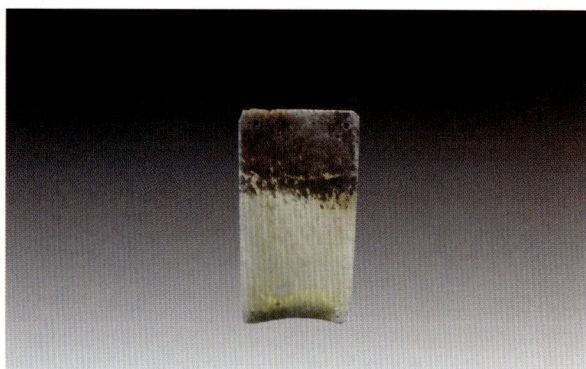

图312.4 蛇纹石的风化特征之一
相片右边的深褐色条带状是蛇纹石的风化特征之一

如溶洞状态，或者洞中有洞；沁孔中的沁物质极为丰富，主要有沁浆类滋生物（多茸状），也有白色透明的珠状或葡萄串状浆体物以及黑色晶体；沁孔的边缘多圆润为薄壳状，孔洞口小膛内大。因沁孔属于微观态，目前尚未见能将仿制沁孔模仿至十分到位者。偶尔在一些玉器表面发现伪孔洞，也多为做钙化斑表象或原生皮壳所留，而前一种现象是由于淋酸时间过长造成的。这些孔洞大且多无深度，孔洞边缘处有明显打磨后形成的梯阶（这种梯阶好似在溶洞边际一周开辟的平台），无自然融蚀的过渡态，有些则形成小面积的残破，再故意拿泥土一抹成了隐蔽战线。

9. 水线与玉筋

最后再来说一说水线和玉筋的区别，何谓水线，什么是玉筋？现在大家一谈到青海料的水线，就会有人说新疆和田玉也有水线，那么水线和玉筋如何来区分呢？图313.2是一张青海料的水线图片，仔细观察您一定会发现其中的奥妙。而玉筋就两样了，请看图313.1，是否与水线有所不同呢？这是一块新疆和田玉籽料，其中的玉筋两边的玉质颜色是一致的，这说明它们是一个整体。而水线和玉筋的区别在于一个仅仅是玉质中间的筋，而另一个是两个不同玉质之间的叠压分割线。

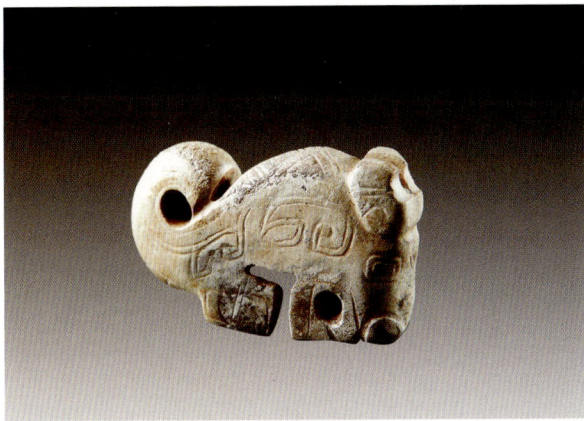

图 312.5 蛇纹石风化物的特征之一
显示的起伏状与红褐斑是蛇纹石风化物的特征之一，样
品是殷墟西区孝民屯遗址出土的商代玉器

图 312.7 溶蚀现象
　　如图 312-7 所示古玉特征其凸出部分显示了网状和
叶脉状的溶蚀现象，其中的叶脉状部分可能是原来白云
岩颗粒之间的填充部分
（图片来源《中国古玉鉴·制作方法及矿物鉴定》）

图 312.6 古玉器表面次生的透闪石和阳起石晶体
样品是安阳黑河路遗址出土的商代玉器

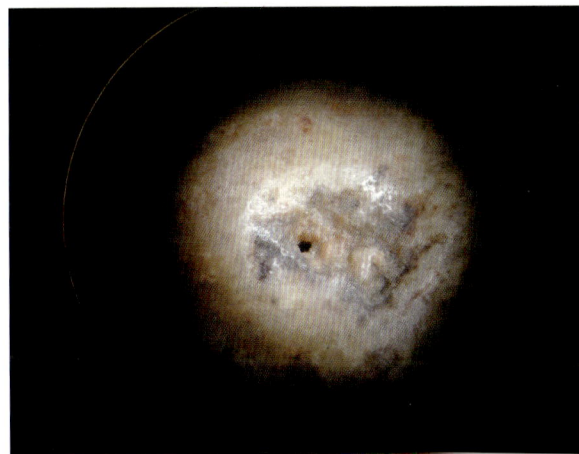

图 312.8 蚀孔
如图 312-8 所示中间的那个小孔即为蚀孔

　　其实在这里，说是说古玉风化，也涵盖了
玉质纹理的形成以及次生物的形成。我在整理和
归纳这些资料的时候，感到单单就事论事地谈玉
器的某一个特征，理解者如果没有实际的感官接
触，就很难形成对古玉器概念的理解，很难上升
到感性的层面。对于有着丰富经验的藏家来讲这
些显得过于啰嗦，讲的太复杂。而文字的目的是
希望读者能够理解和读懂文字所表达的内容，这

时深入浅出就显得十分重要了，可是真正要做到
这一点又很难。由此，如何满足各个层次的需要
就变成了一个非常棘手的问题。我也尽力想通过
相片和文字的交替来比较直观地反映一些实例。
但玉器由于年代、坑口、地质条件、接触物质、
本身质地等诸多原因，从而产生了千变万化的表
现形式，很难一一道来。这本书中的一些道理只
能在您鉴赏的过程中，起到一点的帮助作用，而

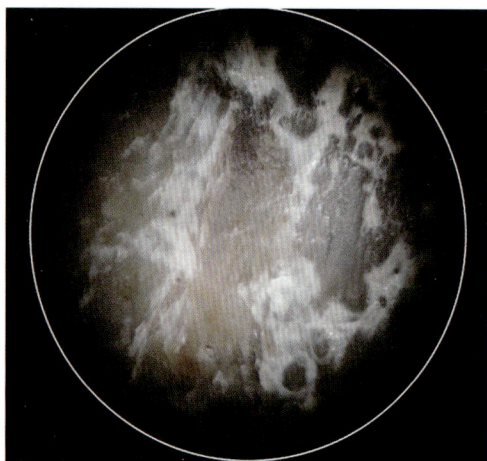

图 312.9 次生棕褐色纤维状阳起石
显示玉质黑化以后次生棕褐色纤维状阳起石

图 312.12 半透明状淡蓝色蛋白石，以及旁边黄铁矿
放大 10 倍后可看到蛇纹石吸水后中的半透明状淡蓝色蛋白石，以及旁边黄铁矿
（图片来源《中国古玉鉴·制作方法及矿物鉴定》）

图 312.10 水镁石包体
玉器表面之白点颗粒部分为溶去的水镁石包体

图 312.11 水镁石包体比蛇纹石先风化的情景
放大 20 倍观察可以看到白色呈圆形凹陷的水镁石包体比蛇纹石先风化的情景
（图片来源《中国古玉鉴·制作方法及矿物鉴定》）

图 312.13. 绿色半透明的主体
表面绿色半透明的主体被众多浅褐色的网状纤维细脉贯穿的表现形式，表面散布着一些玉质被腐蚀形成的浅坑，这种现象为风化次生的白云石所添盖所为

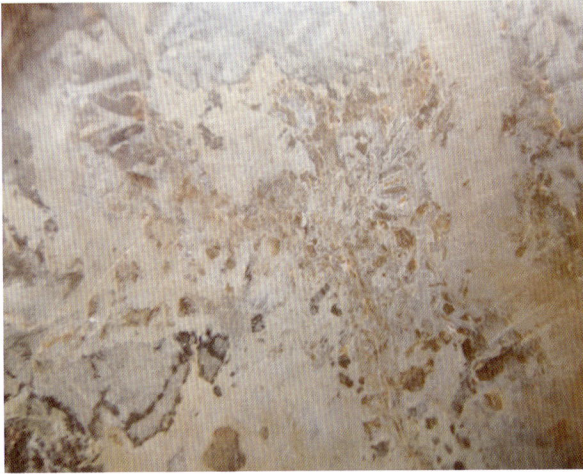

图 312.14 亚麻状阳起石结晶
次生针状及亚麻状阳起石结晶一般均为黑色或黑褐色

图 312.16 次生透闪石结晶体
次生透闪石结晶体破坏了原有碾琢痕迹的连续性，这说明了次生发生在碾琢之后

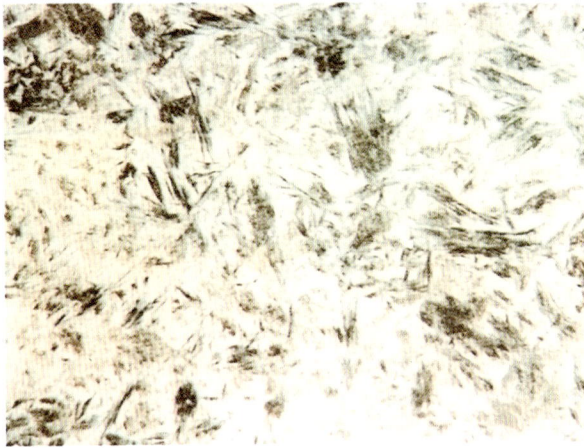

图 312.15 次生的透闪石针状结晶
如图 312-15 所示次生的透闪石针状结晶
（图片来源《中国古玉鉴·制作方法及矿物鉴定》）

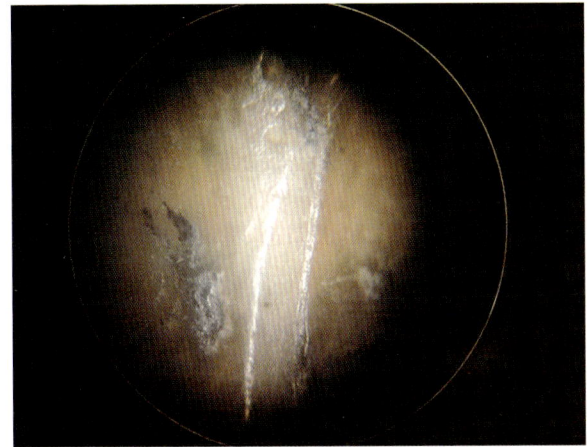

图 312.17 次生部分颗粒状透闪石结晶
可见其次生部分颗粒状透闪石结晶清晰地破坏了原垂直于沟槽碾琢痕迹，并且这种次生是有连续性的，它随着玉器的表面随势而行

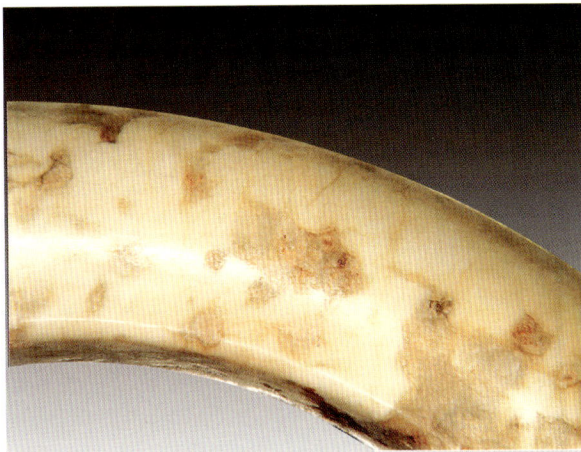

图 312.18 可见玉器表面淡黄色闪玉晶斑和风化的闪玉石基在钙化器物表面的形式

图 312.19 次生黑色针状阳起石
次生黑色针状阳起石凸起于玉器表面

图 312.20 次生透闪石晶体
可见长大了的透闪石晶体破坏了闪玉打磨的表面痕迹，
其透闪石晶体有严重再结晶现象，结晶变得粗大，并以
结晶中心作放射性排列

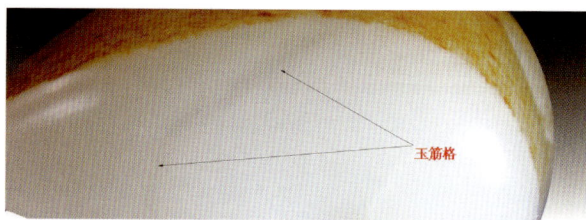

图 313.1 和田玉籽料上的玉筋格

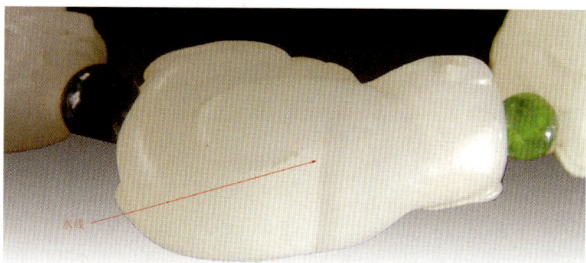

图 313.2 白玉青海料上的水线

更要紧的还是需要鉴赏知识与实物相结合的综合运用。

五、沁色篇

古玉的判别，首要是要依据对其器物表面形成的各种特征形式感观的认可。古玉表面沁色、纹理、斑孔、玉质变化，有物理和化学两种行为的交代。我们往往看到的第一眼就是人为操作形成的碾琢纹饰和形制，其次是碾琢痕迹、风化受沁，其体现往往是有大小、厚薄、层次、温润、造型、明暗的不同。玉质结构的疏密、造型纹饰的精美、坑口条件的优劣，这些都是决定器物真实面貌的要素。而沁色由于是自然造就的符号，故特别受到古玉爱好者们的关注。

1. 沁色

玉是有生命的物体，它的所含物质是在不停运动的。玉器盘变的过程，就是一个外力促使其物质加快运动的过程。其实，您让它静静地搁置在那里，照样也是会发生变化的，在什么条件下，结果各自不同。古玉在成器受沁的过程中材料的

表现形式内外是有区别的，不同坑口对湿材料的影响是不同的。湿坑与干坑，酸坑与碱坑，南坑与北坑，沙坑与土坑，都会由于坑口不同而产生不同的表现。但由内向外，材料内部疏松或材料内含物质发生的沁变与由外向里（器物外界附着物质）通过表面瑕疵侵入机理的沁变是不同的。它们有着各自的特点，路径不同，后果也会不同。但这都离不开材料解理构造的自然之路。就好像人工修路一定会劈山架桥，而羊肠小道一定是随势而就一般。

我们再谈沁色，这里指的沁色是古玉在成器后，所发生的由于玉质内部以及附着物引起的玉质颜色的变化。这种大多数属于化学变化，但也有物理变化的变色现象存在，但是玉器的受沁必须与玉质的物理变化相结合。在古玉器的鉴别中，玉器所呈现的缤纷色彩是收藏鉴赏爱好者者喜欢和非常注意的一个重点。何谓沁色？即玉的旧色、本色、盘色和玉器风化后生成沁入玉质内部的另一种颜色。

沁色是最受收藏鉴赏爱好者宠爱与重视的，因为沁相可以决定一件古玉器的基本要素是否正确。在大自然的造化中，经数千年到数百年的变

迁，玉器受到土壤、水分、气体等周围环境共存物所含的各种元素影响，由此产生不尽相同的颜色变化，这些变化可以在不断地增加或减退中使人领悟古玉器的真谛。在文献中常称这个真谛为沁变，这些沁变有铁沁、铜沁、土沁、水沁、黑漆古、老甘黄等不下几十种。这些色变中除了部分的白化现象可以致使玉质硬度产生很大的变化外，其他带有色变的玉质相对较为稳定。但也有几乎没有受沁的玉器，这类器物虽然见不到沁色，但氧化层（俗称"包浆"）还是存在的。旧色是有气场的，这种气场相当厚实并极富凝聚力，这就是"一眼货"的来历。大家都知道古玉受沁有黑、白、红、黄。在这里笔者想主要谈谈这些白黑、红黄，这也是笔者多年来的一些学习心得，在此供大家一起探讨。

古玉的白化

（1）加热的白化

古玉颜色的变化在古玉器中是次生变化的一个重要表现形式，这种颜色变化的观感是直接的。高古玉颜色变化有许多，白色就是其中之一。这种常见的白化现象目前对其认识基本为两种：加热成因；风化受沁成因。

加热成因（火烧玉）先看看不同实验的结果。

美国 Freer 博物馆对和田玉低铁白玉截片加热后的结果是：525℃以后和田玉变得越来越白，失去透明度；1025℃后，呈现牙黄色，玉质变的松脆。经 XRD 检测发现和田玉已经转换变成了透辉石。同时他们对辉石玉和闪石玉进行了加热对比，在加热到1025℃后辉石玉已溶为无色玻璃状，冷却后有所变形，但仍保持玻璃状；闪石玉则变成了牙黄色不透明物质，俗称"鸡骨白"。将江苏镇江产的绿色蛇纹石加热到1000℃，其结果是绿色变为了白色，结构由叶片状转换成纤维结晶体。

对良渚反山黄绿色透闪石古玉残片进行加热后，在650℃时玉质变成黑棕色；950℃时发生褪色发白且半透明程度明显降低。

台湾大学地质系钱宪和教授也做过同样的实验。在700℃时变成棕黑色；860℃时呈现黑色；900℃以上时则褪色形成象牙白。

据此，根据专家实验分析以及实物参考比较，一致认同"火烧玉"的存在和加热后玉质会发生颜色变化的这个事实。也可以发现风化产生变化和火烧发生变化的不同，前者显得干枯无玻璃光泽，后者则具备。火烧玉不能降低其玉质本来的硬度从而达到软化便于加工的目的。但也有学者认为瑶山、反山出土的象牙白刻花玉器是在加热到900℃后待其软化，附以碾刻的。有的朋友可能会提出质疑，我的鸡骨白玉器有光泽啊？那就要会区分生坑包浆的光泽和盘玩后的包浆了。我在这里举个例子，这个例子不知道是否恰当有待大家体会。生坑包浆就像一张剔透的薄纸，洁净易化。盘玩的包浆就像抹上的一层油，实在敦厚。造假的包浆，就像一层农田里覆盖的薄膜，千疮百孔。

（2）因风化受沁的白化

闪石玉生成白化，应该属于一种次生变化，在这里我们要讨论的是成器后因风化受沁玉器材质受到外界影响以及自身演变所造成的改变作用及过程。古玉器的老化过程是一种成器后次生变化的过程，次生变化可以造成多种形式的改变，其中包括颜色、玉质、形状、岩理、矿物晶体组成等。我们只有了解和掌握这种改变的过程，才会辨别古玉器微痕迹物证表现形式在器物上的反映，这对鉴别真伪有着辅助作用。

那志良先生对玉质的白化现象有一个经典的

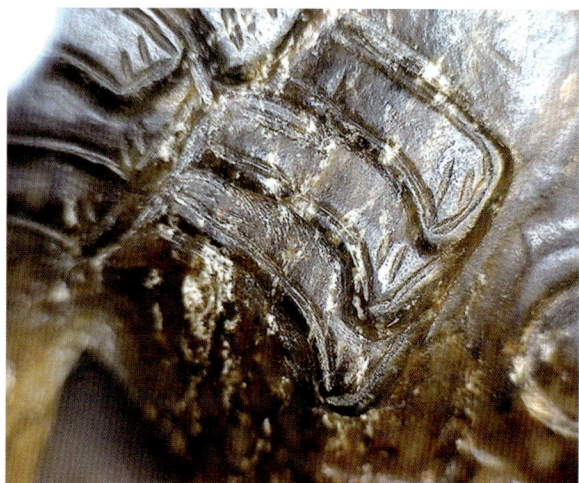

图 314.1 因火烧而产生的白化
透闪石玉器因火烧而产生的白化会形成不透光而变黑，但空隙度主要是由透闪石改变成透辉石时，形成其空隙及晶体间由于收缩造成之裂所形成

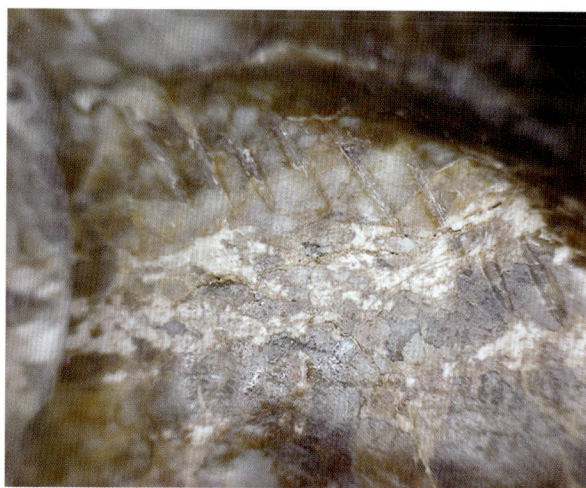

图 314.2 放大后玉器表面形成裂纹

描述："鸡骨白乍看白而带灰或带黑丝。在放大镜下观察古玉有许多裂纹，裂纹边沿有透明带伴随，再往外则是白色与裂纹大致平行，少数则垂直。根据实验证明：当闪石晶体构造遭到严重分化时，这种闪石玉如在出土时受到水的浸泡会自动碎裂；若经过自然干燥则会还原变的坚固。"笔者认为这是一种古玉特有的失水现象。另外，由于风化和受沁古玉同样可以白化，这就是强碱起到的作用。古玉受沁后致使玉质相对密度下降、硬度降低、颜色发白、透明度减退，这是由于结构松弛，应力得到了完全的释放所致。闻广先生曾经针对这一现象指出："受沁古玉白化现象应该与埋藏地点的湿度和时间无关，受沁只是成分之间的取代而导致其颜色、透明度发生变化，并非质变。"

在高倍电子显微镜下观察，我们可以发现受沁古玉的纤维粗细并无明显变化，正好证实了这一观点。笔者认为，古玉在风化受沁形成的白化部分中其组成的矿物晶体形状与方向会有一定的程度上的改变，可能形成结构之间的空隙，这就导致了折光率（折射、漫射）的变化，用一个比较接近的比喻就是类似于冰雪之间的差异变化。

另外，我们常见到一种含红色赤铁矿微粒形成的白化现象，这种现象先是赤铁矿或褐铁矿沁色在玉器上生成，然后再转呈白化，这是一种很有特性的现象，俗称"象牙白"。

（3）近代仿古的白化

盐酸、氢氟酸、硫酸是目前仿古玉艺术品制作白化表现形式的主要材料。盐酸在促使透闪玉和蛇纹玉白化时，需要一个较为漫长的过程（大约需要一周），这对急功近利的商人不是一个最佳的选择，但其结果在上述几种化学材料中恰是最为满意的，但泡的时间太长容易全部溶解；氢氟酸价格比较昂贵一点，毒性也大，腐蚀性也强，故制作白化选择硫酸是一种主要方式。经稀释后将硫酸浓度调整在10%到20%之间，对玉器进行酸咬，这个过程不但玉质白化现象出现了，还会出现蚀孔以及蚀孔内的小结晶。笔者感到，古玉器上沁色仅仅只有白化现象要考虑是酸咬仿品，真正的古玉就是白化也是以不同的形式反映在一件器物之上的，比如说，边沿或某一个部位的白化就会重一点。由于蛇纹石含铁量较高，加热后会形成棕红，这与古玉区别就很大，故在放大镜下很容易地就可以区别了，这就是许多所谓古玉盘变后会变成大红的原因。这个问题在许多古籍中都有提到，古代仿古玉一般采用加热的方法，而现在用酸来替代处理制作了。

下面的图片介绍了几种不同类型古玉器白化现象。

关于高古玉玉质的的沁变主要分两类：风化自然沁变与盘玩被动沁变。笔者在这里讲的主要是成器后的风化自然沁变。我们应该认识到沁变和玉质的结构、密度、成分密不可分，同时和环境、条件有着千丝万缕的关联。笔者在参阅了相关资料后大致归纳了一下，其演变过程可以设定为：玉质由于脱离了母矿或受到了外界击打，碾琢的破坏，致使静应力失去平衡，并促使了内应力得到释放，这使得一些肉眼难以发现的绺裂开始显现。这种释放还产生了光谱折射率的改变，形成了玉质感官上的熟透效果。结构致密处绺裂，

图 315.1 鸡骨白
良渚玉琮

由于外界条件的影响凸显出沁入的参差层次，结构疏松处开始了白化的表现——饭糁、豆花反映。当白化现象扩展到皮表与外部条件对应时，白化会不断加重，并与外界物质成分交融形成各种过渡自然的沁变。这也就是沁色会有不同颜色和层次的原因之一。这种沁变给以后人把玩沁变作了一种铺垫。

古玉的黑化

在以下小节中，谈的主题是高古玉的沁变之一"黑"。黑沁俗称"黑漆古"，也称"水银沁"。根据王荣博士所撰《古玉受沁机理初探》一文的观点，"古玉变黑的成因与古玉白化的成因是，原因相似的两种不同颜色反映形式"。其理由是：其一，根据台湾地质大学谭立平先生等人的研究认为："高铁闪玉在加热高温到700℃以上，玉质的颜色由黄绿色变成了黄色；750℃时，失去部分结构水，质量减轻；815℃以后，氧化亚铁转变为氧化铁，质量加重；860℃时，闪石玉变为黑色。故此推测，这种变化与玉质所含铁的量，以及玉质绺裂间隙中渗入的有机物质有关。"其二，根据钱宪和先生对古玉器的黑色部位进行的EDX元素分析，发现古玉颜色变黑部位均显得铁元素含量较高。故此推测，可能是源自外界环境中铁元素的渗入致使闪石转变为阳起石之故。笔者认为，黑色机理的呈色缘由依据拉曼光谱不能测出黑色物质波峰的现象，可以考虑是非晶质，是一种自然界含铁的有机物质。这种物质可能来自某些外界自然的腐烂物质携带侵入，也可能是河川中沉积有机物质中的附着，致使玉质变黑。

通过图 316.1 中我们已经对一种黑沁的形成有所了解，那么另外一种又是怎么样的呢？这种黑沁的边际没有图 316.1 来得那么硬朗，有过度。颜色也没有那么典型似漆的感觉。这种黑沁可以

图 315.2 水沁白
战国 双龙首青玉雷云纹璜

图 315.4 玉器表面白化及阳起石（黑化）
帽反山 12 号墓出土的良渚文化玉权杖

图 315.3 象牙白
郑州市东风路出土商代玉戚

看出由黑褐色向黑色过渡的痕迹，一般顺着绺裂暗纹有层次地反映其入沁的表现，另外还有一种仍可见到白化地张的黑沁，其色泽没有图 316.1来得纯正。

　　由此，笔者认为黑沁的黑色来源，应该是来自带有黑色成分的物质也可以考虑是一种化学反应。是一种来自坑口内的物质变异促使其变化的结果表现，它与水沁的不同就在于其必须找到合适的着床。

　　最后还是要谈谈高仿艺术品的一些黑化表现。提油玉器黑化大家比较熟知，也比较容易辨别，在此不做复述了。但我们应该为提油玉器中的一部分平反纠错，老提油事实上早在宋代就有出现，史书也有记载。那种一见提油就予以否定的认识是错误的，不符合客观事实。老提油古玉有存世，而且其中的一部分并也非个人刻意作伪，而是战争和天灾留下的烙印。还有就是要将仿古与造价这两个不同概念分清楚，现代的仿古精美

图 315.5 玉质的极度白化现象
良渚文化 玉柱形器反山 14 号墓出土

图 316.2 黑沁顺着玉绺裂暗纹由外向里沁入

黑沁顺着玉质绺裂暗纹由外向里沁入，其色泽呈黑褐色和黑色。样品为台北"故宫"收藏的战国白玉回纹璧。

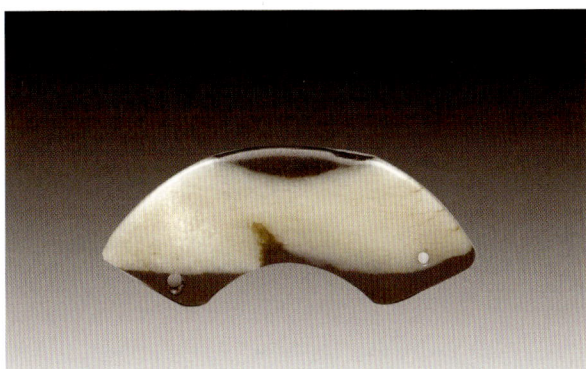

图 316.1 黑漆古

这是台北"故宫"收藏的一件素面白玉璜，上面的黑色可以称之为典型的"黑漆古"。这种"黑漆古"一般来自西北的坑口，它没有水坑的那种漫散之沁。

作品在数百年之后也会成为古器，这个道理可以照搬到现在的古玉器上。对收藏升值空间而言，大家见而退却的"老提油"目前其价值大打折扣，但其实这也是收藏爱好者的机遇。

这里主要想说的是甘肃料的一些情况。齐家文化的用材中有部分"黑玉"，这种"黑玉"不属于透闪石，应该属于蛇纹石。在甘肃临洮一带的玉料也有由阳起石含铁元素高呈黑色斑块、斑点的表现。此外还有一种黑化，那是由石墨成分所致，这种石墨是白云岩中的有机物经过质变作用形成的，我们在放大镜下可以看到其呈不大的黑片状，和成器后黑化对比可以发现，石墨为黑斑状，灰黑而不是漆黑，但不带灰色，表现为局部小块灰黑。介绍几个鉴别"黑漆古"的要领大

家可以尝试一下："黑漆古"的表面光泽应该与未受沁的地方一致，达到黑而如漆便是极品；"黑漆古"因为依附浸熬于白化层之上，（白化是由于玉质疏松所致）当扩散到玉质致密之处便不得其门了，于是就会出现截然不同的两个界面。这种界限分明的现象，唯有"黑漆古"所有。

黑沁，清代徐秦基撰写的《玉谱类编》中说："黑者为水银沁。古者殓用玉，以水银在尸腹内，遇玉即凝，故用玉塞之。水银随地皆生，故非葬玉而亦有水银沁。"古人为什么要把古玉黑沁称之为水银沁，有可能是古人已经意识到水银接触不同物质后的反应特性，才下此结论。

我国在公元前6世纪或更早些，提炼水银的技术在已经非常成熟。在大自然中，汞有时以少量的游离状态存在，而更多的是以硫化汞固体的形式存在。硫化汞俗称"辰砂"俗称朱砂。晋代葛洪在《抱朴子·金华丹》中说："凡草木烧之即烬，而丹砂烧之成水银，积变又还成丹砂。"即指加热红色硫化汞，可以分解出汞，而汞加硫黄又能生成黑色硫化汞，如再加热便又变为红色硫化汞的整个经过。由此可知，我国古代的炼丹家们，早已熟悉硫化汞加热生成水银，再把水银还原成朱砂的化学反应是可逆性的全过程。湖南长沙市郊马王堆汉代古墓中，尸体的半身是泡在红色的水中的。据分析，这水中的红色物质便含有硫化汞。那么古玉黑沁如果是水银沁的话，似乎只有与发黑色的硫化汞有关。可硫化汞是固体的，又怎么在古玉上形成黑色沁斑的呢？

如果说玉器的黑色沁染就是水银沁，那么首先应该是在墓葬环境缺氧的条件下，使墓葬含汞量不再被氧化消耗，而使汞直接对玉产生接触面，并开始在晶体间浸润形成。或是通过玉器中金属阳离子与金属汞阳离子之间的电解阳离子交换过程来形成汞化面，再随着尸体的腐烂和土中释放出的硫，对玉器汞化面实施长时期硫化，慢慢变

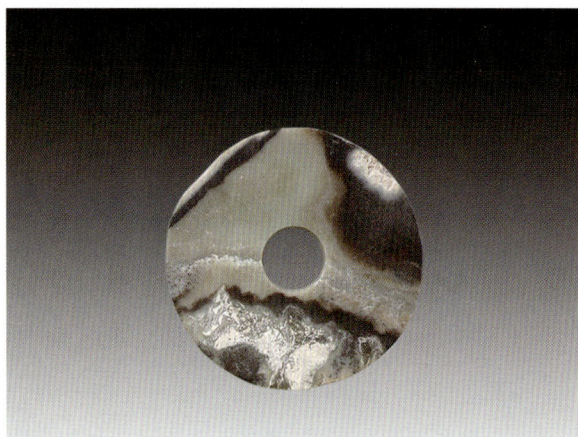

图 317.1 玉璧

甘肃静宁治平乡后柳沟村出土

在欣赏这件玉璧时，我们可以清楚观察到其呈青白色部分的地方，玉质还是比较纯净的。玉料明显伴生的褐色的玉质部分，俗称"糖色"，它与局部的黑色斑点为材料原生色。白色处玉料已经钙化严重，显然是玉质密度较低所致

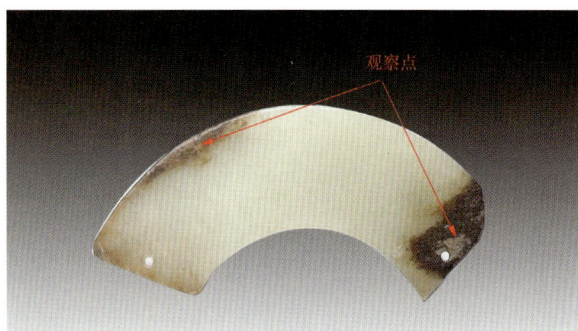

图 316.3 白化现象

图上的箭头所指观察点之处的白化现象是应该在黑褐色之下的

成黑色的。

黑沁的演化和表现形式我们大致可以看到三个特征：

①沁色是由深入浅，从绺裂，白化处向内扩散，色变层次鲜明清晰，从黑色—黑褐—褐红变化渐进。

②在黑沁层下面是早已变质和白化的部分，黑色沁只不过是进一步侵蚀的结果。

③一般古玉凡有黑沁，其上面很少有其他沁色。

由炭化物沁入而成的沁色，与汞化面经过硫

图 316.4 现代仿古玉

这是一件现代工艺品，它运用了仿古的提油工艺，这种东西有一个特征，和封蜡很相似到了天气潮湿是手感就会显得不爽，磋磨时会感到有刹车似的

化产生的黑沁是不同的。玉肌受高温烧烤，必然会在受热后，使表面原渗入到矿物和矿物集合体中的水分子随着受热而蒸发掉。这样，一旦细裂隙的人工黑沁色积聚起来，玉质的晶格也受到了破坏，与此同时也会出现沁色死斑不活的现象。即使再怎么把玩，也现不出原来玉肌的润泽。这个就是真假黑沁的本质区别。

红沁，籽料的红皮一般有枣红皮、虎皮、鹿皮等颜色。这些籽料一般蕴藏在新疆玉龙河的中下游，在没有人为翻动以前，有皮色的一面均在玉料的阳面，当旱季时皮色部分沐浴着阳光的照射，而阴面由于长期泡在水中一般不宜受沁。在此必须强调的是玉质质地的密度决定了玉料受沁的时间和浓淡。透闪石的主要成分是含水的钙镁硅酸盐，其杂质的成分决定了玉的色泽类别。我们把玉质内部金属离子所发生的色变称为"原生色"，把外部金属离子沁入的色变称之为"次生色"。

那么，红沁的生成又是什么原因呢？应该和铁的矿物质有密切关系。用化学的方式来解释，二价铁进一步氧化生成三价铁是产生红沁的直接原因。而我国含铁的地域辽阔，只要有合适的环境和条件，在玉质的疏松和绺裂部分极易受沁。

图 317.2 烟嘴

这个烟嘴就是现代的，这上面的黑色斑点就是玉质内部的石墨的质变所反映出来的形式

我在许多专著中看到，都提到羊血、狗血玉，我在这里可以认真地对大家说，这是一个非常错误的概念。前几年我委托兽医做过这类的实验，根本不可能，无论是狗还是羊在植入玉料后所形成的创口发炎溃烂，就是经过抗生素治疗，也无法治愈，根本无法长期将玉料埋于动物体内。但在某地工厂内采用"提油""扣锈"的方法仿古染色的确是存在的。

古玉的次生沁色形成，除其玉质的结构关系外，和其环境所含的物质以及水分、温度、有氧量以及前期加工工艺等有着不可分割的相互关联。真正受红沁的古玉器，除了玉质老熟外，要么绺裂严重，要么侵蚀厉害，而且这种红沁往往是由表及里，浓淡深浅变化具有极强层次感的，汉代的墓葬中有放朱砂的习惯，以防尸体腐烂，故在玉器上也就有了朱砂的存在，一般这种红色在玉器的表面只能称作"沾有"朱砂。铁器的使用是在春秋以后，但是铁锈沁则早于此前，我认为这与玉器所处土层中的含铁元素有关。古玉表面粘有很厚很坚实的铁锈，那基本可以断代为春秋以后，其表现为与器物结合十分紧密厚实，侵入玉质内不易清除，和生俘叩锈有很大的区别。

从古玉器的黑白沁色来看，沁变的颜色仿佛大都与热有关，而古玉的红色、黄色沁变直接原因却是和铁元素有关。无论是真是伪，谈到红化必定与铁元素有关，也就是褐铁矿类矿物的沁入有关。笔者阅读了相关资料后，研究得出以下结论：褐铁矿可能有四种基本矿物造成多种红化的沁色，不但形成的颜色彼此有别，甚至一种矿物可能形成多种不同差异的红化沁色。

如果我们将这几种矿物混合后便会形成和产生混合的颜色，当加入其他矿物元素（如铜、锰等）其沁色更是千变万化。根据这个理论，就可以很好地解释"万种沁"的由来了。李更夫先生在《玉器鉴定全集》就明确指出："枣红皮可能是赤铁矿和针铁矿的混合颜色；洒金皮则可能是薄层的赤铁矿。"笔者认为不同的地域条件以及环境因素会对玉质内部或外部物质元素释放或沁入有着对应关系，闪石中含有的二价铁在三价铁的影响下（三价铁比例增高）会形成形同"老甘黄"诸类的沁色。

依据台大地质系、大汉工专资源工程科钱宪和、谭立平、汤惠民、余柄盛诸专家认为，铁在沉淀时先形成非晶质的针铁矿，需要经过极为漫长的岁月才能氧化形成有明显结晶的赤铁矿。可以这样来理解，赤铁矿的形成首先需要一个漫长的时间，没有数千年的浸膏很难形成。如果谈到沁入，当然这和玉质密度有关联，蛇纹石与羊脂玉会有不同的表现。

什么事还是要讲悟性，就是说的再明白，总不可能"包讨媳妇包生儿"。我有一个体会，凡是缕一缕思路，要点抓住了，搞懂最重要。前段时间我和一些白领交流，谈到高古玉钙化器物的真伪鉴定。我知道中国科技大学考古系玉器组冯敏老师、王荣老师、高飞老师曾经采用净水密度法对薛家岗古玉材质进行过多次材质鉴定的方法。这个过程就是利用钙化材质的疏松形成空隙的条件，通过一定手段得出其空隙体积立方，然

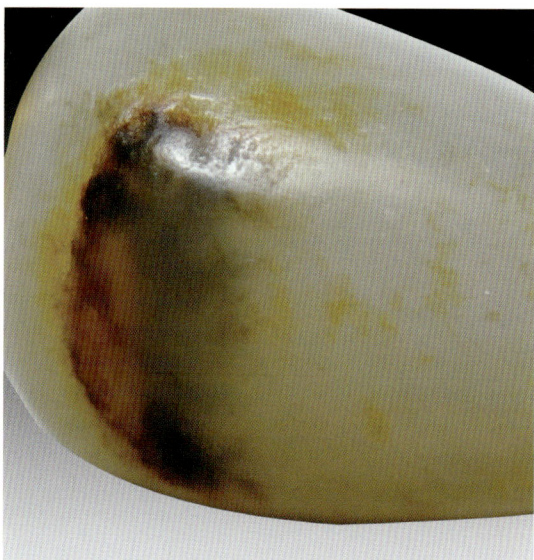

图 318.5 田玉籽料（内部）

可见和田玉籽料内部杂质向外沁出的过渡现象，在有沁色的地方无疑是玉质较为疏松之处，这种疏松之处，玉质变得通透感降低。这是由于玉质晶体发生了变化所致，严重的甚至会变得不通透

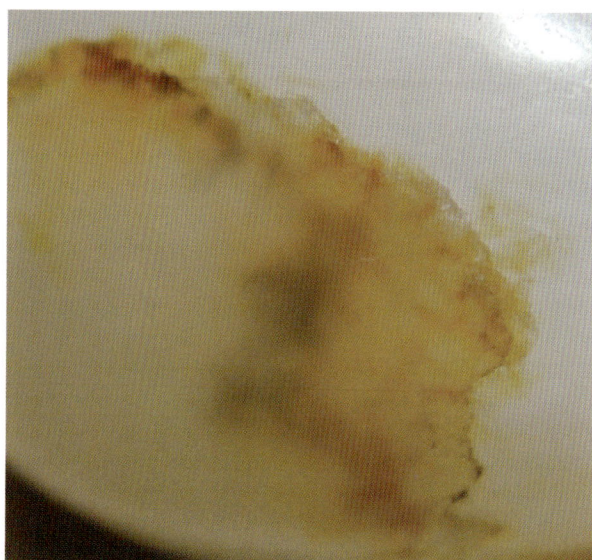

图 318.4 新疆和田玉 白玉籽料

我们从绺裂处可以清楚地看到，玉质内部铁元素杂质由里向外的沁变过渡过程，在有的地方受到阻碍后在浅表层的堆积现象

图 319.1 西周 龙纹玉环

曲沃北赵村晋侯墓地 63 号墓出土

山西博物院收藏

红圈内的那白色点点即为钉沁

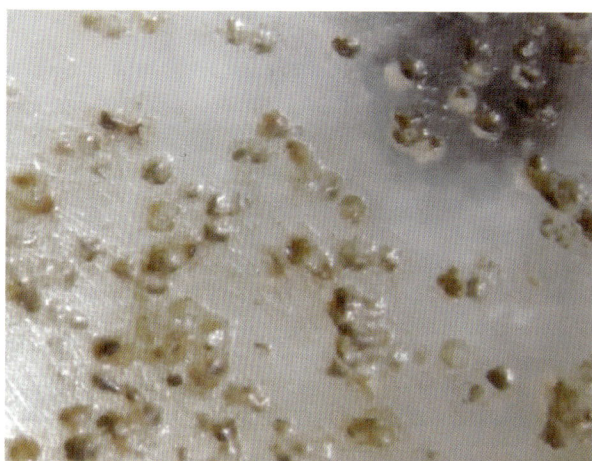

图 319.2

看似钉沁，这种现象细看似是敲击或吸针所为，但只要看其钉沁的凹处边缘的状况和打磨与否，基本上就可定性了

铜沁

铜绿沁也称"鹦鹉绿"，刘大同在《古玉辩》中说："受铜沁者色如翠石，名曰鹦哥绿。铜器入土，年未久即生青绿色，年久则尤甚，玉与之邻，为其传染沁入，复原时，比翠石而更娇润。"该沁在理论上应该有有三种颜色，分别是绿色、红

色和黑色。笔者到过国内许多著名博物馆，对那些留有绿色沁的玉器并没有仔细观察，但对仍与铜体结合的器物倒是留心仔细观察了多了一点。在观察中可以发现，许多褐色结晶与白色粉末黏结在玉与铜的结合部，而那束飘绿则由浓至淡地渗透于结合部玉器的机理之中。通过翻阅相关书籍得知，所谓的铜沁有三种物质产生；氧化铜是

图 319.3 春秋 青玉虎形饰（土沁）
河南光县黄君孟墓出土
河南博物院收藏
该件玉器原来为青玉，由于受到外界土壤元素的沁入致使其色泽发生了变化

图 319.5 凌家滩文化 玛瑙钺
凌家滩文化玛瑙钺其表面浅层已开始受沁的状态

图 319.4 凌家滩文化 玉钺和玛瑙钺
我们可以从图 319.4 上明显看到当时器物出土的状态，这种被土壤包裹但玉质尚未发生变化的物理现象。我们还可以从图 319-5 中明显看到在过渡期中的变化

图 319.6 战国 嵌玉镜支架
河南淮阳平粮台出土
河南文物研究所收藏
根据图片我们可以清晰地观察到，白玉镶嵌在铜框内的结合部所形成的绿色铜沁，以及表面出现的晶体结构和白色粉末状物质

黑色的，它的熔点为 1326℃，不溶于水，但溶于酸，故所以古玉的铜沁形成需要有酸的要件；氧化亚铜是红色的，它可以作为染色剂但表现为红色，和铜绿沁关系不大；碱式碳酸铜俗称"铜锈"，它是绿色的，而且具有渗透性，能作为染料使用。如果单单从绿色的角度看问题，笔者感到铜锈（碱式碳酸铜）和铜沁有着关联，这种关联形成铜沁比较靠谱。而氧化铜需要具备条件，故要看环境

情况而视，至于氧化亚铜化学反应后产生的物质只能附于器物表面。

古玉受铜绿沁，是因玉器与青铜器长期紧密地叠压在一起所致，仅仅叠压还不至于此，还需要外部条件，需要媒介，需要时间，需要玉质本质的接受。铜的原色是红的，之所以会变成青色是因为其中添加了其他金属元素，铜较易被氧化，玉材中原有的金属阳离子成分，和铜金属氧化后

立新思维。

（1）上蜡以后古玉器是否会再形成吐灰现象

首先告诉大家是会的。玉器的吐灰现象是无孔不入的，上蜡以后的玉器从表面观察，似乎通过蜡进行了表面的密封处理已经和外界割断联系，其实蜡也是由不同晶体物质组成的，在放大80倍的双目物理光学放大镜下观察，可以清晰看到蜡物质的堆砌状态以及在玉器表面上相互之间具有裂隙。这些裂隙就是出灰的通道，故摆在我们面前的是，需要解决蜡封与不蜡封之间可能形成不同出灰现象的问题。如果不同，它们之间的区别何在？

（2）灰皮应该在光泽之下还是之上

灰皮无论是自然还是人为，早于封蜡之前出现的必然在下，封蜡以后自然释放的一定在上。古的、自然的、新的、人为的灰皮释放在其表面之上都可以形成一层具有光泽的氧化膜（俗称"包浆"），这种氧化膜的形成主要是由盘玩所致，这和自然造就的氧化膜在概念上有根本的不同。故我们必须首先分清自然、盘玩、打磨、封蜡四种不同光泽的直观现象，分不清这四种概念难免吃亏上当。很多书上或口传的灰皮的形成、分布、过渡自然都是一些非常抽象的，所谓的漫射、晕浑、贼光、宝光等术语也不过是"拿来主义"的借鉴使用。古玉器上真正因氧化膜形成的折射、反射现象，只有通过观察真正的老器物才能体会，道听途说是没用的。

（3）蜡是否可以将玉器包裹密封

这个问题是需要一分为二来看待的，从宏观上来看，上蜡确实起到了一定的阻隔减缓手汗酸性物质，以及空气中不同物质对玉质本身的损害，同时也剥夺了玉质与自然界的正常接触，造成了玉性的呆滞。从微观的角度来看，上蜡是不能够完全阻断玉质与外界的相互置换的。严格地来说它只能起到减缓的作用，就和坑口中的"青膏泥"一样形不成密封的环境。

（4）上蜡玉器的鉴定真伪是否采取"一票否决"

这个问题其实很痛苦，这也涉及到笔者自己一部分藏品。讲淡定，讲豁达，但涉及到自己的藏品往往都会情不自禁地往好处想，去寻找一点侥幸。可以这么讲，这个问题我是经过广泛征求意见，采纳了多人的智慧以及个人的考虑和分析对比，在很不情愿的情感之中，理性地做出的。那就是封蜡玉器不看好！理由有如下几条：封蜡后无法分清自然氧化层的真实特征；灰皮形成出现无论是真古玉，还是仿古艺术品都可以显现，没有标准和明显指证。而且还有蜡的干扰，从严谨的角度来看，否决较妥；上蜡不仅仅不能真实地反映其玉器表面的氧化层，而且还对其工艺痕迹进行了掩饰，使我们丧失了许多观察确定古玉器重要条件。

据以上分析，笔者对上蜡古玉器采用了"一票否决"。如果您认为某块古玉是在1820年以后，因为某种缘故而采用封蜡。那么，由于蜡质的粘附性很强，这件古玉可能除经常能够接触到的部位会有光泽外，其上"沟沟坎坎"的部位恐怕早已面目全非了。当然，清代玉器和那些可以证明是在"文革"以前出土的蜡封过的传世玉器，是需要进一步商榷和探讨的，采用"一票否决"有点过激，也缺乏可靠依据，但这还是不能改变其用封蜡来掩盖玉器上瑕疵的作用。

以下展示一些图片，以便进一步阐述仿古玉器封蜡的一些特征，加深印象。

有关封蜡一事的文章我曾写过，一般阅读过的朋友会产生以下的想法和行动。在此笔者作了一个归纳。

第一，很多藏友可能已经对自己所藏器物做了封蜡检验，但没有勇气直面现实，他们在寻找许多的理由试图给自己一点安慰，笔者感到这是一种侥幸的行为，是对自己藏品的不负责。起码是对古玉器封蜡状态认识的一种包容，这种包容很可能不能纠正您的收藏鉴赏理念，从而在收藏的道路上多走弯路。

第二，另外一种就是轻视。没有真正了解封蜡技术的与时俱进。依然停留在牙签挑，火来烧的鉴赏手段上。对封腊的手段，以及蜡的技术发展没有跟随制假技术的步伐而跟进。我不说这是固步自封，至少也是观念陈旧。我们许多的藏家为什么会走眼，为什么现在有许多年轻的藏家能够崭露头角，就是这些陈旧观念约束了自己的鉴赏视野与冲破陈旧观念的体现。

第三，许多藏友来电感到十分茫然，面对过去甚至失去了信心。其实，学费是要交的，在不断的上交中进步，这里主要需要的还是要豁达，要理性，要坦诚。您不要以为那些成天拿着自己东西侃侃而谈的老师肯定就没有问题，也不要认为自己的东西都是不对，当您对鉴赏的积累达到一定厚度时，您一定会有收获的。我也交了许多

学费，但我很平衡，因为我至少学到了许多知识，交了许多好朋友，当然也总有几件值得自己安心的东东。

第四，还有一种藏友表现的是比较激烈的，他们认为封蜡很正常，现代工艺也封蜡，早就有"宋蜡"一说，明清更是极为普遍。许多博物馆馆藏也都封蜡。我很愿意接受这些藏友的说法，我也希望这种说法在我的藏品中得到体现。但如果我们不能客观地去分析为何封蜡，以及封蜡所产生的利弊，那么笔者花了几周精力也就是多余了。但笔者本意是希望藏友们能够在这个问题上引起重视，我想，这种重视至少对鉴赏古玉是有帮助的。

综上所述，笔者汇聚藏友们的一些思想反应作了一点总结，有些话可能有点刻薄，是刻薄好还是宽容好，智者见智仁者见仁。

下面我还是要围绕封蜡的问题在进一步地谈谈自己的看法。

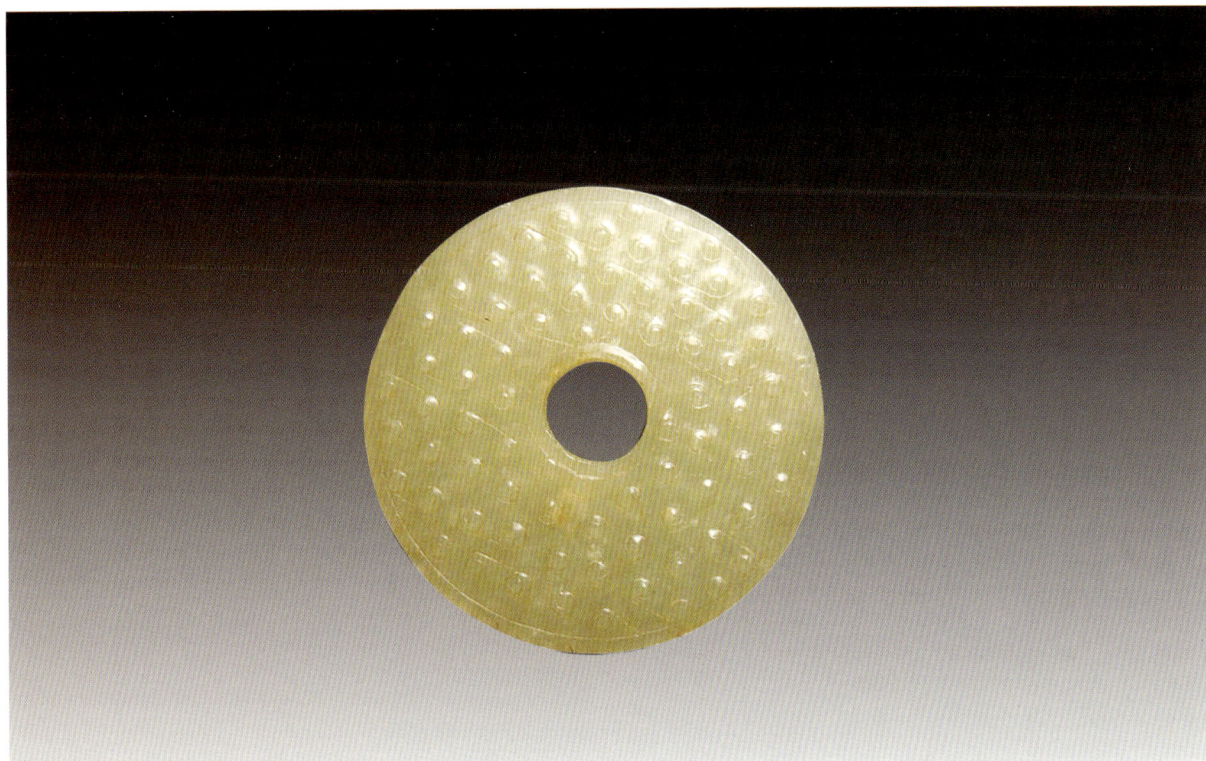

图 319.10 和田青白玉谷纹小系
这是一件仿古制品

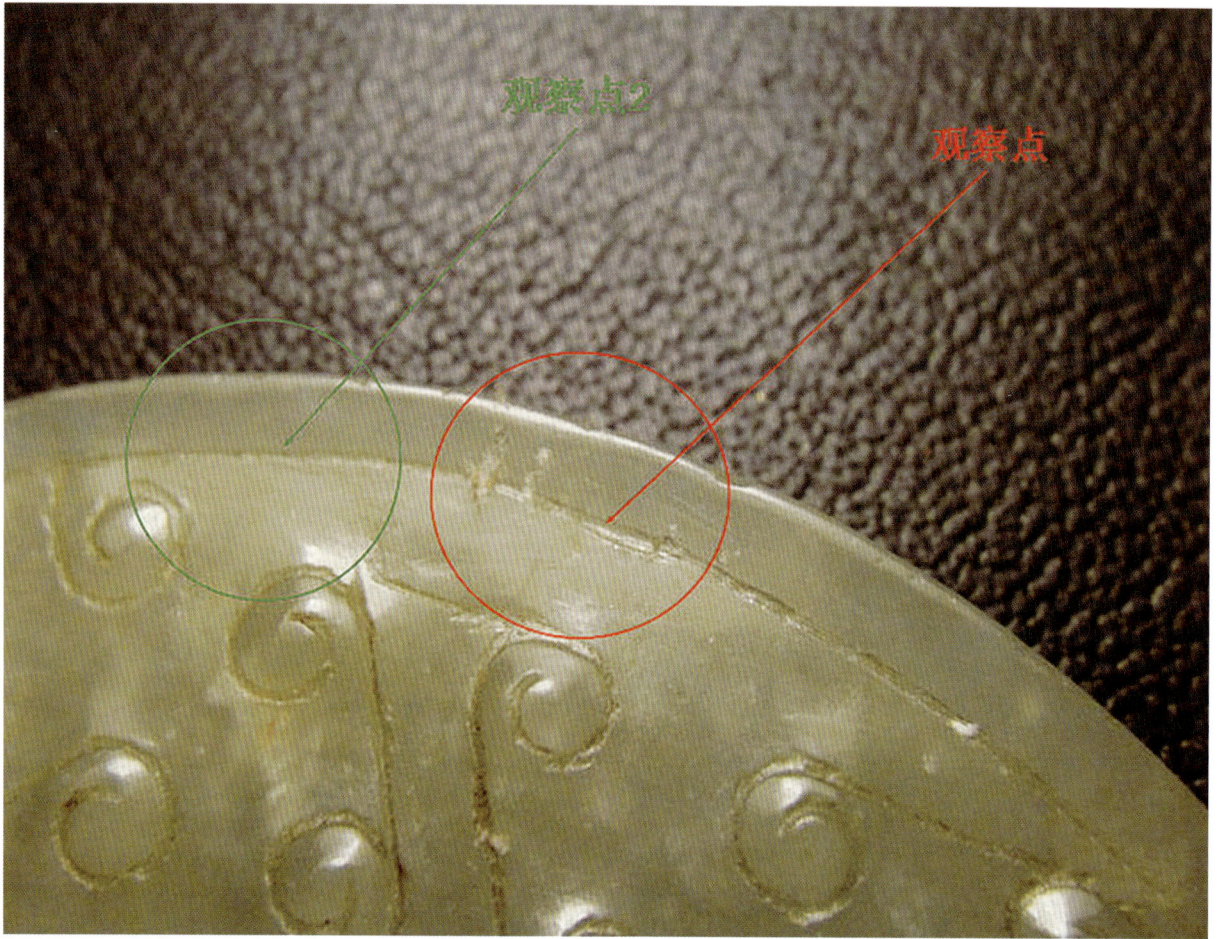

图 319.11 和田青白玉谷纹小系璧（局部）
绿色观察点为没有清理封蜡的部位，红色观察点为用钢针剔除封蜡的部位，剔除的封蜡呈白色片状清晰可见

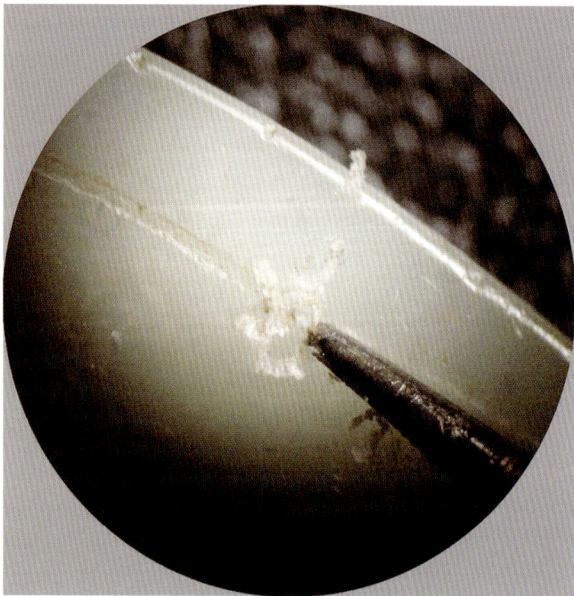

图 319.12 和田青白玉谷纹小系璧（局部）
在放大 40 倍物理光学放大镜下，拍摄的缝衣针尖剔除阴刻线的过程和封蜡如同刨花一般从阴刻线内剥离的成像

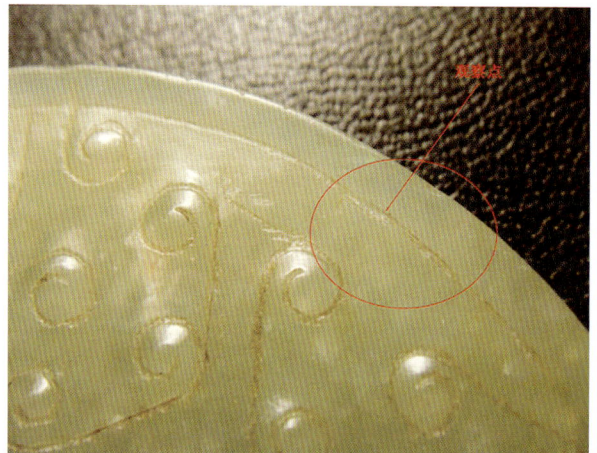

图 319.13 和田青白玉谷纹小系璧（局部）
红圈内的剔除封蜡后的痕迹在用鬃刷略微刷磨后的成像

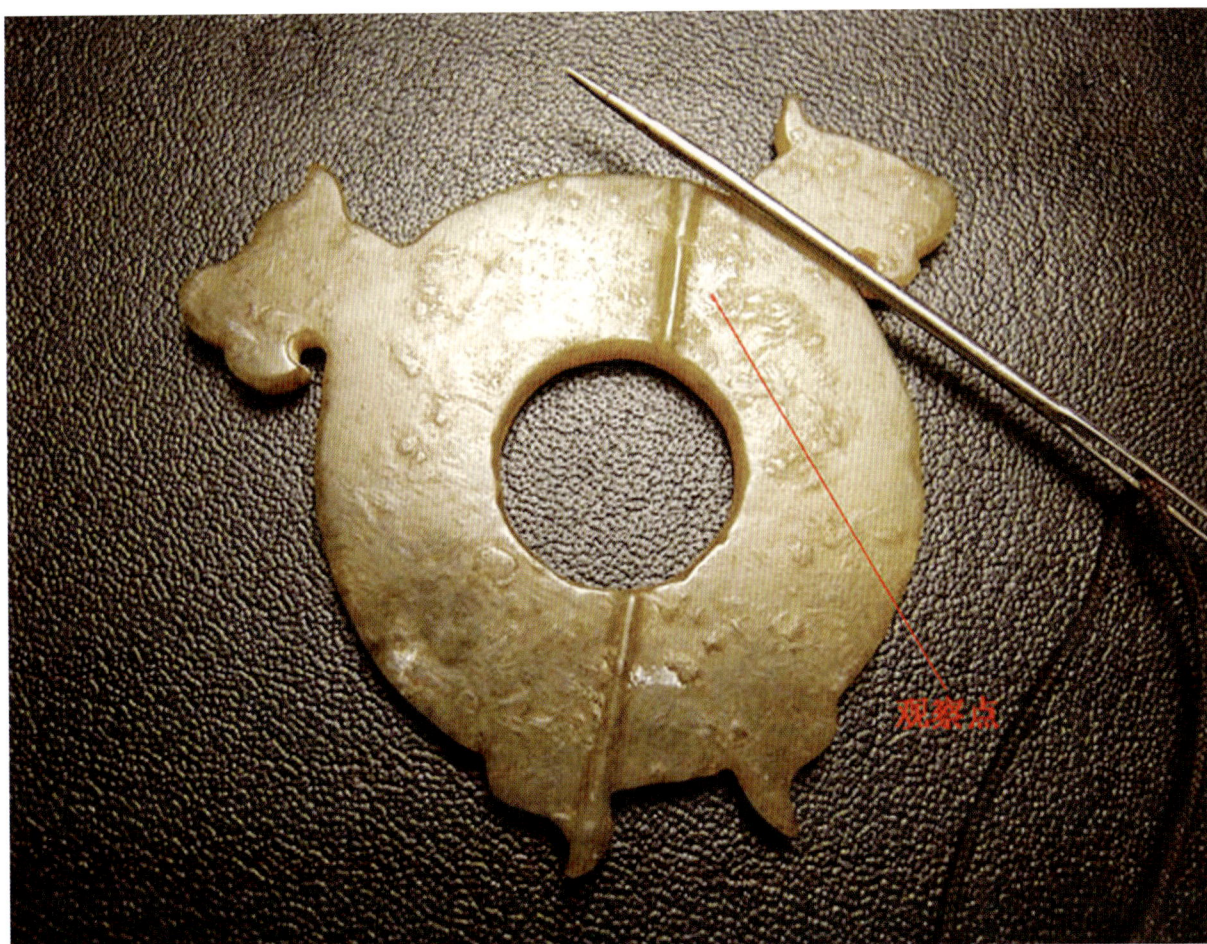

图 319.14 战国 出廓虎纹小系璧
这是一件看来很开门的战国出廓虎纹小系璧，但同样也封了蜡

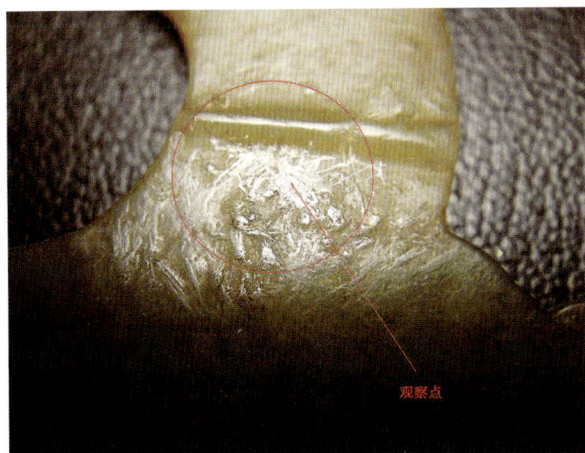

图 319.15 战国 出廓虎纹小系璧（局部）
从红色箭头所指的部位我们可以看到针尖划拨后泛白的状况

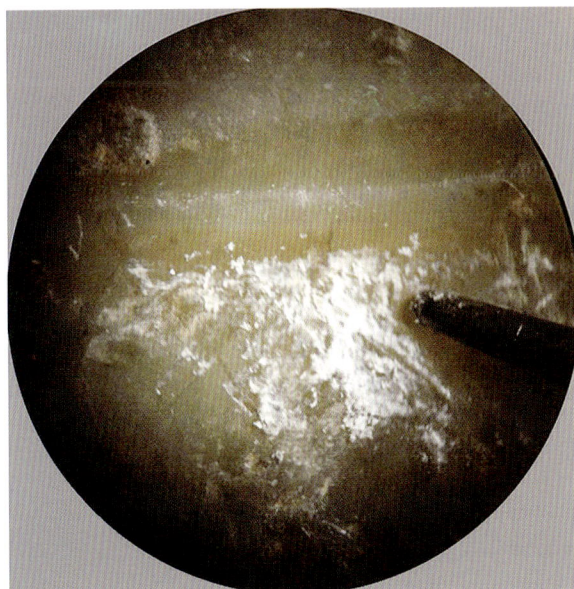

图 319.16 战国 出廓虎纹小系璧（局部）
这是进一步放大，在光学物理放大镜放大 40 倍后所呈现
的，也就是 319.15 红圈内的状况再现

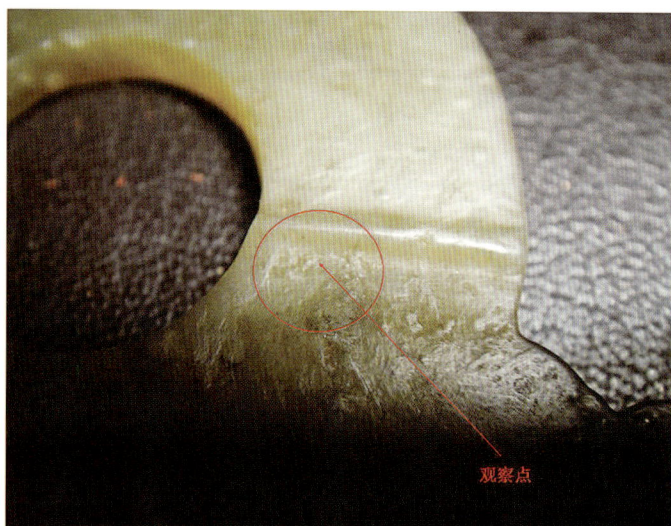

图 319.17
这是稍加鬃刷刷磨后的成像，我们可以发现其加工瑕疵已经完全暴露

图 319.19
这是图 319.18 局部在高倍光学物理放大镜放大 40 倍下观察的状况，我们可以看见较厚的一层蜡已从玉表面剥离，露出了玉质的本来面目

图 319.18
这是用一般的水果刀在一件古玉器表面刮削的情景，此件器物周身裹满了比较差的一层厚蜡，故比较轻易地就刮下来很厚的一层封蜡

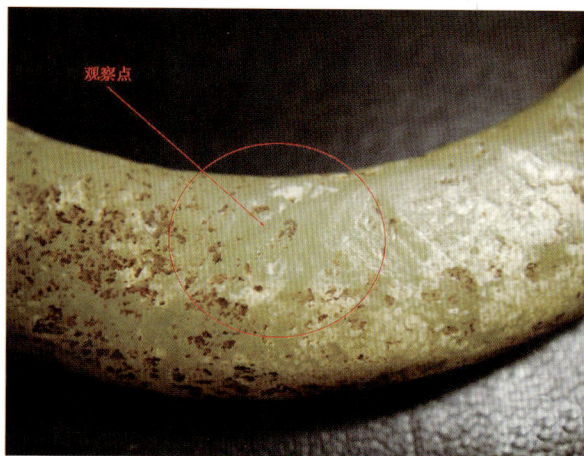

图 319.21
红圈观察点中反映的状况，是对应的图 319.20 红圈内痕迹状况，在稍加进行处理后的状况微距成像

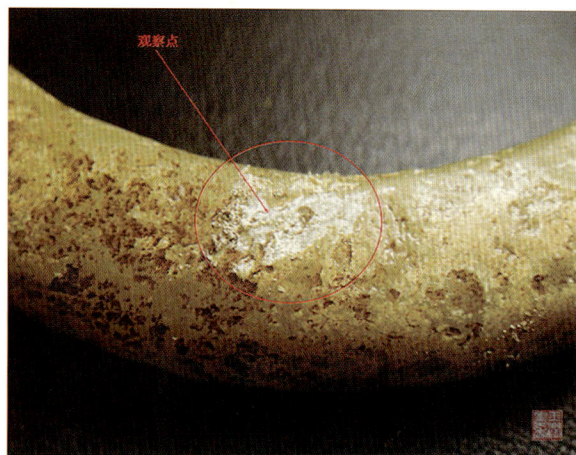

图 319.20
观察点中显示的是剔除蜡后表面没有处理的状况微距成像

图 319.22
这是一枚和田玉春秋晚期手组佩中的一个小饰件

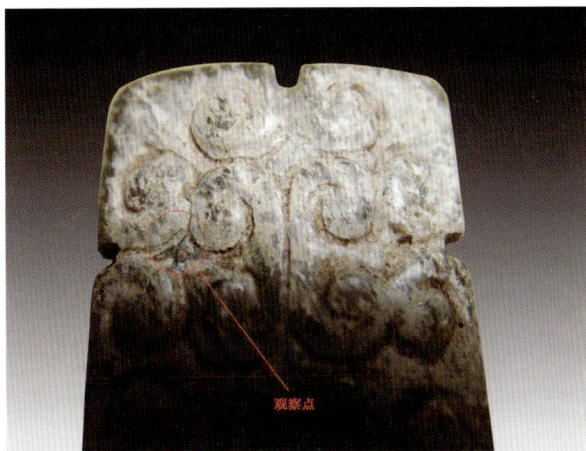

图 319.23
红圈内没有人为动过所显示的状态微距成像

图 319.24
红圈观察点内用钢针划拨后的状况微距成像，由于没有封蜡，故钢针只能在表面打滑，并在划过处留下金属磨损的线条，这种线条不会吃肉。但要注意，这件东西的白化部分是不能划的，因为其白化部分的玉质已经较为疏松，划后会破坏其原生态的状况

图 319.25
在高倍光学物理放大镜放大 40 倍下，观察图 319.24 红圈内观察点的状况

图 319.26
这是通过高倍光学物理放大镜放大 80 倍后，观察到的封蜡碎屑

第一，不可否认对玉器的封蜡是古来有之，我们这里要研究和探讨的是封的什么蜡。首先我们应该明白在现代工艺中封蜡并不是一道必须的工序，而是为了进一步完美器物的一种手段，封蜡的属性是掩饰做工中的微小瑕疵、绺裂致使玉器表面更加光泽照人。现代工艺中的封腊一般都是根据玉质颜色运用一般的上光蜡施以煮、浸、抹的方法附着在玉器表面的，真正好的玉料是不

需要封腊的，可以这么说封蜡没好料，一般多多少少都有问题需要用蜡来遮掩，这也是鉴定新玉的一种重要手段。

第二，古代封蜡是在没有市场经济的状况下进行的，同样的道理好东西不需要封蜡，因为和田玉本身最主要的质量指标就是脂份，封蜡完全是画蛇添足。为什么只有到了宋才有"宋蜡"一说？因为宋代仿古玉制作是高峰。古人

也明白封蜡可以作假的道理。那么有封蜡之器至少有考虑宋后。

第三，笔者已经说到优质玉材不需要封蜡，玉材是忌讳油的，而古代的蜡就是用植物油和动物油制作的。这种长期粘附油性的玉器，我们可以在老提油上得到一点启发，它与老提油的不同就在于一个是以破坏玉质解理为代价的，一个是暗合解理顺其自然的污渍的沁入。而现代的蜡熔点可以达到140度，再加上玉质很好的导热性，绝不是普通打火机可以解决的，高档轿车的封蜡您可以拿打火机、牙签去试试，答案就出来了。

第四，至于博物馆馆藏玉器封蜡问题，流入民间的几率极少，可以不加考虑。但不可否认会有一些人士为您满足自己把玩的完美性，对自己的一些有瑕疵的器物进行封蜡处理。当玉器进入市场，这种现象就欲发多见了。从玉器的保养角度来看，古人对盘玉、保养玉有着相当的认识，这种认识甚至是有过之的，从相关资料中根本找不到有关玉器封蜡有利于保养盘玩的记载。

从上面的分析来看，有几条是有其共性的：封蜡玉器一般都有瑕疵；封蜡玉器是为完美的修饰；封蜡古玉器必然有油性受沁的痕迹。那么在当前我们还有什么困惑需要进一步研究和探讨的呢？笔者感到有以下几点：

① 玉器附着蜡材与现代蜡材之间的关系。

② 封蜡玉器受沁的特征。

③ 古玉器氧化层是否会形成类似蜡状特征的包浆附着于玉器之上。

④ 如何识破造假封蜡后酸咬形成的白化和次生现象。

玻璃光

说起古玉玻璃光，在许多藏家眼里，它的解释各有不同。在学术界也有学者用"玻璃光"一词来介绍古玉的一种特有的表面光泽，并且从理论的角度阐述了古玉玻璃光是不能盘玩，盘了则会消失的观点。那么，什么是古玉玻璃光呢？它的形成机理是什么？在我们的视觉中玻璃光到底又是如何的呢？为什么不能盘玩？盘玩后它的表面光泽会有变化吗？

有人认为玻璃光是氧化层，不能碰不能盘。笔者有幸上手过几件玻璃光的古玉器，说到盘和碰的问题，我感到没有如此严重，当然就是镜面磨床加工的金属器物多碰，时间一长镜面光泽也会受到破坏，故最好是少碰。所谓带着棉纱手套等就不会损伤镜面的说法是错误的，您就是带着丝绒手套照样会破坏镜面的光泽，因为镜面光泽的破坏不仅仅局限与手上的污渍，更重要的是摩擦。在行内大家眼里，将玻璃光看作是玉表一种最高境界的氧化层，一层特殊的氧化膜。

事实上，这种光泽的形成是由诸多因素的，它既有玉质密度与品质的因素，又有工艺技术的原因，还有生存环境的讲究，还和光线的折射有着密不可分的关系。它的光洁面应该尽量少碰，但不能排除外界条件引起的氧化作用致使光泽黯淡，甚至消失的可能。我们知道当光线由一种媒质射向另一种媒质时，在两种媒质的平滑分界面上，被分为反射光线和折射光线。这个平滑分界面越光洁，其反射光线和折射光线的效果就越好，折射与反射之间的关系理论上是平衡和正比的，但器物还会生产吸光的运动，当器物表面的某一个点显得毛糙或结构的变化时，其光的折射就会发生衰弱的表现，这就是在同一个抛光面上，光泽有的部位有，有的部位没有的原因。这也是在同一个光源层面反射中寻找氧化膜形态的鉴定古玉方式。因为墓葬这种特殊的因素决定了它不可能在入土后再进行二次抛光，而盘玩与工艺品的抛光又缺少氧化膜底层玉质变化表现，那就提供了一个可以鉴定的视角。只有玉器在成器入土后产生的氧化膜光泽，才有其底层的变化，这对喜

图 319.28 出廓璧
这是一块出廓璧的局部，由于玉质的次生变化，形成了吸光的条件，故破坏了折射光部分平衡，致使整体各个点位的反射不同，我们可以清晰地看到玉质的次生变化埋伏于宝光之下

图 319.29 玉器表面的玻璃光
显示了在不同光照的条件下，玉器表面玻璃光所形成的不同视觉效果

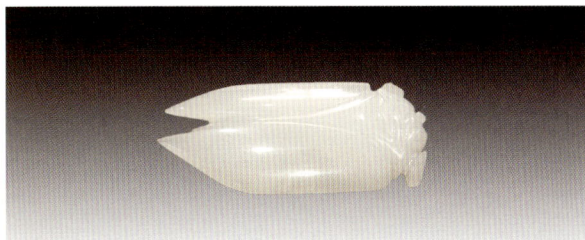

图 319.27 白玉蝉
这是一件馆藏玉蝉，通体玻璃光大放异彩。它来于自公元前154年，如果将它放在民间，您会认可它吗？如果您近距离与它接触，就会发现历史沧桑隐逸在那宝光之下的烙印

欢白玉无瑕的朋友也不失为一个很好的鉴定方法。

玉质的立体通透

玉质的通透表现在其立体的受沁部分。玉质受沁的沁色深浅、浓淡程度，直接影响到玉质的通透以及立体感的体现。通过观察玉质和沁色之间的关系体现，我们可以体会到一种由外至内的，由深至浅的，层次分明的，过渡自然的，渗透扩散的，与"豆花"和蚀斑点、加工痕迹、沁孔、沁沟、绺裂等相互关联，互相影响的自然形态。具有多种沁色的玉质，除玉质部分由于质地紧密或玉筋等不易受沁的情况外，受沁与不受沁之间，此沁色与彼沁色之间的交融和掩盖之感在相交之

处的自然状，应该呈现的一目了然。古玉在经过略微的清理之后，会变得十分干净。打个比方来说，管理好的高级宾馆给人以一种富丽堂皇的洁净感，一个普通的家庭主妇善于整理家务，同样也会有一种淳朴的洁净感。这种洁净感是要靠深厚的底蕴来造就的，按照现代语，称之为"素质"。那么古玉就具有这种素质。就是表面坑坑洼洼地受沁万千，同样有一种洁净感。这种洁净感就是玉质的通透。我们在一些保存较好的古玉中，往往在"开窗见地"处可以明显地观察和找到玉质的通透和立体感觉。古玉因玉体净化质变而出现玉质通透的立体状态，"瑜不掩瑕"所得其实就是立体通透。此现象与古瓷釉面的"糠玻透晰"现象极相似，这种通透立体状甚至有"冰种"般的质感，内中杂质及质变结晶历历在目。

3. 玉质结构与光的对应关系

古人曰："每遇宝石，辄以色别。"唐《录异记》中对"和氏璧"色泽的描绘为"侧而视字色璧，正而视之色白"。在现今，虽然我们掌握了矿物学的知识。但大家对玉色的评判往往还是靠直观来区分其优劣。这是因为颜色的表现最为直观，便于识别，肉眼和显微镜鉴别都是如此一般。

这里就有了一个误区，为什么要强调必须在

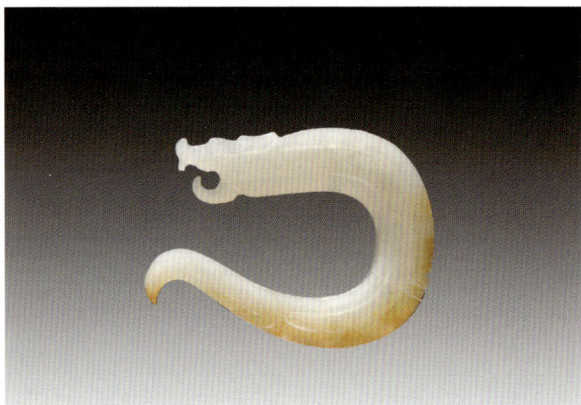

图 320.3 战国 玉龙
上海博物馆收藏
通观整器飘逸灵动，玉体净化质变油腻滋润而出现玉质
通透的、立体之状态可有"糠玻透晰"之灵气。背部沿
着器物背脊边缘一条淡淡道到来的沁色，仿佛是天工神
笔，将整器勾画的活灵活现

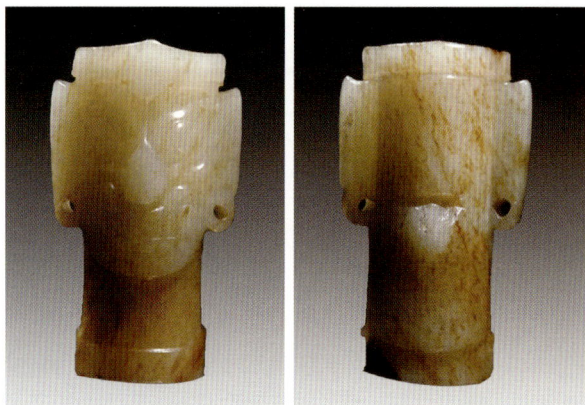

图 320.2 石家河文化 玉神人首
上海博物馆收藏
通观整器浅灰玉质质感通透莹润，恰似果冻，表面略带
沁色，玉质晶体间所含杂质极少，乃一块上乘玉料。玉
质色相形成对比非常鲜明，同时也充分展示了玉质的立
体感

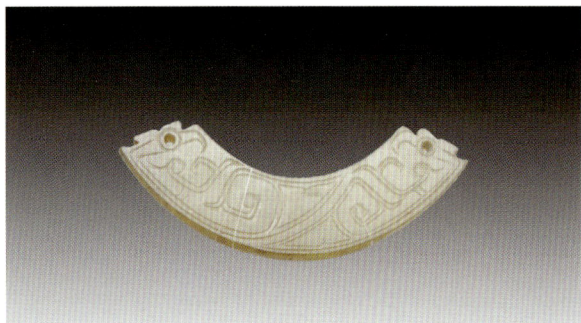

图 320.1. 西周 双凤首玉璜
山西曲沃北赵村遗址出土
山西博物院收藏
通观该器玉质细腻，感觉如新，通透温润，微含土沁

自然光下看玉呢？也就是说不同的光源，不同的
波长，对玉色形成的折射、吸收会因为其玉质内
部形成的矿物质不尽相同，晶体、纤维排列的不
同，环境条件的色彩、明亮程度不同，矿物质所
含的色素离子不同，以及晶体缺陷等原因有着必
然联系。

　　不知大家是否了解"补色"这个名词。矿物
学中认为：矿物吸收某种颜色的波长后，会呈现
出其他波长的颜色，这就是"补色"的注解。（我
在图 321.1 中做了形象地说明）矿物对波长的吸
收原因很复杂，其主要有三种原因：其一，矿物
吸收光波与矿物含有某种"色素离子"有关；其二，

矿物吸收光波与晶体结构有关；其三，矿物吸收
光波与绺裂、解理以及气孔有关。这可以在高倍
电子放大镜的成像中找到感觉（见图 321.2、图
321.3 和图 321.4）。我们如果能仔细研究玉石矿
物所含的色素离子特征，不仅可以从科学上深入
理解玉石的颜色，还可以通过它们的含量、分布
状态来了解玉石出产地的某些地质构造环境。这
对了解和探索玉石产地、玉石来源提供了相应的
依据，这就对古玉鉴定提供了部分理论依据。

　　玉石的颜色、光泽和透明度都属于光学性质，
是鉴定古玉的一个比较直观的层面。但它不是一
种重要的主要手段，仅可以作为一种辅助。透明
度的标准是在 0.3 厘米的薄片中进行观察，全透
明为"透"，再依次为半透、不透。玉石的透明
度是由反射光和吸收光的程度决定的。通常吸收
光强，反射光也会增强，同时光线通透减少，从
而透明度相应也变小或不通透。光泽指的是玉石
表面反射光强弱的表现，反射越强，光泽就越强。
在这里我着重来说一说玻璃光泽。由于我国传统
玉石一般均为矿物集合体，玉石集合体矿物形态
和反射面的性质不同，对光泽产生的影响也会不
同。各种光泽的产生有其矿物结构的原因，也有

图 320.4 玉龙
山西韩城梁代村芮国墓地 27 号墓出土
其玉质的老熟与通透之感给人一种敦厚温润的享受

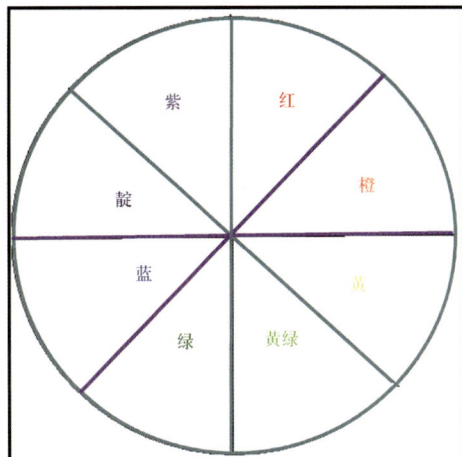

图 321-1 互补色示意图

人为加工和次生变化的原因，这些原因造就了温润和枯白的对比，形成了多彩与单一的对比。

下面几组图片的对比，使我们可以了解到玉质的纤维、晶体排列结构，矿物含有的色素离子以及玉石本身的气孔、绺裂、解理与反射光、吸收光之间的关系。对这些关系的研究和理解，会对鉴定古玉的过程中起到一定帮助。

图 321.3. 选用了白、红、蓝、黑四种不同颜色的背景纸，在同等的光源条件下对图 321.1 所示玉器进行了成像对比，结果发现背景纸的折光以及那颗紫水晶所透散的之光对玉器在图片成像效果上有直接影响。这种影响致使我们在对成像的直观上形成误差。

图 321.4 是一组同件器物在不同设备和光源下的成像，左边为在高倍电镜辅助 LED 白色光源的成像，右边是在普通白光下相机微距拍摄的成像。通过两组图片对比，可以看到在不同光线条件下成像发生色变的迥然不同的成像视觉效果。

六、神韵篇

"神韵"是一种理想的艺术境界，其美学特征是自然传神，韵味深远，天生化成而无人工造作的痕迹，体现出清空淡远之意境。通俗地说，神韵也可以说，就是传神或有味。神韵是客观价值在美学上的体现，因为它既含有现实现象的表现，又不取决于人所存在的自然性质。它也因为客观的、不取决于人的意识和意志而展示着自身的表现，存在于社会历史实践过程中人和社会形成的相互关系。"神"是气场，是一种超越人们预料所能达到的事物完成的信息，没有过程，只有一种意会的结果。"韵"是一种享受节奏的过程，其中包含着风度、标致（美）等，韵的节奏与美的体现就必须有"神"在的气场。"神"散发着意会中的结果，"韵"是理解这种结果的感觉。这种感觉的领受取决于读"韵"者的造诣，取决于赏"韵"者的深邃。只有将"神"中的"韵"理解透彻，方能领会到真正的"神韵"。

1. "神韵"是境界美

"神韵"在古篆书中代表了虞舜时代整个中华精神图腾文化的最高境界。生气远出，而韵外之致，乃非同形体之显实。唐人武元衡说到神韵，曰"袅声外，非同声响之亮澈，然而神必托体方见，韵必随声得聆，非一亦非异，不即而不离。""神"有各种属性，最常见的能力包含全知（无穷的知

图 321.2 白玉籽料的明清圆雕件
本图是用渐变纸作背景，当时天气晴，上午10点在无直射阳光的自然光下拍摄的，图片与实物基本保持了原色。

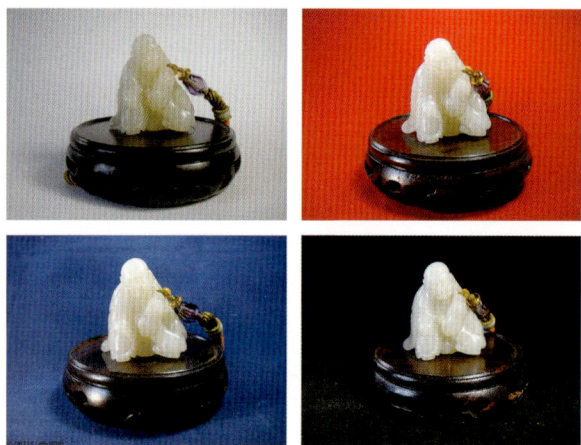

图 321.3 清代圆雕罗汉喜兽
在渐变色、红色、蓝色、黑色四种不同背景下的成像对比图

溯源识真高古玉

识）、全能（无限的权力）与无所不在。与多神教的神祇不同，神更拥有简单、永恒、必要及唯一性。老子认为道生成天地万物的过程是"道生一，一生二，二生三，三生万物"。道生成万物之后，又作为天地万物存在的根本而蕴涵于天地万物自身之中，道是普遍存在的，它无间不入，无所不包。道虽存在于天地万物之中，但它不同于可感觉的具体事物，它是视之不见、听之不闻、搏之不得的，是构成天地万物共同本质的东西。所以，"道"存在于人类语言及图文之外，心灵可以感知而无法言传和图示。也不可能靠感觉器官去体认，也难以用普通字词去表示，只能用比喻和描述来说明它的存在。"韵"属于美学范畴。指含蓄蕴藉、冲淡清远的艺术风格和境界。它以抒写主体审美体验为主，追求生动自然、清奇冲淡、委婉含蓄、耐人寻味的境界，使人能从所写所制之物中冥观未写，从所道之事中默识未道之事，即获得古人常说的言外之意、象外之象、意味无穷的美感。

　　"神韵"是一种理想的艺术境界，其美学特征是自然传神，韵味深远，天生化成而无人工造作的痕迹，体现出清空淡远意境。说白了，神韵就是只能意会无法言传的这种气场，一种难以用

图 321.4 不同的设备和光源下的成像

文字语言表达的意境。它由自然造就，秀美衬托，意会铺垫，传神展示。

"神韵"体现在古玉器鉴赏中主要有两个方面，自然造化和美的造诣。自然造化展示的是玉器成器之前的质量、形状、颜色以及成器后在结构、次生、氧化所带来的鬼斧神工。美的造诣展示的是成器后纹饰、造型以及其内涵与意境。这两者之间的相互交融，形成了浑然一体的"神韵"。针对神韵前面一个方面来说，的确有着只可意会无法言传的问题，这种大自然造化以及微观世界物质粒子的裂变所形成的万千变化，仅凭寥寥数语是不可能将其知会的，而美的造诣，笔者感到还是可以从美学的角度略作一些描述。

美学，属感性认识学科，美作为人类造型的活动和现象，它从属于各个不同的文化系统，也代表着不同地域、民族、感情、理念的面貌。作为精神性的造物，艺术与人类生活息息相关。艺术品具有宣扬精神信仰和人类"炫美"的特性，不仅制作者可以通过创作来表达展示自己人生的体验和艺术才能，而且也可以通过作品传达一种精神信仰。而观赏者也能通过接受其外在内涵来丰富和升华自己的生活内容和艺术品位。换句话说，每个人都可以直接或间接地参与其中，把艺术品变成自己精神信仰和炫美的一种生存方式。

2. 写实美

写实性技法是艺术形式的基础，针对玉器制作来说是制作的第一步。对器物设计打样要求是十分苛刻和全面的，它要求画面图像必须与真实世界的形象距离尽可能地缩短，也就是要尽可能地追求与对象形象的"形似"。尽管写实性表现的图像与真实之间有很多不同之处，但无论它们的距离是如何地近与远，它终究是一种模拟的形象，它与客观真实之间仍不可同日而语。但这样

反而把观众带进另一种真实情境中，即观众比在日常生活中更为积极地关注画面中的一切事物，发现它们隐藏在客观真实之中的艺术美感。作为一种总体表现风格，写实性表现形式多用于现实题材或纪实题材，藉此来展现作品的自然风貌和精神信仰，使人体味出自然赋予的真实与博大深沉的艺术精粹。

图322.1是一件写实的玉雕作品，虽然鹿角已残，但其翘首回望、紧抿鼻唇、圆眼巡视、双耳后掠的形态，结合耸背掖尾，后肢卧蹲，前肢肘撑于地的态势，给人一种实实在在的感觉。笔者感到这是一头正在安逸地享受着大自然沐浴的鹿，突然一份不安宁的信息隐约递来，它睁目回首、抿鼻探析，在警觉中巡视，欲起规避。

3. 写意美

这里说的"写意"有两种不同的倾向。一种是反映内化的物象之意，此种写意更倾向于中国传统的意境化表现。"言外之味，弦内之响"一直是古代玉雕所追求的艺术创作高度，这不仅源于古代工匠对传统艺术理解，而且也源于不同民族所特有的审美情趣。另一种则是反映外化的心象之意，这种不注重具体物象的刻画，而是倾向抽象的信息去表达精神与意境。这种写意直观、最恰当地体现了"以心观物"的主题，主观意识自由地穿行在作品之中，制作者的身心与作品密切结合，浑然一体，真正地达到了"物我两忘"的状态。作品不再是单纯地注重其真实的对比，而是大量融入了制作者强烈的时代意识形态，并深层次地迸发出制作者深沉、敬仰的情感，最终升华出新的精神。

图322.2，笔者认为此件玉凤就是写实与写意的结合，它是太阳与凤鸟的象形结合表现之产物。它是中国古代传说中的百鸟之王，象征着祥

图 322.1 西周晚期 玉鹿
三门峡虢国遗址出土

图 322.2 石家河文化 玉凤
国家博物馆收藏

瑞高贵，借喻贤德之士，比喻帝王之相。现在许多朋友说到凤就和女性联系在了一起，其实凤也有公母之分，雄的叫凤，雌的叫凰。"凤皇，灵鸟仁瑞也。雄曰凤，雌曰皇。"它的灵感来自于太阳、火、各种鸟类的复合体，是原始部落的图腾徽识。鸟中有许多是属于候鸟类的，而凤就是候鸟的代表，由它衍生的"凤鸟历"成为了少昊分别春夏秋冬的历制。凤鸟从红山文化到两周都有出现，其演变的过程是流传有序的。人们在意念的驱使下，怀着对太阳、火、四季气候等大自然的崇拜，在超越现实中创造了各种各样的凤鸟造型。这种表达内化的物象之意，出神入化地显示了意境的升华。

山西韩城梁带村出土的这件玉璧（图 322.3），其中包含着多重的象征性意义。不过笔者比较偏向于定位在瑗，在战国中山王遗址出土的玉环、瑗上，墨书文字写名，也与《尔雅·释器》的记载一致，即"好倍肉谓之瑗，肉倍好谓之璧，肉好若一谓之环"。据《荀子·聘人》记载："问士以璧，召人以瑗。"《说文》中说到："瑗，大孔璧也。人君上除陛以相引。"看了古代上级请下级来时，便将瑗作为召见信物之用，而《说文》述及的便是君王上台阶时，为免失坠，故手执玉瑗的一边，引导者则执另一边的场景。

在这里暂且我们将玉璧作为一件实用器物来看，那么器物上面的龙纹便是以抽象的信息来表达精神与意境。这种写意直观、最恰当地体现了"以心观物"的主题，明确地告诉了受邀者，主人的身份、地位。而制作者怀着对龙的崇拜和对主人的敬畏，对拥有者制作主题思想的理解，将自己的身心和技术完全融化在其中，在想象中创造了一个完美体现现实、表现意境，具有符合时代精神摆脱真实对比的精美器物。

夸张的玉器风格，强调表现的信息量及信息的准确度。它的特点是在纹饰与造型之间蕴涵足够动势的表现力为主。当这种"要求的参与程度高，要求接受者完成的信息多"的表现形式转化为"并不留下那么多空白让接受者去填补或完成""充满数据的状态""具有高清晰度"的表现形式，体现出综合性表现形式的强大包容力和个性化倾向。夸张利用了线条、造型、穿孔等寥寥数种形式各异的工艺技法，最大限度地表现了器物对象的真实一面，令人一目了然。这种无固定性、无重复性的态势，往往结合着写实的变形处理共生，形成了无限的多变情趣，给人带来一种强烈的视觉享受。

如图 322.4 所示龙形环饰，通身利用阴线勾勒轮廓，寥寥数笔附加一个穿孔，将一条夔龙衔

图 322.3 双龙纹玉璧
韩城芮国梁带村遗址出土

图 322.4 战国龙形环饰
河北省文物研究所收藏

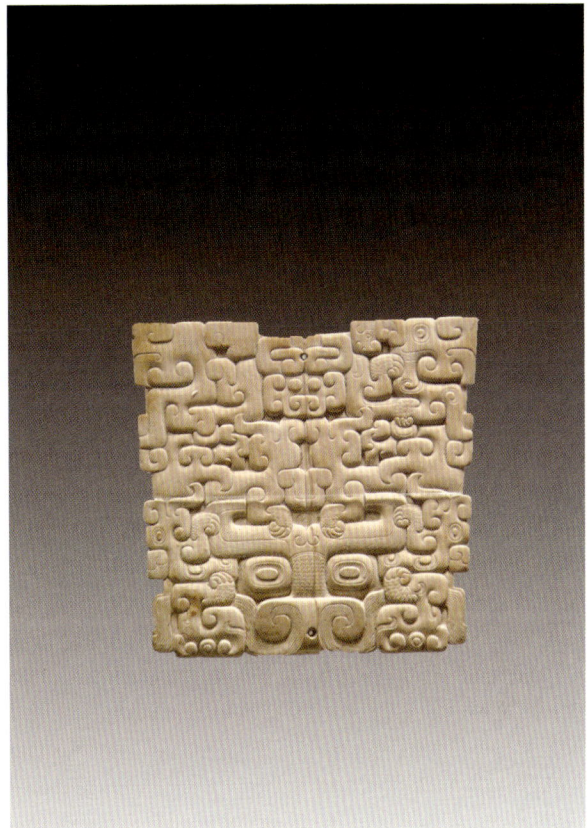

图 322.5 春秋 龙纹玉饰
河南淅川下寺出国墓地出土 河南博物院收藏

尾为环的形象表现得淋漓尽致，致使我们的视觉受到力度、气势和灵动的冲击。这件器物运用夸张的手法突出了龙首獠牙与卷尾的对比，把龙的威猛之态集中表现在硕大的龙首和獠牙之上，夺人眼球地点化了器物的主题。它运用了夸张的设计理念形象地将头似牛，眼似虾，腹似蛇，鳞似鱼，爪似凤以及无角、单足的夔龙形象刻画的生动鲜明。

抽象是从众多的事物中抽取出共同的、本质性的特征，而舍弃其非本质的特征。要抽象，就必须进行比较，没有比较就无法找到在本质上共同的部分。共同特征是指那些能把一类事物与他类事物区分开来的特征，这些具有区分作用的特征又称"本质特征"。因此抽取事物的共同特征就是抽取事物的本质特征，舍弃非本质的特征。所以抽象的过程也是一个裁剪的过程。在抽象时，相同与否，取决于从什么角度上来抽象。抽象的角度取决于分析问题的目的。它的具体特征为：将复杂物体的一个或几个特性抽出去，而只注意其他特性的行动或过程；将几个有区别的物体的共同性质或特性，形象地抽取出来或孤立地进行考虑的行动或过程。

"抽象是从众多的事物中抽取出共同的、本质性的特征，而舍弃其非本质的特征。即抽出事物本质的共同的特性而暂不考虑它的细节，不考虑其他因素。"这是对抽象概念的文字描述，我不知道我们的祖先是否也有着对抽象概念如此准确定位，但从红山文化、良渚文化以后的大量玉器造型中，却是可以体会到古人将其概念密集地体现在古玉器造型和纹饰之中的手笔。他们对龙凤、瑞兽、人与神的描绘，抽取了其共同的特征，排除了非共性的部分，在区别和糅合之中做了极为精确的提取。

图322.5这件兽面纹玉饰在笔者看来乃是抽象意境的经典之作。不知是刻意还是没有来得及，或许是玉制的关系，它好像是一件尚未完成的作品。但就是这个未完成的区域，其实在其中起到了极为重要的角色。从区域的对比角度来看，无论是对角，还是上下左右的画面，它都作为非对称的衬托而存在。而从整体来看，它的存在又是如此和谐和必要，它相似非相似的形象，起到了突出主题内容的烘托作用。整个画面由六条小龙和一个半留白区域组成了一个龙纹玉饰，其中玉饰的下半部分为对称的左右各自两条龙纹组成，而上面一组的右边一块区域左上角隐藏了一条小龙，可谓独具匠心，至此整个画面恰好形成了七条龙的构思，凸显了了拥有者的身份与地位。从整体画面来分析，这是一款暗藏玄机的玉牌，当非对称变为对称后，留白处必然需要增添两条龙纹，九条龙纹归何人所佩，期间的隐晦一目了然。作者提取了心灵的窗户——眼睛，点缀出其主题思想的表达，它运用变形的线条，抽象地还原了神兽的本质，在复杂的线条空间之中提炼了本质上的经典。其细腻的风格，大胆的夸张，形象的思维达到了极高的艺术境界，使人回味无穷。

七、辨伪篇

鉴赏古玉器讲究一个眼学，眼学到底在现今的古玉收藏界应该如何定位？在造假到了惟妙惟肖的程度时，我们如何与时俱进？在这里我想探讨的是在不否定眼学的基础上，可否借以矿物学、物证学来加以辅助鉴定古玉的问题。笔者认为，任何事物都有一个融会贯通的过程，中国古玉器鉴定的问题还是在于收藏者自己一点不懂，光看专家鉴定的证书，光听令人鼓舞的故事，就难免会出现问题。所以，收藏古玉器是一定要学习一些基础知识的，你可以做到，看得懂什么，就买什么。小学程度就决不买中学的东西，也就是看不懂的不买，这样不就没什么问题了吗？其实，在这个世界上，看不懂的很多，吃的、穿的、用的、玩的，真正能搞懂的并不是很多，为什么呢？因为术业有专攻，就是这个道理。

当今在鉴赏古玉器方面用物证学来辅助古玉器鉴定成为一种潮流。这个领域涵盖了矿物鉴定和物证鉴定，有点近似于现代的刑事侦查学。资深的矿物专家在原有的知识上探寻古玉器的风化和沁色特征，这个是好事情，是功德无量的事情，让古玉器鉴定向前迈出了一大步。但是问题又来了，矿物专家和古玉器专家是有很大区别的，首先就是古玉器专家是形而上的，是靠标准器作为依据的，事必有出，无论是器形和玉质和工艺，还是沁色都要有依据，才可以断其真伪。古玉器专家熟悉和了解中国所有的出土玉器资料，他们以标型学作为唯一鉴定的标准。但是矿物专家没有这样的感知，他们就是从材料本身所发生的变化来判断是不是古玉器，这个就和经验学专家发生碰撞了，经验学专家认为对的古玉器，而矿物专家却认为没有风化表现，材质没有发生应有变化，不对。而矿物专家检测到有风化的古玉器，经验学专家却认为和古代玉器工艺、形制有天壤之别，根本不是一回事。如何解决这些问题的碰撞呢？笔者认为，由于矿物学专家、古玉器专家还是物证学专家他们没有很好地将众人的智慧和理论实践融合一体，都在各自为战。其实，鉴定是一个多科学的课题，需要多方面的知识和经验。根据自己数年的走访学习我想强调以下五个问题：

（1）是不是古玉器一定都会有成器后风化

这个结论是肯定的，肯定是所有的古玉器都有成器后风化的现象，不过这种现象的程度有大有小。风化的原因复杂，而且南北地域差异很大，从出土的古玉器上看，多多少少都会有不同程度的风化表现。这种表现的成因是很复杂的，很难一语道破，但依据笔者来看，它其中的几个特征可以作为非常扎实的依据：第一，伏隐在自然形成的氧化层之下成器后的次生变化；第二，体现在碾琢痕迹上的次生变化；第三，表面自然氧化层与玉质之间，与次生之间变化关系所反映的折光效果。

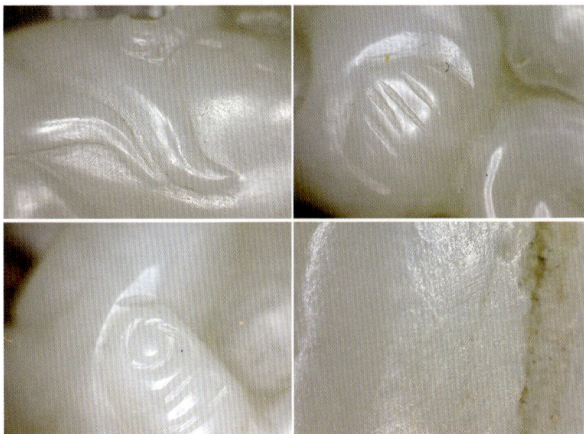

图 323.1 现代碾琢工艺

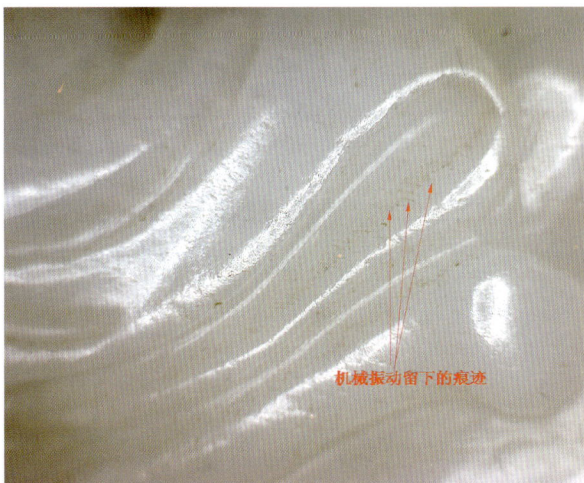

机械振动留下的痕迹

图 323.2 现代碾琢工艺较精致作品（局部）
图中箭头所指处为高速工具加工中形成的振幅所留下的痕迹

（2）是不是所有的沁色都可以做鉴定

沁色的色即颜色，颜色在专业上称之为"色彩"，它是光所表现的不同现象（例如红色、棕色、桃红色、灰色、绿色、蓝色，紫色和白色等）。颜色的形成与光有很大的关系，它在折射与吸光中将不同的光谱进行调整，形成了我们视觉反映的感知。在古玉器上作为颜色形成的来源天然染料，它是指从植物、动物或矿产资源中本身携带或其他途径获得的，这些染料是很少或没有经过化学加工的染料。而现代仿古艺术品的沁色处除有天然染料以外，主要是合成染料又称"人造染料"，它是从煤焦油分馏出来（或石油加工）经化学加工而成的，这种染料的出现，最早可以追溯到1856年。天然色彩的沁入形成，需要一个在器物质量中和外部结合环境里缓慢的自然氧化反应变化过程才能生成。合成色彩的沁入形成要的是可以依存其他器物之上的条件，这个条件的

图 323.3 古代碾琢工艺加工痕迹片

创造应该是人为的，应该是短时间的，是以改变或破坏材料正常结构为代价的，是玉质色变形成的非正常的手段。

（3）是不是可以建立成器后的采样数据对比储存库

古玉器的采样和数据库的建立是一个相当庞大的工程，很可能会出现某一件器物单一的样点就需要诸多的数据组合。一个坑口，不同的位置，一件材料，不同的点位，一件器物，不同的附着物，整器的材料应用，加工工具应用都会形成不同的数据变化，所以这种采样笔者感到很徒劳。至于单个的针对性数据采样，作为针对性地研究其中某一件器物，还是有其参考价值的，比如玉质性质、受沁成分等。

（4）是不是有成器后风化的一定是古玉器

古玉器风化目前知道的有两种：一种是材质风化，玉料原先就带有的；另一种是成器后形成的风化，而风化的特征表现形式是极为丰富的。概括要点，以成器为结点材质发生了变化的分析有助于对古玉鉴定。笔者认为，一般来说如果一件玉器有成器后的风化，而又不符合眼学鉴定，可能是有几个方面的问题：一是眼学专家一直以来因为没有这样玉器的标型器概念而忽略的，而现在通过古玉器成器后风化鉴定给挑选从来，是抢救性的工作；二就是在中国古玉器史上根本就没有出现过的，是古玉器成器后风化鉴定方向出了问题；三便是古玉器本来就是有精美的和不精美的区别，不是所有的古玉器都精美的，不精美的也比比皆是；四可能是各个地方的时代背景、生产劳动、地域经济大相径庭，造成了一定的差别。关键还是要看成器以后出现风化的痕迹在器物的什么位置，能不能与位置上的关系相对应。

图 323.6 仿古工艺品碾琢工艺

图 323.4 古代碾琢工艺微距照片

图 323.5 古代碾琢工艺

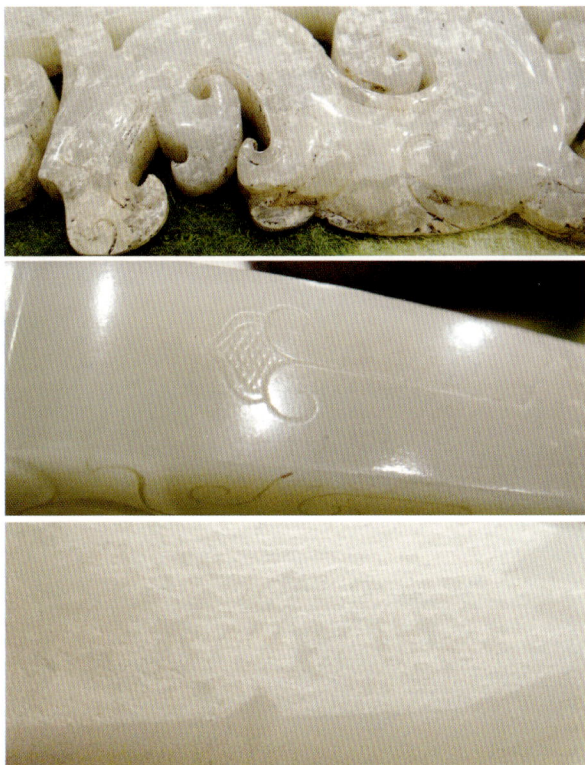

图 323.7 仿古工艺品碾琢工艺局部

图 323.8 古玉器的皮壳氧化层变化

(5) 如何在眼学和矿物学鉴定古玉器中取长补短

中国地大物博，我们不可能把见过的每件古玉器都收入囊中。我认为在鉴定中如果碰到眼学和矿物鉴定理论发生冲突与困惑的时候，可以选在眼学上认定，在工艺和形制和纹饰都有落实之处，而且矿物鉴定上是有依据的。这样的玉器虽然比较少，但是应该是双保险的。对于眼学可以认定，矿物学还有争议的玉器，或者是矿物学可以认定，眼学还有争议的玉器，风险相对较大，可以适可而止，不能冒进。

在古玉鉴赏的过程中，大家一般将"神、沁、形、工、质"看作鉴赏的重点。但就这五点的铺开，其中的奥妙是无穷的，可以讲是需要一辈子补充和提高的。很多前辈都讲"神韵"和"一眼货"，这是因为他们见多识广看到的多了，具备了深厚的经验积累。但面对高科技的仿品和形形色色的仿古手段的出现，面对市场开放引进开发的许多新玉种和玉料的巧选巧雕。需要我们在实战中锻炼和交流、取长补短、各抒己见、探讨学习，在探索中积累经验增长见识就显得尤为重要。我有几位玉友，就是因为一个"假"字，甚至还是很婉转的，就到了老死不相往来的地步，总是耿耿于怀。在这里我想告诉您"良药苦口利于病"啊！难道说您不对的朋友真的连一点眼力也没有吗？难道您的东西都对吗？没有淡定和豁达的心理，是藏不到好玉的，一个篱笆三个桩，一个好汉三个帮。许多东西是需要经常和反复地去梳理推敲的，梳理通了，问题就迎刃而解。要不就会认识模糊，造成自信心的失去，在迷茫中毫无方向。

如果我们对以上的概念还模糊不清，那下面的问题就大了。

很多朋友看到绺裂处沁入的颜色过渡自然，就认为"开门"，甚至对类似冰裂纹的每道纹裂沁满一种颜色的现象还感到津津乐道。我个人的看法，这是有问题的：由于玉质疏松，外界物质黏附，致使在玉质表面疏松处或绺裂处发生的色变，应该不是颜色过渡自然的，而是颜色过渡层次的自然。层次过渡与单纯的颜色过渡有很大区别。绺裂（我说的是新疆和田玉）在玉器表面由于其原生走向的不确定性，以及交织纤维的隐形、微隐形特殊结构，在应力的作用下发生的变化是具有各种表现的。这种表现致使绺裂不可能全部

235

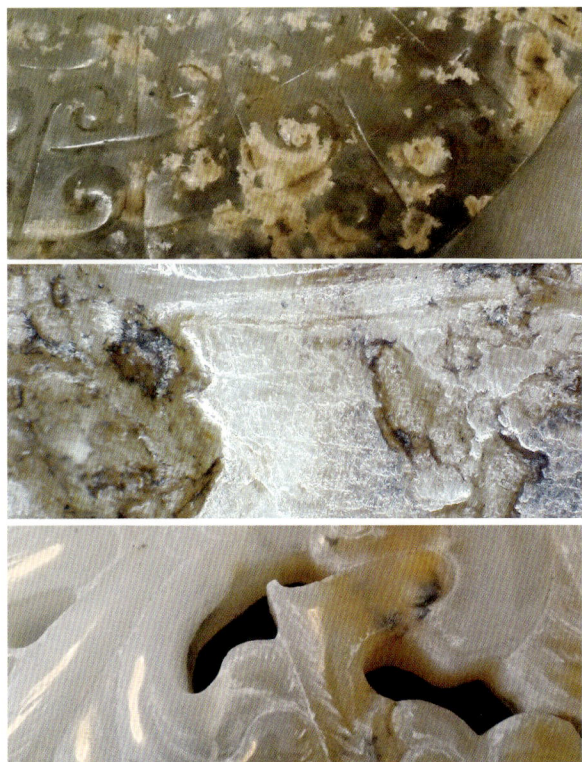

图 323.9 仿古艺术品皮壳

图 323.10 古玉器的造型之韵

图 323.11 仿古艺术品的造型

成为入沁的渠道，真正次生沁色应该按照绺裂的方向沁入，并只会在部分绺裂处出现沁入现象，不可能有一致的沁入表现形式。古玉在绺裂处会有一种物质的堆积，这种堆积形成了沿着绺裂走向以微微隆起的形式表现，就似泌浆般弥合了绺裂，这种表现甚至可以抵抗其颜色的沁入。

许多朋友在看到加工痕迹的沁断时，立即认为是新作或老玉新工。我个人的看法有所相左，古玉器次生沁变表现形式一般有两种，一种是玉质内部杂质发生的由里向外的变化，一种是由于玉质疏松货暗绺致使附着物所带有色物质由外向内的沁入。这两种变化在器物上有一个共性，就是都是次生的（我们排除巧雕），因为加工碾琢的破坏，由里向外的质变会在破坏处戛然而止，形成了工在上的断沁假现象。而真正的断沁应该是由外向内沁入区的断沁表现。

我们看到沁色在灯光打不透的情况下，就认为是玉质钙化的体现。殊不知，这里还存在一个

原生礓皮和真正钙化的问题。很多仿品利用了原石表面石皮的礓和色，做出了所谓的白化和过渡沁色，这是很迷惑人的。真正的钙化在玉器的筋格上会留出钙化程度不能达到的空白，这些空白处在光线的穿透中是有玉性的。钙化还会有一种如同夹心饼干一样的表现，其外部已经开始钙化，而里边还没有完全丧失玉性。这就和仿品不同了，仿品要么全部成了钙化物，要么就是白化浮于表面，这需要大家多多地去熟悉各种玉料的情况和了解真正钙化的表现就会水到渠成了。我有一个体会：玩过新玉的朋友，再玩古玉相对提高要快，而许多只玩古玉的朋友往往会在玉质的变化上吃药。玉料围岩作巧雕，这是近代的事情，在高古玉、中古玉的身上发生的几率极少。对于这种情况不妨测一下硬度，这不失为一个好办法，因为玉质

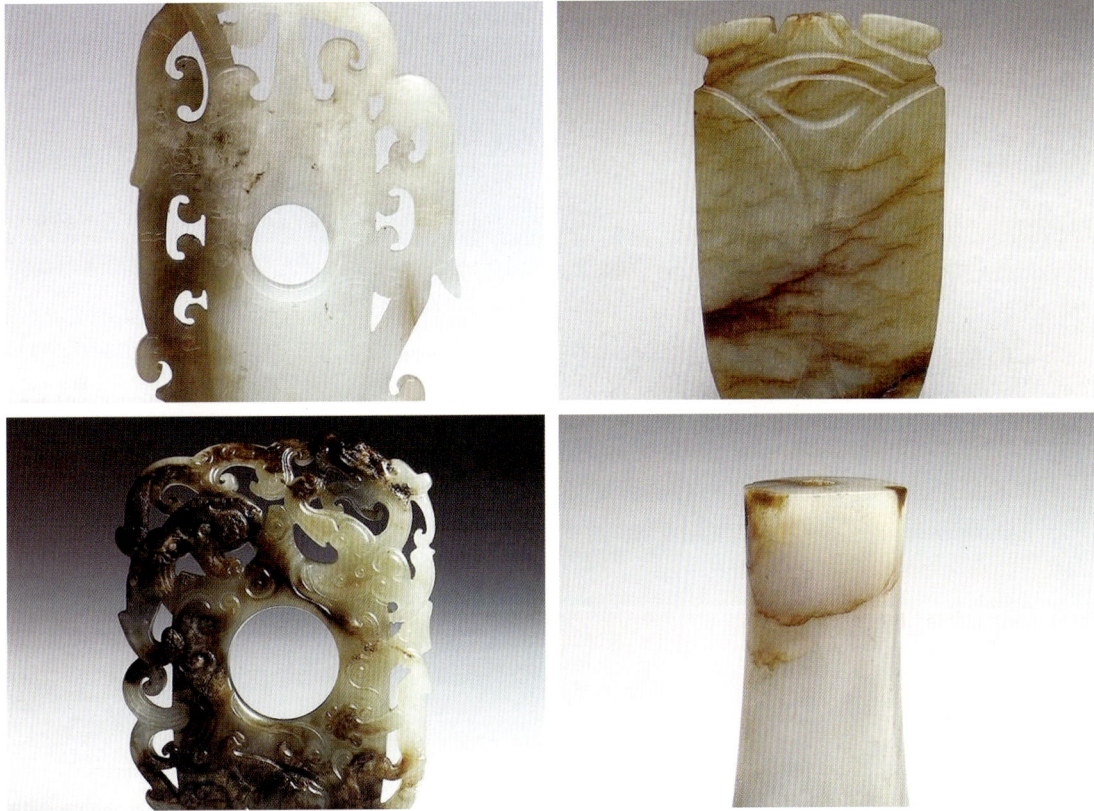

图 323.12 古玉的绺裂、次生受沁

图 323.13 仿古艺术品酸咬形成的红化和白化现象

图 323.14　仿古艺术品运用炙热、酸咬、染色形成的各种不同表现

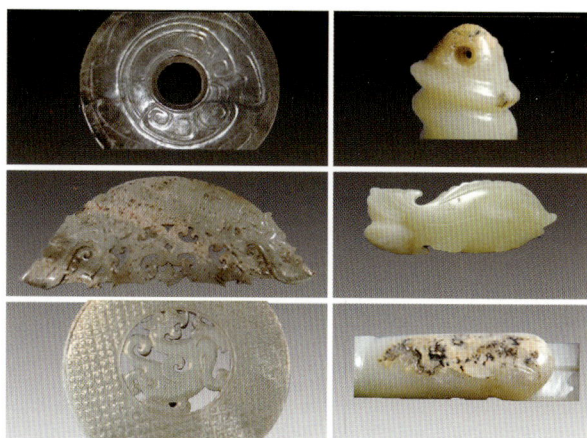

图 323.15　各种玉材皮、脏、格、礓仿受沁白化表现

1. 甘肃地方料提油
2. 玉材原生礓格
3. 轻度酸咬形成的灰皮
4. 俄料皮壳的白色礓皮
5. 鱼尾部白化是利用了和磨料的玉色不同所为
6. 黑点与肉色部分是俄料的脏皮

图 323.16　玉握手
故宫博物院收藏

323.17　碧玉簪
这件仿古艺术品似乎是断裂后修复的，当您仔细观察后就会发现，其两面玉质截然不同。如果您舍得把包铜的地方打开，我可以告诉您中间的部分是一种玉石粉末填充，这是利用两块边角料做的。

图 323.18　琳琅满目的各种造型仿古艺术品

的白化必然引起玉质的疏松，大家不妨一试。

　　我们有部分收藏者喜欢大器，而拥有的往往又是在形制上很是别致的那一种，缺乏可以相互对应的佐证，这是很可怕的。大器的自我位置以及用途、规格、礼制、主人、特殊地位，需要相当的历史知识来进行解读和研究。依据现在考古出土的资料，对大器的实物佐证是很缺乏的。如果说民间有大器，那么总不至于馆藏库存一件也

溯源识真高古玉

没有吧。按照统计学的理论，概率的形成是有规律的，违背客观规律是不科学的，是一种不讲科学的表现。如果不能就以上这些问题作出适当解读的话，我请大家还是先多学习一点历史的相关知识，回过头来再去填补对自己拥有器物的认证，搞懂一件就是人生的精彩。

图 323.20 仿古玉器的打样实物成像

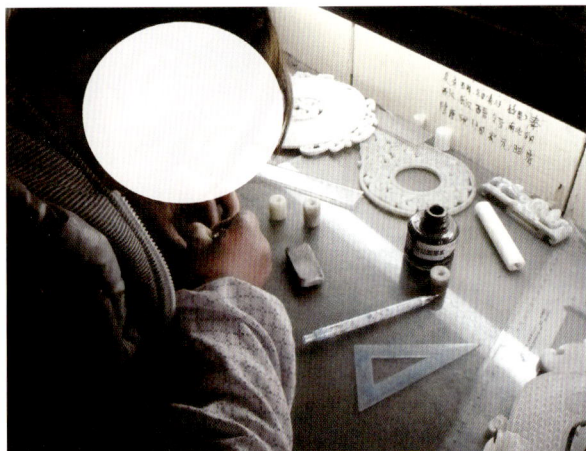

图 323.21 仿古玉器的打样实物成像

图 323.22 制作进行中

图 323.23 半成品

图 323.25 作色

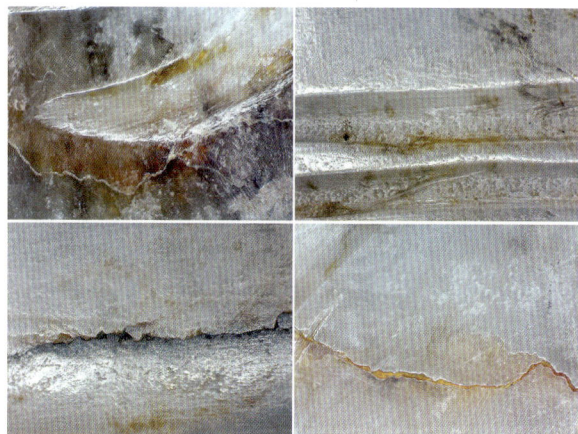
图 323.24 这是加工形成的痕迹微距成像

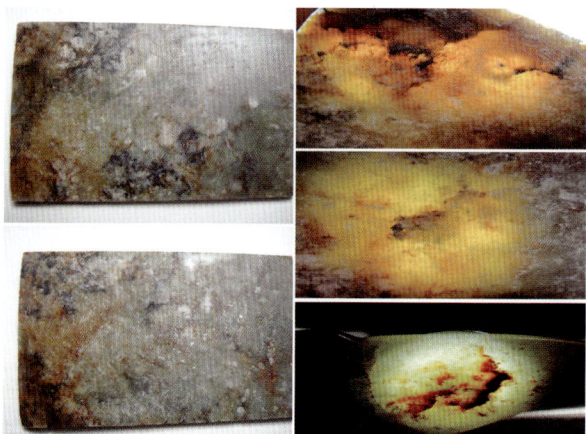
图 323.26 人工受沁与非受沁仿古材料的对比
右边成像是人工作沁在透光中的表现。我的看法是"毫无选择,见缝就钻。千篇一律,浓妆淡抹。"

　　古人做玉是"料选有形,形存有意,意在心工,工镌神敬",这是我们要处在古人的位置来看古人制玉的一个前提,也是我们辨别新老玉器的一个思维定式。我很赞成多看真东西,就要到博物馆去看。一个黄种人的朋友,站在一群白种人里,就是一眼货。您有一个白种人的朋友,如果站在一群白种人里,恐怕一下子就很难找到。

　　再来谈谈蚌埠的仿古艺术品,蚌埠的玉器产业主要有仿古和新作两大类。玉器仿古由来已久,宋代就有专业的仿古玉器匠人,清代至民国仿古之风尤盛。蚌埠仿古玉器以造型、纹饰、作色、作沁几可乱真而闻名遐迩。据了解,蚌埠的仿古玉器兴起于 20 世纪 80 年代,十多年后达到鼎盛,仿古作坊数量不断增加,逐渐形成一个个集中生

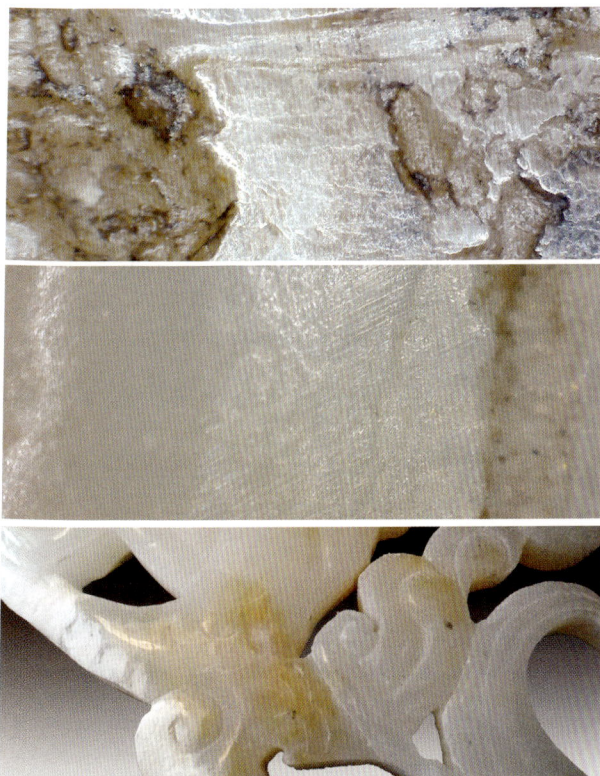

图 323.27 仿古工艺品基本完成后的皮壳

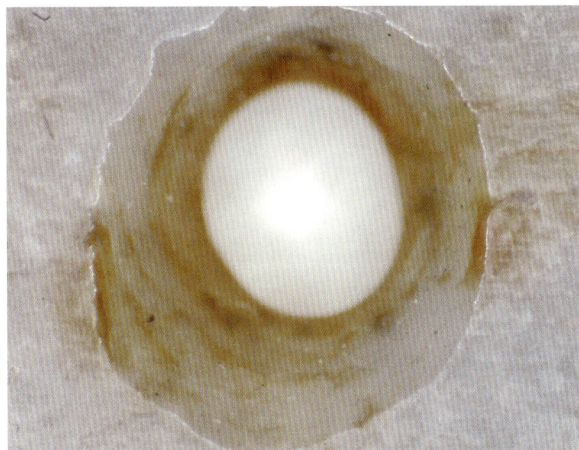

图 323.28 机械钻孔玉芯
这是机械钻孔形成的，穿孔边缘硬朗，沁色的连续性遭到破坏，穿孔内包浆没有形成

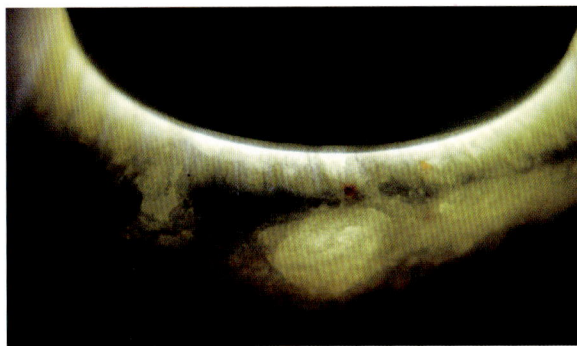

图 323.29 强光透视看沁色
仿古玉在强光透视看到沁色浮于表面，内部玉质毫无变化

产的片区，并相应形成南山路、华海小区、龙河路（北工地）、延安里、余庆苑、淮上区、光彩玉器文化城等玉器市场。

蚌埠仿古玉器多是处在玉器加工的中间环节，仅做坯料的打磨、作旧、销售环节。工艺要求简单，技术含量不高。这样既避开了进料走眼的风险，也避开了玉器仿品设计造型、纹饰等的技术环节。同时，又省下了下料机械设备投资，还降低了人员工资的压力。懂点玉器的皮毛，有个几十万元的资本，拉几个人，找个地点就可开张。这些玉器作坊从苏州、扬州、邳州、南阳等地买来玉器半成品，然后打磨、作旧，制成仿古玉器成品后，或零售、或批发给玉器商。

蚌埠仿古玉器的绝活在于"作旧"环节，行内戏称"油炸烹炒"。实际就是利用喷枪或微波炉等加热工具，对玉坯进行加热，使玉坯表层结构涨裂或疏松，然后趁热，或整体，或局部将玉坯浸入配好的染料缸里浸染上色。染料据说是用草酸和一些化学色剂配成。而且各坊各有独门配方，秘不外传。因此蚌埠仿古玉器市场内的仿古玉件，形形色色，品相各不相同。

各大片区的市场在汇聚、形成的过程中，在仿古玉产品类型上各有侧重，自然形成自己的特色。如华海小区、余庆苑等玉器市场，以加工大型的仿古件为主，其中又以仿"汉代貔貅""汉代马"和"唐代马"为多。还有其他一些代表吉祥的大型观赏件，如"观音""山子""盘龙"等。龙河路（北工地）、延安里等玉器市场，则以仿出土的各大文化期、商周、战汉典型玉器以及明清两代代表性传世品为主。红山文化的玉龙、玉枭、勾云形玉佩，良渚文化玉琮、玉璧；商代玉人；周代玉佩，战汉玉璧，明代子冈牌，清代龙瓮等，是市场上常见的仿品。这些玉器工艺较细，造型、纹饰、工艺仿得比较到位。

241

野蛮的暴敛。我没有多少力量力挽狂澜，只能在无可奈何中通过学习，写点体会来和朋友们探讨求真的途径，以望能有哪怕是一个人可以从中得到启发。

真不知道写书这么累，还这么难。好多想写的展开以后就难以收笔，事后看看又删了，删的时候很心痛，那是天天熬夜的付出啊。不知道读者会有什么反映，总是希望对大家有多一点的帮助。在首写之初，颇为豪情万丈，乃有一吐为快之感，写到中间感到收放难以掌握，写到此时感到如释重负，似有轻松愉悦之感。但一想到即将付梓之时，又不由地感到了担子的沉重。整整四年，多少个不眠之夜，当人们沉浸在美好的睡梦之中时，我却沉浸在玉文化的浩瀚之中。她给我带来了乐趣，带来了挑战，带来了知识的补充。在成书的资料搜集旅途中，我难忘在新疆昆仑山脚下与朋友痛饮"伊利酒"的畅怀，我难忘在虢国墓博物馆时忍饥挨饿的狼狈，我难忘山西博物院的流连忘返，我难忘在参观河南博物院的馆藏时的震撼激动，我难忘侯马的宁静，我难忘梁带村的缤纷，我难忘赵燕之地的盛情，我难忘江南良渚、鸿山的经典，还有许多的难忘，让人如痴如醉难以梦醒。

这本书主要写的是以透闪石软玉为主的古玉器，许多解读也是针对软玉展开的。这本书的前半部分是流水账，不得不写，可能大家知道的远胜于此。故在挑选相片进行解读时尽量挑选了一部分有代表性却又比较少见的器型作为代表。在这本书中基本没有将春秋战国之后的古玉器物相片列出，这是考虑到下一集的内容问题。这本书的实质部分笔者感到应该是从"入门先知玉家谱"开始，里面夹杂着笔者对某些器型、痕迹、工艺的看法和不同的意见。在此首先声明其中不同见解和看法属于个人观点，本书仅供爱好者交流探讨，如果有对哪位大家不恭之处，还望多多谅解。

这本书的前半部分笔者阅读了大量的相关资料和著作，在此向我所查阅的相关资料的研究者、编著者表示敬意，感谢参考引用资料的著作人，感谢你们的付出，是你们的付出给了我极大地帮助，并形成了今天这本初作。本书所提供的相片主要是本人和唐启翠老师拍摄，同时也有一部分是在引用资料中扫描下载的。在编写本书的过程中我得到了许多朋友的帮助，在此感谢安家瑶老师、魏殿松老师、李祥云老师、唐启翠老师、赵力老师、徐梦嘉老师等的关注和支持。

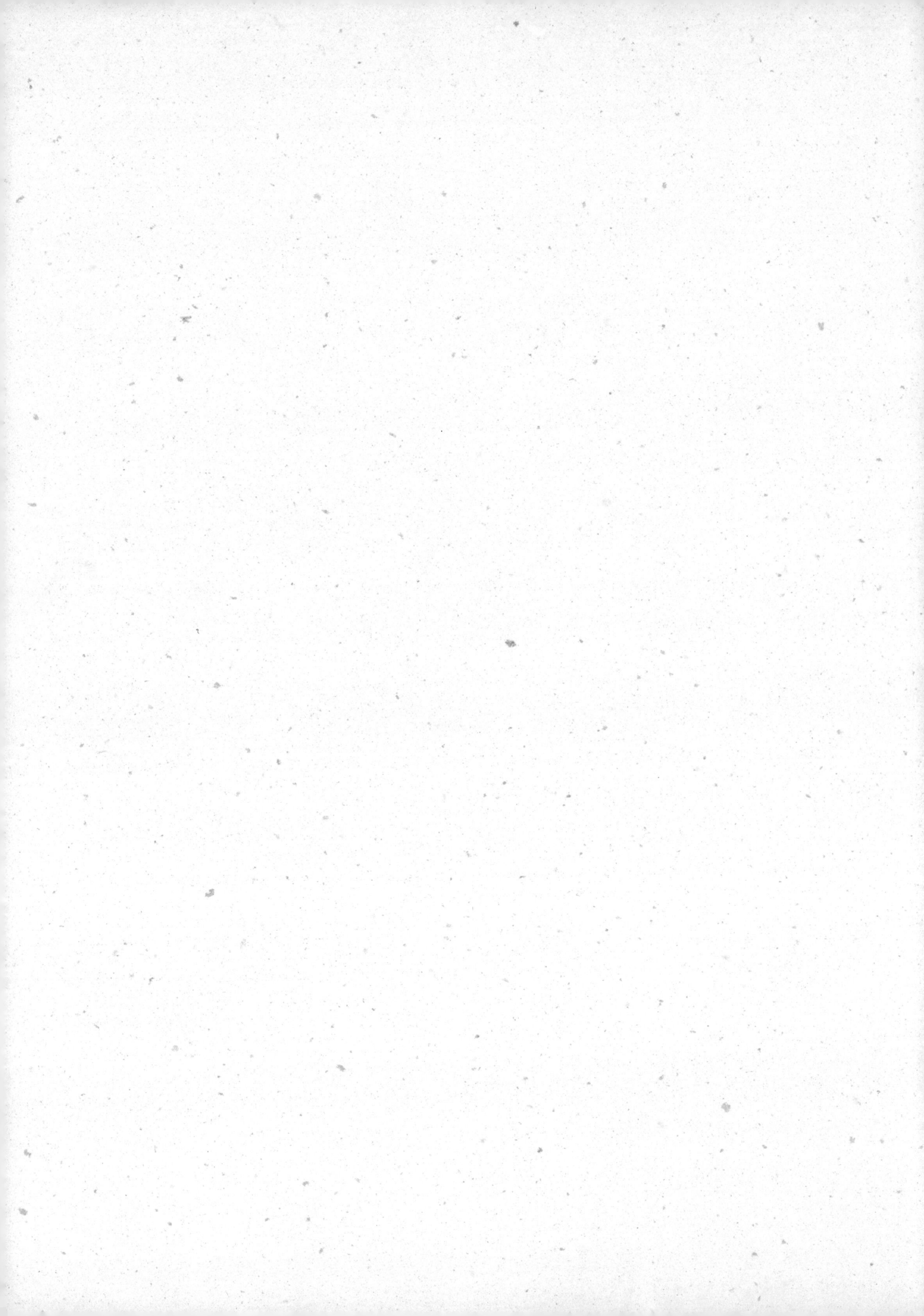